U0711162

JIANCHAZHIKUCHENGGUO

检察智库成果

第7辑

主　编／陈国庆
副主编／郭立新　蔡　巍

中国检察出版社

图书在版编目（CIP）数据

检察智库成果. 第 7 辑 / 陈国庆主编 . —北京：中
国检察出版社，2024.11. —ISBN 978 – 7 – 5102 – 3120 – 9

Ⅰ. D926.3

中国国家版本馆 CIP 数据核字第 2024RA8453 号

检察智库成果（第 7 辑）

陈国庆　主编

责任编辑：彭羽涵
技术编辑：王英英
美术编辑：徐嘉武

出版发行：中国检察出版社
社　　　址：北京市石景山区香山南路 109 号　（100144）
网　　　址：中国检察出版社（www.zgjccbs.com）
编辑电话：（010）86423709
发行电话：（010）86423726　86423727　86423728
　　　　　（010）86423730　86423732
经　　销：新华书店
印　　刷：河北宝昌佳印刷有限公司
开　　本：710 mm×960 mm　16 开
印　　张：19
字　　数：343 千字
版　　次：2024 年 11 月第一版　　2024 年 11 月第一次印刷
书　　号：ISBN 978 – 7 – 5102 – 3120 – 9
定　　价：64.00 元

检察版图书，版权所有，侵权必究
如遇图书印装质量问题本社负责调换

《检察智库成果》
编 委 会

编委会主任：童建明

编委会成员：陈国庆　宫　鸣　滕继国　苗生明　史卫忠

李雪慧　侯亚辉　元　明　张晓津　杜学毅

王光月　蓝向东　张相军　徐向春　缐　杰

那艳芳　高景峰　申国军　张红生　邓　云

李　辉　朱建华　郭立新

主　　　编：陈国庆

副 主 编：郭立新　蔡　巍

学 术 秘 书：陈　磊　任肖容　李佳倩　刘鹿鸣

卷首语

　　2022 年，党的二十大胜利召开，标志着全党全国各族人民迈上全面建设社会主义现代化国家、向第二个百年奋斗目标进军的新征程。党的二十大报告特别强调要"加强检察机关法律监督工作"，为人民检察事业指引了前进方向。以此为契机，全国检察机关坚持以习近平新时代中国特色社会主义思想为指导，深入贯彻习近平法治思想，深刻领悟"两个确立"的决定性意义，增强"四个意识"、坚定"四个自信"、做到"两个维护"，全面学习贯彻党的二十大精神，奋进新征程，勇担新使命，努力践行"高质效办好每一个案件"的基本价值追求，持续推进以检察工作现代化服务中国式现代化。

　　检察实践的高质量发展离不开检察理论的有力指导与支撑。为协同系统内外力量开展检察理论研究，为检察实践贡献更多智识，最高人民检察院与部分在法学学科研究方面有显著优势的高校、在开展检察理论研究方面有一定成绩的检察机关共同设立最高人民检察院检察研究基地，凝聚检察研究合力，一体深化检察实践创新和检察理论创新。2019 年 8 月，最高人民检察院首次向 16 家基地授牌，截至 2024 年 2 月，基地数量已达 38 家，研究主题涉及刑事、民事、行政、公益诉讼"四大检察"以及检察基础理论、未成年人检察、检察案例、数字检察、案件管理、涉外法治等领域，全面涵盖检察机关主责主业。

　　2023 年 5 月，应勇检察长在天津出席最高人民检察院检察研究基地负责人座谈会时强调，要明确检察研究基地职责使命，聚焦检察工作基础理论和实践难题，加强检校合作，提升检察理论研究质效，努力把检察研究基地建成检察理论研究的主阵地和排头兵。2024 年 3 月，应勇检察长在最高人民检察院党组会上再次强调，要努力把检察研究基地建成优质检察理论成果的产出基地、检察理论研究的主阵地、促进检察学学科建设的学术基地。要依托检察研究基地进一步加强理论研究、基础研究、比较研究，持续推动习近平法治思想的检察实践，持续推动习近平法治思想在法学理论界、教育界和司法实务界的融合互促。近年来，各研究基地积极发挥智库功能，产出了一批兼具理论创新意义与实践指导价值的优秀成果。为更好展示基地成果，丰富基地成果转化方式，拓展基地成果宣传面，提升基地成果影响力，同时鼓励各基地持续主动关注检察实践重点、热点、难点、痛点问题，围绕本基地研究主题竞相产出更多更高质量研究成果，《检察智库成果》自本辑开始，重点遴选收录各基地精品研究成果。

本辑《检察智库成果》共设置四个专题。

第一个专题聚焦"检察基础理论"。本专题共选编3篇文章：叶青教授撰写的《深入学习贯彻习近平法治思想 以检察法律监督现代化助推中国式法治现代化》与吴建雄教授撰写的《加强新时代检察机关法律监督的历史逻辑、理论逻辑和实践逻辑》均立足检察机关作为法律监督机关的宪法定位，围绕党的二十大报告对检察工作提出的明确要求以及《中共中央关于加强新时代检察机关法律监督工作的意见》，深入剖析了新时代检察机关法律监督履职现代化的重要意义、基本方法与实践走向。徐汉明教授和李辉博士撰写的《人民检察事业90年：发展历程、制度优势及其效能转化》则系统梳理了人民检察事业90周年的发展历程，并据此展望了如何在新时代通过法律监督现代化，实现检察制度功效由宪法法律禀赋向法律监督效能转化。

第二个专题围绕"刑事检察"展开。本专题精选3篇文章：前两篇文章涉及公诉制度，主要探讨检察机关应如何准确把握审查起诉权的裁量空间。王戬教授撰写的《我国起诉制度的完善及指标化问题》论证了不诉率对起诉制度运行情况的评判价值，对不起诉案件进行了类型化分析并阐述了不起诉案件个案把关制度的完善途径。王一超讲师撰写的《论检察机关干预告诉才处理案件的程序选择——基于对"自诉转公诉"讨论的延伸思考》通过分析检察机关干预告诉才处理案件的路径，旨在化解告诉才处理案件中因被害人被"困"在自诉里、检察机关被"挡"在自诉外而导致的相关犯罪追诉效果不佳的困境。另外，赵恒副教授撰写的《职务犯罪案件提前介入制度类型化研究》一文针对检察提前介入监察这一制度进行了深入研究。检察提前介入监察制度是国家监察体制改革后为实现监察法与刑事诉讼法有效衔接、监察机制与刑事诉讼机制顺利对接所建立的一项制度，对于高质效办理职务犯罪案件、优化监察权与司法权之间的职权配置关系具有重要作用。

第三个专题集中探讨"检察公益诉讼"。本专题遴选5篇文章：首篇文章记录了《人民检察》期刊邀请司法部胡卫列副部长（撰文时任最高人民检察院公益诉讼检察厅厅长）、杨建顺教授、练育强教授围绕如何提升检察公益诉讼治理效能相关问题所作的探讨，连同孙佑海教授和张净雪研究员撰写的

《检察公益诉讼专门立法的理论基础和法律框架》共同绘制出检察公益诉讼制度的宏观图景。其余3篇文章，即洪冬英教授撰写的《"双碳"目标下的公益诉讼制度构建》、陈冬教授领衔撰写的《检察民事公益诉讼、社会组织提起的民事公益诉讼与生态环境损害赔偿制度衔接问题研究》以及章剑生教授撰写的《论行政公益诉讼的证明责任及其分配》则分别探讨了检察公益诉讼制度中的具体问题，从微观层面为检察公益诉讼制度的完善贡献理论之力。

第四个专题将视角转向"未成年人检察"。本专题精选6篇文章，其中既有介绍未成年人检察业务统一集中办理工作机制，统筹运用刑事、民事、行政、公益诉讼检察职能提升未成年人保护实效的成果，如席小华教授与史卫忠专委（撰文时任最高人民检察院未成年人检察厅厅长）合著的《建构未成年人司法社会支持体系的理论框架与实践路径》；也有针对未成年人检察中某一检察业务类型进行阐述的论文，如何挺教授和王力达博士撰写的《论未成年人保护公益诉讼中的公共利益——以价值补充为方法》、宋英辉教授和刘铃悦博士撰写的《低龄未成年人犯罪核准追诉问题研究》、向燕教授撰写的《综合型证明模式：性侵未成年人案件的证明逻辑》；还有运用犯罪学实证研究方法开展相关研究的，如贾健教授和王博文硕士撰写的《留守儿童校园欺凌被害现状与防控对策研究——以西部十省（自治区、直辖市）调研结果为视角》、史立梅教授和孙若尘博士撰写的《性侵害未成年人犯罪语境下的性引诱行为研究》。

新时代新征程，检察工作既欣逢最好发展时期，也面临更高履职要求。要坚定强国建设、民族复兴的宏伟目标，充分领悟加强检察理论研究对坚定检察制度自信、推动检察事业发展、过硬检察队伍建设的重要意义，积极运用党的创新理论指导检察理论研究，以检察理论的发展进步引领检察工作高质量发展，更好地服务深化全面依法治国。希望本书能为此尽绵薄之力。

目　　录

检察基础理论研究

深入学习贯彻习近平法治思想
以检察法律监督现代化助推中国式法治现代化[*]

叶　青^{**}

　　习近平总书记在党的二十大报告中系统阐述了中国式现代化的深刻内涵、本质要求、总体战略，号召要"以中国式现代化全面推进中华民族伟大复兴"。同时，党的二十大报告还对法治建设进行了专章部署，指出"必须更好发挥法治固根本、稳预期、利长远的保障作用，在法治轨道上全面建设社会主义现代化国家"。① 可见中国式现代化必然依赖法治路径，"法治现代化"是实现"中国式现代化"的前提和条件，法治必须具有与时俱进的品格才能符合现代化的基本价值要求。② 社会主义法治凝聚着党治国理政的理论成果和实践经验，是制度之治最稳定最可靠的保障。③ 推进中国式现代化，离不开社会主义法治体系的不断完善，更离不开包括检察法律监督在内的全面依法治国各项具体工作的有效展开。这里，党的二十大报告也专门提到了要"加强检察机关法律监督工作"。④ 检察机关法律监督是法治监督体系的重要组成部分，在推进中国特色社会主义法治体系建设中发挥着特殊而重要的作用，习近平总书记对此也高度重视，要求检察工作"敢于监督、善于监督、勇于开展自我监督"，并作出了一系列重要指示，为党的检察事业创新发展把脉定向、指路领

* 原文发表于《人民检察》2023 年第 17 期，收入本书时略有删改。
** 华东政法大学党委副书记、校长，最高人民检察院检察基础理论研究基地华东检察研究院院长、教授。
① 参见习近平：《高举中国特色社会主义伟大旗帜　为全面建设社会主义现代化国家而团结奋斗——在中国共产党第二十次全国代表大会上的报告》，载《党建》2022 年第 11 期。
② 参见莫纪宏：《论"中国式现代化"的法治保障》，载《山西师大学报（社会科学版）》2023 年第 3 期。
③ 参见习近平：《推进全面依法治国，发挥法治在国家治理体系和治理能力现代化中的积极作用》，载《中国人大》2020 年第 22 期。
④ 参见习近平：《高举中国特色社会主义伟大旗帜　为全面建设社会主义现代化国家而团结奋斗——在中国共产党第二十次全国代表大会上的报告》，载《党建》2022 年第 11 期。

航。2021 年 6 月，党中央就曾专门印发《中共中央关于加强新时代检察机关法律监督工作的意见》，对新时代检察监督工作作了系统部署，此次更是在党的二十大报告上重申，足见党对检察机关法律监督赋予的更高期待和更重责任。检察机关必须提高政治站位，深入学习贯彻习近平法治思想，探索开展检察法律监督现代化建设，助推实现中国式法治现代化。对此，我们要牢牢把握"中国式现代化"中"中国式"和"现代化"这两个关键概念意旨，坚定检察法律监督的"中国式"立场，坚持检察法律监督的"现代化"方向。

一、坚定检察法律监督的"中国式"立场

我们必须认识到，中国式现代化道路区别于西方国家走过的现代化道路，必须立足于自身国情，体现中国特色。在推进检察法律监督现代化的过程中，必须严格遵循党的二十大报告提出的中国式现代化的本质要求，以习近平法治思想为指导，坚定"中国式"的立场。具体而言，要做到以下两方面的要求。

一方面，必须坚持党对检察法律监督工作的绝对领导。党的领导是全面依法治国的法治之魂，是社会主义法治最根本的保证。在检察法律监督工作现代化进程中，必须深刻领悟"两个确立"，坚决做到"两个维护"，健全党领导检察监督工作的体制机制，充分发挥党统领全局、协调各方的作用。① 法律监督工的开展要紧紧依靠党委的支持和政法委对公检法三机关的协调。同时，必须处理好党的领导与依法独立行使职权的关系。党对法律监督工作的领导是政治领导、思想领导、组织领导，起到协调与保证作用，在具体业务与案件办理上，检察机关应当依照宪法和法律的规定独立履行法律监督职责，坚决反对其他机关的非法干涉。

另一方面，必须以人民为中心开展检察法律监督工作。习近平法治思想饱含人民性的理论品格，中国式法治现代化彰显了人民至上的根本立场。在坚持和发展中国式现代化事业的历史进程中，社会公平正义体现了社会主义制度的本质属性，涵盖了社会主义的价值理想，构成了以人民至上为基本标识的中国式法治现代化价值系统的终极依托。② 检察监督工作直接关系到人民群众的安全感、获得感、幸福感，必须始终坚持人民的主体地位，必须牢牢把握人民群众所期盼的社会公平正义这一法治价值追求。检察机关肩负的法律监督职责就是监督各国家机关切实履行各自的职能，确保法律得到正确的实施，保障法律

---

① 参见邱春艳：《张军在参加河南代表团审议时表示以检察工作现代化更好服务保障中国式现代化》，载《检察日报》2023 年 3 月 6 日，第 2 版。

② 参见公丕祥：《中国式法治现代化的鲜明特征》，载《中国高校社会科学》2023 年第 2 期。

所承载的正义得到落实，让人民群众在每一个执法决定、每一宗司法案件中都感受到公平正义。因此，在新时代的检察监督工作中，要及时回应人民关切热点、纾解群众急难愁盼、护航社会和谐稳定，弘扬法治精神，引领法治进步。①

二、坚持检察法律监督的"现代化"方向

"检察监督现代化"是实现第二个百年奋斗目标的时代命题，必须与实现中国式现代化、建设社会主义法治国家同向而行，把握住"现代化"的目标方向，不断激活、发挥中国特色检察法律监督的制度优势。具体而言，既要紧抓检察法律监督现代化的着力方向，又要巩固检察法律监督现代化的战略支撑。

（一）检察法律监督现代化的着力点

习近平法治思想的核心要义之一就是要坚持建设中国特色社会主义法治体系，构建严密的法治监督体系是其中的重要环节。② 而检察监督构成了党和国家监督体系中司法监督的重要组成部分，是整个监督体系有效运行的关键基点。2018 年后国家监察体制改革给检察机关的原先的职能带来了很大的调整。最高人民检察院审时度势，对检察机关的职能格局进行了重新部署，回归"法律监督机关"这一宪法定位，以法律监督作为职能核心，提出了刑事、民事、行政、公益诉讼"四大检察"法律监督总体布局，为检察法律监督现代化搭建了制度性基本架构。实现中国式现代化的道路上，检察法律监督的现代化应当遵循这一基本架构，把完善对刑事诉讼活动的监督、完善对民事诉讼活动的精准监督、完善行政检察、完善检察公益诉讼制度作为着力点。③

1. 完善对刑事诉讼活动的监督

检察机关拥有对刑事诉讼立案、侦查、起诉、审判、执行全流程的监督权，这种监督是人民代表大会制度下检察权对同属一层权力架构下的行政权与审判权所形成的权力制约型法律监督。④

要推动检察机关对刑事诉讼法律监督的现代化，必须首先在理论上厘清检

---

① 参见本报评论员：《守正创新　开拓进取　以检察工作现代化服务中国式现代化》，载《检察日报》2023 年 1 月 10 日，第 1 版。

② 参见沈国明：《在大国治理新征程中推进法治中国建设——习近平法治思想研究综述》，载《东方法学》2023 年第 1 期。

③ 参见张昊：《如何以更优检察履职服务中国式现代化》，载《法治日报》2023 年 2 月 9 日，第 5 版。

④ 参见刘志刚、平凡：《法律监督体系与监督能力现代化进程中的检察监督》，载《河北法学》2022 年第 11 期。

察机关在刑事诉讼中拥有的侦查权、公诉权职能与法律监督职能之间的关系问题，从学理上充分破解检察官在刑事诉讼中"既是运动员又是裁判员"的悖论。从职能本质角度分析，检察机关的法律监督职能与侦查权、公诉权职能是包含与被包含的关系，赋予检察机关侦查权、公诉权是检察机关在刑事诉讼中行使法律监督职能的重要形式，都是最终服务于保证法律的统一正确实施。就检察机关侦查权而言，《刑事诉讼法》第19条第2款规定："人民检察院在对诉讼活动实行法律监督中发现的司法工作人员利用职权实施的非法拘禁、刑讯逼供、非法搜查等侵犯公民权利、损害司法公正的犯罪，可以由人民检察院立案侦查。"从"实行法律监督"这一字眼可以发现，检察院行使侦查权这一行为性质本身就是在实行法律监督，通过对某些利用司法职权损害司法公正的犯罪"亲历亲为"地进行侦查，能够直接起到监督司法工作人员、遏制司法领域职务犯罪行为、确保司法职权正确行使的作用，检察机关亲自行使侦查权的行为与监督侦查机关正确行使侦查权的行为在本质上是一致的。就检察机关的公诉权而言，检察官虽然同时扮演了"控方"与"法律监督者"的角色，但相应地也被赋予客观真实的义务，在审查起诉的过程中全面客观地审查在案证据，将达到起诉条件的犯罪嫌疑人提起公诉，对不符合起诉条件的犯罪嫌疑人不予起诉，并保障辩方权利，确保司法权的正确行使。在审判阶段，检察官亦可通过作为控方亲身参与审判活动的方式有效地发现、纠正法院的违法行为，实现"在监督中办案，在办案中监督"的效果。[1] 因此，检察机关的侦查职能、公诉职能和法律监督职能本质上是一致的。

检察机关对刑事诉讼法律监督的现代化，必然要求建立健全相应的监督机制，包括侦查监督与协调配合机制、刑事审判监督机制、刑事执行监督机制。

一要完善侦查监督与协调配合机制。[2] 2021年公安部与最高人民检察院联合印发《关于健全完善侦查监督与协作配合机制的意见》，在所有的市、县设立侦查监督与协作配合办公室，旨在强化对侦查行为的法律控制，强化公安机关、检察机关之间信息共享、相互配合、相互制约的机制，开创新时代检警关系，取得了积极成效。根据2023年最高人民检察院工作报告提到的数据，"2022年全国检察院监督立案3.7万件、督促撤案4.6万件、纠正侦查活动违法20.1万件，比2018年分别上升66.3%、1.5倍和2.3倍；介入重大疑难案件侦查21.3万件，对证据收集和法律适用等提出意见，上升6.8倍。会同公安部持续清理既未撤案又未移送起诉、长期搁置的涉企'挂案'，督促办结

---

① 参见贾宇：《以检察工作现代化助推中国式法治现代化》，载《人民检察》2023年第1期。
② 参见公丕祥：《中国式法治现代化的鲜明特征》，载《中国高校社会科学》2023年第2期。

1.2 万件"。^① 可见侦查监督能力得到了实效性的提升。下一阶段要进一步健全侦查监督与协调配合机制。检察机关与公安机关要加强沟通协作，推动侦监协作办公室规范化、长效化运行，形成办案数据定期通报、共同研判的机制。检察机关应当加强对立案活动的监督，建立常态化立案监督机制，从源头上治理刑事"挂案"现象，防止公安机关以刑事手段插手民事纠纷。同时，还应当健全介入侦查应当取证制度，对于大案要案，检察机关要从立案源头规范并配合支持侦查取证。此外，还应当加强对人民群众反映强烈的违法搜、查、扣、冻等强制性侦查措施的检察监督，探索开展对刑事拘留的监督，建立具有中国特色的强制性侦查行为的司法监督机制。

二要完善刑事审判监督机制。随着以审判为中心的诉讼制度改革的广泛开展，审判阶段在整个刑事诉讼中逐渐占据核心地位，对刑事审判的监督也成了检察法律监督的关键。检察法律监督现代化落实到刑事审判阶段上，就表现为刑事审判监督体系和监督能力的现代化。目前，由刑事审判活动监督和刑事裁判监督构成的刑事审判监督体系面临着一系列问题，如检察官刑事审判监督意识不强，存在着重配合轻监督、重起诉轻抗诉等保守观念；由于立法赋予检察机关的刑事审判监督权主要是补救性的抗诉程序启动权和程序违法建议权，前者有悖于诉讼经济，后者刚性不足难以引起法院的重视，导致刑事审判监督机制弱化。同时，刑事检察工作中，各级检察机关二审和再审程序中提请抗诉率、抗诉支持率、抗诉改变率等核心指标低下，总体数量也偏少，这反映出以抗诉为中心的审判监督工作整体上呈现质量不高、效果不佳的问题。对此，必须探索推进刑事审判监督职能配置的现代化，在横向上强化检察机关的参与权、知情权、采取必要措施权、维护权、纠正权等权利配置，在纵向上加强上下级检察机关的沟通配合，保证监督实效。^② 此外，要推动检察机关刑事审判监督运行体系的规范化，通过规范审判监督事项、规范审判监督文书、规范监督权重、规范类案和类问题监督的方式提高审判监督质量。在刑事审判监督能力现代化建设方面，则要提高审判监督事项发现能力、检法沟通能力、纠正违法和抗诉案件的办案能力，持续改进审判监督水平。

三要完善刑事执行监督机制。刑罚执行和监管执法活动监督对于确保法律有效实施至关重要。2018 年开始施行并推广的巡回检察制度，是面向中国式

---

① 参见张军：《最高人民检察院工作报告——2023 年 3 月 7 日在第十四届全国人民代表大会第一次会议上》，https://www.spp.gov.cn/spp/gzbg/202303/t20230317_608767.shtml，最后访问日期：2023 年 6 月 30 日。

② 参见天津市滨海新区人民检察院课题组：《以习近平法治思想统领检察机关的刑事审判监督工作——以刑事审判监督体系与监督能力现代化为研究视角》，载《天津法学》2021 年第 3 期。

现代化的刑事执行法律监督的制度创新。截至目前，最高检跨省监狱交叉巡回检察已实现"全覆盖"，在发现并督促整改狱内涉毒涉赌等突出问题、监督纠正混管混押、所内斗殴等问题、核查纠正社区矫正对象脱管漏管问题、持续整治"纸面服刑""提钱出狱"问题等方面取得了很大成效。① 下一阶段要坚持并完善巡回检察制度，促进对所有刑事执行场所的巡回检察全覆盖，推动巡回检察与派驻检察的有机结合，形成监督合力，发现并整改刑事执行中存在的普遍性和深层次问题，建立长效排查整治机制，构建高效实效的刑罚执行监督体系。②

2. 完善对民事诉讼活动的精准监督

检察机关负有对生效民事裁判、司法调解书以及审判人员违法、执行活动的监督职能。要进一步深入贯彻实施民法典，深化精准监督理念，聚焦具有引领价值的典型案件提出抗诉，发挥对类案的指导作用，规范民事检察依职权监督，注重运用类案检察建议，提升监督效果。③ 此外，要常态化开展虚假诉讼专项监督，打击在民间借贷、破产清算、离婚析产等领域打"假官司"，严重损害当事人、第三方合法权益的虚假诉讼行为，维护司法公信和权威。

3. 完善行政检察工作，健全刑事司法与行政执法衔接机制④

在行政检察工作中，检察机关面临着监督范围模糊、类型化制度探索不足、监督手段刚性不足等问题。对此，应当制度化地探索类型化的行政检察，将行政诉讼中的司法公正和行政行为中依法行政作为行政检察监督对象的两大类型。同时，为行政检察建议提供制度保障，刚性手段与柔性手段并施，提升行政检察监督效果。此外还要健全刑事司法与行政执法衔接机制，与行政单位密切沟通配合，完善检察机关对决定不起诉的犯罪嫌疑人依法移送有关主管机关给予行政处罚的制度。

4. 加强检察公益诉讼工作

检察公益诉讼是独具特色的公益司法保护"中国方案"。近年来，检察机关办理公益诉讼案件的数量不断增多，公益诉讼履职领域不断拓宽，办案质效

---

① 参见单鸽：《巡回检察，面向中国式现代化的法律监督制度创新》，载《检察日报》2023年2月18日，第2版。
② 参见陈国庆：《中国式刑事检察现代化的若干问题》，载《国家检察官学院学报》2023年第1期。
③ 参见本报评论员：《守正创新 开拓进取 以检察工作现代化服务中国式现代化》，载《检察日报》2023年1月10日，第1版。
④ 参见陈国庆：《中国式刑事检察现代化的若干问题》，载《国家检察官学院学报》2023年第1期。

不断提升。在此基础上，要进一步推动检察公益诉讼专门立法，配置公益诉讼的相关办案手段，赋予检察机关刚性调查核实权，同时设置公益诉讼范围的兜底性条款，形成列举与概括性条款并存的公益诉讼法律依据，规范公益诉讼案件范围拓展的原则与规则。公益诉讼监督刚性不足、各项调查措施缺乏强制力几乎是当前理论界和实务界的公认结论，除了强化调查核实权外，亟须从权力系统化配置的角度围绕对行政机关的法律监督重新调配检察权能，打通监督的连贯性，化解监督范围有限、监督手段刚性不足等问题。可以将与行政公益诉讼相关的行政人员渎职犯罪侦查权赋予检察机关，以渎职侦查权为后盾，增强公益诉讼监督的刚性，充分体现公益诉讼中检察机关的监督职能，使得检察公益诉讼达到更优的制度效能。①

（二）检察法律监督现代化的战略支撑

要推进刑事、民事、行政、公益诉讼"四大检察"的现代化，离不开检察监督规范、人才、体制机制、技术等战略要素的支撑。夯实检察法律监督现代化战略支撑的路径可以从以下几方面入手。

1. 完善检察法律规范体系建设

宪法赋予了检察机关法律监督职责，而检察机关具体开展监督工作也需要有实体上的依据和程序上的规范。要深入贯彻党的二十大精神，坚定制度自信，深刻总结我国检察制度建设的规律性认识，提炼标志性概念、原创性观点、开拓性实践，不断总结新经验、确认新成果，积极推进法律监督领域的立法步伐，实现依法依规监督理念的制度化、实践化。公益诉讼立法即在眼前，此可作为检察监督的实践抓手。

2. 培养检察专业人才，提高检察工作队伍素质

习近平法治思想的核心要义之一，是要坚持建设德才兼备的高素质法治工作队伍。将这一坚持的要求落实到检察法律监督工作中，就是要全面提升检察干警的职业素养和专业水平，增强监督能力，让被监督者心服口服。因此，必须重视人才培养，继续大力实施人才兴检战略，充分依托现有的法学院校的检察理论研究基地，开展全方位检校合作，协同培育高层次检察专门人才；深化落实法官、检察官、监察官、人民警察、律师等同堂培训，一体提升政治素质和业务素养。② 同时，要遵循司法规律，抓实科学管理，通过全员、全面、全

---

① 参见刘志刚、平凡：《法律监督体系与监督能力现代化进程中的检察监督》，载《河北法学》2022年第11期。

② 参见天津市滨海新区人民检察院课题组：《以习近平法治思想统领检察机关的刑事审判监督工作——以刑事审判监督体系与监督能力现代化为研究视角》，载《天津法学》2021年第3期。

时检察人员考核，做实奖优罚劣，把依法履职的积极性、主动性、创造性激发出来，促进监督办案与政治建设、服务大局、为民司法紧密衔接。

3. 强化检察法律监督体制机制的现代化建设

机制是现代化的关键，必须深化司法体制改革，巩固深化近年来最高检从顶层设计上建立完善的一系列检察机制，进一步推进法律监督制度机制改革创新。最重要的是要深化检察一体化机制建设，进一步推进法律监督理念、职能、线索、手段、模式、组织、机制、人员的全方位融合、全局性重塑，增强上下级检察院之间在监督工作中的联动配合，深入研究跟进监督、精准监督、一体联动的机制运行模式，更好发挥专责法律监督机关职能作用。

4. 推动数字检察建设，运用大数据技术促进检察法律监督现代化

习近平总书记多次强调，"要运用大数据提升国家治理现代化水平""大数据是工业社会的'自由'资源，谁掌握了数据，谁就掌握了主动权"。检察机关要跟上社会信息化趋势，积极利用大数据、区块链、人工智能等新兴技术赋能新时代法律监督，积极探索大数据运用方式、平台、工具，推动司法办案与信息技术深度融合，助力推进执法司法制约监督体系改革和建设。检察法律监督工作必须加强数字化建设，借助大数据技术对检察监督办案数据进行挖掘、聚集和深度分析，发现深层次的规律、特点及趋势，更加精准识别类案背后的系统性、链条性治理漏洞，及时发现批量监督线索，从而通过制发检察建议、专项监督等方式，健全机制、堵塞漏洞，实现前端治理、治未病，完成从技术理性到制度理性、个案办理到类案监督、职能延伸到价值重塑的三个"新跨越"，推动检察监督呈现最直观的"现代化"。

新时代新征程，检察机关肩负着以检察法律监督现代化助推中国式法治现代化的光荣使命，要以习近平新时代中国特色社会主义思想和习近平法治思想为根本遵循，坚定检察法律监督的"中国式"立场，坚持检察法律监督的"现代化"方向，精准把握检察法律监督现代化的着力点，夯实检察法律监督现代化的战略支撑，以高质量的检察法律监督为实现中华民族伟大复兴贡献检察力量！

加强新时代检察机关法律监督的
历史逻辑、理论逻辑和实践逻辑[*]

吴建雄[**]

党的二十大报告在"坚持全面依法治国、推进法治中国建设"一章中提出"加强检察机关法律监督工作",这是继《中共中央关于加强新时代检察机关法律监督工作的意见》(以下简称《意见》)之后,以习近平同志为核心的党中央针对法律监督工作提出的明确要求。《意见》从党和国家全局的高度,对检察机关法律监督工作作出全面部署,深刻阐明了检察机关法律监督的宪法定位、主要职责、基本任务。《意见》既有顶层设计,又有具体规范和实践要求,为新起点上的检察工作指明了方向,是习近平法治思想指导下形成的重要制度成果,蕴含着中国特色社会主义人民检察事业行稳致远的历史逻辑、理论逻辑和实践逻辑。用"三个逻辑相统一"来研究《意见》及当下强化法律监督的主旨要义,具有重要的方法论意义。

一、加强新时代检察机关法律监督的历史逻辑

《意见》依据宪法法律和新时代要求,开宗明义地对检察机关职能定位和职能作用作出明确界定:"人民检察院是国家的法律监督机关,是保障国家法律统一正确实施的司法机关,是保护国家利益和社会公共利益的重要力量,是国家监督体系的重要组成部分,在推进全面依法治国,建设社会主义法治国家中发挥着重要作用。"其中,"法律监督"是检察机关的基本职能,"司法机关"是检察机关法律监督的职能特性,"保护国家利益和社会公益重要力量""在推进全面依法治国,建设社会主义法治国家中发挥重要作用"是检察机关法律监督的功能体现。申言之,法律监督基本职能是司法特性和保护、推进功能的上位概念,强化法律监督,就是通过保障法律统一正确实施,保护国家利

* 原文发表于《中共中央党校(国家行政学院)学报》2022年第5期,收入本书时略有删改。
** 湘潭大学法学院教授,全国检察业务专家。

益和社会公共利益、推进全面依法治国、建设社会主义法治国家的价值功能。

《意见》既立足本源，有着深厚的历史积淀，又着眼当下，具有崭新的时代特色。检察职能是国家职能的组成部分。"国家职能原本不分，刑起于兵。审判权逐渐从行政权中分离出来后，检察权又从审判权中分离出来。"[①] 通说认为，检察职能产生的初衷是对刑事侦查和刑事审判的监督制约。从域外看，检察制度一产生，检察官就承担着法律职责。[②] 随着国家社会治理理念和方式的变革，检察机关逐渐扮演起制衡国家权力与公民权利的角色。我国古代监察御史制度对现行监察制度和检察制度产生了深远而重大的影响，其维护中央集权、纠察不法官吏、监督法律实施等制度基因，对当下的国家治理仍有借鉴意义。从我们党的历史看，作为中国共产党领导的政权结构组成部分，检察机关因所处的时代背景和经济社会的发展变化而经历了从孕育到初创、从创建到撤销、从恢复到发展的历史变迁。受多重因素影响，检察职能的外在表现和实现方式不尽相同，但其监督法律实施、保证国家法制统一的职责内核没有发生改变。进入新时代，我们要从时代大势和时代使命出发，从检察职能的发展历史中"看清楚过去我们为什么能够成功、弄明白未来我们怎样才能继续成功"[③]，从而更加坚定、更加自觉地"走好法治事业、司法检察事业新的长征路"[④]。

（一）革命战争时期人民检察职能的探索和奠基

革命战争时期即新民主主义革命时期，是人民检察探索和奠基的历史阶段。新民主主义革命的时代背景和斗争实践，决定了检察机关维护法制统一实施的主要任务，是有效打击敌对分子、惩治反动派、保卫人民民主政权的刑事诉讼法律监督。这一历史时期包括土地革命、抗日战争和解放战争三个阶段，我们党在局部执政条件下，在革命根据地和苏区司法体制建设中创立检察制度；检察机关负责具有法律监督的性质刑事案件侦查、预审和起诉，并开始探索建立"审检并立"的司法体制，这奠定了新中国检察机关法律监督地位的基础。

土地革命早、中期，我们党在开辟农村包围城市武装夺取政权的斗争中建立起十几个革命根据地并成立苏维埃政权。其中，1937 年 7 月鄂豫皖区苏维埃政府革命法庭设立国家公诉员和国家公诉处，并以规范性文件明确检察机构

---

① 熊先觉、刘运红：《中国司法制度学》，法律出版社 2007 年版，第 84 页。

② 如法国、德国等主要大陆法系国家赋予检察官守护刑事司法体系的监督功能，检察官在提起公诉的同时，监督警察执法、审判、执行等活动。

③ 习近平：《在庆祝中国共产党成立 100 周年大会上的讲话》，载《人民日报》2021 年 7 月 2 日。

④ 张军：《传承发扬革命先驱梁柏台的崇高精神 扎实走好新时代人民检察事业新的长征路》，载《检察日报》2021 年 7 月 29 日。

和检察职能。① 1937 年 11 月，随着中华苏维埃共和国临时中央政府宣告成立，作为最高行政机关的人民委员会和作为最高审判机关的最高法院随即成立，同时，在中央政府及省、县、区、市设裁判部门和配置检察人员。普通刑事案件的公诉由法院（裁判部）、检察长及检察员承担，反革命案件的公诉由政治保卫局承担，军事犯罪案件的公诉由军事检察所②承担。对苏维埃法律法令的监督及对苏维埃公职人员的监督由工农检察部承担。由此，人民检察制度作为工农民主政权中司法制度的组成部分，伴随着苏维埃临时中央政府而创立。

抗日战争和解放战争时期，检察机关的中心任务是保护人民权利和保卫民主政权。抗战国共合作时期，检察机构的法律监督职能随着抗日民主政权的转变作了相应改变：撤销原司法部及省、县、区裁判部（科），在抗日民主根据地先后建立高等法院、地方法院。高等法院、地方法院名义上"受中央最高法院之管辖"，而实际上与国民政府的最高法院并无任何联系，只向边区参议会和边区政府负责。各边区均未设专门的检察机构，仍实行"合署制"或"配置制"，高等法院设置检察处，检察处设检察长、检察员。解放战争初期，解放区的司法体系仍以根据地的司法制度为参照，检察机关仍未专设，而是实行"合署制"或"配置制"。1946 年 10 月，陕甘宁边区高等检察处成立；在关东解放区，检察机关作为法律监督机关的定位开始在立法上得到明确体现。这一时期，人民检察在镇反、除奸、肃贪等保卫红色政权的斗争中充分发挥了重要职能作用。

（二）中华人民共和国成立后人民检察职能的确立和受挫

中华人民共和国成立至"文化大革命"前，是我国社会主义改造和建设时期。检察机关监督职能的主要任务是通过维护国家法律统一及正确实施，镇压反革命、打击各类犯罪活动，为社会主义改造和建设营造良好法治环境。我们党创造性运用列宁法律监督思想，将其与中国建设实际相结合，逐步确立检察机关作为国家法律监督机关的基本定位：检察机关行使刑事案件侦查、起诉和审判监督的职能，同时，民事行政诉讼监督开始启动。

---

① 鄂豫皖区苏维埃政府颁布《革命法庭的组织与政治保卫局的关系及其区别》规定："国家公诉处要研究对破坏受灾政权法律之案件提起公诉。当法庭审问被告人的时候，国家工作人员要来证明案犯之罪恶。"

② 军事检察所是红军中的检察机关，与军事裁判所同时成立于 1932 年，其性质、组织与职权均由 1932 年 2 月 1 日中华苏维埃共和国中央执行委员会颁布的《中华苏维埃共和国军事裁判所暂行组织条例》规定。根据该条例的规定，一切军事犯罪案件都应由军事检察所检察，然后移交军事裁判所裁判；军事检察所代表政府作为原告，就军事刑事犯罪案件向军事裁判所提起公诉，开庭时代表政府出庭告发；军事检察所有权调查核实证据，询问与案件有关的任何人，并有权调动供执行职务的军队。

在中华人民共和国成立前夕，中共中央宣布无条件地彻底废除《六法全书》旧法统，为全面构建社会主义人民法制奠定了基础。随后，在1949年9月召开的中国人民政治协商会议第一届全体会议上，《中国人民政治协商会议共同纲领》和《中华人民共和国中央人民政府组织法》获得通过，检察机关在国家制度和法律制度中的定位得以确立。

1949年10月1日，中华人民共和国成立并发布《中华人民共和国中央人民政府公告》，任命罗荣桓为最高人民检察署检察长。同年12月20日，《中央人民政府最高人民检察署试行组织条例》颁行，规定了检察机关在"检察政府机关及公务人员和公民是否遵守法律法令、对违法判决提起抗议、对刑事案件侦查起诉、检察监场所违法行为、参与民事案件及行政诉讼、处理不服检察机关不起诉处分"等六个方面的职权。① 刚刚成立的人民检察署，本着"边建设边工作"的精神，积极投入到镇压反革命运动，对自行侦办和公安机关侦办反革命案件提出指控和起诉，既防止重罪轻判，又防止错捕错判等工作之中。1951年底至1952年下半年，各级人民检察署积极投入"三反""五反"运动，以反贪污为中心环节，结合反浪费和反官僚主义，依法查处违法犯罪案件，保证办案质量。在1953年党中央部署的"新三反"斗争中，检察机关依法查处了一批严重违法乱纪案件。其中，山西革命烈属张三元被害致死一案的平反得到了毛泽东的肯定，检察署被群众称赞是"能为人民申冤的新机关"②。

1954年9月，我国首部宪法和人民法院组织法、人民检察院组织法问世。此后，"检察院"替代"检察署"，成为我国检察机关的统一名称。检察机关的"六项职权"③ 更加明确清晰。此后，人民检察院对刑事案件进行侦查、提起公诉，对诉讼活动的法律监督即刑事、民事案件的审判监督开始启动。在这一时期，检察机关法律监督职能的基本规范和行动目标得到宪法及相关法律的确认，初步形成以刑事检察为主、民事检察和行政检察为辅的法律监督格局。

1956年至1966年的10年，我国社会主义建设取得巨大成就，检察机关在"打击现行破坏活动"，正确执行"三少"政策，"同严重违法乱纪行为作

---

① 根据《中央人民政府组织法》的规定，在中央机构的组成中，最高人民法院及最高人民检察署为国家最高审判机关及检察机关，最高人民检察署对政府机关工作人员和全国国民之严格遵守法律负最高的检察责任。

② 《三年来人民检察工作的初步成绩和经验》，载《人民日报》1953年4月25日。

③ "六项职权"包括：对国家机关的决策及其工作人员的行为是否合法和公民是否遵守法律实行监督；对刑事案件进行侦查、提起和支持公诉；对侦查机关的侦查活动是否合法进行监督；对人民法院的审判活动是否合法进行监督；对刑事案件判决的执行和劳改机关是否合法实行监督；对事关国家和人民利益的重要民事案件提起诉讼和参加诉讼。

斗争"，"矛盾不上交"、依靠群众做好检察工作等方面取得了新的成绩。1966年至1976年，受"文化大革命"影响，民主法制遭到严重破坏，检察制度陷入停滞和撤销状态。

（三）改革开放新时期人民检察职能的恢复与拓展

随着我国进入改革开放和社会主义现代化建设新时期，检察机关得到恢复重建并实现了新的发展。1979年，随着人民检察院组织法的修订，维护国家法制统一成为检察机关全新的职能定位，检察机关被赋予监督机关的制度角色，这也标志着开展法律监督成为检察机关的重点工作之一。1982年，第五届全国人大五次会议通过宪法修正案，检察机关的法律监督机关地位得到宪法确认，人民检察院组织法的内容得到明确规定，检察制度的体系重塑基本完成。

改革开放初期，恢复重建的检察机关在平反冤假错案，打击严重经济犯罪、保卫"四化"建设，加强监管改造活动监督等法治实践中发挥重要职能作用。随着改革开放的推进，一些地方社会治安和经济犯罪形势严峻，各级检察机关根据中央部署全力以赴投入"严打"斗争，既从重从快又确保办案质量，为社会治安好转作出了贡献。同时开展打击严重经济犯罪的斗争，依法纠正某些经济犯罪分子判刑偏轻等问题，深挖隐藏较深的刑事犯罪和经济犯罪；加强法纪检察工作，注重查处渎职侵权犯罪。

从1988年第四季度开始，根据党中央的反腐败方针，最高人民检察院调整工作部署，把惩治贪污贿赂犯罪列为打击经济犯罪第一位工作，并作为整个检察工作的重点。① 与此同时，检察机关在党和政府的组织领导下，持续投入"严打"斗争，依法"从重从快"打击杀人、抢劫、强奸、爆炸、盗窃抢夺枪支、持枪作案等暴力犯罪，参加"反盗窃""扫黄""除六害"等各项专项斗争；提前介入重大特大刑事案件中公安机关的侦查活动，加强对侦查活动的法律监督；向监管改造场所派驻检察室，加强对人民法院刑事判决裁定的执行情况及监管改造机关执法活动的监督；积极运用检察建议等方式，加强检察环节社会治安综合治理。

进入20世纪90年代，在重点抓好反贪污贿赂和严打斗争的同时，根据党的十四届三中全会要求，加强了检察机关执法监督。在侦查监督中，重点纠正

---

① 1989年8月，"两高"联合发布《关于贪污、受贿、投机倒把等犯罪分子必须在限期内自首坦白的通告》，迅速形成反贪污贿赂斗争高潮。这一时期，最高人民检察院经济检察厅更名为贪污贿赂检察厅，全国各级检察院相继设立反贪污贿赂工作局，与之相配套的贪污贿赂罪案举报中心也在全国检察机关普遍建立，推动了反贪污贿赂斗争的深入开展。

打击不力和纠正冤假错案；在审判监督中，重点监督纠正重罪轻判、有罪判无罪以及轻罪重判等问题；在刑罚执行监督中，重点纠正不依法交付执行、超期羁押以及"纸面服刑"等问题；在民事审判和行政诉讼监督中，重点开展对错误判决、裁定的抗诉。1996年修改后的刑事诉讼法拓展和完善了法律监督的覆盖范围和职能线条，形成了"查办职务犯罪、打击刑事犯罪、强化诉讼监督"三项重点工作格局。

进入21世纪，党中央针对社会治安出现的严峻形势再次部署"严打"整治，检察机关在保持"严打"势头的同时，注意区分不同类型的犯罪，贯彻宽严相济刑事政策，确保"严打"斗争实效。在反腐败斗争中，坚决查办大案要案和发生在行政执法以及经济管理等机关部门的职务犯罪、县处级以上领导干部犯罪案件。加强诉讼监督，纠正和查处有法不依、执法不严、司法不公的问题。开展集中清理纠正超期羁押，集中查处违法减刑、假释、暂予监外执行和司法人员贪赃枉法导致司法不公等问题，畅通公民控告申诉渠道。这一时期，检察机关贯彻党关于全面建成小康社会的决策部署，在办案中更加注意保障和改善民生，巩固和发展了"三项重点工作"格局。尽管这一时期民事诉讼法和行政诉讼法得到修订，检察机关民事行政监督有所加强，但总体上处于滞后状态，刑事检察特别是职务犯罪检察的主导地位不断强化，呈现出刑事检察为主、民事检察和行政检察为辅的法律监督基本特征。

（四）新时代人民检察职能的调整重塑和创新发展

党的十八大以来，习近平总书记对检察工作作出一系列重要指示，对检察机关法律监督的重要地位、主要职责、基本任务作出深刻阐释，检察机关法律监督的实践与制度创新取得重大进展。随着国家监察体制改革的推进和相关法律制度的调整，我国的国家权力结构发生重大改变，形成了"一府一委两院"的体系格局。检察机关重刑事检察监督、轻民事行政检察监督的工作方向得到根本性、全局性调整，宪法法律赋予检察机关的"四大检察"职能进入全面协调发展轨道。

2012年至2017年，最高人民检察院以习近平新时代中国特色社会主义思想为指导，明确"十三五"时期检察工作的总依据、总任务、总布局、总要求，履行法律监督的神圣使命。贯彻中央反腐败决策部署，经中央批准成立新的反贪污贿赂总局，加强查办和预防职务犯罪工作，为形成反腐败斗争的压倒性态势作出重要贡献。积极推进平安中国建设，维护国家安全特别是政治安全和制度安全，深入开展反分裂、反渗透、反间谍、反邪教斗争和严厉打击暴恐专项行动，严厉打击恶性暴力犯罪，依法惩治电信网络诈骗犯罪，"套路贷"涉及的诈骗、强奸等犯罪，打击宗族恶势力犯罪。结合民事诉讼法和行政诉讼法的修改，开展公益诉讼检察试点，公益诉讼检察制度基本形成。坚决贯彻党中央加强对反腐败集中统一领导、推进国家监察体制改革的决策部署，全力配合做好反贪、反渎等职能力量转隶监察委的试点工作和全面推开工作，全国44000余名检察人员的转隶工作如期完成。

党的十九大以来，最高人民检察院认真贯彻党中央决策部署，领导全国各级检察机关深入贯彻习近平法治思想，立足新时代人民群众的更高要求，以高度的政治自觉、法治自觉和检察自觉全力做好新时代检察各项工作。树立"在办案中监督、在监督中办案""精准监督""秉持客观公正立场""全面协调充分发展""双赢多赢共赢"等新时代司法检察理念，全面准确落实宽严相济刑事政策，主动服务打好"三大攻坚战"①；统筹实施疫情防控法治实践，推进扫黑除恶专项斗争，推出平等保护民营经济、确保群众信访件件有回复、以典型案件重塑正当防卫、落实指控证明犯罪和认罪认罚从宽制度主导责任、构建公益保护"中国方案"，强化检察建议刚性等一系列新举措；落实国家监察体制改革要求，实现监检衔接；不断调整完善法律监督的总体格局，统筹推进"四大检察"，重点谋划推进"十大业务""捕诉一体""派驻＋巡回"等内设机构系统性、重构性改革，构建起新时代法律监督体系。

要揭示检察权发展的本质和真谛，不仅要阐明检察权发展的基本特征和实践路径，也需要从权力与责任结合的视角，探求检察权发展的内在机理。有学者对中华人民共和国成立以来特别是近几年检察权的新发展进行梳理和分析，认为我国检察权在始终保持法律监督权基本属性的前提下，适时地根据时代变迁调整权力外延和权力运行方式，实现检察权发展与国家治理的同频共振。②从检察权发展的实践看，"保持法律监督权基本属性的前提下调整其权力外延和权力运行方式"是一种表征，其内在机理，是检察机关在履行法律监督职能中"切实担起党和人民赋予的更重责任"③。新时代检察职权的调整，并非职务犯罪侦查权转隶后检察权的"另辟蹊径"，而是满足人民群众对民主法治新要求的主动作为和履职担当。从人民检察发展的历史看，正是在党的领导下，一代又一代检察人的忠于职守、担当作为，推动着检察职能与经济社会发展同频共振。概言之，以高度的政治自觉、法治自觉和检察自觉，担当起应该

① "三大攻坚战"是指防范化解重大风险、精准脱贫、污染防治。2017年10月18日，习近平总书记在党的十九大报告中提出：要坚决打好防范化解重大风险、精准脱贫、污染防治的攻坚战，使全面建成小康社会得到人民认可、经得起历史检验。
② 谢鹏程：《检察学：围绕检察基本理论创新立说》，载《检察日报》2021年1月9日。
③ 中共最高人民检察院党组：《加强新时代检察机关法律监督工作，更实担起党和人民赋予的更重责任》，载《人民日报》2021年9月2日。

担当的法律监督责任，是人民检察事业稳步发展的真谛所在，是加强新时代法律监督工作的成功密码。

二、加强新时代检察机关法律监督的理论逻辑

检察机关法律监督的制度设计，不仅符合中国特色社会主义制度的政治属性和法治要义，也闪耀着马克思主义思想的理论光辉。马克思主义人民主权思想在与中国实践相结合的过程中，衍生出人民代表大会制度理论、人民民主专政理论和法律监督思想。进一步强化和提高检察机关法律监督的职责和效能，是推进全面依法治国、建设社会主义法治国家的必然要求，蕴含着深刻的政治逻辑、价值逻辑、监督逻辑和功能逻辑。

（一）中国共产党绝对领导的政治逻辑

我国的司法机关必须坚持党的领导，这与西方国家存在质的区别。纵观我国人民检察史，就是一部中国共产党创建和领导人民检察的历史。从检察事业的发展可以看到，党在救国大业中创建人民检察，在兴国大业中加强人民检察，在富国大业中发展人民检察，在强国大业中完善人民检察。实践证明，只有在中国共产党的绝对领导下，检察工作才能保持正确方向，检察职能才能充分有效发挥，检察机关的法律监督工作才能服务新时代、取得新成效、实现新发展。《意见》贯彻习近平总书记对检察工作的重要指示，指出加强检察机关法律监督的明确方向、作出加强检察机关法律监督的系统部署，是习近平法治思想在检察机关法律监督工作中的具体化。

中国共产党的领导地位和执政地位是历史和人民的选择。我国宪法从根本上确立了中国共产党的领导地位，这是人民当家作主和依法治国的根本保证。司法机关是国家政权的重要组成部分，必须毫不动摇坚持党的领导。在人民代表大会制度下，"一府一委两院"依法行使权力，检察机关作为国家法律监督机关，专司法律监督职能，保证国家权力在法治轨道上正确运行。这充分体现了我国社会主义制度下加强权力监督制约的客观要求，也是党的领导的政治优势和制度优势的鲜明体现。检察机关开展法律监督工作的立足点和落脚点，就是坚持党的领导，在立场、方向、原则、道路上与党中央保持高度一致。民事检察、行政检察、公益诉讼等各项职权，涉及社会领域的各个方面，这些检察职权的行使，离不开党的思想政治领导、方针政策指导和党组织的关心、支持与监督。特别是在改革进入深水区的新阶段，各种社会矛盾相互交织，检察工作的工作任务和工作环境愈发复杂的形势下，没有党总揽全局、协调各方的领导作用，检察工作就会失去动力和方向。所以，只有将检察工作始终置于党的

领导之下，检察机关的法律监督职能才能得到充分发挥。

（二）人民检察为人民的价值逻辑

江山就是人民，人民就是江山。《意见》提出了发挥法律监督职能，为大局服务、为人民司法的四项基本要求，即"坚决维护国家安全和社会大局稳定""服务保障经济社会高质量发展""切实加强民事司法保障""积极引领社会法治意识"。这是以人民为中心的法治理念在检察实践的体现，蕴含着新时代检察机关人民属性的价值追求，蕴含着系统的治理逻辑、历史的唯物观点和鲜明的人民立场。其价值逻辑在于：维护国家安全和大局稳定，就是为了提高人民安全感；保障经济社会高质量发展，就是提高人民获得感、幸福感；加强对司法的监督，就是保障人民权益；引领社会法治意识，就是为了保障人民当家作主。概言之，充分发挥检察机关法律监督的职能作用，就是为了实现好、维护好、发展好最广大人民根本利益。

人民性是中国特色社会主义法治体系的本质属性，从根本上决定了我国的司法体制和检察制度具备与生俱来的人民属性。我国古代司法虽然也具有"定分止争""兴功惧暴"等社会治理功能，但其并无法从根本上摆脱维护皇权统治的制度烙印。社会主义法治和司法不仅是治国理政的重要方式，具备不可替代的秩序价值，也是实现人民群众对公平正义追求的制度依托，承载着体现人民利益、反映人民愿望、维护人民权益、增进人民福祉的政治价值，其本身具有鲜明的人民性。正如习近平总书记所言："坚持人民主体地位，必须坚持法治为了人民、依靠人民、造福人民、保护人民。"① 人民就是依法治国的主体和力量源泉，实现检察为民就要充分尊重和保障人民主体地位，满足人民群众对民主法治、公平正义的期待。

从国家的根本政治制度看，我国的根本政治制度是人民代表大会制度，是人民利益和人民意志的体现。司法机关必须对人民代表大会负责，必须在人民代表大会的监督之下开展工作，这是人民代表大会制度的本质要求。我国的人民代表大会制度，是具有中国特色的政权组织形式，体现了社会主义国家的根本性质，是历史的选择、人民的意愿，根植于中国大地。人民代表大会制度有效保障人民充分行使当家作主的权利，实现了民主与效率的有机统一。正如邓小平所言："西方的民主就是三权分立，多党竞选，等等。我们并不反对西方国家这样搞，但是我们中国大陆不搞多党竞选，不搞三权分立、两院制。我们实行的就是全国人民代表大会一院制，这最符合中国实际。"②

---

① 《习近平关于全面依法治国论述摘编》，中央文献出版社2015年版，第29页、第34页。

② 《邓小平文选（第3卷）》，人民出版社1993年版，第240页。

从检察机关的权源看，人民检察为人民体现检察权的人民性。我国的国体和政体是人民意志的集中体现，是人民当家作主的可靠保障。中华人民共和国的一切权力根本上都属于人民，包括审判权和检察权在内的一切国家权力，都是受人民委托而行使的。全国人民代表大会和地方各级人民代表大会是人民行使权力的机关，其他各级国家机关都由各级人民代表大会及其常务委员会选举产生，对其负责，受其监督。根据我国宪法和立法法、组织法等法律规定，在坚持国家权力的统一性的前提下，审判权由最高人民法院和地方各级人民法院行使，检察权由最高人民检察院和地方各级人民检察院行使。审判和检察机关在全国及地方各级人民代表大会及其常务委员会的监督下，分别行使部分国家权力的政权结构形式，就是人民民主原则的鲜明体现。

从检察机关的宗旨看，人民检察为人民体现司法检察活动的根本归属。服务人民是我国的检察审判制度从建立之始就具备的独特品格，满足人民诉求就是人民司法机关的价值追求，人民满意始终是司法检察工作的不懈目标。司法机关的工作是否得到人民的认可，必须通过人民代表大会对最高人民法院、最高人民检察院工作报告的审查和表决实现，这是人民满意度的检验标准之一；而西方司法制度强调公权和私权对司法权的绝对服从并形成了传统，司法官员一经任命，基本不受立法机关和民意代表的监督①。我国司法机关在办案时遵循"公正与效率统一"的价值追求，符合我国社会治理的现实需要，也顺应了人民群众对"公正、高效"的愿望和要求。

（三）以权力制约权力的监督逻辑

习近平总书记指出："要强化对公权力的监督制约，督促掌握公权力的部门、组织合理分解权力、科学配置权力、严格职责权限，完善权责清单制度，加快推进机构、职能、权限、程序、责任法定化。"《意见》强调了检察权与审判权、监察权、行政权的衔接配合和监督制约②，体现了"合理分解权力、科学配置权力、严格职责权限，完善权责清单制度"③的基本精神。这种以权力制约权力的监督，贯穿于刑事检察、民事检察、行政检察和公益诉讼检察之中。

刑事检察和民事检察从根本上说，就是通过对违法犯罪侦查（调查）和

---

① 万鄂湘：《从中西方政治制度比较看我国司法制度的人民性》，载《人民法院报》2008年9月16日。

② 《意见》提出健全执法和刑事司法衔接机制，强化对刑事立案侦查、审判活动的监督，加强检察机关与监察机关办案衔接和配合制约，完善刑事执行和监管执法监督，精准开展民事诉讼监督，全面深化行政检察监督，积极稳妥推进公益诉讼检察，完善审判监督工作机制等。

③ 习近平：《在新的起点上深化国家监察体制改革》，载《求是》2019年第5期。

审判活动的监督制约，防止国家刑事司法权力的不规范行使甚至滥用，保障犯罪侦查（调查）权和审判权依法规范运转的制度设计。就刑事检察而言，对刑事案件的批准逮捕、审查起诉、提起公诉和抗诉，从某种意义上说，就是对刑事侦查（调查）活动是否规范合法，证据是否确实、充分，捕诉提请是否适当，刑事审判活动是否规范合法，定罪量刑是否适当等的刚性监督。而对刑事侦查中应当立案而不立案、不应当立案而立案，用刑事手段插手民事纠纷、经济纠纷，阻碍律师依法行使诉讼权利、审判程序或者实体违法等行为和刑事执行中监管改造场所违法减刑、假释、暂予监外执行违法行为等，则通过提出纠正意见和检察建议等监督手段予以纠正，实现打击犯罪和保障人权的制度价值。民事检察监督是对法院民事审判权力与执行权力的监督，使当事人在诉权被侵犯时能够得到及时救济，确保民法典统一正确实施。就民事检察而言，其具有鲜明的制约权力、保障权利的法治特征。

在党和国家监督体系中，检察权与监察权的配合制约，主要体现在对"人"的监督与对"事"的监督的配合制约、查办公职人员腐败犯罪案件中的配合制约两个方面。一方面，监察机关作为反腐专责机关，对所有行使公权力的公职人员进行权力监督；检察机关作为法律监督机关，通过对相关国家机关的权力运行过程和决策进行监督，保证公权力依法规范运行。另一方面，在公职人员腐败犯罪案件的查处中，检察机关与监察机关紧密衔接和配合制约，以刑事法治的威慑力，一体推进"不敢腐、不能腐、不想腐"。就职务犯罪惩治的制度安排而言，检察机关的提前介入、审查起诉、退回补充调查或自行补充侦查等，是对监察机关职务犯罪调查活动的监督和制约；检察机关行使司法人员相关职务犯罪侦查权，通过与监察机关的衔接协同，既是对腐败惩治效能的补强，也是惩治司法腐败、维护司法公正的重要举措。

行政检察和公益诉讼检察，是检察权以间接和直接方式监督制约和保障行政权规范运行的制度设计。行政权作为党和国家监督体系的重要职权，是国家行政机关执行法律管理国家行政事务的权力，具有组织管理、资源分配、规范制定、争议调处等多重属性。在全面推进依法治国的进程中，加强对行政权的监督制约，促进依法行政是其中的难点和关键。从现实情况看，行政机关的滥用职权和失职、渎职等行为是导致和激化诸多社会矛盾的主要原因之一①，而生态环境和资源保护、国有资产保护、国有土地使用权出让、食品药品安全等领域造成国家和社会公共利益受到侵害等，在一定程度上与行政不作为或乱作为有关。这就要求行政检察坚持以行政诉讼监督为基础，以行政争议实质性的

---

① 孙谦：《设置行政公诉的价值目标与制度构想》，载《中国社会科学》2011年第1期。

化解为抓手，以非诉执行监督为补充，与相关监督职能相衔接，综合运用抗诉、检察建议等监督方式，全面履行监督职能。公益诉讼检察要围绕生态环境资源保护国有财产保护国有土地使用权出让等领域开展监督工作，把握公益诉讼案件的查办规律，通过对履职、起诉的督促，支持起诉，提起诉讼等方式，严格履行诉前检察建议和起诉程序，确保案件得到有效办理，实现监督中办案和办案中监督的有机结合。

（四）推进国家治理现代化的功能逻辑

《意见》立足推进国家治理现代化的全局高度和长远战略，从检察机关政治建设到提升检察人员专业素养，从全面落实司法责任制到各项具体制度的设立，从加强党对法律监督工作的领导到加强对法律监督工作的监督制约等方面，对进一步提高检察机关法律监督的能力提出了新的要求。这些新要求无不体现对法律监督整体效能的考量。

法治是国家治理体系和治理能力的重要依托，法律监督是法治不可或缺的重要力量。从法理上看，社会主义法律既要服务于政治，执行政治职能，具有鲜明的阶级性；又要处理社会公共事务，执行社会职能，保护最广泛社会主体的利益，具有广泛的人民性。检察机关如果只承担惩罚犯罪任务，忽视防范、教育、保护、监督等职责，法律的人民性和社会性就无从体现。全面贯彻法的精神、体现法的属性，就要在检察司法过程中，以辩证的思维、全局的视野，全面提升检察司法境界，以系统施治、长效常治彰显法律赋予的多重价值。特别是推进国家治理体系和治理能力现代化，就是要创造安定有序的社会环境、诚实守信的经济环境、清正廉明的政务环境、公平公正的司法环境。如果只有刑事惩治，没有民事、行政检察和公益诉讼等职能的充分履行，检察机关的法律监督就是不完整的。也就是说，作为承载法律监督职能的检察机关，适应和体现国家治理现代化的要求，更加注重系统观念，准确把握国际国内发展大势，清醒认识肩负的检察责任，把监督办案与厚植党的执政基础紧密联系在一起，在党和国家大局中推进检察工作。

发展社会主义民主政治是推进国家治理体系和治理能力现代化的重要前提。习近平总书记指出，"发展社会主义民主政治就是要体现人民意志、保障人民权益、激发人民创造活力，用制度体系保证人民当家作主"①。在民主政治建设中，检察机关要履行人民代表大会赋予的法律监督职能并对人民代表大会负责，体现人民的意志；要通过依法惩治犯罪、保障人权的诉讼、非诉讼和

---

① 习近平：《决胜全面建成小康社会 夺取新时代中国特色社会主义伟大胜利——在中国共产党第十九次全国代表大会上的报告》，人民出版社 2017 年版，第 56 页。

诉讼监督，维护人民权益和社会公益；要通过维护司法公正保障社会公平正义，激发人民群众的创造活力；要通过维护法律统一正确实施，防止公共权力滥用，保障人民当家作主。这些都充分说明，只有综合运用刑事、民事、行政、公益诉讼等多项权能和措施，才能在社会主义民主政治建设中有担当有作为。在法律监督的系统结构中，各项权能均以不同的法律手段发挥作用。这些权能在检察业务中的地位是平等的，任何厚此薄彼、在资源配置上向某项权能倾斜的做法都不利于法律监督职能的全面充分发挥。执法方式的多元理念，实际蕴含着统筹兼顾、全面推进的内在机理，蕴含着马克思关于"整体"思想的意蕴和马克思主义中国化、时代化的系统观念。即强调事物之间的有机联系和互为作用，反对把整体和运动归为一种单向的、直线的机械作用和相应的因果联系，反对割裂整体形成若干单个存在，以及将立体和有机联系的整体变成分裂的"没有生命力的平面图"①。"四大检察"的协调充分发展和整体推进，就是从法律监督的本质要求和衡平原则出发，合理配置资源，使法律监督职能全面发挥，法律监督潜能全面激活，法律监督功能释放，法律监督效果全面彰显，以丰富多元的检察产品满足经济社会发展和人民群众的司法需求，助力国家治理体系和治理能力现代化。

三、加强新时代检察机关法律监督的实践逻辑

《意见》将最高人民检察院党组提出的"讲政治、顾大局、谋发展、重自强"写进文件的"总体要求"之中，体现了党中央对这一新时代检察工作方略的充分肯定。《意见》以问题为导向，在深化和巩固既有的检察工作成果的基础上，提出了亟待增强补齐的短板和弱项，进一步丰富了"讲政治、顾大局、谋发展、重自强"的科学内涵，形成了一个逻辑严谨的加强新时代检察机关法律监督工作的实践图谱。党的二十大报告强调"在法治轨道上全面建设社会主义现代化国家""全面推进国家各方面工作法治化"，为深入实践新时代检察工作方略提供了根本遵循。

（一）讲政治：法律监督的工作之魂

讲政治是加强检察机关法律监督的最鲜明标识，是强化法律监督工作的灵魂。习近平总书记深刻指出："每一种法治形态背后都有一套政治理论，每一种法治模式当中都有一种政治逻辑，每一条法治道路底下都有一种政治立

---

① 李国勤、张乾元：《论马克思主义的整体观》，载《武汉水利电力大学学报（社会科学版）》2000 年第 2 期。

场。"① 这一重要论述深刻阐明了政治与法治的关系。检察机关是党领导下的法律监督机关和司法机关，其根本职责就是运用法律将党的主张和人民意愿贯彻到社会生活的具体实践，政治性无疑是第一属性。旗帜鲜明讲政治是包括人民检察制度在内的中国特色社会主义制度的重要特征。

1. 坚定讲政治的立场

"贯彻落实《意见》首先要从政治上看，坚决落实保证党全面领导的政治责任。"② 检察机关和检察队伍必须坚定不移站稳政治立场。中国共产党的根本立场就是人民立场，这也是检察机关法律监督不可须臾动摇的政治立场。"民心是最大的政治"③，检察机关应当从政治大局出发、从人民关切出发，切实维护人民群众合法权益；重点解决人民群众反映强烈的突出问题，多谋民生之利，多解民生之忧，以实际行动赢得民心、取信于民，使检察工作更加符合群众期待，使司法为民成为每个检察人员最重要的职业良知，真正做到在检察司法中"坚守人民立场和人民情怀，强化保护与打击的责任担当，把握服务大局的执法导向，夯实依靠群众的检察基础，践行不负人民的职责使命"④。

2. 清除"两张皮"的痼疾

清除"两张皮"的痼疾就是纠正将政治与业务截然分开的错误认识，实现讲政治与抓业务的有机统一。离开业务讲政治，就会流于空泛，失之虚浮，无法发挥政治建设的引领作用。离开政治讲业务，犹如蒙着眼走路，不但极易偏离正确方向，更是会跌跟头。⑤ 清除讲政治与抓业务"两张皮"的痼疾，就是要深刻认识检察工作的特殊性，正确把握讲政治与抓业务相互融合、相互促进的辩证关系，把讲政治融入司法办案之中，做到准确防范风险、化解风险，坚持化解风险与办案同步展开，确保矛盾不上交，问题化解在基层。就是善于用法律手段解决好带有政治敏感性的问题，用政治意识处理好疑难复杂的法律问题，力求在更高水平上实现执法办案政治效果、法律效果、社会效果的统一，坚持对执法办案政治价值、社会价值、法律价值的一体追求。

---

① 《习近平关于全面依法治国论述摘编》，中央文献出版社2015年版，第29—34页。
② 中共最高人民检察院党组：《加强新时代检察机关法律监督工作，更实担起党和人民赋予的更重责任》，载《人民日报》2021年9月2日。
③ 习近平：《在中国共产党第十八届中央纪律检查委员会第六次全体会议上的讲话》，载《人民日报》2016年1月12日。
④ 吴建雄、杨立邦：《人民检察制度的理论逻辑与价值彰显》，载《行政管理改革》2020年第5期。
⑤ 《坚持讲政治与抓业务有机统一——论学习贯彻第十五次全国检察工作会议精神》，载《检察日报》2021年1月12日。

3. 落实讲政治的责任

讲政治既是检察机关的优良传统和检察事业健康发展的根本保证，也是党章党规和宪法法律规定的法定责任。落实保证党的全面领导的政治责任，是贯彻执行党章党规、有效实施宪法法律的第一位要求。那种认为"讲政治太远，是领导干部的事""讲政治太空，与具体工作无关""讲政治太虚，与抓业务相矛盾"等的思想认识是站不住脚的，是错误的。弄清楚"讲政治"的"讲"不只是讲话的"讲"，更是讲求、讲究、推崇、行动。讲政治不是空的，是具体的而不是抽象的，是行动的而不是口头的，是知行合一的而不是言行各异的。讲政治的具体落实，需要全方位的整体谋划，使讲政治的原则转化为公正执法司法的具体实践。第一，各级地方党委既要督促检察机关有效履职尽职，也要坚持党管干部原则，支持检察机关领导班子队伍建设；第二，上级检察机关党组要按照有关规定，切实做好对下级机关领导班子的协管；第三，各级人大及其常委会要通过工作报告审议和专项工作检查等方式，监督和支持检察机关依法履职。

（二）顾大局：法律监督的工作之要

为大局服务、为人民司法，是检察机关的重要使命。《意见》明确提出紧紧围绕统筹推进"五位一体"总体布局，协调推进"四个全面"战略布局，推动检察机关法律监督与其他各类监督有机贯通，相互协调，为坚持和完善中国特色社会主义制度，推进国家治理体系和治理能力现代化，不断作出新贡献，这为检察机关服务经济社会高质量发展提供了根本遵循。

1. 锚定顾大局目标

为统筹推进"五位一体"总体布局和协调推进"四个全面"战略布局提供有力的司法保障，就是检察机关顾大局的目标。"五位一体"和"四个全面"集中体现了人民群众对美好生活向往和实现路径。我们党在加强和改进执政能力建设中，更加注重以人为本，把经济建设搞上去，使老百姓的生活水平不断提高；搞好政治建设，使群众享有民主更充分，法制更健全；推进文化建设，使公民道德素质更高；加强社会建设，使人与人之间关系更融洽；加强生态文明建设，使人民的生活环境更舒适宜人。以习近平同志为核心的党中央擘画的顶层设计，指明了当前和今后一个时期党和国家各项工作的关键环节和主攻方向，既立足当前中国国情，也适应历史发展大势，明确了检察机关服务大局的目标远景。检察机关服务党和国家大局，就是立足"五位一体"总体布局和"四个全面"战略布局，为检察机关厉行法治提供不竭动力，把宏伟的蓝图构想落实到法治中国的检察实践，把科学系统的部署要求转化为具体工作的成效亮点。

2. 把握顾大局的重点

从统筹推进"五位一体"、协调推进"四个全面"的大局出发，加强新时代法律监督应当从五个方面突出重点：一是在总体国家安全观的落实中，将平安中国建设推向更高水平，重点惩治破坏国家领土完整、颠覆国家政权等危害国家安全的犯罪；推进扫黑除恶常态化，将扫黑除恶斗争成果制度化，推动健全网络综合治理体系。二是服务保障经济社会高质量发展，要准确把握新发展阶段中各类矛盾的新特点，在检察实践中贯彻新发展理念，为经济社会高质量发展提供坚强保障。三是加强民生司法保障，加大对人民群众身边的食品药品安全、环境保护、安全生产等领域犯罪的追诉力度。四是引领社会法治意识，在个案监督中充分发挥社会主义核心价值观规范社会行为、引领社会风尚的善治作用。五是在反腐败斗争中继续发挥职能作用，高质高效完成职务犯罪案件的审查逮捕、审查起诉、出庭公诉和司法人员相关职务犯罪侦查、公诉等工作，在党和国家监督体系中发挥司法监督职能作用，为一体推进"不敢腐、不能腐、不想腐"贡献力量。

3. 健全顾大局的机制

健全顾大局的机制，就是通过一系列的制度安排将顾大局的实践要求固定下来。其一，着眼于更高水平的平安中国建设，准确把握宽严相济刑事政策，进一步发挥认罪认罚从宽制度的治理效能；贯彻实施香港特别行政区维护国家安全法工作机制，健全相关职能部门涉黑涉恶案件统一把关机制，完善网络犯罪追诉证据标准和规则。其二，着眼于推动构建新发展格局，推行被侵权企业诉讼权利主动告知制度，推进知识产权案件跨区域集中管辖，制定侵犯知识产权案件证据审查指引；落实服务民营经济、优化营商环境的相关检察政策。探索在证监会建立派驻法律监督机制，探索建设金融犯罪预防教育平台；落实刑事案件涉扶贫领域财物依法快速返还机制，推动完善"一带一路"沿线国家和地区司法协作机制。其三，坚持和发展新时代"枫桥经验"，进一步发挥群众治理主体作用，推动矛盾纠纷实质性化解。其四，增强依法反腐的工作合力，健全刑事司法与监察调查衔接，完善司法人员相关职务犯罪管辖案件衔接协调、线索移送和协作办案等工作机制。

（三）谋发展：法律监督的工作之本

谋发展是加强新时代法律监督工作的本质要求。申言之，就是紧紧围绕《意见》中关于检察机关的定位，抓住司法体制改革、监察体制改革、各项诉讼制度改革叠加聚合的历史机遇，以改革创新驱动转型发展。

1. 把握谋发展的要求

党的十九大以来，在以习近平同志为核心的党中央坚强领导下，检察机关实现理念变革、职能重塑、机构重组，检察队伍展现出新姿态、新面貌，检察事业进入新发展阶段。"十四五"时期是我国实现新的更大发展的关键期。我国社会主要矛盾转化，人民群众对民主、法治、公平、正义等提出了新的要求，各方面需求呈现多样化、多层次、多方面的特点。检察机关法律监督供给跟不上、不适应，发展中的矛盾和问题突出体现在发展质量上。检察工作谋发展就是以检察工作自身高质量发展，为全面建设社会主义现代化国家提供有力司法保障。遵循《意见》谋发展，一是在党和国家工作大局视野中提高服务精度，打造出更加符合人民期待的检察产品，在服务保障中引领向善、在推动发展中实现善治。二是以自身工作的质量保障服务发展的高质量，检察机关既是司法实践的监督者，也是参与者，其监督职责的践行是参与式、跟进式、融入式的，这就要求检察机关自身各项工作必须做到高质量，全面提升以监督办案为特征的法律监督质效，更好维护司法公正。三是完善和发展中国特色社会主义检察制度。包括法律监督体系、检察组织体系、检察理论体系更完善，检察领导体制、职权配置和运行机制更科学。

2. 完善谋发展的布局

检察机关坚决落实国家监察体制改革、全面落实司法体制改革，形成"四大检察""十大业务"的检察工作总体布局，完善了检察机关法律监督体系。在新的起点上谋发展，就应在"四大检察"布局"完善"上做文章。一是做优刑事检察。全面准确落实宽严相济刑事政策，依法行使起诉裁量权，发挥在认罪认罚从宽制度中的主导作用；加强对刑事程序各个部门和各个环节的监督，完善刑事执行和死刑复核法律监督机制和问责机制。二是做强民事检察。培育权力监督与权利救济相结合的民事检察思维，确立法定性与必要性相结合的民事检察监督标准，完善民事审判抗诉机制，健全虚假诉讼发现制裁机制。三是做实行政检察。以行政争议实质性化解为抓手，完善对行政生效裁判的抗诉机制，加强对具有较大影响的典型案件的监督。四是做好公益诉讼检察。针对地区实际调整公益诉讼的领域，切实发挥诉讼的刚性，解决群众反映强烈的问题。

3. 推进谋发展的实践

推进谋发展的实践，就是根据"补短板、强弱项"的要求，提高改革举措的体系化、精细化和适应性，系统提升法律监督的质量和实效。其一，加强与行政执法机关的有效衔接。完善检察机关与行政执法机关、公安机关、审判机关执法司法信息共享、案情通报、案件移送制度，实现行政处罚与刑事处罚依法对接等。其二，健全对监狱、看守所等监管场所派驻检察与巡回检察相结合的工作机制，加强对社区矫正和财产刑执行的监督。其三，紧扣民法典实施，畅通司法救济渠道，加强对损害公共利益、程序违法、裁判不公问题的监督，保护各类主体合法权益。其四，通过检察建议等形式督促纠正行政机关违法行使职权或懒政怠政行为，并同时开展行政争议实质性化解工作。其五，建立公益诉讼检察与行政执法信息共享机制，加大环境资源保护、食品药品安全、国有财产保护等重点领域公益诉讼案件办理力度等。

（四）重自强：法律监督的工作之基

重自强就是全面提升检察机关和检察人员的整体素质和履职能力。面对新的形势和任务，检察工作对检察人员的政治素质、业务素质、职业道德素质等都有新的更高要求。《意见》对检察机关政治建设、业务建设和保障建设作出部署安排，为加强新时代检察机关法律监督、确保人民检察事业行稳致远奠定坚实基础。

1. 明确重自强的意涵

《意见》从六个方面对检察机关政治、业务和保障建设提出了要求，揭示了重自强的科学意涵，即"旗帜鲜明把党的政治建设放在首位""着力提升检察人员专业素养""深化司法责任制综合配套改革""坚持和完善党对检察机关法律监督工作的领导""加强对检察机关法律监督工作的监督制约""加强对检察机关法律监督工作的支持保障"等六个方面。申言之，就是要强化政治机关意识，增强政治判断力、政治领悟力、政治执行力，确保检察人员绝对忠诚、绝对纯洁、绝对可靠。具体而言，一是强化检察机关的政治意识，这是重自强的组织保障。发挥各级检察院党的领导责任，严格贯彻落实党中央决策部署，按照《中国共产党政法工作条例》的要求，对检察机关法律监督工作中的重大问题和重大事项，按照规定及时进行请示报告。二是提升检察队伍的专业素养，这是重自强的基础。即要求检察机关紧紧围绕专业化建设目标，从知识、能力、作风等方面系统发力，提升检察队伍的专业素养。三是加强对检察机关法律监督工作的监督制约，这是检察机关重自强的必要条件。检察机关不仅要接受人大、政协、纪检监察机关的监督，也要接受审判机关、公安机关的履职制约。同时，也要抓紧抓实检察机关的自我监督，确保检察权依法规范行使。

2. 抓住重自强的关键

成事之要，关键在人。提升检察机关整体素质和法律监督能力，关键是建设高素质专业化的检察干部队伍，实现政治素质建设和专业素质建设、法律监督质效与自我监督质效一体推进。一方面，强化政治素养和专业能力，须加强过硬检察队伍建设，把政治建设与业务建设融为一体，促进讲政治与抓业务有机统一。政治素养也是专业素养，是一切素养的基础和保障。《意见》明确提出对检察人员政治素养的根本要求，这就要求检察机关须把提高政治素养融入履职全过程，围绕专业化建设目标，加强能力建设。另一方面，《意见》明确了"进一步提升法律监督效能"的措施，这就要求检察机关提升监督刚性，创新监督方式。同时，增强法律监督"刚性"。要勇于开展自我监督，通过加强检察机关党风廉政建设，完善检察权运行制约监督机制，建立健全廉政风险防控体系，确保检察权依法规范行使，以强有力的自我监督确保检察机关法律监督质效提高。

3. 紧扣重自强的需求

建设过硬检察队伍是重自强的第一需求。必须坚持问题导向、目标导向。紧扣重自强的高标准、严要求，多策并举，同向发力。一是在政治引领上着力。提升检察机关党建工作质量和思想政治工作绩效。持续强化政治机关意识教育，构建条块结合的党建工作格局，坚持以党建带队建，发布党建融入业务典型案例；坚持在重大办案一线和重要专项工作中设立临时党支部，做好办案一线的思想政治工作；鼓励组建多种形式的青年干警学习交流平台。二是在干部培养上聚力。在提拔、考核、培养等工作中，把政治标准作为第一标准。包括配齐配强各级检察院领导班子，加大青年干部培养使用的力度，落实领导干部带头办案制度，改进检察教育培训方式，完善培训课程体系和教材体系，建设高水平师资队伍，强化培训基地与培训平台建设。三是在优化管理上发力。以深化司法责任制综合配套改革为抓手，健全人员分类招录和管理保障制度，完善遴选入和员额退出机制。四是在科技强检上用力。提高大数据的运用能力，促进执法司法公正、助力国家治理，以"数字革命"赋能新时代法律监督。

4. 夯实重自强的根基

基层强则检察强。检察机关绝大多数的人员在基层，绝大多数的办案量在基层，这决定了必须把基层检察院建设作为新时代检察工作创新发展的突出重点抓紧抓实。在这个问题上，要持续聚焦思想观念、素质能力跟不上的主要矛盾，按照重心下移、检力下沉的要求多措并举。一是在分类指导上着力。坚持从实际出发，避免指导工作的盲目性，通过探索建立分类基层建设目标管理机制、分类基层工作年度专题研究报告机制，增强基层建设的指导效能。二是在检务保障上聚力。积极争取增加中央财政转移支付资金，落实地方财政投入，完善县级检察院经费保障体系，建立正常增长机制。积极对接相关部门修订办案用房和专业技术用房建设标准，完善基础设施建设，特别是做好基础相对薄弱地区检察机关的援助工作。三是在办案装备上尽力。秉持重心下移、资源下沉的理念，搭建科学化、智能化、人性化的基层办案一线智慧检务平台。四是在深化阳光司法上用力。完善检务公开的内容、程序和方式，并动态调整，拓展类型化检索查询数据库，优化门户网站和检察服务平台功能。

结语

通过历史逻辑、理论逻辑与实践逻辑三者统一的视角，对中国特色社会主义伟大事业的发展道路和前进方向进行整体观照，是习近平总书记对马克思主义整体观的创造性运用，反映了唯物辩证法本质要求。党的十九大报告在谈到中国特色社会主义政治发展道路时指出，它"是近代以来中国人民长期奋斗的历史逻辑、理论逻辑、实践逻辑的必然结果，是坚持党的本质属性、践行党的根本宗旨的必然要求"①。从历史逻辑看，中国特色的人民检察，是中国共产党领导中国特色社会主义法治建设的伟大创造，是马克思主义法治观同中国实际相结合的制度成果。一部人民检察史，可以说是中国共产党创建和领导检察工作的历史。从理论逻辑看，中国特色的人民检察的理论基础，深深扎根在中国共产党创建和领导检察工作的历史发展和进程之中。马克思主义中国化创新理论在人民检察的历史变迁和创新发展中放射出真理的光芒。党的绝对领导的政治逻辑、人民检察为人民的价值逻辑、以权力制约权力的监督逻辑和推进治理体系、治理能力现代化的功能逻辑，既是马克思主义中国化的最新理论成果和重要内容，又是加强法律监督历史经验的时代表达。从实践逻辑看，最高人民检察院党组提出的讲政治、顾大局、谋发展、重自强的总要求，既体现了对人民检察历史逻辑的延续，又是新时代法律监督理论逻辑的生动演绎。它是一个相辅相成、有机联系的整体。讲政治是检察工作的首要前提，是顾大局、谋发展、重自强的根本保障。顾大局是检察工作的职责使命，既是讲政治的具体体现，又是谋发展、重自强的基本前提。谋发展强调稳步推进检察改革。只有谋发展，才能永葆讲政治、顾大局、重自强的生机与活力。重自强突出了检察工作的主体素能。只有重自强，才能把讲政治、顾大局、谋发展的任务落到实处。概言之，讲政治、顾大局、谋发展、重自强的实践逻辑，体现了检察机关决策者对人民检察事业与时俱进、继往开来的深入思考，是坚持和完善人民检察制度，全面担当新时代检察机关法律监督工作更大责任的必然选择。

---

① 习近平：《决胜全面建成小康社会 夺取新时代中国特色社会主义伟大胜利——在中国共产党第十九次全国代表大会上的报告》，人民出版社 2017 年版，第36—56 页。

人民检察事业 90 年：
发展历程、制度优势及其效能转化[*]

徐汉明　李　辉[**]

党的十八大以来，随着中国宪法和一系列法律与党内法规的修订、颁行与实施，全面深化包括检察体制在内的司法体制改革、监察体制改革等一系列成果在宪法法律中得以确认。坚持以中国特色社会主义根本制度为基准，以基本制度为支撑，以重要制度为保障，持续发展和完善中国特色社会主义检察制度，加快推进法律监督体系和法律监督能力现代化，不仅是切实承担起宪法及宪法性法律赋予人民检察院"五个维护""两个保障"职能任务的重要使命，而且是保障中国特色社会主义检察制度优势更好地转化为治理效能，保障法律正确实施，维护社会公平正义，维护国家法制统一、尊严和权威的关键所在。

一、人民检察事业的曲折发展历程

人民检察事业发展 90 年的光辉历程融汇于百年党史、百年法治建设之中，是党领导人民探索推进社会主义民主法治建设历史的缩影。

（一）新民主主义革命时期人民检察制度的萌芽与探索

从 1921 年 7 月中国共产党创建至 1949 年 10 月中华人民共和国成立，是党领导人民进行百年法制建设初期探索阶段。面对"大革命"失败后中国革命进入低潮以及国民党反动势力对革命的围剿，以毛泽东同志为代表的中国共

* 原文发表于《中南民族大学学报（人文社会科学版）》2022 年第 11 期，收入本书时略有删改。基金项目：教育部哲学社会科学研究重大课题攻关项目"习近平法治思想研究"（21JZD002）；最高人民检察院检察理论研究课题重大项目"检察机关落实习近平法治思想研究"（GJ2021A01）；司法部法治建设与法学理论研究部级科研项目重点课题"习近平法治思想对推进国家治理体系和治理能力现代化的重大指导作用研究"（21SFB1002）；教育部办公厅首批新文科研究与改革实践项目"经管法领域新文科建设实践以社会治理法学'三大体系'建设为例"（2021140097）。

** 徐汉明，中南财经政法大学国家治理学院教授，最高人民检察院检察基础理论研究基地（中南检察研究院）主任，中南民族大学特聘教授；李辉，中南财经政法大学博士研究生。

产党人把马克思主义经典作家关于"国家与革命""人民司法""法律监督"的基本原理与中国实际相结合，领导人民群众在江西瑞金创立中华苏维埃共和国，开辟了中国革命和人民政权建设道路的新境界，形成了隶属于苏区革命政权的检察机构体系。[①] 从 1931 年保护红色革命政权的革命法制创建阶段，到保护延安局部人民政权革命法制建设阶段，再到迎接全国解放革命法制，先后探索颁布《川陕省革命法庭条例草案》《工农检察局的工作条例》《各级检察委员会组织条例》《陕甘宁边区暂行检察条例》《关东各级司法机关暂行组织条例草案》等，为新中国人民检察制度的创建提供了组织雏形和制度基础。

（二）中华人民共和国成立后人民检察制度的创建与曲折发展

中国共产党夺取革命胜利后，建立关乎中华民族和中华人民共和国前途命运的国家制度被急迫地提到重大战略与决策日程上来。一方面，即将诞生的人民政权正处在严峻的国际政治博弈较量的大格局之中。以毛泽东为代表的中国共产党人吸取孙中山"五权分置"模式失败的历史教训，彻底废除国民党政府反动法律制度体系与"三权分立"政治模式，对苏联司法制度与检察制度进行创新性转化，开创性地建立了人民代表大会制度，由工人阶级领导的、以工农联盟为基础的人民民主专政等新型国家制度[②]，催生了与之匹配的人民检察制度。另一方面，中国共产党人领导和推动制定"五四宪法"及"五四检察院组织法"等相关法律制度，将隶属于中央人民政府具有行政制度性质的"检察署"上升定格为与行政制度、审判制度平行的地位，型构起了党集中统一领导下与行政机关、审判机关相协调相平行的崭新国家权力结构国家检察机关，并定名为"人民检察院"，呈现出权力制衡模式质的规定性。

（三）改革开放 30 年人民检察制度的恢复重建

20 世纪 80 年代以来，随着国际社会分工的细密化，生产、投资、贸易、服务、货物、知识产权等经济活动在各国间流动加速，国际社会经济发展呈现出全球化的样态。以邓小平、江泽民、胡锦涛为代表的中国共产党人相继作出解放思想、改革开放、把党和国家工作重点转移到以经济建设为中心、科学发展的战略抉择，对坚持和完善国家检察制度提出了急迫要求。一方面，人民检察制度在党的领导下得到长足发展。经历了从"党委领导，群众路线，执法必严，违法必究，保障民主，加强专政，实现大治，促进'四化'"检察方针的确定，到坚持"一手抓建设，一手抓法制"的提出；从坚持检察工作为社

---

① 孙谦：《人民检察制度的历史变迁》，中国检察出版社 2012 年版，第 50 页。
② 何毅亭：《中国特色社会主义制度和国家治理体系形成的历程和成就》，载《人民日报》2019年 12 月 2 日，第 9 版。

会主义现代化建设服务工作主题的确立，到坚持"严格执法，狠抓办案"工作方针的形成；从推进检察改革，服务依法治国、建设社会主义法治国家工作主题的谋定，到"以人为本、执法为民，维护人民群众合法权益"检察主题的厘定。另一方面，法律监督机关的定位在宪法中得以明确。"七九检察院组织法"明确规定检察机关是国家法律监督机关，奠定了法律监督机关要实行法律监督这一方向①。"八二宪法"以根本大法形式确定了检察机关的法律监督机关地位，成为中国将马克思主义国家学说与中国特色的法律监督理论相结合的又一创新成果。

（四）新时代人民检察制度的成熟化定型化及创新发展

70年来，内嵌于中国特色社会主义制度体系的检察制度历经创建与曲折发展历程，发展和完善中国特色社会主义检察制度体系仍然任务艰巨。一方面，从完善国家监察制度、构建惩防腐败法治体系层面看，还面临着"监督范围不足，反腐败力量分散，体现专责和集中统一不够"②等障碍。另一方面，从完善国家检察制度、构建法律监督体系层面看，仍存在诸多短板。一是检察机关所提供的"反腐败公共品"与宪法法律赋予其"法律监督"职能定位所要求的"检察公共品"供给存在错位缺位；二是长期以来检察机关的民事检察与行政检察职能未能合理区分，"重职务犯罪侦查、轻刑事检察、弱民事行政、缺公益诉讼检察"的"一重一轻一弱一缺"状态未能及时有效改变；三是作为对刑事诉讼、民事诉讼、行政诉讼实施监督的专责机关，在对具体诉讼违法对象（事项）的监督始终未能寻找到以办案的方式实现其程序化规范化制度化的适格监督方式；四是检察管理方面长期存在检察权与检察行政事务管理权不分，办案责任终身负责制、错案责任追究制难以有效建立等问题。对此，以习近平同志为核心的党中央适时推进国家监察体制改革，科学回答了"破解政权更迭历史周期律"的时代之问，坚守"人民检察院是国家法律监督机关"的宪法定位，构建新时代"四大检察"体系，形塑了新时代检察制度的"四梁八柱"。"四梁"，是指构建以检察人员分类管理、员额制为核心的检察人员管理体制机制，完善以司法责任制为核心的检察职权运行体制机制，建立以审判为中心的诉讼制度，建立以省以下人财物统一管理为标志的检察保障体制机制。"八柱"，是指检察组织管理体制、检察权运行机制、检察职业保护机制、检察职业惩戒及错案责任追究机制、人民监督员参与司法监督司法的

① 田夫：《检察院性质新解》，载《法制与社会发展》2018年第6期。
② 《中共中央关于印发〈建立健全教育、制度、监督并重的惩治和预防腐败体系实施纲要〉的通知》，载《人民日报》2005年1月17日，第1版。

运行机制、繁简分流的检察便民机制、接受监督的检务公开机制、智慧检察机制。① 这些制度措施使检察机关回归刑事检察、民事检察、行政检察、公益诉讼检察的主业主职，开辟了新时代人民检察事业更高质量发展的新境界，丰富了人类法治文明的制度形态。

二、中国特色社会主义检察制度的显著优势

中国特色社会主义检察制度深深根植于中国经济社会文化的深厚土壤，深度契合中国特色社会主义国家制度，内嵌于中国特色社会主义法治体系，在国家治理体系中具有不可替代的地位与作用，对于不断满足人民群众对民主、法治、公平、正义、安全、环境的新要求新期待，保证法律正确实施、维护法制统一和尊严权威，增进人民"法福祉"具有不可比拟的显著优势。

（一）始终坚持党对检察工作的绝对领导

坚持党的绝对领导是检察机关法律监督工作的最高原则、最大优势，是人民检察事业行稳致远的最根本保证。② 一方面，坚持党对检察工作的绝对领导与西方政党制度具有本质区别。中国共产党作为"没有任何自己特殊的利益，从来不代表任何利益集团、任何权势团体、任何特权阶层的利益"的政党③，始终代表全国各族人民根本利益。而西方资产阶级政党通常是资本利益、政治派别、地方保护的代言者，其逐利性、狭隘性、偏向性的价值理念始终无法摆脱其所代表的特定阶级和阶层利益，难以保证法治统一、司法公正，与中国所坚持的为人民司法的价值理念根本对立。另一方面，坚持党的领导是依法独立行使检察权的根本保障。党对检察工作的领导集中体现在为检察机关履行法律监督职能提供制度群体系支撑与程序规则保障，即通过"方向引领、组织管理、业务监督、履职保障"④，为检察机关全面履行法律监督职能提供"统揽全局、协调各方"的领导保证；通过坚持依法执政，加强和改进党对检察工作的领导，把党的领导贯彻到法律监督的各个方面；教育和管理党员尤其是领导干部带头依法办事、支持司法、保障司法，确保检察机关依法独立公正行使检察权。这些制度安排同西方国家检察制度及其检察运行划清了原则界限，其

---

① 徐汉明、孙逸啸：《新时代人民检察事业创新发展的基本遵循——学习习近平同志关于检察改革和检察工作系列观点的体会》，载《法学评论》2019 年第 5 期。

② 张军：《坚持以习近平法治思想为指引加强新时代检察机关法律监督》，载《求是》2022 年第 4 期。

③ 习近平：《在庆祝中国共产党成立 100 周年大会上的讲话（2021 年 7 月 1 日）》，载《求是》2021 年第 14 期。

④ 李占国：《正确处理党的领导与依法独立办案的关系》，载《政治与法律》2022 年第 1 期。

作为中国特色社会主义司法制度所具有的政治性、法律性、人民性及高度契合统一，彰显出自身制度体系的科学性及先进性。

（二）始终坚持检察制度的"人民性"

人民检察事业的 90 年发展史，是一部党领导检察机关为了人民、依靠人民、由人民评判，不断满足人民群众对"检察公共品"与"法福利"需求，增强对美好生活的获得感、安全感、幸福感的奋斗史。这不仅是基于"马克思主义经典作家"关于"人民性"经典观点的引领，而且是将巴黎公社关于"人民监督"实践与中国革命、建设、改革相结合，形成具有中国特色的人民检察制度体系，凸显坚持检察制度人民性之优势。一方面，马克思主义历史唯物观认为历史由人民创造，实践证明人民才是历史的真正主人，是历史的创造者，是社会主义真正捍卫者、建设者。中国共产党在人民检察制度萌发探索阶段就将人民性的内涵赋予其中，如陕甘宁边区检察队伍由工人、农民、知识分子组成，彰显了人民检察来自人民、为了人民的本质特征。另一方面，检察制度设计始终蕴含了人民性的宗旨使命。早在 1948 年 9 月，以毛泽东为代表的中国共产党人对建国方略进行开创性的探索，将国家机构如政府、法院、解放军以及最高检察署都冠上"人民"二字，以示与国民党政权的不同①，指明了人民检察署及其后"五四宪法"所确立人民检察院"为了谁、依靠谁、由谁评判"的根本发展方向。再一方面，人民检察院作为法律监督机关的地位及其职能体现了人民性的核心元素。随着经济的迅速发展，我国社会的主要矛盾已经转化为"人民日益增长的美好生活需要和不平衡不充分的发展之间的矛盾"。修订后的民事诉讼法、行政诉讼法创设了公益诉讼检察这一新的法律监督方式，这为检察机关运用调查、起诉、抗诉、检察建议等职能，承担起社会公共利益维护者角色功能开辟了新途径。

（三）始终坚持国家法律监督机关的宪法定位

将民事、行政、刑事法律的统一正确实施和法律监督交由一个国家机构——人民检察院专门行使，这不仅是人类司法文明创新的一个亮点，而且是遵循司法制度创新规律的重大实践。选择合适的检察权运行方式，更好地发挥检察机关在全面推进依法治国、加快建设"法治中国"中的职能作用②，其优势集中体现在中国特色社会主义法律监督权的自治性与独特性之统一。一方面，中国法律监督机关既非苏联检察制度的翻版，亦非西方"三权鼎立"模

---

① 《毛泽东文集：第 5 卷》，人民出版社 1996 年版，第 135—136 页。
② 张智辉：《论法律监督》，载《法学评论》2020 年第 3 期。

式的克隆，而是独具中国特色的以实行法律监督为己任的发展道路、制度安排，其呈现出渐进发展的三个历史阶段①，其职能体系回归"四大检察"而成熟化定型化。另一方面，与英国实行议会监督②、美国通过普通法院司法审查对违宪立法进行监督③、法国和德国通过专门法院实行宪法监督④，以及日本等国家以"审检分离"为代表的检察监督相比较⑤，在创建中国特色社会主义检察制度的历程中，对大陆法系、英美法系有关国家检察权行政属性的制度安排予以摒弃，对"检警一体""检察官指挥警察"予以辩证扬弃，创建为检察机关在刑事诉讼中与公安机关、审判机关、刑罚执行机关实行"分工负责、互相配合、互相制约"的权力分配与运行关系，形成刑事检察权贯通刑事立案、侦查、起诉、审判、刑罚执行等诉讼活动全链条的法律监督；以法律监督对象为划分标准，拓展民事监督、行政监督以及公益诉讼监督，型构"四大检察"职能体系，检察机关内设机构按照专业设置，检察机关组织体系实现了规范化、专业化、职业化、体系化的目标，从而凸显了我国法律监督机关所具有"刑事法律实施管理者""司法公正守卫者""法治政府监督者""社会公共利益代表者""职务犯罪调查引导者"的角色地位。这一制度安排不仅是"二战"后东西方文明从司法制度层面各自探索、寻求制度完善过程中对人类制度文明发展的重大贡献，而且展示了中国共产党所创建发展包括法律监督制度在内的中国特色社会主义制度的"东方魅力"。

（四）始终坚持"双重领导、一重监督"的组织制度

中国特色社会主义检察组织体系顺应中国单一制国家权力谱系整体性、统一性与权力分级授权行使协调配套性相结合的客观需求，形成了最高人民检察院领导地方各级人民检察院和专门人民检察院的工作，上级人民检察院领导下级人民检察院的工作，接受同级党委领导与接受同级人大及其常委会监督，即"双重领导、一重监督"相结合的组织制度。一方面，"双重领导、一重监督"是遵从司法权运行规律，维护中央司法事权统一性权威性的最佳实现形式及其有效途径。检察权作为中央司法事权的性质地位、权力结构、运行体系、执掌该权力的机构配置与检察长、检察官产生的条件及程序只能由中央创制，而地方只能一体遵守运行而无权另行创设。另一方面，"双重领导、一重监督"在

---

① 周新：《论我国检察权的新发展》，载《中国社会科学》2020 年第 8 期。

② R WADE, Administrative law, Oxford University Press , 1988：395.

③ MICHALE TAGGART, Judicial review of administrative action in 1980s, Oxford University Press , 1986：27.

④ H KELSEN, General theory of law and state, Harvard University Press, 1954：111.

⑤ 余少祥：《法律监督：中西范式的进路与分异》，载《国外社会科学》2021 年第 2 期。

保障检察机关依法独立行使法律监督职权的同时①，有效制约检察指令权过度行使，与大陆法系国家如法国、比利时检察一体"外部制约模式"②，高级别检察官在下级检察官不服从指令时无权直接行使检察权的制度安排③，以及"苏东剧变"后俄罗斯等国家仍然实行上命下从的"一长制模式"相比较，克服了前述典型国家的诸多制度弊端。再一方面，"双重领导、一重监督"是抵御干预司法、损害司法公信力极为重要的制度安排，修改后的人民检察院组织法检察委员会民主集中制的长期实践与改革成果予以确认和规范发展。④ 这与英美法系典型国家的美国实行二元分治下检察官独任制的制度安排相比⑤，避免了检察决策权、执行权、监督权相脱节之弊端，彰显了中国当代检察权运行政治效果、法律效果、社会效果有机统一的制度优势。

（五）始终坚持检察机关的职能体系建设

马克思在创建科学社会主义理论大厦过程中，曾提出"应把一切政治权力集中于人民代议机关之手"的伟大构想。⑥ 法律监督权作为国家权力的分支，与立法权、行政权、监察权、审判权等共同构成了宪法保障的中国特色社会主义国家权力谱系，不仅诠释了检察机关的权力性质和功能属性，揭示了其人民性、国家性、法律性的本质特征，而且彰显了国家法律监督机关职能配置在型构法律监督体系和法律监督能力现代化中的基础性地位。一方面，域外国家检察职权体系均呈现出不同的行政属性，而产生"诸多法律难以正确有效实施"与"法制统一尊严权威"不彰困境。⑦ 如由联邦检察官办公室与州检察官办公室所构成的美国检察系统完全隶属于行政系统⑧，其不起诉、诉辩交易使得其检察官自由裁量权难以受到制约⑨，导致权力不平衡与诉辩交易制度存在结构性缺陷⑩，州以下检察官的"非职业化"制度安排引发政治化办案倾向。如英国检察官作为公务员由总检察长代表皇家检察署向议会负责，受法院司法审查监督，而仅

---

① 邓思清：《我国检察一体保障制度的完善》，载《国家检察官学院学报》2016年第2期。

② 万毅：《德国检察官"与法官一样独立"》，载《检察日报》2015年6月23日，第3版。

③ MIREILLE DELMAS－MARTY，J R SPENCER. European criminal procedures，Cambridge University Press，2004：437.

④ 谢小剑：《检察制度的中国图景》，中国政法大学出版社2014年版，第88页。

⑤ 李刚：《上级检察院领导与下级检察院依法独立办案关系研究》，载《法学杂志》2016年第9期。

⑥ 《马克思恩格斯全集：第22卷》，人民出版社1987年版，第275页。

⑦ 张梦旭：《美国枪支暴力问题日趋严重》，载《人民日报》2021年7月20日，第1版。

⑧ 张鸿巍：《美国检察制度研究：第3版》，法律出版社2019年版，第43～48页。

⑨ ［瑞士］古尔蒂斯·里恩：《美国和欧洲的检察官：瑞士、法国和德国的比较分析》，王新玥、陈涛等译，法律出版社2019年版，第84页。

⑩ 斯蒂芬·舒霍夫，郭烁：《灾难性的辩诉交易制度》，载《中国刑事法杂志》2019年第6期。

将检察职权定位于追诉监控犯罪并控制刑事公诉。又如，法国检察制度"司法团体一体化"与司法部长行政依附共存，产生了"等级从属关系和对司法官的'行会化'"困境。① 再如，德国检察机关兼具行政指示权与司法审查权②，因而既不是基本法意义上的司法权，也不是传统意义的行政机关，而被认为是一个独立的司法机关，德国赋予检察官指挥警察的权力，但禁止监督法官，存在民事诉讼监督能力孱弱等不足。另一方面，中国特色社会主义检察职能体系既不仿效大陆法系国家实行"检审一体"的制度安排，又未同英美法系国家将检察权作为行政权"附属品"的制度安排，而是选择将检察机关提升为独立的国家机关，并与行政机关、监察机关、审判机关为同一位阶并共同置于党"统揽全局、协调各方"领导体系之下，形成检察权与行政权、国家监察权、审判权相向平行相对独立的法律监督权，契合了中国议行合一政治模式权力监督的客观需求，其"法律监督"不仅属于当代司法文明原创性标识性的基本范畴，而且成为一元政治权力结构位阶下与行政权、监察权、审判权、国防权并行并共同构成科学完备的国家权力制度体系。总之，中国法律监督机关的制度安排，比泛欧国家千禧年之初形成的"卢布尔雅那决议共识"早50多年③，凸显出中国特色社会主义检察职能体系之创新性。

（六）始终坚持依法独立行使检察权

依法独立行使检察权是中国国家制度体系与司法制度体系的突出特色，其优势在于通过制度构建对检察机关性质作出精准定位，明确"人民检察院依照法律规定独立行使检察权，不受行政机关、社会团体和个人的干涉"，彰显检察机关行使职权独立性的宪法保障。一方面，依法独立行使法律监督权具有鲜明的内在特征。一是权力禀赋的专属性。即法律监督权是检察机关独有的国家权力，其他国家机关、团体和个人都无权行使；行使职权不可推卸，即检察机关履行职责必须积极行使法律监督权，不得消极行使④；在诉前程序中通过提前介入引导侦查起诉、退回补充侦查、执行补充侦查，发挥其诉前主导侦查的功能作用；审前对存疑不应诉、构罪可不诉案件的依法准确裁量不起诉的功能作用；庭审中充分履行检控职能、承担举证责任、在法官指挥下参与法庭辩论、质证，促进庭审实质化。二是分工负责的协调性。检察机关办理刑事案件与公安机关、

① 甄珍等：《检察制度比较研究》，法律出版社2010年版，第58—59页。

② ［瑞士］肖恩·玛丽·博伊恩：《德国检察机关职能研究：一个法律守护人的角色定位》，但伟译，中国检察出版社2021年版，第77页。

③ 徐汉明：《向统一检察体系迈进》，载《检察日报》2002年8月26日，第5页。

④ 姜伟、韩炳勋：《论检察活动的原则》，载《法律科学（西北政法大学学报）》2014年第2期。

审判机关通过遵循分工负责、互相配合、互相制约的原则，严格非法证据排除，保障犯罪嫌疑人和辩护律师的知情权、陈述权、辩护辩论权、申请权、申诉权，以保护公民的人身权利、财产权利、民主权利和其他权利，从而有效维护社会主义法制统一和尊严权威。另一方面，若没有制度配套与制度保障，其运行效度与实施结果必然会呈现"边际效应递减"的状态而仅仅成为宣示性条款。为此，中国推动"建立领导干部干预司法活动、插手具体案件处理的纪录、通报和责任追究制度""建立司法机关内部人员过问案件的记录制度和责任追究制度"，从顶层制度设计层面作出完善司法人员分类管理、员额制、司法责任制、省以下地方法院检察院人财物统一管理四项重大改革举措，不仅为检察机关依法独立行使检察权提供了制度保障，而且提供了充分的人力物力公共财源保障，彰显了检察机关依法独立行使职权的独特优势。

（七）始终坚持法律监督权的运行监督与制约

从遵循国家权力合理配置、分权控制、程序规制之规律来看，防止权力滥用的关键在于科学设计各职权机构行使权力的边界与协调配合、制约监督的机制。其一，在"一府一委两院"的国家权力构架下，围绕国家机构各自权力结构体系，由宪法等基本法律形构了立法机关、行政机关、监察机关、审判机关、检察机关的权力运行体系，即中央人民政府与地方人民政府行政权力的运行体系，上级监察委领导下级监察委、国家监察委领导地方各级监察委的监察权"上下一体""双重领导、一重监督"运行体系，最高、高级、中级、初级及专门审判机关的审级监督运行体系；上级检察院领导下级检察院工作、最高人民检察院领导全国检察院及专门检察院工作的"双重领导、一重监督"检察权运行体系。其二，宪法及宪法性法律、相关法律构建了国家机构之间的权力边界、对接与衔接转换。一是明晰检察机关与监察机关、审判机关在办理职务违法和职务犯罪案件"互相配合，互相制约"的关系；二是厘定法院、检察院和公安机关办理刑事案件的分工负责、互相配合、互相制约的关系。其三，修改后的刑事诉讼法规定对监察机关移送起诉的案件一律由检察机关依法审查，并对退回补充侦查、决定自行侦查、适用先行拘留、变更刑事强制措施、提起公诉、量刑建议、认罪认罚从宽、普通程序简易审理、缺席判决等作出规定，形成了刑事诉讼程序与监察调查程序"法法衔接"机制，为优化检察机关与监察机关、审判机关、执法部门在办理职务犯罪案件中互相配合、互相制约的地位与作用提供了法律依据。① 所有这些，为检察机关与监察机关、审判机关通过依法履行

---

① 徐汉明、李少波：《〈监察法〉与〈刑事诉讼法〉实施衔接路径探究》，载《法学杂志》2019年第5期。

各自职责，实现"惩治犯罪"与"保障人权"，职务犯罪"调查程序"与司法"审查程序"相衔接创设了新通道，成为中国特色社会主义检察制度的又一亮点。

（八）始终坚持人民参与司法、监督司法

法律监督作为一种公权力，必须受到监督和制约。伴随人民监督员制度的改革历程，修改后的人民检察院组织法对人民监督员制度的改革成果予以确认，实现人民监督员制度的法制化，这一成果对完善检察机关外部监督制度具有重大意义。随着国家监察制度的创建发展，检察机关除保留查办司法人员14类职务犯罪案件的部分特别检察职能外，其他查办公职人员贪污贿赂、国家机关工作人员渎职侵权的违法犯罪案件的职能、机构、人员整体转隶国家监察委之后，人民监督员的监督范围适时调整为对检察机关各方面办案活动的监督。为此，最高人民检察院印发《人民检察院办案活动接受人民监督员监督的规定》，扩大了接受人民监督员监督的范围，实现了其对检察机关涵盖刑事检察、民事检察、行政检察、公益诉讼检察的活动范围；明确规定人民监督员10种监督方式与人民监督员监督意见的处理程序，体现人民监督员参与式监督的地位[1]，进而凸显了人民监督员监督的独立性和应有的刚性。这不仅与大陆法系国家如日本检察审查会对检察官监督存在根本区别，而且与英美法系国家通过设立预审法官制度制衡检察官适用强制措施的裁量权，运用陪审团制度对检察官的决定起诉权与执行起诉权分离的监督形态有着根本区别，体现和诠释了法律监督权"为了谁、依靠谁、由谁监督评判"的根本价值尺度。

三、中国特色社会主义检察制度优势效能之转化路径

将中国特色社会主义检察制度优势转化为治理效能，关键在于立足新时代，尊重制度长期发展、渐进改进、内生演化的客观规律，通过推进法律监督体系和法律监督能力现代化，实现检察制度功效由宪法法律禀赋向法律监督效能转化。

（一）以先进理论为指导，凸显制度根本效能

衡量法律监督体系和法律监督能力现代化的标准，根本在于其制度建设及其执行力。这必然要求始终坚持以习近平法治思想为方向，结合新的检察实践不断推进理论创新，用以武装头脑、指导实践，推动检察队伍的革命化、正规化、专业化、职业化建设，更好引领人民检察事业"为大局服务、为人民司

---

① 高一飞：《新一轮人民监督员制度改革检视与反思》，载《法治研究》2021年第3期。

法"。一方面，坚持党对检察工作的绝对领导。党的绝对领导是人民检察事业发展的根本保障。各级检察机关和全体检察人员须自觉践行《中国共产党政法工作条例》，健全政治轮训、政治督查等制度，把党的领导贯彻到检察工作及检察队伍的思想、组织、作风建设各方面，落实到检察决策、执行、监督等各环节，切实增强检察人员的"四个意识"，坚定"四个自信"，实现党对检察工作领导的制度化具体化实效化。另一方面，坚持以人民为中心的发展思想。人民检察事业的 90 年发展史，彰显了党领导检察机关为了人民、依靠人民、由人民评判的价值理念，这要求检察机关、检察人员主动适应社会主要矛盾变化后所承担的时代使命，坚持努力促进公正司法，提高司法水平和服务能力的检察理念，为人民群众提供更加丰富的检察产品和法治产品，把体现人民利益、反映人民愿望、维护人民权益、增进人民福祉落实到检察工作的全过程。

（二）推动"四大检察"协调发展，增强制度整体效能

以"做优、做强、做实、做好"为标准，推动、评判、保障"四大检察"全面协调充分发展，是推进法律监督体系和法律监督能力现代化的价值选择、使命使然，也是推进国家治理体系和治理能力现代化的题中之义。其具体路径可概括为四个方面。

1. 优化刑事检察

一方面，须注重刑事立案侦查活动监督，完善行政执法与刑事司法衔接机制，创建刑事发案、破案、执法、监督全链条公开监督机制，破解刑事犯罪案件高发与普通刑事侦查破率低的难题，用众多被害群体的实体权益得到有效保护来检验和展示刑事检察的监督效能。另一方面，须注重运用"捕诉一体"的刑事检察职能运行优势，发挥检察机关在刑事诉讼中的主导作用，建立起公诉统帅侦查、侦查服务公诉的科学办案机制；注重对刑罚执行（看守监管）活动的专门检察，以检察官刑事侦查、审判、执行各个刑事诉讼环节亲历性、全程性实施监督的成效[①]，彰显刑事检察"刑事法律实施管理者"之角色地位。

2. 强化民事检察

与以美国为代表的英美法系国家以提起诉讼或参加诉讼开展司法外部监督和以法国为代表的大陆法系国家依职权开展司法内部监督相比较，中国特色社会主义民事检察制度所蕴含的法律监督属性展现出专责性、科学性之优势。首先，须厘清民事检察之客体，即民事诉讼活动中损害国家利益或者社会公共利益的行为，审判、执行人员有贪污受贿、徇私舞弊、枉法裁判等违法行为，当

---

① 朱孝清：《司法的亲历性》，载《中外法学》2015 年第 4 期。

事人虚假诉讼妨害司法秩序行为，以及生效民事判决、裁定、调解确有错误、审判程序或执行活动存在违法行为，等等。其次，须厘实民事检察监督程序之运行规范，不断释放具有中国特色民事诉讼程序全链条监督的制度效能。最后，须厘准民事特别检察之范围。检察机关在履行民事检察职能过程中，必须加强对司法人员渎职侵权、徇私舞弊、贪赃枉法犯罪案件依法行使特别检察权，即规范民事检察案件与民事司法领域司法人员职务犯罪案件并案调查、分案处理、特别检察官或特别检察官办公室专责侦查的程序，建立监察机关涉及民事检察领域司法人员职务犯罪案件的协商管辖机制，从而彰显民事检察"司法公正守卫者"之角色功能。

3. 实化行政检察

一方面，须明晰行政检察之客体。与国家监察机关对公职人员履职全覆盖监察以"国家工作人员"的"人"的行为作为监察客体不同，行政检察客体是审判机关、行政监管及行政执法部门所作出决定或裁定和行政审判裁定及执行的违法性，以及行政判决、裁定确有错误的案件，等等。另一方面，须补强行政检察创新发展之短板。针对行政执法中不作为、乱作为、破坏行政法制统一的短板，必须更新观念，优化资源配置，把对行政机关执法违法纳入行政检察之客体范围，彰显行政检察所具有的"法治政府监督者"之角色地位。

4. 深化公益诉讼检察

一方面，须确立"通过诉前程序实现维护公益目的是司法最佳状态"的理念，最大限度促进依法行政，维护社会公共利益。另一方面，须突出办理生态环境和食品安全公益诉讼案件，拓展公益诉讼案件范围，不仅把法律明确赋权的破坏生态环境和资源保护、食品药品安全、国有财产保护、国有土地使用权出让等领域，以及英烈权益保护、安全生产、未成年人保护、军人荣誉名誉权益保障、个人信息保护领域的"4+5"案件办好、办扎实，同时须以高度负责的精神，积极办理群众反映强烈的"网络治理、金融证券、知识产权、文物和文化遗产保护、妇女权益保障"等领域的公益诉讼案件，为健全完善立法提供实践依据，从而彰显检察机关"社会公共利益代表者"之角色地位。

（三）挖掘法律监督"权力束"内涵，激活制度结构效能

在中国特色社会主义国家制度群体系下，"人民检察院是国家的法律监督机关"的宪法定位，诠释了其"法律监督权"这一"根范畴"的性质、核心要义及其价值功能，重塑了检察机关法律监督职能，由此须诠释法律监督"权力束"体系的逻辑内涵，夯实检察理论原创性"根范畴""种概念""子概念"的理论根基。一方面，须厘清法律监督权力束之属种关系。法律监督之权力束是基于"法律监督"这一"元权力"所产生和表达的，法律监督权作为属权力与刑事检

察、民事检察、行政检察、公益诉讼检察、职务犯罪检察之五类种权力之间构成了"属种"关系，即"法律监督"宪法定位是五项检察职能的来源和基础，而五项检察职能仅能作为其表达和实现形式。另一方面，须创新性挖掘法律监督所属"五类种权力"位阶下"子权力束"体系的科学内涵。法律监督权质的规定性决定着其类型化的"五类种权力束"，构成了法律监督"属权力""五类种权力"及其位阶下的"子权力束"三维结构之法律监督权"权力束"谱系。①这包括以下几方面：一是刑事检察权"子权力束"。在刑事检察这一"种权力束"谱系下，其"子权力束"的内涵及其范围呈现多维结构的特点，具体包括对公安机关、安全机关（刑罚执行机关及其看所监管机构）负责侦查刑事案件移送的监督，对刑事案件立案、侦查、裁判、刑罚执行之全部诉讼活动的监督，以及对履行刑事检察职能中发现司法工作人员渎职侵权、损害司法公正犯罪的侦查权，等等。二是民事检察权"子权力束"、行政检察权"子权力束"、公益诉讼检察权"子权力束"，即对民事诉讼、行政诉讼、公益诉讼监督案件的受理、审查、调查，提请、参与、支持诉讼，提请与支持抗诉，检察建议，纠正违法，等等。三是职务犯罪检察权"子权力束"，具体包括对监察机关移送起诉职务犯罪案件的受理、先行拘留、适用逮捕等强制措施，退回调查，执行补充侦查，决定不诉，提起公诉，提出量刑、适用简易程序、认罪认罚从宽等建议，支持公诉，参与庭审举证、质证、辩论，对生效错误判决裁定依法提出抗诉，对没收非法所得、缺席判决以及刑罚执行等实施监督。综上，法律监督三维结构的"权力束"谱系之制度创设、运行及其实践，不断释放法律监督权运行的整体效能，成为检验和衡量司法文明乃至法治文明的标尺。

（四）深化检察综合配套改革，激发制度活力效能

全面深化司法体制综合配套改革对提高司法质量和效率，保证公正司法，提高司法公信力，加快建设公正高效权威的中国特色社会主义司法制度具有重要意义。其一，必须健全相对独立、协调统一的司法管理体系。即在坚持党的统一领导下，实行中央与省（自治区、直辖市、兵团）两级统一管理检察人财物，与市（州）县（区）两级行政区划完全脱钩的司法管理体系。其二，必须健全结构科学、功能完善的司法组织体系。即健全以检察官"四等十二级"司法能力等级为核心，以依法独立办案为中心环节，以检察官或检察官办公室司法责任制为基础平台，以单独职务序列工资与职业保护为保障，以"四大检察"、专门检察业务机构、检察委员会、检察官、检察官办公室为类型化的检察

---

① 徐汉明、丰叶：《检察机关"先行拘留权"属性、程序、效能之逻辑结构》，载《法学评论》2020 年第 6 期。

组织体系及其运行机制。其三，必须健全系统完备、科学合理的司法职能体系。基于宪法法律授权，健全连接纵向层面初级、中级、高级乃至最高级司法机关的职权体系，连接横向层面具有独立资格的检察长、检委会委员、检察官的司法职权体系，以此构成系统完备、科学合理的司法职能结构系统。其四，必须健全激励约束、严密规范的司法监督体系。这包括完善落实检察人员职业保障，健全与检察人员职务序列相配套的工资福利职业保障、职业荣誉，落实检察干警依法履职保护机制，构建科学规范的检察官考评体系；健全完善检察权运行监督制约机制，把流程监控、质量评查与执法监督、巡视巡察、内部审计、追责惩戒等统一起来，形成内部监督合力；加强外部监督，扩大司法公开的范围、内容，改进公开的方式，等等。①

（五）构建法律监督"三大体系"，提升话语传播效能

当下，必须着力构建体现中国检察制度特色、法律监督特点、时代特征的学术体系、学科体系、话语传播体系。首先，构建法律监督学术体系。构建完备的法律监督学术体系须坚持以习近平法治思想为指导，坚持用马克思主义立场、观点、方法科学回答中国特色社会主义法律监督制度是什么、为什么、向何处去的基本命题；厘清法律监督学同司法管理学、党内法规学、国家监察学之间的关系；厘准"法律监督"这一"根范畴"的科学内涵与外延、其质的规定性与实现形式；这个"根范畴"与刑事检察学、民事检察学、行政检察学、公益诉讼检察学、职务犯罪检察学、司法人员犯罪特别检察学"种范畴"之间的逻辑结构、属种关系；各个"种范畴"内在的"子范畴"群体系的科学表达；法律监督职能的性质、地位及其功能；法律监督权同行政权、国家监察权、审判权、侦查权之间的关系，等等。其次，构建法律监督学科体系。须对法律监督学术概念、范畴、观点、思想、理论等进行系统梳理，围绕中国特色社会主义法律监督制度的内涵、本质、功能和特征，研究法律监督权配置规律、法律监督活动基本规律、法律监督制度发展规律等，从而构建以法律监督学为主体，以刑事检察学、民事检察学、行政检察学、公益诉讼检察学、职务犯罪检察学、司法人员犯罪特别检察学为支撑的当代法律监督学科群体系。最后，构建法律监督话语传播体系。须编纂中小学"法律监督知识读本"，纳入国民义务教育内容，作为中小学生必修课程；将中国特色社会主义法律监督制度纳入《法治中国建设规划》，作为"八五普法""九五普法""十五普法"的骨干工程建设；广泛应用新媒体与传统媒体相结合方式，向社会和人民群众宣传普及中国特色

---

① 徐汉明：《深化司法管理体制改革：成效评估、短板检视、路径选择》，载《法治研究》2021年第3期。

社会主义法律监督制度优势，讲好新时代检察故事，不断推出新经验、新典型、新理论，营造推进新时代人民检察事业更高质量发展的良好氛围。

中国特色社会主义检察制度是中国共产党领导全体人民进行百年革命、建设、改革，在夺取新民主主义革命伟大胜利过程中萌发探索，在完成社会主义革命和推进社会主义建设中创建与曲折发展，在改革开放和社会主义现代化条件下恢复重建，在开创中国特色社会主义新时代成熟化、定型化。中国共产党把马克思主义经典作家关于"国家与法""人民司法""法律监督"基本原理同百年革命、建设、改革紧密结合，开拓了人民检察事业通过履行国家法律监督职责，维护法律统一正确实施，维护法制统一尊严权威，确保执政安全、制度安全、政治安全、国家长治久安的新境界。

刑事检察研究

我国起诉制度的完善及指标化问题[*]

王 戬[**]

近年来，随着宽严相济刑事政策的进一步落实及认罪认罚从宽在全国的高比例适用[①]，刑事诉讼制度本身也在进行一定意义上的结构性调整，如强制措施在侦查阶段的适用转变、审查起诉中的程序分流。其中，如何在审查起诉阶段通过起诉制度体现相关精神，在理解与把握上可能更为复杂。因为强制措施相较于以往的改变，它与我国整体法治水平的提高、人权保障的加强、办案理念的转变、国际发展趋势等相契合。逮捕作为一种强制措施，开始回归其诉讼保障的本来功能，所以在具体转变中，一线办案人员容易有一种"水到渠成"的适应感。但审查起诉阶段则不同，如何通过诉与不诉承载相应理念，一方面具体的要求较为抽象，另一方面不起诉的适用目前还缺少背景、环境，包括检察官个体思维习惯和适用规范等的进一步跟进和保障。我国奉行起诉法定主义，虽然起诉裁量权，尤其是相对不起诉一直作为起诉法定原则的必要补充，但由于种种原因，二者以往尚未形成充分协调发展的互补关系，所以在具体办案中诉与不诉容易存在多维理解。同时，诉与不诉的把握与效果评估更为复杂，如逮捕率的下降就切实体现了羁押性强制措施向非羁押性强制措施的方向转变，但起诉环节如何把握，是否不起诉率的同比上升就意味着相应理念已经准确适用，如何正确理解检察机关不起诉裁量权的扩大，怎样的一种司法样态

---

* 原文发表于《法学》2023 年第 6 期，收入本书时略有删改。本文系最高人民检察院重大课题"检察官的分类管理与任职保障比较研究"（课题编号 GJ2020BJA05）、华东政法大学重点课题"习近平关于监察法治思想的解读及相关法律对接问题研究"的阶段性成果。

** 华东政法大学刑事法学院教授、最高人民检察院检察基础理论研究基地（华东检察研究院）执行主任。

① 2019 年认罪认罚从宽单月适用率从 1 月的 20.9% 上升到 12 月的 82.9%。2020 全年适用率超过 85%；2021 全年适用率超过 85%；2022 全年适用率超过 90%。参见最高人民检察院 2021 年、2022 年、2023 年工作报告。参见苗生明：《认罪认罚成办案"重器"，精准高效适用待打磨》，载《新京报》，https://www.360kuai.com/pc/94a7acff7a8b85a63？cota＝3&kuai_ so＝1&tj_ url＝so_ vip&sign＝360_ 57c3bbd1&refer_ scene＝so_ 1（2022.3.9），访问日期：2023 年 5 月 22 日。

才算达成了相关要求等，目前均没有达成充分的实践共识。对诉与不诉的理解不一，办案人员就容易方向不明，或缩手缩脚，或不当扩大。检察官只有解决自己心中的困惑，做好理论强基，才会在本就纷繁复杂的案件中，不受其他因素左右，精准落实宽严相济刑事政策。对此，笔者认为，诉与不诉的现实选择要以起诉原理为基础，针对裁量权的特点进行制度规范并完善评价机制。同时，对不起诉率要有全面客观的认知，要进行数据清洗，使数据指标与检察官办案水平取得正向关联。

一、在起诉法定原则中理解起诉制度：适用的逻辑起点

当下，检察机关适应新形势下的一些新变化及新要求，积极地进行起诉职能的相关跟进，这其中必然会涉及对起诉运行现状及不起诉制度的某种调整。近年来，我国不起诉适用呈逐年扩大趋势，然而在具体变化中如何进行精准的理解及把握，如何通过实际办案承载相应理念，相关的工作要求明确了转变的方向，但并没有指明转变的具体路径。而一些泛化的表述，如尽量不起诉、能不诉的就不诉或者要达到百分百的把握才能起诉等，容易使检察官与法官的角色产生混同，反而不利于司法的生态平衡。对此，笔者认为，我国起诉制度的理解应着眼于以下内容。

首先，我国起诉政策不论进行怎样的调整，其含义都包含慎重起诉和慎重不起诉两方面内容，且二者应放在统一视角下全面综合推进。针对以往我国的起诉格局，在当下谈调整和转变，一般都是从慎重起诉的视角和与之对应的充分适用不起诉上来进行逻辑自洽，如认为检察机关提起公诉，应当保持高度慎重的态度，对于不符合起诉条件或者在检察官自由裁量权范围内可以不起诉的案件，应当作出不起诉决定，终结诉讼程序。检察机关应当从严把握刑事案件进入审判程序的实体条件和证据标准，慎重行使起诉权，充分运用起诉裁量权，对于综合案情认为不起诉更为适当的，尽量适用不起诉终止诉讼，等等。对此，笔者认为，在强调对不起诉的依法充分适用之外，还要注意其同样包含对案件起诉的具体要求。我国起诉法定主义原则决定，案件在检察环节的诉与不诉的选择，在任何时候都应该是审慎而严格的。

其次，不起诉的运用，尤其是相对不起诉制度，在被激活和强调充分适用时要注意遵循起诉法定为主和起诉裁量为辅的基本格局关系，要防范二者原则与例外的关系反转。自1996年刑事诉讼法取消"免予起诉"制度之后，我国对检察机关不起诉和检察裁量权的运行要求一直是比较审慎的。近30年来，在国内外社会发展的变化、我国刑事案件数量的急剧增加、案件类型的结构性改变以及检察官能力与素质的提高等多重因素作用下，检察工作的职能发挥自

身也面临着新的调整和新的转变。对以往起诉行为进行一定程度的调整及跟进，这与大陆法系检察机关不起诉裁量权在起诉法定主义收缩中逐渐生成，尽管受到明确的制度限制，但呈现持续扩张的运行趋势相一致。而在这一变化过程中，我们要注意对我国起诉基本原理的遵循及把握。我国以起诉法定为主、起诉裁量为辅的原则与例外关系的规范确立，一方面是基于起诉原理的法治精神，为合法的刑事追究提供统一的法律保证，避免肆意和干扰等；另一方面也体现了案件处理的灵活性和适用性，避免司法运行于具体案件时的僵化和教条。但在不起诉的适用被放在繁简分流的国际大背景下，我国刑事案件结构逐渐轻刑化的发展趋势中，以及我国以往相对不起诉实践遇冷又需要加以改变的实践需求下，其适用的尺度就可能"长出翅膀，飞出边界"。因此，如果说司法环境和司法政策必然会对起诉行为产生影响，而这一影响未来将在多大程度上改变我国整体的起诉格局，目前还尚未可知，甚至难以预判。在这种情况下，我们更加需要注意遵守起诉法定原则的基本底线。起诉裁量只是作为缓和起诉法定的僵硬而产生的必要补充，这是对起诉制度把握的逻辑起点也是其基本要求。只有在这一基本原则清晰的情况下，才能进一步明晰案件适用边界和进行相应的情形区分，以防止出现大的纰漏。如在相对不起诉的适用上，根据我国刑事诉讼法的规定，其只能是对于犯罪情节轻微，依照刑法规定不需要判处刑罚或者免除刑罚的情形内适用，而不能在裁量权下适用于重罪，这就是适用底线。

起诉制度包含的体系内容较为丰富，既包含审查起诉、公诉变更等内容，也全面涵盖不起诉制度。从对以往工作转变视角上来看，不起诉制度，尤其是相对不起诉的适用是其规范和制度牵引的重点，其中又会关联检察裁量权的行使问题。从运行角度来看，如果我们明确规定了裁量适用的案件范围、合目的性要求以及考量因素等内容，就基本搭建了不起诉的推进框架及行进路径。从现有的理论研究成果和完善建议上看，也基本是围绕这个逻辑关系展开的。这里的一个逻辑漏洞就在于，如果检察官在诉与不诉之间没有选择这个更优价值目标，这一检察行为能否被筛选出来并有相应的评价机制。如果可以，行为的引导就可以通过评价机制的完善来正向促成或反向禁止。但目前的答案是否定的，而之所以难以评价不是适用目的不明确，也不能完全归结于制度不完善，很大一部分原因是由裁量权本身的特点决定的。而同样是检察裁量问题，我国的适用是站在起诉法定视角下规范起诉裁量，这一点与域外很多国家站在起诉裁量视域下探讨起诉法定不同，实应针对这些共性和特性做好相应的转变工作。

二、应遵循裁量权特点进行制度架构：适用的逻辑要求

从理论上来讲，裁量权是一种"特殊自由"的权能运行。在百科词典中，裁量权指一种思维性质，一种审慎的、思虑周详的态度，裁量通常包含鉴别与衡量两方面内容。根据《布莱克法律大辞典》的解释，裁量是指公共职能领域，在法律授予的某种情境中，根据自己的判断和理智而不是在他人的控制之下作出官方行为的权力或权利。① 而《元照英美法词典》对此的解释是，裁量权即酌定决定的自由，指公务人员根据授权法的规定，在特定的环境下根据自己的判断和良知执行公务，不受任何他人干涉或者控制的权力或权利，这里还有辨别能力、谨慎判断等含义，多用于处理谨慎、恰当适度且需要自控力的事情。② 上述概念具体到不起诉行为的进行、判断及引导、规制、评价中，就会呈现一些明显的特征。检察机关要充分尊重裁量的这些特点，转变以往的一些工作思路和方法。

首先，裁量权具有较为充分的自由空间，裁量权从来都不是静态存在于一种行为选择中，为自由设定边界等任何对其进行规范、约束、改变和评价的行为都不是一件容易的事情。"裁量权是可塑性的，在某种程度上是由法律制度和法律安排所形成的，更重要的是由决策者的框架行为形成。正式规则系统虽然外观精确和具体，但只能以不精确的方式工作。一些执行规则可能会寻求实现一般法律授权的广泛目标，但特定规则是否以及如何适用于特定情况将不可避免地由相关行为主体自行决定或承担。"③ 虽然我国对相对不诉的裁量有明确的适用前提，即"起诉裁量权所针对的并不是提起公诉的事实条件与法律条件成立与否，而是在确信这两个条件均已成立的情况下，考量追诉的合目的性问题"④，但目的与行为之间的关联要通过个体判断完成，且办案主体无论进行哪一种选择均能形成表面上的逻辑自洽，而这个完成过程是法律规范所无法完全涵盖的。因此，从法律精神、法律政策到法律规范，再到法律实践的过程就会增加更多的不确定性。

其次，起诉方式的转变不是随意就能切换的，任何一种思维方式和思维习惯的转变都异常缓慢和艰难。就起诉政策而言，我国以往对不起诉的适用呈现

---

① See Black's Law Dictionary (5th edition). West Publishing Company (1979)：419.
② 参见薛波主编：《元照英美法词典》，法律出版社2003年版，第420页。
③ D. H. Choe, Discretion at the Pre – Trial Stage：AComparative Study, Eur J Crim Policy Res (2014)：101 – 102.
④ 参见孙远：《起诉裁量权的概念、范围与程序空间》，载《求是学刊》2022年第1期。

整体收紧、谨防滥用的基本态势，不起诉案件有严格的适用条件和相较于起诉案件更为复杂的程序要求。从最高检历年公布的办案数据来看，不起诉率在政策变化之前一直维持在一个较低的水平，且波动较小。（参见图1）

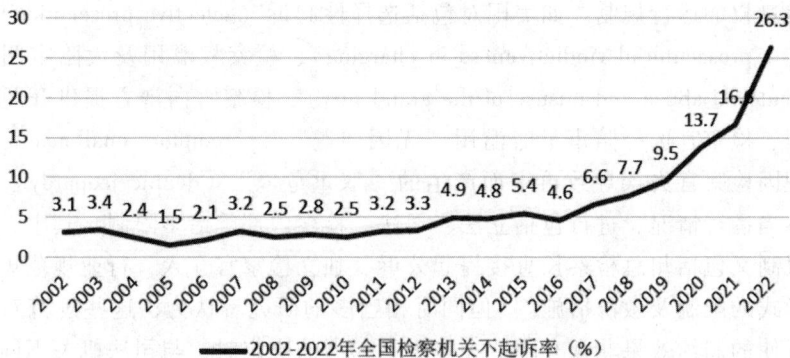

图 1　2002—2022 年全国检察机关不起诉率[①]

　　而在考核指标上，不起诉的案件数量过多也一度被认为是案件质量下行的一个参考指数。[②] 应当说，关于不起诉的从严把握要求从 1996 年刑事诉讼法修改已经经历了二十余年的实践历程，相较于诉的思维和诉的方法、流程，我国缺少对不诉裁量运行的实践养成。而这种方式方法，包括思维方式的转变也需要时间沉淀和经验累积，不能急于求成。域外一些国家裁量权范围过大，近年来一直在加大规制和防范，但效果有限。同样，裁量权在我国以往实践遇冷，现在需要对此改变也不会轻松。从某种意义上讲，这是对检察机关办案思维方式的重大调整，诉与不诉的处理结果会向前端侦查和后续审判传导相应掌握尺度和价值理念，不起诉的适用还需要一定的时间窗口，要防止短期一下子

---

　　① 　2003—2010 年数据（2006 年除外）参见赵鹏：《酌定不起诉之现状考察及完善思考》，载《法学》2011 年第 9 期；2011 年数据参见李辞：《论附条件不起诉与酌定不起诉的关系》，载《法学论坛》2014 年第 4 期；2012 年和 2013 年数据按照检察机关公布的提起公诉、不起诉的人数计算得出；2014 年和 2015 年数据参见郭烁：《酌定不起诉制度的再考查》，载《中国法学》2018 年第 3 期；2016 年未查到官方统计数据，按照最高检工作报告中不起诉率比 2015 年高 0.8% 推算，可能会有数据偏差；2017 年数据参见任禹行：《公诉权运行的外部监督：论公诉审查程序》，载《求是学刊》2022 年第 1 期；2018 年数据按照最高检 2023 年工作报告中对 2018 年至 2022 年不诉率从 7.7% 升至 26.3% 的时间起算中得出；2019 年至 2022 年数据来源于最高人民检察院全国检察机关主要办案数据及最高检工作报告。

　　② 　根据最高人民检察院 2005 年颁布的《检察机关办理公诉案件考评办法（试行）》的规定，普通刑事案件酌定不起诉率不能超过 2%，每超 0.5% 减 1 分。参见武晓慧：《论公诉裁量权的运行与程序性控制》，载《中国刑事法杂志》2016 年第 1 期。

从过冷适用到过热推进。

再次，对裁量权进行规制具有天然局限性，制度完善的缺口需要在适用环境和检察独特话语权中寻求根本性支撑。从世界范围来看，无论是以美国为代表的充分适用检察裁量，还是大陆法系国家逐渐释放的检察裁量，各国都较为重视裁量权的运行规制。如美国对包括选择性起诉（selective prosecution）、恶意指控（prosecutorial vindictiveness in charging）、检察权滥用及大陪审团误用（prosecutorial abuse and misuse of the grand jury）、检察官向辩方提供开脱罪责之证据、检察官选择陪审员时滥用"无因回避"（peremptory challenge）与首次审理因检察官失误导致再审而产生的"双重危境"（double jeopardy）等裁量权不当运行情况，进行包括立法、司法、检察内部等诸多限制。其中，检察内部限制又包括州总检察长直接提起公诉、独立检察官介入、行业规范规制等不同形式的限制及救济措施。[①] 但同时相当多的研究者认为，这些规范对于裁量权行使的制约效果非常有限。在审查不起诉的决定时，与司法机关不同，检察官并没有被要求遵守"行为不当"的标准。[②] 戴维斯（Kenneth Culp Davis）的研究表明，联邦检察官拥有的这种自由裁量权在很大程度上是不受监控的。[③] 格什曼（Bennett L. Gershman）则认为"在美国实际是缺乏有意义的标准来指导检察官的自由裁量权"。[④] 而在如何才能更好地改善检察官处理自由裁量决定层面，研究者建议增加内部指导方针的数量和种类以实现对检察官自由裁量权的引导和监督，如诺曼·艾布拉姆斯（Norman Abrams）详细地论述了如何利用内部准则来协助实现检察裁量权行使的"可容忍的一致性"。詹姆斯·沃伦伯格（James Vorenberg）指出，有必要让检察官"对他们的决定负责"。他提供了一个全面的方案，包括指导方针、筛选会议、建立一个记录检察官的自由裁量决定系统等。罗里·利特尔（Rory Little）呼吁制定一项道德准则，以促进"调查中的合理性"。现实情况是，尽管这其中的许多建议得到执行，但检察自由裁量权存在的问题仍然没有被完全制度化解决。[⑤] "过去30

---

① 参见张鸿巍：《美国检察机关起诉裁量权刍议》，载《中国刑事法杂志》2010 年第 6 期。

② See Roberta K. Flowers, What You See Is What You Get: Applying the Appearance of Impropriety Standard to Prosecutors, 63 Mo. L. Rev. 699, 722 – 25 (1998).

③ See Kenneth Culp Davis, Discretionary Justice: A Preliminary Inquiry, Louisiana State University Press, 224 (1969).

④ Bennett L. Gershman, The New Prosecutors, 53 U. Pitt. L Rev. 393, 435 –43 (1992).

⑤ See Norman Abrams, Internal Policy: Guiding the Exercise of Prosecutorial Discretion, 19 UCLA L. Rev. 1 (1971); James Vorenberg, Decent Restraint of Prosecutorial Power, 94 Harv. L Rev. 57 (1981); Rory K. Little, Proportionality as an Ethical Precept for Prosecutors in Their Investigative Role, 68 Fordham L. Rev. 53 (1999).

年的教训是，道德规则和纪律程序实际上不能在约束检察官方面发挥主要作用。如果检察官要承担起更多的责任，就必须有所改变。"① 甚至包括在检察裁量决定的能力提高上，是否应从大学教育上获得相关知识储备、检察机关培训是否有助于决定的作出等都观点不一。有论者就指出，"即使是司法部内部的机制也不能充分处理自由裁量的决策过程。虽然国家地区检察官协会、美国律师协会、美国法律研究所和司法部的《美国检察官手册》提供了政策声明，可以指导检察官作出某些自由裁量决定，但在大多数情况下，检察官在作出自由裁量决定的过程中接受的教育有限"。② 马克·米勒（MarcMiller）和罗纳德·赖特（RonaldWright）根据新奥尔良地方检察官办公室的数据，总结了检方撤销指控的原因。他们发现，大多数自由裁量决定都遵循一种办公室普通法，也就是习惯和倾向模式，使他们对相同案件作出相同的处理。换句话说，即使外部观察者看到的只是一个缺乏明显法律依据的"黑盒子"，业内人士却能把握到其中的规范和习俗，并对案件结果产生实际影响，这就是特有环境和统一文化的支撑，这种提炼自由裁量权的过程可以使正义比任何一套规则都更合理。③

以上研究给我们展现了一个难点，也提供了一种应对思路，即不起诉裁量权的运行，从传统体系化的视角来看一般包含目的预设、具体内容、实践引导及相关规制与监督等内容，但即使再完备的制度构建和再明确的政策指令也无法完全解决裁量权在实践运行中的诸多问题，很多不当行为甚至难以被发现、被评价。这一点我们可以把它理解为裁量权运行的制度缺口，或是天然局限。而应对思路，即缝补这一制度缺口的是寻求环境和文化的内在支撑。环境要素，是检察官在诉与不诉选择时的彼此影响，不起诉决定不再是一种冷实践状态，检察官从尽量不适用到不回避适用到自然而然地适用逐渐过渡，这其中具体制度层面的完善，包括进一步明确适用范围等，是转变初期的实践需求。文化要素，是检察官群体通过检察行为所要达到的特有价值目标和特有思维及行为模式。很多时候，当谈及文化要素影响时，由于文化本身纵横于抽象与具体之间，总让人感觉过于宽泛和模糊。但检察职能的发挥、具体制度的设计与推行、实践中探索的各项改革以及一线检察官执法办案都离不开特有文化的支撑

---

① Bruce A. Green, "Prosecutorial Ethics in Retrospect", Georgetown Journal of Legal Ethics 30, no. 3 (Summer 2017): 483.

② Ellen S. Podgor, The Ethics and Professionalism of Prosecutors in Discretionary Decisions, 68 Fordham L. Rev. 1511 (2000).

③ See Bibas, Stephanos, "The Need for Prosecutorial Discretion", Temple Political & Civil Rights Law Review, Vol. 19. (2010): 369 – 375.

与制约。在刑事诉讼程序设计中，相较于前端侦查和后端审判而言，在打击犯罪和权利保障上，检察机关的职能运行更加强调某种能动性和理性思维，体现了一种对法律适用的正义寻求与理性守护。也正是在这一点上，检察官具有同警察及法官相同的职业追求，也具有不同的案件审视视角。从长远角度讲，检察官只有内心形成充盈的检察确信，既有案件分流的考量，同时也有不完全等同于审判的案件价值判断才能更好地不诉和进行相应的程序性阻断，这也是支撑检察裁量获得长久生命力的根本。从文化解释学的观点来看，法律不仅是解决纠纷、维护秩序的手段，也是表达人们对社会、世界、秩序、正义等问题的看法、态度、情感、信仰、理想的媒介。相对不起诉要承载检察环节的价值牵引功能和不同于审判的特有检察价值输出，检察程序中枢的作用才能充分发挥，检察环节的程序终结才会有独立的适用空间，并能够接受社会民众方方面面的审视与评价。目前，我们应注意这种环境和文化的培育及养成，只有当这种文化和环境成熟时，相应政策在检察环节的落地才能全面承载立法本意，并最大程度地消弭可能产生的问题。

最后，裁量权运行应注重案件适用的个别价值体现，即每一个案件都应承载对应的适用正义。这些正义有可能是相同的，也有可能是不同的，但不是类案的简单重复，也因此会占用更多的检察工作量。就我国目前认罪认罚案件的适用比例来看，检察机关在很大一部分案件中将会更加常态地面临诉与不诉的现实选择，相对不起诉的潜在空间巨大。这个时候检察机关一方面面临积极推进以逐步释放其适用比例的要求，另一方面要警惕和防范概念式、模糊化的整体扩大推进。裁量权运行是以对差异性的充分尊重为基础，类案有其适用的共性，但裁量更应强调对个案特性的把握。也正是在这个意义上，起诉裁量体现了对起诉法定的必要补充。也可以说，补充作用主要是在案件适用的个别化和去普适化要求中得以表现和获得制约。因此，在具体案件的处理中，概念可能是抽象化的，但适用的个案目的一定是明确且可视的，要防范在不起诉裁量中的办案指南无差别地适用于个案。如对未成年人适用不起诉，教育感化挽救方针是总体概念输出，每一个案件的未成年个体都会承载基于个案的独特检察判断，这就是不诉的价值，这一点与起诉行为追究犯罪的概括性目的不同。只有这种个案的独特价值得到充分体现，检察机关不起诉的程序性阻断行为才能经得起检验，并获得持久生命力。同时，也正是因为这种更优价值选择，使得不诉行为比起诉行为变得更加复杂。"起诉裁量权不是公式化的，而是要求检察官用自己的判断来填补空白，如果决定如何起诉一个案件就像阅读一项法律规定并决定其要素是否适用于被告的行为一样简单的话，那么所有新检察官由于具有专业知识，就应该都具备处理这项任务的能力。然而，经验丰富的检察官知道，指控决定要复杂得多。困难在于评估那些没有被法律定义的因素，包括犯罪的严重程度，被告在犯罪中的角色，被告过去和未来可能的合作，对受害者的伤害，审判案件的复杂性和成功的可能性。检察官必须能够填补这些空白，以履行其指控职能。"① 而在工作要求上，一个合法、合理的不起诉决定要求检察官必须进行大量细致的工作，从某种程度上讲，其所考虑的内容甚至比法官考虑的还要多。目前承载着繁简分流改革的认罪认罚从宽制度，至少在检察阶段并没有减少检察人员的工作量，以获得诉讼效率的有效提高。在此背景下如果要进一步强调和落实检察裁量，要为这部分可能的"增量"充分预留一定的办案时间，否则在原有时间强度和进一步提高效率的要求下，办案的把握尺度就容易不当放松或收紧，裁量的内容就会趋于简单和同质化，而任何不审慎的行为都会与起诉制度的核心精神相冲突，影响办案效果。

三、不起诉率与案件之间的评价关系

最高检在 2021 年工作报告中指出：促进认罪认罚更利矛盾化解、社会治理。对依法可不批捕和犯罪情节轻微、不需要判处刑罚的，不批捕 8.8 万人、不起诉 20.2 万人，占已办结案件比例分别增加 0.8 和 3.9 个百分点。捕后认罪认罚可不继续羁押的，建议释放或变更强制措施 2.5 万人。审前羁押从 2000 年的 96.8% 降至 2020 年的 53%。2022 年工作报告指出：适应刑事犯罪结构变化，在严惩严重刑事犯罪同时，对大多数较轻犯罪、初犯偶犯等依法从宽处理。检察机关积极稳妥推进，全年不批捕 38.5 万人、不起诉 34.8 万人，比 2018 年分别上升 28.3% 和 1.5 倍。开展羁押必要性审查专项活动，对捕后可不继续羁押的，依法建议释放或变更强制措施 5.6 万人，诉前羁押率从 2018 年 54.9% 降至 2021 年的 42.7%。在 2023 年工作报告中，诉前羁押率从 2018 年的 54.9% 降至 2022 年的 26.7%，为有司法统计以来最低；不捕率从 22.1% 升至 43.4%，不诉率从 7.7% 升至 26.3%，均为有司法统计以来最高。② 从以上工作报告来看，不捕率、羁押率逐年降低，不诉率逐年提升，不捕率、不诉率和羁押率也成为评价强制措施适用和起诉把握调整的重要参考指标，而这一评价思路也反映在各省检察院对

---

① Leslie C. Griffn, "The Prudent Prosecutor", Georgetown Journal of Legal Ethics 14, no. 2 (Winter 2001): 259 – 308.

② 参见最高人民检察院 2021 年、2022 年、2023 年工作报告。

相关工作的具体推进中。①虽然不起诉率是目前检察机关的一个中性考核指标，但从最高检及各省陆续公布的数据来看，都强调提高不起诉率。从其鼓励扩大适用的发展方向来看，这一指标已经具有了某种趋向正向的含义。由于指标具有很强的办案导向性，会成为地方各级检察院办案的指挥棒，对此，笔者认为，不捕率、不诉率和羁押率不能具有相同的数据价值。我们要注意"不捕"和"不诉"的区别，不捕率可以作为强制措施变化的检验标准，甚至可以作为单一性评价指标来进行反向判断。而不起诉种类繁多，情形各异，即便同一种不诉类型，如存疑不诉中的主动存疑和被动存疑，相对不诉中仅在检察环节即作出判断还是经过审判环节撤回后再行选择的不诉处理，各种类型之间又存在交互关系，如案件本应存疑不诉但借道相对不诉所做的消化式处理等都可能包含在整体不起诉率数据之中。因此，不起诉率只有经过数据清洗才能作出是否符合相关政策精神的判断，不同类型的不起诉承载的价值和意义不同，在不起诉的评价体系和数据分析中，应体现相当程度的差异性。

首先，在不起诉类型中，存疑不诉能够充分体现检察环节对公安机关侦查行为的有效监督，也是办案检察官有较高的专业素养和职业责任感的体现，因此具有较高的评价价值。存疑不诉中要注意区分主动存疑和被动存疑。检察机关对公安移送案件中证据存在明显瑕疵而主动作出的存疑不诉与案件已进入审判阶段后通过撤回起诉再作出的被动存疑不诉不能等量齐观。对于后者，如果是双方在法律认识上的分歧，而且检察机关是有一定立论基础的，可以作一个中性的评价。但也不排除有办案质量差、证据不充分造成的被动不起诉，这种情况应当明确作出否定性评价，而对撤回起诉后本应存疑不诉而借道相对不诉就更应等而下之，要在评价体系上体现差异性。如果将这类不起诉数据也混同在整体不起诉率中，将会造成不起诉率评价功能的异化。

其次，出于刑事政策考虑而作出的相对不起诉，体现了检察裁量的充分行

---

① 笔者统计了我国2023年各省级检察院（港澳台除外）的工作报告，其中大部分都将不捕率、不诉率、羁押率以具体数据或较以往变化的形式进行公布。如黑龙江省人民检察院2022年不捕率43.2%、不诉率24.1%，相较于2017年分别上升17.5、21.2个百分点；2022年诉前羁押率27.54%，相较于2020年减少15.49个百分点。湖南省人民检察院贯彻宽严相济刑事政策，2022年依法不批捕1.9万人、不起诉3.3万人，较2018年分别上升11.2%、162.4%。2018年以来对捕后可不继续羁押的，依法建议、决定释放或变更强制措施1.1万人，诉前羁押率从51.9%降至30.9%，等等。而在各省公布的主要办案数据上，不捕率、不诉率、羁押率也基本是统一反映相关工作的开展，如广东省检察机关2022年，全省检察机关不批准逮捕52022人，同比上升2.61%，不捕率为51.48%，同比增加17.14个百分点；决定不起诉36588人，同比上升16.15%，不起诉率为22.41%，同比增加6.04个百分点；诉前羁押率（起诉到法院时仍被拘留、逮捕被告人数占起诉人数与不起诉人数之和的比例）已降至30.77%。以上数据参见各省、自治区、直辖市检察机关工作报告及各省级检察机关公布的主要办案数据。

使和对社会效果与法律效果相统一的积极回应，也是应当鼓励的不起诉类型。就检察话语权的实现而言，此类不起诉决定能充分反映检察价值输出，目前这部分的适用还有较大的增量空间。在推进初期，一方面需要有个大致适用和排除的限制内容供办案人员参考，以进行适用引导。如未成年人案件与普通案件要有区别，要强调在用满、用足不起诉裁量上下功夫；有些案件即便不需要判实刑，但被告人确有上法庭接受教育必要的，以及还有随案的赃款和财物性质需要进一步判定的等不适宜在检察环节画句号的情形的，要做好原则与例外的补充规定。① 另一方面要谨防不诉与认罪认罚、捕诉一体等制度叠加可能产生的廉政风险，防止问题案件从入口到出口进行不当程序出罪。

再次，对于在特定历史阶段和现实情况下发生的一些不起诉类型不宜过度评价。我国刑事案件结构目前已发生重大改变，繁简分流的程序改革使相对不起诉的适用在数量上有较大幅度的增加，但这是危险驾驶、"帮信"等轻罪大量增加后导致案件本身基数的变化，是适用基础变化。不起诉比例的提高不直接反映适用案件范围的扩大。② 比如醉酒危险驾驶中血液酒精含量超过 80 毫克/100 毫升而低于各地设定的某个数值的案件，由于立法未作统一调整，公安与检察机关也未会签相应文件的情况下，公安机关依然会移送至检察院，而检察机关则相应作出不起诉决定。这与检察官的职业能动性发挥及办案水平的提高并没有特别的相关性，不宜过度评价。

最后，要针对实践办案需求，关注不起诉适用包括类型上的一些新变化，并做好相应的法律跟进和制度调整。对一些新领域的不起诉适用要有更加坚实的理论支撑，提高适用的可预测性和可接受度。对实践中存在的与指控合作类型的刑事责任的减免，比如对行贿犯罪事实上的大尺度从宽，加强从不起诉制度视角的运用研究。同时，除已有的特别不起诉之外，可探讨激活在国外广泛

---

① 日前，最高检已着手围绕社会危险性评估、不起诉条件的把握等有关标准进行细化，围绕与认罪认罚从宽制度、检察公开听证、刑事和解等如何衔接予以进一步明确。参见最高人民检察院：《2021 年度十大刑事检察热词》，载最高人民检察院网站，https：//www.spp.gov.cn/spp/zdgz/202112/t20211228_539977. shtml，2023 年 4 月 20 日访问。

② 近些年，我国醉驾案件数量一直居高不下，帮信犯罪也呈现迅速增加态势。2018 年至 2022 年起诉各类犯罪嫌疑人比前五年上升 12%，上升的主要是新型危害经济社会管理秩序犯罪。其中，起诉"醉驾"（危险驾驶罪）150 万人，上升 1 倍，占起诉总人数的 18.2%；破坏市场经济秩序犯罪上升 32.3%；帮助信息网络犯罪活动罪从 2018 年 137 人增至 2022 年 13 万人。危险驾驶罪案件超过以往案件数量最多的盗窃罪案件，成为占比第一的犯罪，同时帮信犯罪也一度上升为第三大案件类型，且出现了短时期的迅速增加，2020 年同比激增 34 倍，2021 年同比再激增 17 倍。参见《最高法涉信息网络犯罪特点和趋势司法大数据专题报告》，载最高人民法院网站，https：//www.court.gov.cn/fabu－xiangqing－368121.html，2023 年 4 月 20 日访问；《最高检工作报告中重要问题释义（三）》，载最高人民检察院网站，https：//www.spp.gov.cn//zdgz/202303/t20230309_607125.shtml，2023 年 4 月 20 日访问。

适用的为打击严重犯罪而与检察合作类型的不起诉制度。

四、从检察未来发展的高度看起诉制度衔接

从 2020 年开始，我国刑事案件不起诉率有较大幅度的提升，从各省级检察院 2022 年已公布的办案数据来看，不起诉率最高的省份如湖北已达到 37.2%。[①]可以说，目前我国起诉格局已发生一定程度的变化。起诉政策的调整关联检察机关未来的职能定位及作用发挥，同时作为程序中端其对前端侦查和后端审判也都会产生实质影响。笔者认为，应从程序全流程的视角全面审视起诉制度，同时针对可能产生的变化解决制度衔接中可能存在的问题。

首先，应弱化"捕"的程序连接功能，使起诉权成为检察机关最强职权。起诉与批捕作为检察机关最核心的两大职权，从权力制约的角度来讲，其权能行使的最有力表现不是批捕和起诉，而是不捕和不诉。一直有观点认为，与起诉权相比，批捕权是检察机关的最强职权，因其对公安机关的侦查活动有直接和强大的影响力。在取保候审与缓刑存在明确关联的司法情境下，不捕对最终的定罪量刑都有着不容忽视的影响力。但从理论及未来发展看，起诉权才是检察机关的最强职权。一方面，取保候审与量刑的正相关是不合理的，强制措施未来将逐渐回归其诉讼保障手段的本来定位，我国目前羁押率降低，通过审查批捕来进行程序关联并以此作为监督手段的重要性也会随之下降；另一方面，不诉是对刑事责任的直接否定，是检察机关行使裁量权对案件作出最终处理。与认罪认罚从宽案件中法官"一般应当"接受检察官的量刑建议相结合，构成了中国特色的"检察官裁判"体系。通过批捕来关联刑事程序的能力下降，应当同步实现起诉地位的提升。

其次，要促进检察官的办案水平与办案数据取得实质性关联。相较于在起诉裁量权被充分适用的国家，其制度规制主要通过完善起诉标准，以防止其选择性起诉和报复性起诉等，我国目前面临将不诉的选择判断与高水平的办案连接以体现更好的价值输出的需要，这是检察机关进行程序性阻断的"定心丸"。不起诉数据的清洗及保障个案数据的有效性在某种程度上有利于解决实践中长期存在的一个问题，就是检察官的业务水平很难从案件数据中得出一个公正评价的不合理现象。由于我国司法实践中无罪案件极少，检察官起诉的成功率都很高，所以与域外其他国家和地区通过起诉成功率就能直接评价检察办案水平的做法不同，我们需要用一些办案以外的尺度来衡量检察官的水平，比如"优

---

① 以上数据结论来源于各省级检察机关工作报告及对外公布的主要办案数据。

公"考试的成绩等。但实际上未来对检察官的公正评价，主要还是从其办案数据中来考察。不起诉是检察裁量权运用的重要表现，经过权力有效制衡和多层把关之后，如果能够保持一个很好的数据，可以在一定程度上反映出检察官的真实办案水平。裁量权运行的很大一个现实障碍是争议案件的争议处理，这种纷争会给检察官带来巨大的压力，诉一个案件比不诉一个案件更加简单，而且风险更小，于是很多两可之间的选择就更加现实。"近年来，担任一名检察官已成为一项困难的工作。一旦公众和媒体对某一特定刑事案件感兴趣，检察官的决定就会被详细分析，被一方或另一方严厉批评。"[1] "在起诉过程中，没有任何一个刑事法律主题像检察裁量权那样难以捉摸。"[2] 这种模糊性也成为各国检察官都必须面临的现实问题，如果应对不当会给检察办案工作带来很多新的困扰，这种困扰在转变初期尤其需要引起重视，否则就会成为无形的障碍。如果检察官的办案水平与办案数据取得关联，可检视的案件质量以及由此形成的业内评价有助于检察官抗衡干扰，从而实现案件质量与检察官办案水平的同向发展及同向评价。

再次，不诉率要具有较高的评价功能，除了完善内控机制进行有效的数据清洗外，还要注意发挥外部关口的实质性把关能力。一项政策或法律精神的适用，往往伴随相应的效果评估，而司法机关在推进过程中一般会以各种指标来衡量和参考案件效果。我国目前不起诉率没有进行案件分型及数据清洗，数据清洗和不诉评价可能需要投入一定的资源，相比可能带来的检察工作的新格局而言，这种投入是值得的。而要使不诉率具有真正意义上的指标功能，一方面不同类型的不起诉案件要有相应的统计分析，这是数据在构成要素上的基本要求；另一方面要在制度安排上充分防范可能产生的不当适用，这里面不仅涉及检察系统本身的内控，一定意义上也需要完善外防机制，做好数据的外部把关。就我国目前的法律规定而言，一个不起诉案件在程序上要经过承办检察官形成书面报告→检察官联席会议讨论→分管检察长同意后提交检察委员会讨论→检察委员会讨论后形成正式决定。[3] 从形式上来说，任何一个不起诉决定都有着较为严格的内控程序。随着不起诉案件数量的逐年增加，程序设计是否与不起诉扩大适用相适应，是否能够承载相应的办案要求也产生了不同的声音。如有论者认为，审查起诉期间与起诉裁量所需完成的工作量显然是不成比例的。检察

① Michael Jasch, *Prosecution and Politics in Germany*: *The Struggle for Independence*, The Evolving Role of the Public Prosecutor, Routledge Publisher（2018）：282.

② Bennett L. Gershman, *AMoral Standard for the Prosecutor′s Exercise of the Charging Discretion*, 20 Fordham URB. L. J.（1993）：513.

③ 参见苏云：《不起诉裁量权行使的影响因素与发展路径》，载《人民检察》2019 年第 8 期。

官面临繁重的案件压力以及紧迫的时间要求，往往不得不放弃裁量而选择作出起诉决定，因此建议从撤回公诉和提前介入两个方面拓展起诉裁量权运作的空间。① 还有论者认为，应取消不起诉审批制度，建立公开的不起诉审查程序，等等。② 对此，笔者认为，相较于检察系统的不起诉内控机制，目前在外控上的制度空间更需要引起注意。目前，我国不起诉的案件大都要经过听证，从某种意义上讲，人民监督员制度是不起诉率数据生成的第一道外部关口。在起诉环节贯彻宽严相济刑事政策使得不起诉的内容和要求相较于以往发生了较大的变化，也承载了新的使命。在不起诉案件中，人民监督员不仅要履行监督职能，同时还承担评价和筛选功能。由于最初设计的定位原因，现行人民监督员制度由各行各业的普通民众组成，以体现监督的普遍性。但目前人民监督员的非专业化组成及随机抽选等机制已无法完全支撑对不诉工作的作用发挥。如果不起诉数据成为重要参考指标，裁量权的运用又是一种特殊自由权，很难客观化，这就容易诱发为不诉而不诉或者说"造数据"的道德风险。人民监督员必须有足够的能力和自信进行甄别和阻断，才能有效防止数据污染。这是目前监督员组成模式很难完成的，需要进行一定适用规则上的调整以适应政策调整下的职责变化。如可以考虑在人民监督员的人员组成中调整专业化比例，增加退休资深法官、检察官和高水平专家学者数量，以提高数据入口质量，保证不起诉指标的含金量。事实上，现今各地不起诉听证往往也不是随机抽取。对一些难度较大的案件，有针对性地安排专家参与，已经成为某些地方的常规做法。③ 经过改造的人民监督员在进行个案评价时，检察机关要制定一定的规则进行适用引导，实现各方主体对这一问题的同频共振。如审查检察官的不起诉意见，对于两可之间的情况，人民监督员应当以不支持为宜，因为不支持的结果是案件诉到法院，还有法院的裁判权来进行评判。有法院审判权兜底，评价机制并没有垄断话语权，在检察官与个案评价意见相左的情况下，可由独立的审判权加以平衡。这样经过两道工序把关，从源头上保障不起诉率的效度和信度，使不起诉率成

---

① 参见孙远：《起诉裁量权的概念、范围与程序空间》，载《求是学刊》2022 年第 1 期。

② 参见郭烁：《完善不起诉裁量权适用的具体程序》，载《人民检察》2019 年第 10 期。

③ 2022 年 5 月 22 日，最高人民检察院发布首批人民监督员监督检察办案活动典型案例。该批案例共 8 件，包括邀请人民监督员参加公开听证案例 4 件、邀请人民监督员监督案件质量评查案例 2 件、邀请人民监督员监督巡回检察案例 1 件、邀请人民监督员参加检察建议的研究提出、督促落实案例 1 件。此批典型案例根据《人民检察院办案活动接受人民监督员监督的规定》《人民监督员选任管理办法》等规范性文件新修订新调整的内容，重点选取了覆盖检察听证、巡回检察、案件质量评查、检察建议落实等人民监督员参与监督的不同方式的具体案例。考虑到人民监督员广泛性和代表性的要求，随机抽选与指定人民监督员相结合的新机制也在案例中有所体现。典型案例旨在指导各级检察机关加大工作推进力度，勇于探索创新，充分发挥人民监督员实质监督作用。

为反映案件效果的直接指标。目前，我国起诉裁量权还没有被适当激活，尤其是检察官对相对不起诉主动适用的意愿不强。究其原因，除去一些功利化因素的考虑，如不诉比诉有更为烦琐的程序制约、更大的办案风险和需要更多的检察担当外，诉向不诉调整到底需要多大程度的转变，要实现什么样的价值目标，具体应该考量哪些要素，怎样才算达成了办案要求及如何进行系统内和社会评价等，对这些问题都还有不同认识。为此，要做好不起诉的个案评价，让不起诉率真正成为案件质量的准确指标，从而为通过适用数量进行考核评价奠定基础。不起诉率的评价能力越强，考核指标的设定才越有底气，通过适用数量实现正向牵引的基础才更牢固。

从次，检察裁量的适用引导应该是缓释的，不是一蹴而就的，要关注数据波动背后可能产生的问题。裁量权自身具有的特殊自由和适用缝隙等特点，决定了不能用传统的评价和考核思维来衡量和判断不起诉的适用效果。一方面，要对不诉的适用情况进行更加细致的分析，分门别类地了解现状、发现问题，对适用比例不宜做硬性要求，更不宜做划线式推进。反映在考核引导上，要重新确立符合裁量特点的考核体系。不起诉规范的重点，不宜简单理解为其适用的案件范围应如何进行实质性扩大，而应在具体个案中，针对裁量权特点进行合目的化的运行路径选择，并在一定程度上解决适用方法的可操作性和可评价性等问题，不诉率应与案件效果取得实质关联。另一方面，大量的不诉案件会对前端侦查产生一定的思维传导，由此带来的问题要予以高度关注。审前程序包括检察裁量和程度不一的警察裁量，受制于不同检警关系影响，二者在可裁量的范围及实际把握中呈现不同的适用状态。如最大限度的警察自由裁量权（美国和英国）、最低限度的警察自由裁量权（德国和韩国）、混合警察自由裁量权（法国和日本），其中又包含证据充分性、公共利益等不同影响要素。[①] 不起诉是对刑事责任追究的一种程序阻断。检察机关的每一个不起诉案件，尤其是相对不诉体现了检察价值判断和对案件的倾向性意见。事实上，这一导向很容易传递给侦查机关，其也会相应调整移送起诉的尺度。在明知会不诉的情况下，现实的选择就是把案子消化在侦查阶段，这会逐渐导致一些不起诉的案件不是被终结在检察环节，而是被终结在侦查阶段，甚至可能消失于立案阶段。而公安作了这样的调整以后，检察环节要维持甚至进一步提高已经达到的不诉比例就必须不断作出新的"突破"。这样的循环往复不符合罪刑法定原则和司法规律，对检察实践和裁量权的正确行使也会形成新的障碍。因此，应注意对我国

---

① See H. Choe, *Discretion at the Pre - Trial Stage：AComparative Study*, Eur J Crim Policy Res（2014）20：101 - 119.

不起诉率数据的观察，并防范数据波动背后可能产生的思维传导和裁量权前移等问题。

最后，裁量权的行使从来都不是一件简单的事情，程序规制内容应与实体规范相结合。"刑事立法和刑事诉讼法的特点越来越是自由裁量权的结果，而且庭外决定的重要性越来越大。关键点不是检察机关如何处理，而是刑法允许广泛使用自由裁量权，检察官几乎被迫利用他们的自由裁量权，因为刑事司法的管理将太昂贵和耗时。我们应该考虑对某些类型的行为进行真正的非刑事化，而不是坚持通过检察自由裁量权的非刑事化制度。"① 我国的起诉格局未来将做多大程度的改变，目前还不能形成定论。适应犯罪结构变化所作出的政策调整仅凭检察裁量的程序性内容还显得过于单薄，需要实体与程序的共同推进。

---

① See Michael Jasch, *Prosecution and Politics in Germany*：*The Struggle for Independence*, The Evolving Role of the PublicProsecutor, Routledge Publisher (2018)：296 – 297.

论检察机关干预告诉才处理案件的程序选择

——基于对"自诉转公诉"讨论的延伸思考[*]

王一超[**]

一、问题的提出

长期以来，在我国司法实践中，告诉才处理的案件只能通过自诉方式处理。然而，被害人在诉讼能力方面存在许多不足，可能无法顺利提起自诉或无法有效支持自诉，而公安机关、检察机关干预自诉的途径又不畅通，故常常导致此类案件的追诉效果不甚理想，无法充分维护被害人的利益，亦难以达到预期的犯罪预防效果。在 2020 年的浙江余杭区网络诽谤案[①]中，检察机关没有继续保持以往在自诉案件中的消极态度，而是积极参与，最终促成本案以公诉的方式得以处理。本案中"自诉转公诉"的实践方案也激发了理论界和实务界关于在告诉才处理案件中，检察机关能否以及如何干预的讨论。然而，本案之所以能够公诉，一项重要原因在于其并不属于告诉才处理的案件范围。[②] 换句话说，本

---

* 原文发表于《清华法学》2022 年第 6 期，收入本书时略有删改。

** 中央民族大学法学院讲师，最高人民检察院司法案例研究基地（清华大学中国司法研究中心）研究人员。

① 关于本案的案情及具体程序进程，参见最高人民检察院第一检察厅、浙江省人民检察院、检察日报社编：《自诉转公诉的"庭前幕后"：浙江余杭网络诽谤案》，中国检察出版社 2021 年版，第 1—79 页。

② 从目前披露的信息可知，本案中被告人郎某某、何某某的行为符合最高人民法院、最高人民检察院发布的《关于办理信息网络诽谤等刑事案件适用法律若干问题的解释》第 3 条中"其他严重危害社会秩序和国家利益的情形"，故本案属于《刑法》第 246 条但书规定的情形，而不属于"告诉才处理"的案件范围。参见樊崇义：《诽谤罪之自诉转公诉程序衔接——评杭州郎某某、何某某涉嫌诽谤犯罪案》，载《检察日报》2020 年 12 月 28 日，第 3 版；刘仁文：《依法惩处网络诽谤强化公民私权和公共利益保护》，载《检察日报》2020 年 12 月 28 日，第 3 版；张建伟：《涉嫌诽谤案自诉转公诉的法眼观察》，载《检察日报》2020 年 12 月 30 日，第 3 版。

案中"自诉转公诉"所激活的诽谤罪条款，恰恰排除了其中告诉才处理的部分。这与前述人们关注本案的初衷无疑是相"错位"的。人们的关注点在于：检察机关能否干预告诉才处理的案件？如果可以，具体能够以何种方式实行干预？"自诉转公诉"是否可行？如果可行，是否是唯一的干预方案？在浙江余杭网络诽谤案之后，上述问题仍然处于一种未解答的状态。

笔者认为，如果研究的目的是给检察机关今后干预告诉才处理案件提供可推广应用的程序方案，而不是仅仅论证个案的正当性，就需要剔除个案中的偶然性因素，从制度层面做更为周延的考虑。从这个角度来看，以某具体犯罪行为的社会危害严重性来论证公诉方案正当性的思路，回避了告诉才处理案件类型的特殊性，模糊了问题的焦点，并不可取。告诉才处理案件的特殊之处在于，有效追究犯罪尽管重要，但不是唯一的价值追求，尊重被害人的追诉意愿是案件处理时不容抵触的基本原则。这也正是此类案件程序处理更为复杂的根本原因。有鉴于此，笔者拟跳出个案，亦不局限于某一特定罪名，而是着眼于告诉才处理案件这一整体，探索检察机关干预的正当性及具体程序方案。与此同时，为了避免模糊研究焦点，笔者不欲过多讨论在刑事实体法上将某一犯罪行为界定为告诉才处理犯罪的正当性，而是会集中于程序法方面的讨论。

二、检察干预的正当性：两大司法实践误解的澄清

检察机关是否应当干预告诉才处理的案件？从应然角度看，答案是肯定的。但是，若从实然角度观察，得到的却极可能是否定的答案。笔者认为，产生这一悖论的原因在于我国司法实践中长期以来的两大误解：一是告诉才处理的案件只能通过自诉方式处理；二是检察机关在自诉中不具有法定的诉讼主体身份，无法参与。如此一来，检察机关与告诉才处理案件似乎成了两条平行线，在司法实践中无法找到二者相交的程序空间。在上述两大误解的支配下，为了给相关案件的公诉处理赋以正当性，立法及司法中常常需要将某一犯罪行为规定或解释为告诉才处理的除外条款，甚至直接将其认定为其他非告诉才处理的案件类型。尽管从最终结果来看，上述"便宜之计"通常可以弥补被害人在追诉能力方面的不足，保障追诉效果。但这一"正确答案"的背后却叠加了若干错误，是一种"负负得正"之后的巧合，甚至还隐藏着其他程序风险。因此，笔者认为，欲讨论检察机关干预告诉才处理案件的正当性，有必要首先回归诉讼法理论，对前述两大司法实践中的误解予以澄清。

（一）误解一："困"在自诉里的被害人

我国在刑事起诉方式上"公诉为主、自诉为辅"，但对于告诉才处理的案件

的态度似乎有所不同，倾向于优先采用自诉的追诉形式。《刑事诉讼法》第210条规定的自诉案件包括告诉才处理的案件。然而，在司法实践中，上述条款却被解读为"绝对自诉主义"，自诉成了唯一可选的追诉形式。告诉才处理的案件被当成是被害人自己的"私事"，国家机关既不会在被害人没有追诉意愿时主动追诉，也不会通过公诉的方式提供帮助。即使被害人向公安机关请求刑事立案，公安机关也无法受理①，并要告知当事人向人民法院起诉。倘若检察机关对此类案件提起了公诉，法院亦不能受理，应当将案件退回检察机关，并同时告知被害人有权提起自诉②。立法赋予被害人自诉权明明是为了实现对其更好的保护，结果实践中却将被害人"困"在了自诉里。

笔者承认，许可被害人以自诉方式追诉告诉才处理犯罪有其优势：其一，此类案件更多涉及被害人的个人法益，通过自诉，被害人可以自主选择是否起诉，是否撤诉，甚至是以何种方式结案，无须受到国家公诉权的干预；其二，如果案件的案情较为简单，证据搜集较为容易，被害人通过自诉就足以获得司法救济，这就可以节约国家司法资源，从而使公安司法机关能够集中力量处理其他更为复杂的公诉案件。然而，自诉同时也有其局限性。如果只允许被害人以自诉形式追诉，反而可能令其丧失获得刑事法救济的机会。第一，虽然自诉最有利于保障被害人的追诉自主权，但这却十分考验被害人的追诉能力。如果被害人受制于各种现实因素，想追诉却不敢或不能自诉，那么客观呈现出的"不起诉"并非其真实意愿，而是一种无奈之举。第二，根据法律规定，自诉案件要由自诉人承担证明责任，并且要达到与公诉案件一样的证明标准。而取证和举证困难是自诉人普遍面临的现实问题。③加之实践中法院的立案标准过高，这就将希望通过自诉维护权益的被害人挡在了法院门外。这就导致被害人常常因为提供不出充分的证据，或因诉讼双方力量对比悬殊等原因而被迫放弃对犯罪的追诉。④有实证研究表明，我国针对告诉才处理案件类型提起的自诉案件数量少、有罪判决率低，且"缺乏罪证"是各个环节法院终止诉讼最为主要的原

---

① 参见《公安机关办理刑事案件程序规定》第 176 条。

② 参见《最高人民法院关于适用〈中华人民共和国刑事诉讼法〉的解释》第 219 条第 2 款。

③ 例如，浙江余杭网络诽谤案中，被害人谷某某一开始便面临这方面的困难。参见丁灵敏、孔凡宇、周兴文：《网络诽谤犯罪"自诉转公诉"的法理评析——以杭州诽谤案为视角》，载《中国检察官》2021 年第 5 期。

④ 参见柯葛壮、张亚杰：《试论设立公诉案件"控告才处理"制度》，载《深化刑事司法改革的理论与实践——中国法学会刑事诉讼法学研究年会文集·2009 年卷》，中国人民公安大学出版社 2010 年版，第 101 页。

因。① 可见，将告诉才处理案件的追诉方式局限于自诉，很可能造成犯罪追诉的落空。一旦该风险被默许，就会陷入"养猪困境"② 当中。诚然，此类案件往往犯罪性质不十分严重，即使未成功追诉，当下也不至于引发严重后果。然而，犯罪追诉的落空并不会让侵害行为就此打住，反而可能会助长其演化为更加严重的犯罪。若是迟至彼时公安司法机关才介入干预，虽然可以对恶化后的犯罪行为予以有效追诉，但是却错失了"防患于未然"的机会，而且需要投入更多的司法资源，与制度设计时所追求的诉讼经济显然是相悖的。

告诉才处理与自诉是两个相互独立的制度，二者的法理根据并不相同。告诉才处理是对国家追诉原则的限制。③ 被害人的告诉作为一项诉讼条件④，制约着国家追诉的正当性，国家机关不得在没有被害人告诉或者被害人已经撤回告诉的前提下发动或推进刑事追诉。而自诉制度是国家追诉原则的例外，其免去了公诉案件中的侦查和审查起诉程序，直接进入审判，减轻了公安司法机关的负担。简言之，自诉制度的价值在于诉讼经济，而告诉才处理制度却并不是为了节省司法资源。⑤ 绝对自诉主义将"告诉"简单等同成了"自诉"，扭曲了两制度之间的关系，经不起进一步的推敲。

首先，绝对自诉主义经不起法解释学的考验。从法解释学角度分析可知，告诉才处理案件并不一定就是自诉案件。如果被害人选择向公安机关或检察机关告诉，当然也可以适用公诉程序。⑥《刑事诉讼法》第 210 条只是规定了自诉案件"包括"告诉才处理的案件，并未限定"只能"自诉，公安司法机关的规范性文件擅自将其限缩为绝对自诉主义，属于越权的解释。此外，《刑事诉讼法》第 210 条中的三款内容系并列关系，而解释性文件中有关绝对自诉主义的解释却仅限于第 1 款，而不及于第 2 款、第 3 款，背后的解释逻辑亦无法自洽。法律解释应以"法律术语的同一性"为导向，即对同样的术语应尽可能做同样

---

① 参见谢德明、王红：《"告诉才处理"案件"告诉"模式实证研究——基于1377 份一审裁判文书实证分析》，载"中国政法大学国家法律援助研究院"微信公众号 2018 年 6 月 29 日。

② "养猪困境"是指一旦对一开始的触法行为缺乏有效的司法干预，很可能会误入"养大了再打，养肥了再杀"的境地。该词常见于讨论未成年人犯罪预防的场合，但笔者认为同样适用于此处的语境。

③ 参见林钰雄：《刑事诉讼法（上册）》，中国人民大学出版社 2005 年版，第 39—40 页。

④ 民事诉讼中习惯使用"诉讼要件"的表述，为做区分，笔者使用"诉讼条件"的表达指代刑事诉讼中的对应概念。该表述早在 1920 年的朝阳大学刑事诉讼法讲义中便已有使用。参见朝阳大学编辑：《刑事诉讼法》，吴宏耀、种松志点校，中国政法大学出版社 2012 年版，点校说明及第十章。

⑤ 参见张明楷：《网络诽谤的争议问题探究》，载《中国法学》2015 年第 3 期；熊秋红：《论公诉与自诉的关系》，载《中国刑事法杂志》2021 年第 1 期。

⑥ 参见易延友：《刑事诉讼法——规则、原理与应用》（第四版），法律出版社 2013 年版，第 120—122 页。

的解释，不同术语应具有不同的意涵。"告诉才处理"与"自诉才处理"有别，既然立法使用的是前一表述，便不应一厢情愿地将其解释为后者。①《刑事诉讼法》第 16 条规定，"依照刑法告诉才处理的犯罪，没有告诉或者撤回告诉的"乃撤销案件及不起诉的事由。这其中隐含了公安机关可以对此类案件进行侦查，检察机关可以就此类案件提起公诉的含义。如果将案件的追诉形式局限于自诉，将造成立法体系内在的冲突。

其次，"告诉"在我国历史上并无限定某种特定起诉方式的意涵。告诉才处理制度古已有之，在我国古代称为"告乃坐"。"告"代表控告，是指一般民众向官府举发犯罪，是一种揭发犯罪的方式，而非起诉方式。清末及民国刑事诉讼立法中开始使用翻译自日本法律术语的"告诉"一词。被害人的"告诉"与第三人"告发"并列，都是国家追诉犯罪的线索之一。根据民国时期最高法院的理解，对于告诉乃论之罪，如果被害人没有自诉而是向检察官告诉，检察官应着手侦查。② 中华人民共和国成立后，"告诉""告发"被"控告""检举"所取代。尽管概念表述发生了变化，但刑事诉讼法立法早期对告诉才处理案件的理解仍然保留上述传统。只不过在后来讨论自诉案件是否仅包括告诉才处理案件的过程中，逐渐开始将此类案件错误替换或简称为"自诉案件"。可见，绝对自诉主义是我国特定历史条件下的一种学理误读。③

最后，绝对自诉主义也没有比较法方面的依据。日本系公诉垄断主义，由于其立法上没有自诉制度，故有关此类犯罪追诉形式的立法例参考价值有限。在同时认可公诉与自诉制度的国家和地区，以德国和我国台湾地区为例，对于此类案件都是既可公诉亦可自诉。《德国刑事诉讼法》第 158 条第 2 款规定："告诉才处理的犯罪行为，告诉必须向法院或检察院以书面形式或制成笔录的形式为之，向其他机关必须以书面形式为之。"④ 我国台湾地区"刑事诉讼法"第 242 条第 1 项规定"告诉应以书状或言词向检察官或司法警察官为之"；第 323 条规定"告诉乃论的犯罪，被害人亦可提起自诉"。可见，从比较法上看，告诉才处理案件与自诉之间也没有必然的对应关系，此类案件同样可以公诉。

实践中长期以来的绝对自诉主义是一个因法解释学薄弱而造成的并不美丽的误会。为了克服由此带来的弊端，相关法律人士试图通过修改法律及相关解释性规范，以期实现一种矫正后的公正。然而，这种建立在绝对自诉主义基础

① 参见王一超：《论"告诉才处理"案件的追诉形式》，载《环球法律评论》2014 年第 4 期。
② 参见徐朝阳：《刑事诉讼法通义》，商务印书馆 2016 年版，第 303 页。
③ 参见吴宏耀：《告诉才处理犯罪的追诉制度：历史回顾与理论反思》，载《中国刑事法杂志》2021 年第 1 期。
④ 宗玉琨译注：《德国刑事诉讼法典》，知识产权出版社 2013 年版，第 158 页。

上的努力是徒劳的。如果不对上述法律解释的误会予以纠正，频繁的规范修改反过来只能进一步加剧法律解释体系的紊乱。为了解救"困"在自诉里的被害人，只能够回归告诉才处理与自诉制度的本源，给予有追诉意愿的被害人以选择自诉或者公诉的权利。① 公安机关不能以被害人有权自诉为由，推卸立案侦查的责任，检察机关更应承担起立案监督、审查起诉和支持公诉的职责。

（二）误解二："挡"在自诉外的检察机关

一旦打破了绝对自诉主义的魔咒，检察机关便可以通过公诉程序参与诉讼，不必担心因被害人追诉能力方面的缺陷而造成犯罪追诉的落空。这为检察机关干预告诉才处理案件扫除了一大障碍。但是，倘若被害人选择自诉，检察机关是否还有干预诉讼的空间？传统的理解恐怕是否定的，否则，即便是在绝对自诉主义的理解之下，立法及司法机关也不必为了让检察机关能够参与诉讼，而将相关犯罪行为设定或解释为公诉案件。例如，2015 年，《刑法修正案（九）》修改了《刑法》原第 260 条第 3 款的规定，将"被害人没有能力告诉，或者因受到强制、威吓无法告诉"设置为虐待罪告诉才处理的除外条款，改变了此类犯罪告诉才处理的属性，希望以公诉追诉的方式实现国家对虐待罪中弱势群体的保护。② 然而，告诉才处理的制度目的在于尊重被害人的追诉意愿，其本身就是从被害人利益考虑作出的制度设计。如果被害人在告诉能力方面受限，那么应然的思路是在继续尊重被害人追诉意愿的基础上，设计弥补其告诉能力不足的制度，而不是直接剥夺告诉才处理制度对于被害人的保护。可见，《刑法》第260 条第 3 款的修改思路是存在问题的。而这恰恰暴露出在传统理解中，除了提起公诉之外，人们没有考虑过检察机关能够通过参与自诉来弥补被害人告诉能力不足的制度可能性。此外，有人以检察机关不可能启动或参与自诉程序为理由，认为《刑法》第 98 条规定的"人民检察院也可以告诉"应理解为检察机关提起公诉。③ 最高人民法院在问题解答中也表示，如果检察机关根据《刑法》第 98 条直接提起诉讼，对于控方的表述为"公诉机关"。④ 这都暴露出了上述理解在司法实践中根深蒂固。

---

① 参见张明楷：《对"告诉才处理"的另类解释》，载樊崇义主编：《刑事诉讼法学前沿问题与司法改革研究》，中国人民公安大学出版社 2010 年版，第 233—234 页；参见王一超：《论"告诉才处理"案件的追诉形式》，载《环球法律评论》2014 年第 4 期。

② 参见王爱立主编：《中华人民共和国刑法：条文说明、立法理由及相关规定》，北京大学出版社2021 年版，第 968 页。

③ 参见邓思清：《论自诉转公诉的规范构造》，载《西南政法大学学报》2021 年第 4 期。

④ 参见 2001 年 6 月 15 日最高人民法院办公厅《关于实施〈法院刑事诉讼文书样式〉若干问题的解答》第 7 条。

检察机关被"挡"在自诉程序之外，是检察机关干预告诉才处理案件的另一大障碍。长期以来，其与绝对自诉主义共同造成了检察机关在告诉才处理案件中的缺位。但事实上，认为检察机关不能参与自诉，也是当前司法实践中的一大误解。

首先，从理论上看，自诉制度适用国家援助原则。① 贝卡利亚早已指出，"一切犯罪包括对私人的犯罪都是在侵犯社会"。② 考虑到维护国家和社会利益的重要性，以及个别自诉人在诉讼能力方面的有限性，国家机关有义务为自诉人提供一定援助，以避免自诉的落空。检察机关援助自诉是现代自诉制度的一项普遍性原则。③ 在我国，检察机关作为法律监督机关，其在诉讼中所能扮演的角色不仅是公诉机关④，参与协助自诉，以及针对有错误的自诉裁判提起抗诉，都是其实行法律监督的应有之义⑤。在刑事自诉制度中，检察机关介入的目的不是压制被害人或者自诉权人行使权利，而是保障权利人有效地行使权利。特别是在被害人无法合理表达诉讼意愿，或者在其表达意愿后无法实际有效地行使其自诉权的时候，检察机关干预自诉，其实是国家为被害人提供法律上的救济，帮助被害人维护其合法权益。⑥

其次，我国曾经有过检察职权包含协助自诉内容的相关规定。1928 年的《中华民国刑事诉讼法》第 348 条规定，若自诉人于辩论终结前死亡，检察官须在满足一定条件时担当自诉，代替自诉人继续进行诉讼。⑦ 1932 年的《中华民国法院组织法》第 28 条规定："检察官之职权如左：一、实施侦查、提起公诉、实行公诉、协助自诉、担当自诉及指挥刑事裁判之执行。二、其他法令所定职务之执行。"⑧ 在抗日战争和解放战争时期的相关法令中，也保留了上述有关检察协助自诉的内容。例如，1939 年《陕甘宁边区高等法院组织条例》第 14 条规定检察员之职权包含"协助担当自诉"；1941 年《晋冀鲁豫边区高

---

① 参见徐静村主编：《刑事诉讼法学（上）》（第三版），法律出版社 2004 年版，第 272—273 页。

② 参见［意］贝卡利亚：《论犯罪与刑罚》，黄风译，中国大百科全书出版社 1993 年版，第 71 页。

③ 参见徐静村主编：《刑事诉讼法学（上）》（第三版），法律出版社 2004 年版，第 273 页。

④ 基于我国检察机关的法律监督一元论，每一项法定的检察权权能都是法律监督权的具体表现形式，公诉权也不例外。参见石少侠：《我国检察机关的法律监督一元论——对检察权权能的法律监督权解析》，载《法制与社会发展》2006 年第 5 期。

⑤ 参见曾康：《论检察告诉对告诉才处理案件的救济——法理与制度的双重分析》，载《甘肃政法学院学报》2001 年第 4 期。

⑥ 参见张曙：《论我国刑事自诉制度的合理性重构——以刑事司法职权的介入为中心》，载《法治论丛》2009 年第 3 期。

⑦ 参见徐朝阳：《刑事诉讼法通义》，商务印书馆 2016 年版，第 310—311 页。

⑧ 此条由我国台湾地区"法院组织法"第 60 条继承。

等法院组织条例》第 16 条规定检察员之职权包含"协助或担当自诉"；1943
年《晋察冀边区法院组织条例》第 18 条规定检察官的职权包括"实施侦查、
提起公诉、协助自诉、实行公诉、担当自诉及指挥刑事裁判之执行"；1946 年
《东北各级司法机关暂行组织条例》第 23 条规定检察员的职权包括"实施侦
查、提起公诉、实行上诉，协助自诉及指挥刑事裁判之执行"。可见，在自诉
程序中，检察机关提供协助并非新鲜之事。"当自诉机制由于某种原因发生障
碍，致使被害人不能正常行使自己的诉讼权利，及犯罪分子有可能逃脱法律的
制裁时，国家应进行必要的干预，以维护被害人的合法权益，保证法律的正确
实施。"① 干预自诉本就应包含在检察机关的职权范围之内。②

最后，从实定法角度观察，现行法已经为检察机关参与自诉预留了空间。
《刑法》第 98 条中有关检察机关代为告诉的规定便是检察机关协助自诉的一
种方式。立法明确区分了"告诉"和"提起公诉"两种行为，将检察机关的
告诉与被害人近亲属的告诉并列，意味着二者性质等同，即未改变告诉才处理
案件的性质。③ 与检察机关直接提起公诉相比，该方案的优越性在于：一方
面，检察机关可以运用其法律监督力量排除被害人所面临的外在妨害，维护法
律的统一实施；另一方面，检察机关协助起诉后，案件的自诉性质不会改变，
可以在最大程度上尊重被害人的程序自主权。④《刑法》第 98 条关于检察机关
协助起诉的规定在若干司法解释中亦有落实。例如，2015 年最高法、最高检、
公安部、司法部联合发布的《关于依法办理家庭暴力犯罪刑事案件的意见》
（以下简称《反家暴意见》）第 9 条规定要通过代为告诉充分保障被害人自诉
权：对于家庭暴力犯罪自诉案件，被害人是无行为能力人、限制行为能力人，
其法定代理人、近亲属没有告诉或者代为告诉的，人民检察院可以告诉；侮
辱、暴力干涉婚姻自由等告诉才处理的案件，被害人因受强制、威吓无法告诉
的，人民检察院也可以告诉。如果说在告诉才处理的案件中，国家追诉具有明
显的宣誓意义，即国家不会懈怠履行维护公共利益的职责和任务的话⑤，那么
检察机关协助被害人顺利完成自诉，亦是展示上述宣誓意义的另一种途径。

---

① 参见卞建林主编：《中华人民共和国人民检察院组织法修改专家意见稿》，中国检察出版社
2006 年版，第 107 页。

② 参见卞建林、许慧君：《论刑事诉讼中检察机关的职权配置》，载《中国刑事法杂志》2015 年
第 1 期。

③ 参见曾康：《论检察告诉对告诉才处理案件的救济——法理与制度的双重分析》，载《甘肃政
法学院学报》2001 年第 4 期。

④ 参见陈光中、严端主编：《中华人民共和国刑事诉讼法修改建议稿与论证》，中国方正出版社
1998 年版，第 288 页。

⑤ 参见时延安：《"自诉转公诉"的法理分析》，载《中国刑事法杂志》2021 年第 1 期。

三、检察干预的方案一：支持公诉

无论是从个人利益角度，还是从公共利益角度考虑，检察机关都有必要适度介入到告诉才处理案件当中。明确了这一点，接下来要讨论的就是检察干预的具体程序方案。基于此类案件既可以公诉，也可以自诉，检察干预的程序方案可分为支持公诉和协助自诉两大类别。在前一类别中，又可进一步分为案件自始适用公诉程序，以及案件首先适用自诉程序而后转为公诉程序两种情形。

（一）自始公诉

只要破除了绝对自诉主义的束缚，被害人便可以通过直接向公安机关控告的方式表达其告诉意愿，并启动公诉程序。检察机关可以像在其他公诉案件中一样，光明正大地参与到此类案件的办理中来，确保相关追诉工作的顺利推进。被害人便不必再担心自己追诉能力不足的问题。此方案对所有告诉才处理案件一体适用，可以有效避免因刑法分则中对于不同罪名有不同规定而造成的处罚不公平。例如，根据《刑法》第 246 条第 3 款规定，对于通过信息网络实施的侮辱诽谤行为，被害人向人民法院告诉，但提供证据确有困难的，人民法院可以要求公安机关提供协助。尽管该规定或许在一定程度上能够缓解相关案件中的自诉困难，但仅对网络侮辱诽谤案件适用，并不及于其他侮辱诽谤的情形，也不及于暴力干涉婚姻自由、虐待等同为告诉才处理的犯罪行为。这在立法层面便出现了法益保护的不平等。[①] 如果固守于告诉才处理案件只能自诉，此种针对个别罪名分别立法的模式只能治标不能治本。为了克服上述问题，便须进一步增加立法，可这又会造成法律规范的无谓膨胀。但只要澄清了对告诉才处理犯罪追诉方式的误解，上述问题便可迎刃而解。

对于告诉才处理案件开放公诉程序的另一大裨益在于，此方案可以矫正实践中对告诉才处理犯罪"除外"规定的滥用问题。告诉才处理犯罪的设立是国家在构建法秩序时对一些社会秩序中传统的，且属于私人领域的权利人利益的承认及特殊保护。其一方面尊重了被害人在其私人领域的特殊利益，避免一律追诉对其造成的二次伤害；另一方面也符合社会公众对国家追诉权保持适度谦抑的期待。告诉才处理犯罪的设立并非法秩序构建中的常态，而是作为一种例外存在的，当相关犯罪行为突破了私人利益的范畴，严重侵害了国家和社会秩序时，告诉才处理的正当性便不复存在。[②] 此类犯罪行为因与告诉才处理犯

---

① 参见张明楷：《网络诽谤的争议问题探究》，载《中国法学》2015 年第 3 期；熊秋红：《论公诉与自诉的关系》，载《中国刑事法杂志》2021 年第 1 期。

② 参见时延安：《"自诉转公诉"的法理分析》，载《中国刑事法杂志》2021 年第 1 期。

罪存在牵连关系，而被设定为"除外"条款。但是，立法上有关告诉才处理犯罪与"除外"条款之间的界限，在司法实践中可能被刻意模糊。特别是在绝对自诉主义的误解之下，由于自诉的乏力，人为扩张"除外"条款甚至可能成为一种颇受欢迎的实务操作。尽管在个别案件中，此举可能在客观上起到保护被害人合法权益的效果，但这也为个别公安司法人员滥用"除外"条款打开了方便之门①，反过来造成对公民合法权益的侵犯。相对于公民个人的违法犯罪行为而言，公安司法机关滥用法律对社会秩序的破坏力更甚。告诉才处理案件理应回归其本来的范畴。在检察机关的监督下，对告诉才处理的案件适用公诉程序，加大了此类案件的追诉力度，客观上有助于遏制上述违法行为，对于部分试图经由违法解释以达到实体"正当"结果的实务操作亦会起到矫正作用。

笔者大胆假设，在相关理论误解被澄清之后，自始公诉将成为告诉才处理案件首选的追诉方式。以往实践中有关此类案件在立案管辖、自诉证明等方面的程序困扰将一扫而空。但随之而来的问题可能是，传统的"自诉难"在此方案中会首先表现为"立案难"。可倘若无法顺利立案，自始公诉的程序方案势必难产。因此，检察机关需要充分行使其立案监督的职权，通过检察干预着力确保公诉程序的入口通畅。理论误解的澄清可以排除案件处理时的一部分外部程序障碍，但是部分办案人员"多一事不如少一事"的心态，仍需要通过检察机关的立案监督予以克服。实践中，有的办案人员认为虐待、暴力干涉婚姻自由等行为属于被害人的"家务事"，公权力机关不便介入；有的办案人员认为侮辱、诽谤不过是行为人开开玩笑，无伤大雅；有的办案人员认为侵占纠纷完全可以通过民事途径予以解决，不必上纲上线动用刑罚；加之部分场合下"法不责众"的思维作祟，无论是在公诉还是自诉程序下，案件顺利进入刑事诉讼程序都面临着不小的阻力。然而，既然刑法已经将相关行为明确规定为是犯罪，就意味着对其有刑事追诉的必要性。检察机关作为宪法意义上的法律监督机关，承担着维护国家法律统一实施的使命。上述错误认识妨碍了国家刑罚权的落实，理应由检察机关干预并纠正。确保有追诉必要性的案件顺利进入刑事程序，是检察机关所承担的诉讼监督职能的应有之义。对于告诉才处理的案件，只要被害人有追诉的意愿，除非其明确表示要自诉，公诉处理便具有正当

---

① 尤其是相对抽象的"除外"规定更容易遭到滥用。例如，《刑法》第246条第2款有关于侮辱诽谤行为"严重危害社会秩序和国家利益"的除外规定。实践中有某些地方公安机关以此款为由，对一些所谓的"诽谤"官员的行为人采取强制措施，造成了此类案件的公诉扩大化处理，侵害了公民的表达、建议权。

性。检察机关须特别发挥其在立案监督方面的职能，对于被害人控诉但公安机关不予立案的违法行为予以纠正。除了立案监督之外，检察机关作为公诉机关，同样也需要行使好其诉讼职能。这是此类案件顺利进入公诉程序后检察干预的主要表现形式。① 此种场合下，检察机关通过公诉权的干预，以国家强制力和专业性为后盾克服了被害人个人追诉能力的不足，不仅维护了国家和社会的利益，也在客观上起到了维护被害人个人权益的效果。当然，矫枉还须警惕过正。对于告诉才处理案件适用公诉程序，需要以尊重被害人的程序选择权为前提。公安司法机关须明确告知被害人其有选择公诉或自诉的权利，并须保障其在明智且自愿的前提下作出程序选择。从比较法上看，即使公安司法机关已经对此类案件开启了侦查程序，也不会当然剥夺被害人的自诉权。② 只要检察机关尚未将案件起诉至法院，告诉才处理案件的被害人仍可以选择自诉，但正在进行的公诉程序须随即终止。③

（二）自诉转公诉

除了自始公诉之外，检察机关支持公诉还可以通过自诉转公诉的方式实现。特别是对于已经提起自诉，但发现自诉难度过大的被害人而言，自诉转公诉是其获得刑事司法职权救济的一种重要途径。既然告诉才处理案件既可以公诉，也可以自诉，无论是被害人一开始选择的自诉程序，还是案件最终适用的公诉程序，都具有一定的程序正当性。但因为自诉转公诉涉及程序的转换，可能导致相关当事人诉讼身份的变化，公安司法机关投入司法成本的增加，以及影响程序的稳定性，故对此检察干预方案的研究须重点关注程序转换的原因以及程序转化的衔接问题。

刑事诉讼是一个动态的过程，在诉讼推进的过程中，追诉方一开始所选择的追诉方式可能遭遇障碍，无法继续推进。此时如果认为有必要，可以转而适用另外一种追诉形式，既可以"公诉转自诉"也可以"自诉转公诉"。"自诉

---

① 除了行使公诉权之外，检察机关还会对刑事诉讼全过程进行诉讼监督，但因此种场合下的诉讼监督与其他非告诉才处理案件并无显著不同，故笔者不做展开论述。

② 例如，我国台湾地区"刑事诉讼法"第 323 条第 1 项规定："同一案件经检察官依第二百二十八条规定开始侦查者，不得再行自诉，但告诉乃论之罪，经犯罪之直接被害人提起自诉者，不在此限。"

③ 例如，根据《反家暴意见》第 8 条的规定，在侦查过程中，如果被害人自愿要求将案件转为自诉案件，并向公安机关提交了书面申请，公安机关应当尊重其程序选择权，依法撤销案件。但笔者认为，上述有关尊重被害人程序选择权的内容，仅仅对属于告诉才处理犯罪的虐待罪和暴力干涉婚姻自由罪适用。对于其他案件，如果被害人没有率先提起自诉，公诉程序之启动也已经足以保障其权益，不必再允许其后续转为自诉。否则，被害人可能利用自诉恫吓被告人，造成诉讼过程中当事人权利义务的失衡。

转公诉"以自诉受阻为前提，这可能发生在以下两种场合。第一，案件本就应适用公诉程序，即一开始启动自诉是错误的。如果案件并不属于法定的五种告诉才处理的案件类型，亦不属于《刑事诉讼法》第 210 条第 2 款规定的可公诉可自诉的案件，那么依法应首先适用公诉程序。被害人不得在公诉程序未受阻的前提下径自提起自诉。此时，"自诉转公诉"就发挥了在追诉方式上的纠错功能，程序转换不以自诉人的意志为转移。例如，《德国刑事诉讼法》第 377 条规定的检察官"担当诉讼"即包含"犯罪行为不是自诉犯罪，而是公诉犯罪或者与公诉犯罪共同构成一罪"的情形。[①] 尽管德国法中的表述为"担当诉讼"，但德国通说认为，检察官一旦介入自诉程序予以担当，自诉程序即转为公诉程序[②]，故这实际上乃"自诉转公诉"[③]。出于纠错目的的自诉转公诉本不应发生在告诉才处理案件当中，但是由于人们长期错误地认为此类案件只能自诉，且认为在自诉程序中检察机关无法参与，故实践中亦可能出现将相关行为解释为告诉才处理犯罪的除外条款或其他罪名，并以纠错为由，而将此类案件自诉转公诉的程序操作。在相关误解被澄清之后，上述以程序正当性为代价的做法便不再有存在的必要。即使被害人一开始选择了自诉方式，检察机关在公诉之外，仍然可以在必要时通过其他途径进行干预。

第二，自诉转公诉的另一种可能是，被害人有权自诉，一开始的自诉也无其他违法之处，但是自诉人的追诉能力有限，无法达到有效的追诉目的。简言之，自诉合法但无效。此时，检察机关干预所要发挥的是救济功能，即通过公诉的方式落实国家刑罚权，同时起到维护被害人利益的效果。在这一场合下，检察机关自诉转公诉须以自诉人申请为前提。但也有例外，例如，在德国，若符合《德国刑事诉讼法》第 376 条规定的案件存在公共利益的情形，检察院可以在没有自诉人申请的情况下担当诉讼，甚至可以违反自诉人的明确意思进行。[④] 这是由于此类案件中追诉犯罪的公共利益和被害人私人利益之间的平衡已被打破，继续自诉程序的理由不再充分，为避免公共利益受损，作为公共利益代表的检察机关须介入其中，接管诉讼。[⑤] 犯罪行为因涉及公共利益而须公诉的一般情形已在法律规范层面予以规定。上述情形仅限于案件涉及特别公共利益的场合。至于检察机关如何决定案件是否涉及特别的公共利益，乃属其自

---

① 宗玉琨译注：《德国刑事诉讼法典》，知识产权出版社 2013 年版，第 259 页，注释 4。
② 参见林钰雄：《刑事诉讼法（下册）》，中国人民大学出版社 2005 年版，第 131 页。
③ 参见吴卫军：《刑事诉讼中的自诉担当》，载《国家检察官学院学报》2007 年第 4 期。
④ 宗玉琨译注：《德国刑事诉讼法典》，知识产权出版社 2013 年版，第 259 页，注释 4。
⑤ 参见吴卫军：《刑事诉讼中的自诉担当》，载《国家检察官学院学报》2007 年第 4 期。

由裁量权的范围。① 但在德国司法实践中，检察官很少作出此类自诉案件存在公共利益的决定。② 足见未经自诉人申请，检察机关以案件存在公共利益为由径行自诉转公诉，应慎重。

对一个犯罪行为只有一个诉权，无论公诉还是自诉，所行使的都是这同一个诉权，故在同一时间只能择一使用公诉或自诉其中一种形式，不能叠加使用。这是自诉转公诉程序衔接时须特别注意的问题。追诉程序的转换必须以前一个诉讼确已终止为前提。例如，法院在受理"公诉转自诉"的案件时，要求自诉人提交公安机关或人民检察院不予追究被告人刑事责任方面的证据，就是为了确认上述事实，避免受理自诉后出现"一事二诉"。同理，如果案件要由自诉转为公诉，在公诉程序启动之前，也需要先对自诉程序做一了断。在先的自诉以何种形式终结，在实践中并无先例可循。结合诉讼法理论及现行法律规范，从程序上终结自诉存在四种可能的处理方式：自诉人撤回起诉、法院裁定驳回起诉、法院裁定终止审理，以及案件合并审理而使得自诉被公诉所吸收。③

笔者认为，这四种程序处理方式各自有其对应的适用场合，且并非全部适用于处理自诉转公诉的程序衔接问题。第一，对于以救济为目的的自诉转公诉，在先的自诉程序须已经以自诉人自愿撤诉的方式予以终结，且只能以此方式终结。如果自诉人不愿撤诉，法院不能罔顾自诉人的意愿，径行驳回起诉。此种情形下的检察干预以自诉人申请为前提，而撤回自诉是其认可自诉转公诉方案的直接体现。若自诉人请求检察干预但拒绝撤诉，则意味着自诉转公诉的方案行不通，检察机关可以拒绝干预，待自诉裁判作出后再决定是否抗诉，或可以考虑以协助自诉的方式进行干预。第二，若起初提起的自诉程序并不合法，检察机关作为法律监督机关，从纠错的角度，须将案件转为公诉程序。根据《最高人民法院关于适用〈中华人民共和国刑事诉讼法〉的解释》（以下简称《最高院解释》）第320条，就此立案管辖方面的错误，法院本应在立案审查时发现并纠正，但因其未及时发现，受理了自诉，故才会引出自诉转公诉问题。由于已经错过了立案审查的时机，法院不得再回过头来裁定不予受理，只能说服自诉人撤回起诉，若其拒绝撤诉，则须以裁定驳回起诉的方式终结自诉。第三，法院裁定终止审理虽也是从程序上终止诉讼的一种方式，但笔者认

---

① 参见［德］克劳思·罗科信：《刑事诉讼法》，吴丽琪译，法律出版社2003年版，第95页。
② 参见［德］托马斯·魏根特：《德国刑事诉讼程序》，岳礼玲、温小洁译，中国政法大学出版社2004年版，第204页。
③ 参见樊崇义：《诽谤罪之自诉转公诉程序衔接——评杭州郎某某、何某某涉嫌诽谤犯罪案》，载《检察日报》2020年12月28日，第3版。

为其并不适合于自诉转公诉的场合。终止审理裁定所适用的情形规定于《刑事诉讼法》第 16 条，其中并未包含本节讨论的情形。从该条列举的裁判处理方式亦可知，终止审理裁定乃一种程序上的出罪机制，发挥着与无罪判决类似的功能。而自诉转公诉只是对被告人追诉方式的变化，并非前诉已对被告人的刑事责任作出了认定，故并不适用此种裁定方式。第四，至于自诉被公诉吸收，这有可能在案件合并审理的情况下出现。例如，行为人对多名家庭成员实施虐待，其中对甲的虐待行为属于告诉才处理的犯罪，而对于乙、丙的虐待行为，造成了二人重伤，符合告诉才处理的除外规定。本案中，甲提起了自诉，公安司法机关对于行为人虐待乙、丙的行为适用公诉程序。在刑法上，行为人的三起虐待事实须被评价为一罪，故可合并办理。由于案件合并后只能采用统一的追诉方式，而对行为人虐待乙、丙的行为无法适用自诉程序，故案件合并后应统一适用公诉程序，甲提起的自诉须并入其中。但是，这种案件合并导致的自诉转公诉也需要以甲的同意为前提。将行为人的三起虐待事实评价为一罪，是刑事实体法上的理解。然从诉讼法角度，单一被告人的单一犯罪事实方为不可分割的单一案件[①]，故上述三起虐待事实可被分割为三起独立的案件，各自独立追诉。倘若甲不同意并案审理，仍可以将自己遭受的虐待事实独立出来，通过自诉予以追诉。

四、检察干预的方案二：协助自诉

对于检察机关而言，公诉无疑是其最为熟悉的犯罪追诉方式，但是既然现行法赋予了被害人对告诉才处理案件提起自诉的权利，那么检察机关在介入此类案件处理时就需要考虑到被害人的程序选择权。自诉不能简单理解为是自诉人的私事。检察机关也不应当被挡在自诉外。除了支持公诉之外，检察机关还可以通过协助自诉的方式进行必要的干预。在此种场合，检察干预的目的是弥补自诉人诉讼能力的不足，避免自诉流于形式。追诉程序的性质仍为自诉，自诉人仍为被害人，检察机关所扮演的是退居次位的辅助者角色。代为告诉、担当自诉，以及出庭陈述意见是检察机关干预自诉的三种主要方式，以下将逐一介绍。

（一）代为告诉

一般情况下，对于告诉才处理的案件，须由被害人亲自告诉。这既要求被害人在主观上有告诉的意愿，也要求其在客观上有实施告诉的能力。但是，有

---

① 参见张建伟：《刑事诉讼法通义》，北京大学出版社 2016 年版，第 182—185 页。

时受制于现实条件，被害人即使想要告诉，本人却可能因为受到物理或精神上的强制而无法告诉。此时，为了避免被害人的追诉目的落空，就须设法排除告诉障碍，帮助其实现诉权。① 《刑法》第 98 条规定："本法所称告诉才处理，是指被害人告诉才处理。如果被害人因受强制、威吓无法告诉的，人民检察院和被害人的近亲属也可以告诉。"该条所规定的代为告诉正是这样一种障碍排除机制，其在诉讼程序启动之时发挥作用，目的在于确保追诉程序能够顺利启动，以保护社会弱势群体的合法权益。借助于该制度，告诉权人的范围得以扩展，不仅限于被害人本人，还包括代为告诉权人。被害人的近亲属通常是第一顺位的代为告诉权人，但如果他们当中没有人提出告诉，或者他们本身就是加害者②，根本不可能自我控诉，便须由公共利益的代表——检察机关代为告诉③。

《刑法》第 98 条规定的检察机关代为告诉乃一种国家帮助告诉。④ 此种场合下的检察机关乃特殊的"法定代理人"，但其代理被害人告诉的法律依据不是基于其国家公诉机关的身份，而是因为其作为法律监督机关，承担着维护国家法律统一实施的职责，在其他法定代理人缺位，进而导致法律实施受阻的情境下，法律规定由其"补位"。检察机关代为告诉一方面帮助告诉能力存在欠缺的被害人排除了诉讼程序启动之时的障碍，另一方面又保留了告诉才处理的案件性质，是一种"恰到好处"的检察干预方式。告诉才处理的核心价值是保障被害人的自我决定权，须特别警惕公诉权的过度干预对上述立法价值造成破坏。⑤ 检察机关代为告诉并成功启动诉讼程序后，案件的当事人仍为被害人，程序决定权仍属于被害人。并且在被害人行使诉权的外部干扰被排除后，检察机关需要适时退出。当前，检察机关代为告诉面临的一大规范层面的障碍

---

① 参见李立景：《亲告罪要论——告诉才处理的犯罪的研究新视角》，中国人民公安大学出版社2003 年版，第 66 页；程滔、封利强、俞亮：《刑事被害人诉权研究》，中国政法大学出版社 2015 年版，第 234—235 页。

② 在暴力干涉婚姻自由罪、虐待罪中，此种情况相对更为多见。

③ 有关《刑法》第 98 条规定的检察机关"告诉"乃其"代为告诉"而非由检察机关提起公诉的观点，参见曾康：《论检察告诉对告诉才处理案件的救济——法理与制度的双重分析》，载《甘肃政法学院学报》2001 年第 4 期；曾淑清、廖道明：《检察机关代行告诉权的几个问题》，载《人民检察》2005 年第 19 期；兰耀军：《"代为告诉"规定要细化》，载《人民检察》2007 年第 13 期；参见王爱立主编：《中华人民共和国刑法：条文说明、立法理由及相关规定》，北京大学出版社 2021 年版，第 968 页。

④ 参见曾康：《论检察告诉对告诉才处理案件的救济——法理与制度的双重分析》，载《甘肃政法学院学报》2001 年第 4 期。

⑤ 参见李立景：《亲告罪要论——告诉才处理的犯罪的研究新视角》，中国人民公安大学出版社2003 年版，第 66 页；程滔、封利强、俞亮：《刑事被害人诉权研究》，中国政法大学出版社 2015 年版，第 66 页。

是《刑法》第 260 条第 3 款的但书规定。该规定直接将"被害人没有能力告诉，或者因受到强制、威吓无法告诉"的案件排除出了告诉才处理案件的范畴，从根本上违背了该制度的立法初衷。尽管上述条文修改的目的是保护社会弱势群体的利益，但是其却以剥夺被害人的自我决定权为代价，反过来又难免会消解对被害人保护的效果。一旦出现被害人拒绝告诉的案例，上述冲突就会凸显出来。此外，《刑法》第 260 条第 3 款的但书规定还可能造成法律体系的混乱。其中有关被害人因受到强制、威吓无法告诉情形的规定显然与《刑法》第 98 条的规定相异。[①] 如果认为两条规定分处刑法分则和总则，规定不同时，分则特殊规定优先，虐待罪的特殊规定又可能导致其与其他四类告诉才处理犯罪之间的法益保护不平等。特别是在对被害人因受强制而不能告诉同样多发的暴力干涉婚姻自由案件的处理中，上述风险尤甚。即使单独观察虐待罪，上述规定也与《反家暴意见》第 9 条中"通过代为告诉充分保障被害人自诉权"的内容相冲突。至于被害人因病重、年幼、智力缺陷、精神障碍等原因[②]没有能力告诉的，这属于当事人没有诉讼行为能力的一种情形。刑事诉讼法早已规定了直接代理此类当事人参加诉讼的法定代理人制度，对于告诉才处理案件的被害人当然也适用。《刑事诉讼法》第 114 条还考虑到了自诉案件中被害人死亡或丧失行为能力的情形，规定此类被害人的法定代理人、近亲属有权向人民法院起诉。该条款的适用范围自然也包含告诉才处理的案件。可见，刑事诉讼法在制度整体设计上已经考虑到了告诉才处理案件中被害人没有告诉能力的情形，《刑法》第 260 条第 3 款的但书规定与之相异，打破了法律制度内在的自洽。笔者认为，传统上的代为告诉制度与法定代理人制度相搭配[③]，已经足以为告诉能力受限的被害人提供救济。立法与司法机关应努力澄清相关误解，为激活代为告诉制度营造条件，而不是再做其他"补丁"式的制度修改。《刑法》第 260 条第 3 款的但书规定虽然体现了立法机关对检察机关干预告诉才处理案件必要性的认可，但该条款中充盈着对告诉才处理制度和其他相关刑事诉讼法制度的误读，应予摒弃。《刑法》第 98 条中有关检察机关代为告诉的规定，作为检察干预的一种重要方式，应予重申。

检察机关代为告诉后所适用的诉讼程序性质为何？笔者认为，不能一概而

---

① 参见赖早兴：《论告诉才处理刑事案件中被害人告诉之帮助》，载《湖南大学学报（社会科学版）》2017 年第 1 期。

② 《刑法》第 260 条规定的"被害人没有能力告诉"所包含的情形，参见王爱立主编：《中华人民共和国刑法：条文说明、立法理由及相关规定》，北京大学出版社 2021 年版，第 968 页。

③ 相关法律规范除了《刑法》第 98 条、《刑事诉讼法》第 114 条，亦可参见《最高院解释》第 371 条。

论。既有研究中有观点认为，由于提起诉讼的是检察机关，故自然适用公诉程序；也有观点认为，既然检察机关系代表被害人提起告诉，那么只可能提起自诉。然而，这些都是在前述两大实践误解基础上作出的片面理解。检察机关的代为告诉行为仅能代表被害人的追诉意愿。在追诉程序的选择上，作为当事人的被害人有独立决定权，检察机关应予以尊重。前文已述，对于告诉才处理案件不必然适用自诉程序，检察机关也并非完全无法参与自诉。如此一来，检察机关代为告诉后既有可能适用公诉程序，也有可能适用自诉程序。事实上，这种程序不确定性在实践中出现的概率并不见得很高。检察机关代为告诉是对于被害人告诉能力不足的终极救济措施。对于绝大多数的告诉障碍，通过前序的救济途径即可解决，无须留待检察机关代为告诉。被害人近亲属的代为告诉作为一项前序救济途径，自不待言。即使是在近亲属无人告诉的场合，检察机关也可以利用其职权协调有关部门，帮助被害人排除告诉障碍①，由其亲自行使诉权并明确选择追诉的方式。

（二）担当自诉

自诉程序启动后，自诉人在诉讼过程中仍可能出现无法继续参加诉讼的问题，如自诉人②提起自诉后在法院作出裁判前丧失行为能力或死亡。刑事诉讼具有动态发展的特征，制度设计必须考虑到诉讼进程中可能出现的"变数"。刑事诉讼法针对被告人死亡或丧失诉讼能力的情况有相应的规定：如果被告人死亡，原则上终止诉讼程序③；如果被告人是依法不负刑事责任的精神病患者，须由律师代理其参与刑事诉讼，若无委托的代理律师，应通过法律援助机构为其指派律师④。但是，对于同为当事人的自诉人，法律却并无相应的内容。在自诉程序中，自诉人对于诉讼进程的推进发挥着举足轻重的作用。如果其因为死亡或丧失行为能力或受强制、威吓等原因而在诉讼中"缺位"，又无相应主体承受诉讼，不仅自诉程序无法继续推进，法院甚至找不到明文依据可以将诉讼终止或中止，自诉程序只能无限期"停滞"下去。想要维护被害人的合法权益，更是无从谈起。当然，实践中法院倘若真的遇到此种情形，为了避免负面的考核评价，势必会找到一个程序出口，有可能会参照《最高院解

---

① 参见兰耀军：《"代为告诉"规定要细化》，载《人民检察》2007年第13期。
② 此处的自诉人有可能不是被害人本人。如果被害人在起诉时即已死亡或丧失行为能力，被害人的法定代理人、近亲属可以作为自诉人提起自诉。此种情况下，尽管被害人和自诉人存在人身上的分离，但是既然自诉人能够为了被害人利益而提起自诉，可认为自诉人能够有效代表被害人表达是否告诉、是否撤回告诉的意愿。
③ 参见《刑事诉讼法》第16条。
④ 参见《刑事诉讼法》第304条。

释》第 331 条第 1 款规定，按撤诉处理①，或者直接裁定终止审理。然而，在前述情况下，自诉人无法继续诉讼并非"不愿"而是"不能"，其并无撤回告诉的意思表示，按照撤诉处理或裁定终止审理并不具有正当性，继续推进诉讼才符合自诉人的意愿。面对上述程序推进障碍，应然的思路是化解障碍而不是任凭障碍消解程序。否则，如果违背自诉人意愿终结自诉程序，可能从中获益的乃被告人。被告人有可能为了促成程序终结而再度伤害被害人，以逃避自己在本案中被判有罪。笔者认为，既然现行法已有关于检察机关代为告诉的规定，作为对其的延续，就自诉人在诉讼过程中遭遇诉讼能力障碍的问题，同样有必要考虑检察干预。纵使实践中此类案件可能寥寥无几，法律规范也需要为应对潜在的可能性做好准备。由于代为告诉的适用时机为程序启动之时，面对自诉人在诉讼过程中出现的诉讼能力欠缺无能为力，因此，需要探寻其他的检察干预途径。

　　针对上述问题，比较法经验提供了检察机关担当自诉的参考方案。例如，我国台湾地区"刑事诉讼法"第 332 条规定："自诉人于辩论终结前，丧失行为能力或死亡者，得由第三百十九条第一项②所列得为提起自诉之人，于一个月内声请法院承受诉讼；如无承受诉讼之人或逾期不为承受者，法院应分别情形，径行判决或通知检察官担当诉讼。"不同于德国法中自诉转公诉式的"诉讼担当"，此处检察机关"担当自诉"的目的是协助自诉人行使自诉权，从而更好地通过自诉程序落实刑罚权，而不是取代他的自诉人主体地位。③ 担当自诉作为一种支持自诉的检察干预方式，以维持诉讼程序的自诉性质为前提。担当自诉的检察机关所扮演的是类似于"法定代理人"的诉讼角色，其需要从维护自诉人利益的角度出发，在后续诉讼过程中从事调查取证、举证质证、发表诉讼意见以及提出上诉等活动，且相关诉讼行为的法律后果由自诉人承担。一旦后续自诉人恢复了诉讼能力，能够正常参与到自诉案件中，可以继续以自诉人的身份参加诉讼，检察机关即叮退出诉讼。④ 检察机关担当自诉后所从事的诉讼活动不仅限于庭上，还包括若干从自诉人角度有益于推进诉讼进程或有助于追诉犯罪的庭下活动，其中最具代表性的便是调查取证。但须注意的是，

---

　　① 有观点认为："如果自诉人在一审审理过程中死亡，应当通知其法定代理人、近亲属参加诉讼。相关人员不参加诉讼的，人民法院应当裁定按撤诉处理。"参见喻海松：《刑事诉讼法修改与司法适用疑难解析》，北京大学出版社 2021 年版，第 261 页。

　　② 我国台湾地区"刑事诉讼法"第 319 条第 1 项："犯罪之被害人提起自诉。但无行为能力或限制行为能力或死亡者，得由其法定代理人、直系血亲或配偶为之。"

　　③ 参见林钰雄：《刑事诉讼法（下册）》，中国人民大学出版社 2005 年版，第 130 页。

　　④ 参见兰跃军：《自诉转公诉问题思考》，载《中国刑事法杂志》2008 年第 6 期。

检察机关基于担当自诉角色所从事的诉讼活动不得影响程序的自诉属性。既然在自诉程序中，自诉人的调查取证权并无国家强制力为依托，那么在上述场合下，检察机关调查取证也只能享有任意的侦查权①，即不得采取任何具有强制性的侦查行为，不得限制或剥夺相对人的人身权利或其他重要权利②。

检察机关担当自诉具有候补性。出于尽可能维护自诉程序中相关私主体利益的考虑，如果有其他合法主体愿意并能够承受诉讼，那么他们参加诉讼的优先权将得到保障。除非承受人在承受诉讼后死亡或丧失行为能力，且又无他人承受诉讼③，否则检察机关没有担当自诉的程序空间。潜在的诉讼承受人可以通过主动申请承受诉讼的方式取得自诉人地位，以此阻断检察机关担当诉讼。为了防止诉讼程序长期处于不确定的状态，上述申请须在一定时间范围内提出。至于该期间的长短，取决于立法机关对于诉讼程序不确定性的容忍程度。由于该期间并非具有失权期间的属性，故根据相关比较法经验，即使已经超出申请期限，相关主体承受诉讼的权利也不会当然丧失。④ 对于潜在的诉讼承受人，法院并无义务主动通知并询问其是否申请承受诉讼。⑤ 毕竟作为适格的诉讼承受人，其对于诉讼进程以及自诉人的诉讼能力状态应保持足够的敏感度，否则，若承受人本人对上述情况毫不关注，纵使其乃被害人的法定代理人、直系血亲或配偶，但其是否真的能够从维护被害人利益的角度推进诉讼，也是值得怀疑的。此外，尽管案件最终仍可能无人承受诉讼，但是法院不得未经等待诉讼承受而直接通知检察机关担当自诉。⑥ 只有在逾期无人提出申请的前提下，法院才可通知检察机关担当自诉，或在认为案件事实已经查清的基础上直接作出裁判。⑦ 而且，除非法院直接就案件作出裁判，否则其通知检察机关担当自诉乃义务要求，不得未经通知直接继续审理。⑧ 检察机关担当自诉不仅可能出现在自诉案件的一审程序中，在裁判生效前的任何环节均可能适用。即使

---

① 参见马密：《我国台湾自诉案件中检察官公益性与谦抑性的谐和——以台湾地区司法判决为中心》，载《江西警察学院学报》2017 年第 5 期。

② 有关任意侦查的理解，参见 ［日］ 田口守一：《刑事诉讼法》（第七版），张凌、于秀峰译，法律出版社 2019 年版，第 52 页。

③ 此种情况下，二次承受诉讼人同样须与被害人存在法定代理人、直系血亲或配偶关系，而不能仅与前一次的诉讼承受人之间存在上述关系。参见我国台湾地区 "最高法院" 2000 年台上字第 1046 号刑事判决、2000 年台上字第 7926 号刑事判决。

④ 参见我国台湾地区 "最高法院" 2004 年台上字第 1673 号刑事判决。

⑤ 参见我国台湾地区 "最高法院" 2003 年台上字第 2756 号刑事判决。

⑥ 参见我国台湾地区 "最高法院" 2004 年台上字第 1403 号刑事判决。

⑦ 参见林钰雄：《刑事诉讼法 （下册）》，中国人民大学出版社 2005 年版，第 131 页。

⑧ 参见我国台湾地区 "最高法院" 2005 年台上字第 4788 号刑事判决。

一审裁判已经作出，但如果自诉人在上诉期间或在二审启动后、二审法庭辩论终结前丧失行为能力或死亡，倘若没有其他合法主体承受诉讼，亦可能由检察机关担当自诉。①

（三）出庭陈述意见

除了代为告诉和担当自诉之外，检察机关还可以在庭审当日派员出庭陈述意见，协助追诉能力存在欠缺的自诉人更好地推进诉讼。不同于前两种"雪中送炭"式的检察干预方式，检察机关在庭审当日派员出庭陈述意见，为自诉人提供的乃是"锦上添花"式的协助。这是因为，倘若案件存在需要代为告诉或担当自诉的情形，检察机关的缺位将直接造成自诉程序的流产，而在检察机关派员出庭陈述意见的场合，纵使其在庭审当日没有出席，诉讼活动也并非不能推进。此种方式检察干预的力度相较于代为告诉或担当自诉而言最弱，但是其优势在于给检察机关带来的诉讼负担也最小，故相对于另外两种检察干预方式更易于在实践中落实。比较法中不乏有关此种检察干预方式的规定。例如，我国台湾地区"刑事诉讼法"第330条规定："法院应将自诉案件之审判期日通知检察官。检察官对于自诉案件，得于审判期日出庭陈述意见。"此种检察干预在理论上属于检察机关协助自诉的一种形式②，但为便于与担当自诉相区别，也可称其为狭义的协助自诉③。

检察机关在庭审当日派员出庭陈述意见，是其行使法律监督权的体现。在诉讼过程中，检察机关的法律监督不仅可以表现在庭审之前及之后，当然也包含庭审当日。在公诉案件中，作为公诉人的检察机关可以在出庭支持公诉的过程中，同时代表国家对法庭审理过程进行法律监督。但是在自诉案件中，追诉的主体为自诉人，其并无法律监督职责，当庭法律监督需要通过检察机关派员出庭的方式才能实现。出席庭审的检察官可以在不妨碍控辩双方各自所行诉讼活动的前提下，就案件的事实、法律、程序等问题当庭发表意见。为了确保法律最终客观公正地实现，检察机关不必恪守中立，可以在诉讼中适度倾斜，以在一定程度上平衡控辩双方的诉讼能力。但须强调的是，此时检察机关并不承担诉讼当事人的角色，其派员出庭陈述意见切不可"喧宾夺主"。检察机关派

---

① 参见我国台湾地区"最高法院"2010年台上字第4029号刑事判决。

② 在我国台湾地区，检察官协助自诉并介入程序的具体方式包括"刑事诉讼法"第330条、第332条、第336条、第344条规定的四种情形。参见林钰雄：《刑事诉讼法（下册）》，中国人民大学出版社2005年版，第130页。

③ 我国台湾地区"法院组织法"第60条规定："检察官之职权如左：一、实施侦查、提起公诉、实行公诉、协助自诉、担当自诉及指挥刑事裁判之执行。二、其他法令所定职务之执行。"该条将"协助自诉"与"担当自诉"并列，前者对应"刑事诉讼法"第330条的规定，后者对应第332条的规定。

员出庭陈述意见是基于其法律监督者的公益身份，对于那些显然应由自诉人自行承担的诉讼活动，并无协助义务。① 只不过由于自诉人在诉讼过程中常常处于弱势地位，故检察干预在客观上往往会起到协助自诉的效果。检察机关派员出庭陈述意见，须以知情为前提。这种知情并非源于自诉人的申请，而是基于法院的通知。但法院只承担通知检察官的职责，并无决定或批准检察机关是否出庭陈述意见的权限。② 至于检察机关在审判期日是否派员出庭陈述意见，由其自身裁量决定。换言之，即使检察机关未派员出庭，或虽有检察官出席庭审但其却并未陈述意见，也不能据此认为检察机关存在程序违法。③ 这是因为此种检察干预乃一种对于自诉人"锦上添花"式的协助。检察机关的参与对于自诉程序的继续推进并非不可或缺。既然自诉人在行为能力上不存在欠缺，法律就默认其有能力确保自诉程序的顺利推进。特别是在有专业律师作为自诉人诉讼代理人的场合④，尤为如此。因此，检察机关基于法律监督者的公益身份，派员出庭介入自诉并陈述意见并非义务。即使其没有在庭审环节亲自参与到自诉案件中，如果在法院作出裁判后，发现该裁判确有错误，检察机关也可以就此裁判提起抗诉⑤，实现事后的法律监督。

五、检察干预方案的选择：能动性与谦抑性的调和

行文至此，本文已经论述了检察机关在告诉才处理案件中可以采用的两大类五小类程序干预方案。但是落实到具体个案中，检察机关究竟是否会介入，以及以何种方式介入，仍取决于其如何选择。在此过程中，需要特别注意避免两种倾向：检察干预的消极以及检察干预的恣意。一方面，要防止检察机关将对告诉才处理案件的追诉完全视为被害人的私事，在此问题上消极不作为；另

① 例如，比较法经验表明，检察官出庭陈述意见并不包含其有协助自诉人阅卷的义务，参见我国台湾地区"最高法院"2006年台上字第6717号刑事判决。

② 参见我国台湾地区"最高法院"1996年台上字第5914号刑事判决。

③ 参见我国台湾地区"最高法院"2006年台上字第2639号刑事判决、2007年台上字第3461号刑事判决。

④ 在我国台湾地区，自诉案件采取强制律师代理制度。我国台湾地区"刑事诉讼法"第329条规定："检察官于审判期日所得为之诉讼行为，于自诉程序，由自诉代理人为之。自诉人未委任代理人，法院应定期间以裁定命其委任代理人；逾期仍不委任者，应谕知不受理之判决。"

⑤ 检察抗诉并非只存在于公诉案件当中，在民事诉讼和行政诉讼中，检察机关同样有权提起抗诉，只不过在抗诉事由上存在一些差别。（例如，《民事诉讼法》第215条第1款规定："最高人民检察院对各级人民法院已经发生法律效力的判决、裁定，上级人民检察院对下级人民法院已经发生法律效力的判决、裁定，发现有本法第二百条规定情形之一的，或者发现调解书损害国家利益、社会公共利益的，应当提出抗诉。"）同理，对于自诉案件，检察机关亦应有抗诉权。

一方面，还要避免检察机关在决定介入程序方案时过于"霸道"，只追求追诉的效率，而完全不考虑被害人的诉讼意愿。这就要求检察机关在选择干预方案时，既要充分发挥能动性，又要保持适度的谦抑性，做到能动性与谦抑性之间的调和。

（一）"是否干预"时的能动性：确保检察干预途径畅通

讨论告诉才处理案件中的检察干预问题，首先要回答的是"是否干预"，然后才能涉及"如何干预"，即具体选择何种检察干预方案。长期以来，检察机关在此类案件的处理过程中是缺位的，出于惯性，其很有可能倾向于继续选择消极不干预。因此，检察机关最先需要克服的是其在"是否干预"问题上的惰性。后文中所要讨论的谦抑性问题也是在检察机关能够充分发挥其能动性的前提下而展开的。检察机关作为宪法意义上的法律监督机关，代表着国家和社会利益，其通过行使诉讼职能和监督职能维护着国家法律的统一实施。① 在国家监察体制改革的背景下，检察机关除了继续强化其公诉权之外，还日益强调"护诉为民"角色的回归。② 当前语境下的检察机关不是单纯的公诉机关，而是社会公益的代表者。检察机关通过权力干预和私利保障践行其社会公益职能③，探索新时代更为丰富的检察监督方式。在告诉才处理的案件办理中，案件能否顺利进入刑事追诉程序，以及刑事追诉程序能否顺利推进，是被害人面临的两大程序门槛，直接关系到国家法律在此类案件中能否正常实施。这就对作为法律监督机关的检察机关发出了明确的干预指令。与其他刑事犯罪一样，告诉才处理犯罪同样是对社会公共秩序的严重侵害，追诉此类犯罪并不完全是被害人的私事。检察机关基于其诉讼角色的公益性，理应确保此类案件中检察干预途径的畅通，并要在被害人有追诉意愿但追诉"乏力"的情况下适度介入到案件处理中，以确保此类犯罪能够得到有效追诉，修复犯罪所破坏的社会秩序，并同时维护被害人的合法权益。前文已经论述，在办理告诉才处理案件的过程中，既不应将被害人"困"在自诉里，也不应当将检察机关"挡"在自诉外。在认可此类案件二元追诉体制的基础上，公诉与自诉两种追诉方式均应向被害人开放。无论被害人选择何种追诉方式，都不应妨碍检察机关在必要时介入案件进行适度干预。

从理论上看，自诉与公诉在功能上等同。然而在实践中，被害人在自诉中面临的程序挑战会更为严峻。这主要是因为自诉人在自诉程序中开展各项诉讼

---

① 参见陈瑞华：《论检察机关的法律职能》，载《政法论坛》2018 年第 1 期。
② 参见陈军：《"四大检察"改革背景下的检察权能配置探析》，载《政法论丛》2020 年第 5 期。
③ 参见周新：《论我国检察权的新发展》，载《中国社会科学》2020 年第 8 期。

活动没有国家强制力作为支撑，诸多诉讼行为的效果只能仰赖相对人的配合程度。如此所导致的程序困难在取证方面尤为突出。有人可能会说，根据现行法律及规范，自诉人可以向法院申请调查证据，法院如认为有必要可以依职权调查证据，甚至可以要求公安机关提供相关协助。① 然而，法院的职权调查只具有补充性质，仍须由自诉人承担主要的证据收集责任，否则就可能有违其作为裁判者的客观中立要求。由法院对自诉人进行举证指导② 尽管也是一种缓解举证难的举措，但此举并不能为自诉人的取证行为提供国家强制力的背书，无法从根本上解决自诉人举证难的问题。考虑到当前网络诽谤、侮辱行为被害人所面临的新的取证困境，法律规定了公安机关协助取证的内容。③ 然而该规定仅适用于有限的案件类型，且程序启动与否取决于法院。而且，即使人民法院对公安机关提出了取证协助方面的要求，该要求也可能因为其与公安机关本身的职能定位关联不紧密而落空。既然不是公诉案件，公安机关提供证据就只能以法院提出此方面要求为前提，且往往只能以移交已经搜集到的证据和材料为限。④ 对于如此协助取证的效果，不宜抱有过高的期待。至于检察干预自诉，囿于程序的性质，检察机关在干预自诉过程中所能进行的调查取证活动十分有限。其只能采取任意的侦查行为，不得使用强制性手段，更不得自行采取强制措施，相较于自诉人自行取证，虽或许会在专业性方面有一定的优势，但同样没有国家强制力作为支撑。

案件的证据情况直接影响到犯罪追诉的效果，相较于自诉，公诉程序无疑在证据收集方面更有优势。在二元追诉体制之下，自诉与公诉程序均向被害人开放，但是被害人作为理性人，其在实践中很可能更倾向于选择公诉。这种选择倾向理应受到尊重。长期以来司法实践中的误解堵上了被害人选择公诉的大门，同时也堵上了检察干预的一扇大门。既然误解已经得到澄清，上述大门便应该敞开。在支持公诉的过程中，检察干预的广度和深度最为彻底。检察机关首先需要通过立案监督确保案件顺利进入公诉程序。此外，其作为长期以来的

---

① 例如，《最高院解释》第 325 条规定："自诉案件当事人因客观原因不能取得的证据，申请人民法院调取的，应当说明理由，并提供相关线索或者材料。人民法院认为有必要的，应当及时调取。"

② 参见《反家暴意见》第 14 条"加强自诉案件举证指导"。

③ 《刑法》第 246 条规定：对通过信息网络实施的属于告诉的才处理的侮辱、诽谤犯罪行为，"被害人向人民法院告诉，但提供证据确有困难的，人民法院可以要求公安机关提供协助"。

④ 自诉人可能在提起自诉之前向公安机关寻求行政帮助。公安机关在行政处理过程中搜集到的特定种类的证据，可移交给法院，在刑事诉讼中作为证据使用。例如，在杭州网络诽谤案中，被害人谷某某在提起自诉前就曾向公安机关报案，杭州市公安局余杭区分局对郎某某、何某某作出了行政拘留决定。公安机关在此过程中的证据材料可移送给法院。然而现实表明，这并没有完全解决被害人谷某某在自诉程序中的困扰。

公诉机关，早已习惯于通过提起公诉来启动刑事审判程序，以此维护国家和社会利益，并在支持公诉的同时以法律监督者的身份对诉讼活动进行全程监督。可见，此种场合下检察机关作为法律监督者的诉讼角色优势发挥得最为彻底。基于此，笔者认为，检察机关的能动性要求其确保多种检察干预途径畅通，但尤为需要强调的是确保公诉途径的畅通。

（二）"是否干预"时的谦抑性：尊重告诉对于追诉的制约作用

对于告诉才处理的案件，告诉乃一项诉讼条件，关乎刑事诉讼在整体上的正当性。① 检察干预当然也须尊重告诉对刑事追诉的制约作用。检察机关在决定是否干预告诉才处理的案件时，应保持必要的谦抑性，仅在案件存在合法告诉的前提下方可介入，不得不考虑被害人的意愿，径行介入其中。告诉才处理的案件与其他刑事案件有别，其侵害的乃个人法益，而非超个人法益②，有效追究犯罪并非唯一的，甚至并非最重要的价值追求。法律或因为相关犯罪行为较为轻微，或因为相关犯罪行为发生在具有亲密关系的主体之间，或出于保护被害人隐私权免受刑事诉讼侵害的考虑③，而将这部分案件的诉讼处分权交给了被害人。因此，在是否追诉的问题上，被害人的意愿具有决定性。此种制度设计的目的在于充分尊重被害人在某些私人领域的特殊利益，避免一律追诉对其造成二次伤害。④ 对于此类案件而言，国家机关发动和维持刑事追诉要以被害人告诉作为容许性条件。如果被害人没有提出告诉或者虽曾提出过告诉但后又撤回告诉，则诉讼程序将因存在诉讼障碍而终止。⑤ 在自诉程序中，诉权的

---

① Vgl. Claus Roxin/ Bernd Schünemann, Strafverfahrensrecht, Verlag C. H. Beck München 2012，§ 21 Rn. 1.

② 参见李立景：《亲告罪要论——告诉才处理的犯罪的研究新视角》，中国人民公安大学出版社 2003 年版，第 66 页；程滔、封利强、俞亮：《刑事被害人诉权研究》，中国政法大学出版社 2015 年版，第 151 页。

③ 立法设置告诉才处理案件可能基于不同的刑事政策考虑。参见李立景：《亲告罪要论——告诉才处理的犯罪的研究新视角》，中国人民公安大学出版社 2003 年版，第 66 页；程滔、封利强、俞亮：《刑事被害人诉权研究》，中国政法大学出版社 2015 年版，第 155—156 页。

④ 以侮辱、诽谤案件的处理为例，公诉权的恣意介入有可能会加剧侮辱、诽谤信息的流传，进而给被害人名誉、精神带来二次伤害。参见金鸿浩：《论互联网时代诽谤罪的公诉范围》，载《政治与法律》2021 年第 3 期。

⑤ 欠缺诉讼条件意味着构成诉讼障碍，将导致诉讼程序终止的诉讼后果。Vgl. Claus Roxin/Bernd Schünemann（Fn. 88），§ 21 Rn. 24.

行使主体与告诉主体通常是统一的①，案件是否满足告诉条件较易于判断。被害人提起自诉的行为本身就是一种典型的告诉，如果他想撤回告诉，也可以直接向法院撤回自诉。被害人的上述诉讼行为可以为检察机关能否干预诉讼提供明确的判断标准。但是在公诉程序中，诉权的享有主体与行使主体分离，可能出现被害人不想追诉但检察机关提起公诉的情况。此时，检察干预与告诉条件的制约作用之间就出现了冲突。实践中，检察机关在"是否干预"时的谦抑性问题也主要存在于上述场合。

在公诉程序中，追诉权由国家及被害人共同享有，但具体行使诉权的却是国家机关。根据国家追诉原则，检察机关无须征得被害人的同意，可以自行决定是否提起公诉，而提起公诉正是检察机关干预诉讼的一种重要方式。但是在告诉才处理案件中，刑事追诉须以存在合法告诉为前提，这就对国家追诉原则作出了限制：国家诉权的行使应尊重个人法益主体的意志自由，对私人诉权做必要妥协，以实现国家诉权与个人诉权之间的平衡。尊重被害人的追诉意愿是处理告诉才处理案件时不容抵触的基本原则，任何检察干预的理由都不能与之抵牾。一方面，立法及司法应保持足够的克制，不得恣意扩张告诉才处理除外规定的范围。检察干预的目的本应是要弥补被害人告诉能力的不足，是为了实现对被害人更好的保护，但如果无视告诉作为诉讼条件的约束作用，恣意的检察干预反而可能令被害人陷入更加不利的境地，进一步加剧社会关系修复的难度。② 这显然违背告诉才处理的制度初衷。另一方面，检察机关在干预诉讼前应主动与被害人取得联系，避免出现因信息不对称所导致的告诉条件欠缺。特别是在立案线索并非来自被害人的场合，检察机关通过主动联络可以直接获悉被害人的告诉意愿。即使一开始欠缺合法的告诉，被害人也可以通过补正修复上述诉讼障碍。倘若被害人明确表示不告诉，则根据《刑事诉讼法》第16条，应及时终止诉讼，检察干预也应随即停止。

此外，检察机关干预告诉才处理案件还需要尊重被害人撤回告诉的权利。告诉是需要在刑事诉讼全过程中持续存在的诉讼条件，即使一开始存在合法告诉，但如果被害人在诉讼过程中撤回告诉，诉讼程序也应及时终结。诚然，刑事公诉程序是一个复杂的线性过程，而被害人撤回告诉在一个时间点即可完成，这种"牵一发而动全身"的效果很可能使得公安司法机关已经付出的诉

---

① 在代为告诉、担当自诉的情况下，尽管实际参与诉讼的并非被害人本人，但检察机关作为其"代理人"，其干预诉讼并不会取代告诉权人的诉讼地位。并且，如果被害人在后续诉讼过程中能够亲自参加诉讼，代为告诉、担当自诉的检察机关便会退出，被害人可以继续通过自身的诉讼行为表达其是否告诉的意愿。

② 例如，《刑法》第260条第3款的规定便可能加剧这种风险。

讼努力"前功尽弃"。然而，既然告诉才处理犯罪所侵害的是个人法益[①]，那么其就是可以被同意或宽恕的。如果被害人认为相关法益已经得到了恢复，而选择撤回告诉，那么告诉才处理制度的主要目的就已经达到，刑事司法就是成功的，不必过分执着于追诉程序是否坚持到底。这种诉讼终止绝不代表检察干预的无效，相反，这很可能正是检察机关前期干预的功劳。面对被害人撤回告诉对于诉讼干预带来的"变数"，检察机关应保持一种开放的心态。至于认可被害人该权利，有可能会助长其反复提出并撤回告诉，恶意干扰诉讼的问题，比较法上亦有相关经验可供参考。例如，《日本刑事诉讼法》第237条第1款规定："在公诉提起以前，可以撤回告诉"；第2款规定："撤回告诉的人，不可以再行告诉。"[②] 我国台湾地区"刑事诉讼法"第238条规定："告诉乃论之罪，告诉人于第一审辩论终结前，得撤回其告诉。撤回告诉之人，不得再行告诉。"上述通过立法限制被害人撤回告诉的期限以及撤回告诉后再行告诉的行为，以避免被害人滥用该权利，维护诉讼程序必要稳定性的经验，可资借鉴。

（三）"如何干预"时的谦抑性：不应弱化当事人的诉讼地位

在已经决定干预的场合，检察机关在选择"如何干预"的过程中同样隐藏着恣意的风险。检察机关须保持谦抑，尽量避免在其介入案件后，因干预方案选择不当而造成被害人和被告人诉讼地位的弱化。在支持公诉与协助自诉两大方案之间，检察机关更为熟悉前者，出于习惯，很可能更倾向于选择前者。甚至在被害人已经提起自诉的场合，检察机关仍然可能倾向于促成"自诉转公诉"的程序方案。然而，在公诉和自诉程序中，当事人所享有的程序处分权限是不同的。特别是对于被害人而言，这是他在选择追诉程序时，除追诉有效性之外，同样会考虑的关键因素。检察机关在选择干预方案时，应当尊重被害人的程序选择意愿，切不可仅凭自身"喜好"作出选择。尤其应当警惕的是，检察机关在介入案件后恣意决定对案件适用公诉程序。

自诉与公诉程序中的当事人自治程度存在差别，相应地，当事人（特别是被害人）在两种诉讼程序中对于其诉讼地位的实际感知是不同的。自诉程

[①] 如果相关犯罪行为突破了个人法益的范畴，其便不再属于告诉才处理犯罪，亦不属于本文探讨的范畴。例如，在网络侮辱、诽谤的场合，如果行为人侮辱、诽谤所针对的是陌生人，这意味着名誉受损的风险已经溢出到了无数不特定个体组成的社会中。此时侮辱、诽谤行为所侵害的就不再是个人法益，相应的犯罪行为也不再属于告诉才处理的范畴，而应归属于告诉才处理的除外条款或其他非告诉才处理犯罪。参见车浩：《诽谤罪的法益构造与诉讼机制》，载《中国刑事法杂志》2021年第1期。

[②] 参见《世界各国刑事诉讼法》编辑委员会编译：《世界各国刑事诉讼法（亚洲卷）》，中国检察出版社2016年版，第339页。

序原则上适用"当事人推进主义"和"当事人处分主义"①，当事人享有的诉讼权利比在公诉程序中更为广泛。对于被害人而言，在自诉程序中可以自主决定是否提起自诉，是否终结自诉，以及如何终结自诉。如果想要结束程序，除了等待法院作出裁判之外，他还可以直接撤回起诉，可以在与对方达成和解后撤回自诉，以及可以与被告人调解结案。自诉程序中自诉人撤回起诉及和解的权利几乎不受限制，只要法院审查认为确属自愿，便会准许。② 自诉人如果对一审裁判不服，还可以上诉启动二审。在二审程序中，其仍然保留和解及撤回自诉的权利。③ 可见，自诉程序更多体现出纠纷解决型程序的特征，各种程序行动的控制权主要交给当事人去行使。④ 然而，在公诉程序中，被害人并不享有上述广泛的程序自主权。公诉程序更多体现出政策实施型程序的特征，决定程序的启动和终结、事实发现、干预手段等事项的权限都掌握在公权力机构的手中。⑤ 公诉程序的走向不在被害人的控制范围内：他无法与被告人调解结案；刑事和解也只是检察机关、法院处理案件的裁量情节；更为重要的是，在公诉程序中被害人不再有独立的上诉权，如果对于一审裁判不服，他只能请求检察机关提起抗诉。即使将告诉对于刑事追诉的约束作用考虑在内，被害人在公诉程序中的程序自主性仍然无法与其在自诉程序中相比。至于被告人，在自诉程序中，他除了有调解、和解的权利之外，还有提起反诉的权利，而这些权利在公诉程序中都是不存在的。此外，自诉程序中有关诉讼期间的特殊规定⑥，以及自诉程序中被告人审前羁押率相对较低的实践情况也都是检察干预不容忽视的因素。

倘若在检察干预后，当事人对程序的控制权受到了缩限，其实际感知到的诉讼地位无疑是弱化了。如果该情况又发生在检察机关罔顾被害人程序选择意愿的前提之下，则这种弱化更加欠缺正当性。比较法经验中十分关注检察干预

① 参见兰跃军：《自诉转公诉问题思考》，载《中国刑事法杂志》2008 年第 6 期。
② 《最高院解释》第 329 条："判决宣告前，自诉案件的当事人可以自行和解，自诉人可以撤回自诉。人民法院经审查，认为和解、撤回自诉确属自愿的，应当裁定准许；认为系被强迫、威吓等，并非出于自愿的，不予准许。"
③ 《最高院解释》第 411 条："对第二审自诉案件，必要时可以调解，当事人也可以自行和解。调解结案的，应当制作调解书，第一审判决、裁定视为自动撤销。当事人自行和解的，依照本解释第三百二十九条的规定处理；裁定准许撤回自诉的，应当撤销第一审判决、裁定。"
④ 参见［美］米尔伊安·R.达玛什卡：《司法和国家权利的多种面孔》，郑戈译，中国政法大学出版社 2015 年版，第 142 页。
⑤ 参见［美］米尔伊安·R.达玛什卡：《司法和国家权利的多种面孔》，郑戈译，中国政法大学出版社 2015 年版，第 200 页。
⑥ 《刑事诉讼法》第 212 条第 2 款："人民法院审理自诉案件的期限，被告人被羁押的，适用本法第二百零八条第一款、第二款的规定；未被羁押的，应当在受理后六个月以内宣判。"

对于当事人诉讼权利可能产生的影响。例如，《俄罗斯刑事诉讼法》第318条第4款强调："检察长介入刑事案件并不剥夺控辩双方和解的权利。"① 有鉴于此，检察机关干预告诉才处理案件，除了考虑追诉效果之外，还必须对当事人的程序自主权有必要的关照。其在选择干预方案时，须首先询问被害人的意愿。同时，为了避免被害人因不熟悉法律规定而无从选择或随意选择，检察机关还需要对其在不同程序中所享有的权利和义务予以释明，以确保被害人能够在明智、自愿的前提下，明确地作出程序选择。考虑到自诉程序更有利于实现被害人的程序自主权，只有在被害人明确表示愿意公诉的时候，检察机关才可以启动公诉程序。如果被害人一开始就启动了自诉程序，在其没有进一步明示变更程序选择之前，须继续推进既有的自诉程序，并以检察权协助自诉。倘若被害人在检察机关陈明利害后，表示希望转为适用公诉程序，则检察机关可以适用"自诉转公诉"的干预方案，但仍须以自诉人自愿撤回在先的自诉为前提。

六、结语

2020年浙江余杭网络诽谤案中"自诉转公诉"的程序操作，让人们以为看到了检察机关干预告诉才处理案件的希望。然而，本案中将案件解释为告诉才处理犯罪除外条款的做法似乎又给抱有希望的人们浇上了一瓢冷水。司法实践中长期认为告诉才处理案件只能由被害人提起自诉，而检察机关在自诉程序中又应极度克制。这两大误解共同造成了检察机关在此类案件处理中的消极姿态。然而，事实表明，被害人往往难以独力通过自诉程序有效犯罪追诉。在网络社会，被害人的追诉能力甚至还面临着被进一步削弱的风险。而告诉才处理犯罪追诉的无力又很可能会催生出其他更加严重的犯罪，令刑事司法陷入"养猪困境"。检察机关作为宪法意义上的法律监督机关，在监察体制改革之后，传统意义上的诉讼监督职能进一步软化和弱化。检察机关干预告诉才处理案件，正好契合了其在新时代背景下"护诉为民"公益角色的回归趋势，可以成为新时代检察监督职能一项新的"增长点"。可是，在前述两大误解的双重压力下，检察干预面临诸多障碍，似乎只有扩大解释告诉才处理犯罪的除外条款才能令各方皆大欢喜。这一思路甚至已经开始有向立法层面蔓延的趋势。然而，该做法从根本上违背了告诉才处理的制度初衷，并且除外条款一旦被公安司法机关滥用，将会对社会秩序造成更为严重的破坏。如果试图将上述

---

① 参见黄道秀译：《俄罗斯联邦刑事诉讼法典》，中国民主法制出版社2021年版，第216页。

"权宜之计"常规化，那无异于饮鸩止渴。要从根本上解决告诉才处理犯罪追诉难的问题，需要正本清源，在破除司法实践中相关误解的基础上，探讨检察干预的各种程序可能性。告诉才处理案件理应既可公诉又可自诉。在这种二元追诉体制之下，"自诉转公诉"只是检察干预若干程序方案中的一种。除此之外，检察机关还可以在征得被害人同意后，自始启动公诉程序，或通过代为告诉、担当自诉、出庭陈述意见等方式协助自诉程序的顺利推进。在新时代刑事检察权能发展完善的要求下，为鼓励检察机关主动发挥其干预诉讼的能动性，适度的政策推动是必要的，否则恐会积重难返。与此同时，还需要警惕检察机关在干预诉讼时表现得过于"霸道"。告诉才处理制度极为强调被害人的程序自主权，而在政策实施的思维之下，公权力机关往往习惯于从官方的角度来帮助当事人选择更"恰当"的救济措施。[1] 要克服这种内在的张力，需要在法律规范或考核评价当中特别考虑约束检察机关恣意行为的制度设计。这种制度约束须具有一定的刚性，以确保检察干预在实践中能够确实尊重告诉对于刑事追诉正当性的制约作用，以及尊重被害人的程序选择权。

---

[1] 参见〔美〕米尔伊安·R.达玛什卡：《司法和国家权利的多种面孔》，郑戈译，中国政法大学出版社 2015 年版，第 207 页。

职务犯罪案件提前介入制度类型化研究[*]

赵　恒[**]

一、问题的提出

随着国家监察体制改革深入推进，2018 年监察法、2018 年刑事诉讼法等法律相继颁布实施。在监察法与刑事诉讼法衔接（以下简称"法法衔接"）领域，若干备受关注的话题已得到较明确规定，例如立案手续、强制措施适用、监察证据等。[①] 与之同时，"法法衔接"领域亦出现一些亟待关注的新话题。[②]其中，职务犯罪案件[③]提前介入制度便是典型一例。

职务犯罪案件提前介入制度实质上是指由于职务犯罪治理领域监察机制与刑事诉讼机制运行的差异性以及"法法衔接"的必要性，特定主体可以依照特别授权规则，在案件进入其履职范围的一般节点之前，提早介入案件处理工作并承担相应职能的工作机制。考虑到监察权与刑事侦查权、司法权之间在权力性质以及实务运行等诸多方面具有实质差异，相较于传统的检察机关提前介入刑事侦查机制，职务犯罪案件提前介入制度产生新内涵、新特征。可见，此处所指职务犯罪案件提前介入制度，是监察法与刑事诉讼法衔接适用的"桥梁"，不宜仅以传统的刑事诉讼理论进行审视，而需关注监察法律规范语境下

---

[*] 原文发表于《人民检察》2023 年第 17 期，收入本书时略有删改。本文系 2020 年度国家社科基金后期资助项目"认罪认罚从宽制度的中国理论"（项目批准号：20FFXB036）、2019 年度山东大学人文社科研究重大项目（项目批准号：19RWZD07）的阶段性研究成果。

[**] 山东大学法学院副教授，最高人民检察院检察基础理论研究基地（山东大学检察理论研究中心）秘书长、山东大学监察法治研究中心执行主任。

[①] 参见龙宗智：《监察与司法协调衔接的法规范分析》，载《政治与法律》2018 年第 1 期；姚莉：《监察案件的立案转化与"法法衔接"》，载《法商研究》2019 年第 1 期；程雷：《刑事诉讼法与监察法的衔接难题与破解之道》，载《中国法学》2019 年第 2 期。

[②] 参见赵恒：《法秩序统一性视野下袭警罪的司法适用》，载《法学》2022 年第 11 期。

[③] 需说明的是，限于论述主题，本文仅围绕监察机关管辖并调查的职务犯罪案件展开分析。

的职务犯罪案件办理专门规则。① 对此，2018 年《国家监察委员会与最高人民检察院办理职务犯罪案件工作衔接办法》（以下简称 2018 年《衔接办法》）、2019 年《中国共产党纪律检查机关监督执纪工作规则》（以下简称 2019 年《纪检监督执纪规则》）、2021 年《关于加强和完善监察执法与刑事司法衔接机制的意见（试行）》（以下简称 2021 年《法法衔接意见》）、2021 年《〈中华人民共和国监察法〉实施条例》（以下简称 2021 年《监察法实施条例》）等作出相关规定。结合实务反馈，职务犯罪案件提前介入制度在实践中逐渐成型并发挥重要作用：一方面，提升监察调查、审查起诉以及审判活动的工作质效；另一方面，健全"法法衔接"领域规则体系，优化监察权与司法权之间的职权配置关系。总体而言，职务犯罪案件提前介入制度直接体现了《监察法》第 36 条规定的监察机关"各部门互相协调、互相制约"的总体思路。

需要注意的是，当下研究成果仅侧重分析监察机关以书面形式商请检察机关派员介入的内容。② 对此，笔者认为，在监察规则与刑事诉讼规则呈现二元界分状态的规范框架中，无论是监察活动内部还是"法法衔接"领域，均存在公权力运行前伸的实践需求。易言之，职务犯罪案件提前介入制度应有狭义与广义之分：前者是指职务犯罪案件尚未进入刑事诉讼活动，检察机关提前介入监察活动；后者则包括二元类型，即监察机关案件审理部门提前介入和检察机关提前介入。结合实证研究反馈可以发现，实践中，办案人员通常没有科学地区分对职务犯罪案件提前介入制度二元类型的认识。例如，将监察机关案件审理部门提前介入与检察机关提前介入混同对待，又如，将检察机关提前介入的范围不当延伸至监察机关审查调查活动，等等。这些问题既忽视了职务犯罪案件办理过程中监察权与司法权之间互相配合、互相制约关系的多样性，又影响了监察机关和检察机关依法独立行使职权的法治效果。因此，理解职务犯罪案件提前介入制度，当务之急是准确厘清此类制度的两种类型及其主要含义。是故，本文以"职务犯罪案件提前介入制度类型化"为研究主题，首先从广义维度出发界定职务犯罪案件提前介入制度的类型样态，其次系统性地分析制度运行的基础理论及其实务难题，并针对性地提出优化建议，最后期待推动形成职务犯罪案件提前介入制度类型化框架，助力于构建集中统一、权威高效的中国特色国家监察体制。

---

① 参见董坤：《论监察机关与公安司法机关的管辖衔接——以深化监察体制改革为背景》，载《法商研究》2021 年第 6 期。

② 参见周新：《论检察机关提前介入职务犯罪案件调查活动》，载《法学》2021 年第 9 期；李奋飞：《职务犯罪调查中的检察引导问题研究》，载《比较法研究》2019 年第 1 期。

二、类型化视角下职务犯罪案件提前介入制度的法理价值

在国家监察体制改革持续深化的背景下，对职务犯罪案件提前介入制度进行类型化研究，可以引导法学界全面审视"法法衔接"适用机制的规范与实务形态。在此前提下，分析职务犯罪案件提前介入制度的运行法理，明确不同办案机关或者办案部门的介入限度及其职责内涵，是贯彻监察机关与司法机关互相配合、互相制约原则的应有之义，也是推动监察活动与刑事司法活动顺畅衔接、有序流转的必然要求。① 将监察机关管辖职务犯罪案件提前介入制度分为两种子类型，可以衍生出多维的法理价值。这些价值已然超出了传统的刑事诉讼理论范畴，是顺应国家监察体制改革的发展趋向，并且适应既有监察法律规范与刑事法律规范衔接适用的实务要求而产生的具有鲜明特色的法理内涵。

（一）满足监察机关依法独立行使监察权之规则机制的现实需要

一方面，在既有法律规范的语境下，监察机关与检察机关之间的关系不应被定义为"监督"，而应被界定为"配合""制约"。② 另一方面，纪委监委合署办公的制度安排进一步凸显了监察机关作为政治机关的特定地位，其意味着检察机关对于监察机关的办案活动不宜进行法律监督。③ 不过，职务犯罪案件提前介入制度从某种程度上改变了监察活动完全封闭的状况。④ 与之同时，监察机关为了加强自我监督，重视健全各部门相互协调、相互制约的法治要求，为此积极推进内控机制建设，合理分解与科学配置权力，特别是针对调查、处置工作采取"一案一授权"等各种专门规则。⑤ 以"一案一授权"规则为例，该规则是指对于作出立案调查决定的案件，监察机关应当成立针对该案的调查组，待该案件被移送审查起诉后，这一调查组随即解散。在诸如此类的规则框架下，对于职务犯罪案件，司法机关开展刑事诉讼工作，需要从适应监察活动层面出发，设置相应的沟通与协调渠道。其中，提前介入制度是发挥重要作用的方式。

---

① 参见卞建林：《监察机关办案程序初探》，载《法律科学》2017 年第 6 期。

② 参见左卫民、唐清宇：《制约模式：监察机关与检察机关的关系模式思考》，载《现代法学》2018 年第 4 期。

③ 参见董坤：《检察提前介入监察：历史流变中的法理探寻与机制构建》，载《政治与法律》2021 年第 9 期。

④ 参见陈瑞华：《论监察委员会的调查权》，载《中国人民大学学报》2018 年第 4 期。

⑤ 参见鄂随法：《如何理解监察机关各部门相互协调制约机制——监察机关强化自我监督的有力举措》，载《中国纪检监察》2018 年第 16 期。

（二）满足国家监察体制改革背景下"法法衔接"的现实需要

由于监察调查不属于刑事诉讼法的调整范畴，在职务犯罪案件办理过程中，从监察机关内部的监察调查到案件审理，到检察机关的审查起诉，再到法院的审判，无不是"法法衔接"适用机制的重点环节，涉及管辖、立案、强制措施、刑事责任、认罪认罚从宽制度、审判程序等诸多事项。以确定管辖为例，一旦涉及指定管辖的问题，检察机关可以在监察机关未移送审查起诉时，通过提前介入的方式较早知悉案件信息，及时与法院沟通确定管辖等事宜。同时，法院也可通过确定管辖事项的方式，及时解决职务犯罪案件管辖难题，避免案件进入刑事诉讼阶段后因管辖不明或者管辖错误而造成诉讼延滞、拖沓等后果。而且检察机关还可以通过提前介入的方式了解监察机关办案过程以及监察机关对认罪认罚、强制措施适用等特定事项的立场，为某一案件进入刑事诉讼阶段后提高审查起诉质效提供必要的信息保障。[1] 由此，职务犯罪案件办理的"法法衔接"适用机制得以顺畅且有序地推行开来。

（三）满足推进以审判为中心的刑事诉讼制度改革的现实需要

"审判中心是法治国家诉讼的基本特征，对公民的定罪量刑应由法官通过法定程序裁决是诉讼的基本要求。"[2]《监察法》第 33 条要求监察机关在收集、固定、审查和移送证据时，应当与刑事审判关于证据的要求和标准相一致。然而，监察机关在行使调查职权时往往不会直接与审判机关产生联系，使得其在实践中难以准确把握"审判标准"，而对于刑事诉讼证据规则和证明标准的适用，司法机关具有相对丰富的审查起诉等工作的办案经验，例如，检察机关因其公诉机关的角色定位，能够对监察机关具体把握审判标准起到积极的"通道"作用。[3] 特别是，在 2021 年《监察法实施条例》将职务违法案件、职务犯罪案件证明标准进行二元划分的情况下，检察机关通过提前介入的方式为监察机关依法准确区分和认定两种证明标准提供必要的说理与解析，不仅有利于进一步促进职务违法犯罪案件监察程序的适度区分，而且有利于将刑事审判活动的司法要求和标准传导至监察活动领域，属于审判中心主义法治理念的适度延伸。

（四）满足纠正认知偏差并形成规范判断立场的现实需要

监察机关办理职务违法犯罪案件的程序主要包括线索处置、初步核实、立

---

① 参见赵恒：《职务犯罪案件认罪认罚从宽制度研究》，载《比较法研究》2022 年第 2 期。

② 参见汪海燕：《监察制度与〈刑事诉讼法〉的衔接》，载《政法论坛》2017 年第 6 期。

③ 参见左卫民、唐清宇：《制约模式：监察机关与检察机关的关系模式思考》，载《现代法学》2018 年第 4 期。

案、调查、审理和处置等环节。从近几年法学界针对"法法衔接"主题的研究成果来看，虽然职务犯罪案件提前介入制度被广泛提及，但关于该制度的称谓并未形成相对统一的表述，例如，检察机关提前介入监察调查、检察提前介入监察，等等。这种称谓不一的情况实际上也反映了法学界对此种"法法衔接"机制认识思路的差异。在此，以"检察机关提前介入职务犯罪案件调查活动"① 为例进行分析。考虑到既有法律条款对检察机关提前介入监察活动的工作阶段的规定，将检察机关提前介入的活动范围界定为监察调查阶段的表述是值得商榷的。因为通常情况下，监察机关案件审理阶段才是检察机关有权接受商请后提前介入的监察活动领域，而不是监察机关的调查阶段。可见，对职务犯罪案件提前介入制度开展类型化阐释，并进一步梳理两种子制度类型之间的关系，可以在一定程度上起到厘清关于检察机关提前介入监察活动之认识误区的作用，准确辨析检察权与监察权之间配置关系的合理界限，形成符合国家监察体制改革运行实际状况的判断立场。

三、监察机关案件审理部门提前介入制度的理论审视

根据《监察法》第 36 条之规定，监察机关应当强化监察工作监督管理。一方面，问题线索处置、调查、审理各部门各司其职，由监察机关领导班子成员分别分管；另一方面，强化案件监督管理部门、审理部门的制约作用，改变了以往监督调查部门同时承担线索管理和执纪审查等职责的局面。② 其中，案件审理部门提前介入审查调查工作，是体现监察机关各个职能部门之间存在制约制衡机制的重要方式。对此，2018 年《衔接办法》第 5 条初作规定，随后，2019 年《纪检监督执纪规则》第 55 条同样确立了这一方案。不过，就关于监察法学的理论研究状况而言，相关研究成果在较大程度上忽略了监察机关案件审理部门提前介入的法理内涵。

（一）审理部门提前介入的概念辨析

1. 审理部门提前介入的含义界定

监察机关案件审理部门提前介入，是指审查调查部门基本完成审查调查取证工作，已查清涉嫌职务犯罪主要事实并提出倾向性意见，但存在重大、疑难、复杂问题等情形的，案件审理部门可以提前介入审理，而审查调查部门也

---

① 参见周新：《论检察机关提前介入职务犯罪案件调查活动》，载《法学》2021 年第 9 期；李奋飞：《职务犯罪调查中的检察引导问题研究》，载《比较法研究》2019 年第 1 期。

② 参见中共中央纪律检查委员会、中华人民共和国国家监察委员会法规室编写：《〈中华人民共和国监察法〉释义》，中国方正出版社 2018 年版，第 177—179 页。

可以邀请案件审理部门提前介入，以便把问题尽快研究透，缩短案件办理时间。① 由此看来，监察机关推行案件审理部门提前介入制度，能够产生以下法治功效：第一，汇聚集体智慧，形成办案合力；第二，严格证明标准，与以审判为中心的诉讼制度改革相适应；第三，提前发现问题、反馈意见，做到关口前移，提高效率；第四，履行监督职能，及时发现和纠正审查调查活动中的违纪违法行为，保障当事人的合法权益。② 上述功效亦是此类提前介入制度的现实需求和实践价值。

一般情况下，监察机关案件审理部门提前介入审查调查部门的调查活动，但在必要时也可以参与监督检查部门的工作。案件审理部门在提前介入过程中，针对事实证据、定性处理、程序手续、涉案款物等事项履行审理职责，也是履行审核把关监督制约职责的直接体现。③ 实践中，因为不同地区的监察机关对案件审理部门提前介入的要求有别，案件审理部门在履行提前介入职责过程中不可避免地面临着一些争议。

2. 审理部门提前介入的含义厘清

将案件审理部门提前介入过程理解为形式审核过程的看法是不妥的。案件审理部门的形式审核（抑或是形式审查），是指根据监察机关内部案件移送与受理的相关要求，审查调查部门在调查结束、移送受理之前，应当将案件移送受理的文书请示和相关资料交至案件审理部门，此时案件仍处于审查调查阶段而尚未进入审理阶段，案件审理部门对上述材料进行形式审核，判断该案是否符合受理条件。之所以要求案件审理部门完成形式审核工作，是因为审查调查活动完成后，监察机关批准成立负责此案的审查调查组解散，如果案件审理部门在受理后发现案卷材料等方面的问题，难以要求特定的审查调查组补充提交有关资料，如此一来很可能会影响案件补充调查和后期审理质量。因此，在监察机关办理案件的规范程序中，案件审理部门需要在正式移送审理前及时开展相关审查工作。比较可见，案件审理部门的提前介入与形式审核存在相近之处，即案件审理部门均在审查调查阶段履行有关职责。但二者之间亦有鲜明的区别：第一，参与的前提有别。只有面对重大、疑难、复杂等案件，案件审理部门才能够提前介入，而且此时审查调查部门在案件定性、证据收集、法律适

---

① 参见中共中央纪律检查委员会、中华人民共和国国家监察委员会法规室编写：《〈中国共产党纪律检查机关监督执纪工作规则〉释义》，中国方正出版社2019年版，第172页。

② 参见唐麒昆：《如何理解〈规则〉有关纪检监察机关案件审理部门提前介入的规定?》，载《中国纪检监察》2019年第10期。

③ 参见张红艳、刘媛：《个案协商"五步法"促案件质量提升》，载《中国纪检监察报》2019年8月14日，第5版。

用等方面有较大分歧，相关审查调查工作远未结束；对于形式审核的案件，审查调查部门已经形成审查调查报告，列明法定事项并形成一致意见。第二，参与的范围有别。案件审理部门会对所有即将移送审理的案件进行形式审核，但不宜也不可能提前介入所有案件，以免产生过度介入、不当干扰审查调查部门依职权办案的消极后果。第三，参与的时间有别。案件审理部门原则上应当在正式移送审理 10 日前便会介入工作；对于形式审核的案件，案件审理部门一般不会如此早地提前审查。第四，参与的后果有别。案件审理部门提前介入，及时知悉案情、辨明症结、反馈意见，帮助审查调查部门确定调查思路、全面收集证据，对于这些案件，审查调查部门在调查结束后需要正式移送审理；对于形式审核，案件审理部门实际上是将审理工作前移，判断该案是否属于受理条件。

（二）案件审理部门提前介入制度的运行难题及其应对

"审理提前介入不是审理工作的必经程序，也不是案件审理部门参与审查调查部门办案。"[①] 不过，在职务犯罪案件调查期间，案件审理部门提前介入制度促使监察机关有关职能部门之间增加工作对接力度，尤其是充分发挥审理引导取证的作用，尽量避免补充审查调查、重新审查调查的可能性，保证案件办理的质量与效率，又有利于案件审理部门及时了解重大疑难复杂案件的实际状况及其动态发展，为将来案件进入正式审理阶段充分开展审理活动做好先期准备。一方面，实践中，监察机关高度认可这一制度运行的积极作用，并通过各种方式健全完善审理工作提前介入方案；另一方面，由于实践做法的多样性、实践状况的复杂性，案件审理部门提前介入制度也存在有待完善之处。

1. 在贯彻查审分离的前提下推行提前介入制度

查审分离，即监察机关为了强化内部分工制约，将调查、案件审理等职能分散至不同部门，并分别由不同的领导分管，使执纪执法全过程既相互配合又相互制约，由此构建高效的相互协调机制。[②] 目前，各级监察机关严格贯彻查审分离原则。不过，某些地区的基层纪检监察机关确实还存在查审不分现象，而审理时限保障不足的问题时有发生。[③] 对此，应当明确的是，在案件审理部门提前介入制度运行过程中，如果审理部门过于注重其与审查调查部门的配

---

① 参见中共中央纪律检查委员会、中华人民共和国国家监察委员会法规室编写：《〈中国共产党纪律检查机关监督执纪工作规则〉释义》，中国方正出版社 2019 年版，第 172 页。

② 参见鄂随法：《如何理解监察机关各部门相互协调制约机制——监察机关强化自我监督的有力举措》，载《中国纪检监察》2018 年第 16 期。

③ 参见福建省三明市纪委监委课题组：《推动案件审理工作高质量发展》，载《中国纪检监察报》2020 年 7 月 2 日，第 8 版。

合，而忽视自身的审理、监督职能，很可能损害案件审理工作质效。是故，监察机关审查调查部门应当在法定时间内，根据案件办理的实际需要，积极与案件审理部门保持沟通，全面遵守提前介入制度的商请、报批工作规则，切实避免以查代审、以审代查等问题。这体现了监察活动的程序分离及其衔接的基本要求。①

2. 严格限定案件审理部门提前介入的案件范围

监察机关案件审理部门可依法提前参与调查活动的案件范围，反映了此类提前介入制度的适用限度，即"倾向性意见""重大、疑难、复杂问题"等标准相对模糊，会引发制度适用难题。在 2019 年《纪检监督执纪规则》第 55 条规定的基础上，不同省、市的监察机关对相关案件类型做细致划分。例如，《昭通市纪检监察机关办理案件两个提前介入工作制度（试行）》明确了案件审理部门可提前介入的五类案件：一是重大、疑难、复杂案件；二是社会关注度高、影响较大，需及时处理的案件；三是对案件事实认定、定性处理等分歧意见较大的案件；四是被采取留置措施的案件；五是其他需要提前介入的案件。又如，《榆林市纪委监委机关案件提前介入工作办法（试行）》界定了以下案件类型：一是重大、复杂、疑难案件；二是对违纪违法犯罪行为性质认定有较大分歧的案件；三是在全市有重大影响、领导批示要求介入的案件。可见，不同地区的相关文件在明确监察机关案件审理部门提前介入的案件范围方面存在差别。当然，结合实务反馈可知案件审理部门提前介入所有留置案件，及时了解涉嫌职务犯罪案件的留置措施适用情况，特别是协调留置期限与案件审理期限的关系。与之同时，为了防止提前介入流于一般化、浪费办案资源②，应当在遵守查审分离、适时介入原则的基础上，综合考虑案件的性质、影响等因素，界定案件审理部门提前介入的案件范围，而对于案情简单、查证难度较小的案件，案件审理部门通常不得提前介入。

3. 为案件审理部门提前介入预留必要的工作时间

尽管按照有关规范文件的要求，案件审理部门应当在正式移送审理 10 日开展提前介入工作，但据部分纪检监察机关介绍，有的基层监察机关存在重调查轻案件审理的思想③，这使得某些案件的提前介入时间并不科学、合理。第一，提前介入时间过晚，即正如国家监察委员会（以下简称国家监委）案件

---

① 参见冯俊伟：《国家监察体制改革中的程序分离与衔接》，载《法律科学》2017 年第 6 期。

② 参见唐麒昆：《如何理解〈规则〉有关纪检监察机关案件审理部门提前介入的规定?》，载《中国纪检监察》2019 年第 10 期。

③ 参见四川省苍溪县纪委监委调研组：《苍溪 提升案件审理工作质效》，载《中国纪检监察报》2020 年 6 月 4 日，第 8 版。

审理室主要负责人指出的，应当避免出现以下情形，即片面强调"快立、快查、快审、快结"，占用案件审理时间，使得案件审理部门在某些情况下无法充分履行监督制约职责。① 第二，介入时间过早，即案件审理部门在调查初期便介入其中，不只为其提供意见建议，更是代替案件承办部门调查取证以至于产生介入过度、过早的后果，即前文所述的查审不分。② 因此，2019年《关于加强和改进案件审理工作的意见》要求，案件审理部门必须准确判断和把握介入时机，"既不能立案之初、案件尚未查证就申请提前介入，冲击调查活动的保密性，也不能案件办结、审查报告撰写完毕才申请介入，忽视提前介入的监督性"③。由此，可进一步规范监察机关案件审理部门提前介入的时间条件。

4. 为被调查人和涉案人员获得律师帮助提供可能空间

自国家监察体制改革至今，根据我国宪法和监察法律规范的规定，传统意义的刑事辩护律师制度难以适用于监察机关调查和处置职务犯罪案件的监察活动。在职务犯罪案件被移送至检察机关审查起诉之前，被调查人和涉案人员通常无法获得专业的律师的法律帮助。对此，有观点指出，"进入职务犯罪调查后应当允许律师介入，以保障被调查人的基本防御能力，这是程序公正和人权保障的基本要求"④。不过，就律师介入路径的方案而言，考虑到在现有法律规范语境下监察调查权并非刑事侦查权的状况，有的观点认为，应允许律师作为辩护人参与监察活动，有的观点则认为，在现阶段可先由检察机关设立的法律顾问或公职律师提供法律咨询、代理申诉等法律帮助。⑤ 概览之，对于参与律师的类型以及律师参与的案件范围、时间节点等事项，法学界未能达成相对一致立场。

对此，笔者认为，可以监察机关案件审理部门提前介入制度为依托，探索符合监察权运行规律的律师参与制度。第一，如若难以确定律师参与的案件类型，不如考虑以案件审理部门提前介入的职务犯罪案件作为律师有权参与监察活动的案件范围。监察机关案件审理部门提前介入的案件类型是重大、复杂、疑难案件或者行为性质认定分歧较大的案件，这意味着律师参与其中并为被调

① 参见陈国猛：《切实履行好案件审核把关和监督制约职能》，载《中国纪检监察报》2019年4月11日，第7版。

② 参见王海艳、薄维雷：《准确把握原则、范围、条件和职责——如何落实〈规则〉关于案件审理部门提前介入审理的规定？》，载《中国纪检监察》2019年第14期。

③ 参见唐麒昆：《如何理解〈规则〉有关纪检监察机关案件审理部门提前介入的规定？》，载《中国纪检监察》2019年第10期。

④ 参见陈光中、兰哲：《监察制度改革的重大成就与完善期待》，载《行政法学研究》2018年第4期。

⑤ 参见陈卫东：《职务犯罪监察调查程序若干问题研究》，载《政治与法律》2018年第1期。

查人和涉案人员提供法律帮助的方案具有十分迫切的现实需求。该方案不仅能够合理限定律师参与的必要限度，而且可以适当确定律师参与的时间节点，有利于在避免对监察调查活动的不当影响的同时保障律师提供法律帮助的实质性。第二，有权参与的律师不是社会律师，而是监察机关中从事法律工作的公职律师。近年来，全国不少地方监察机关探索并设置公职律师制度，助推纪法衔接与"法法衔接"工作。[1] 此类公职律师从事的法律事务包括为监察机关讨论决定重大事项提供法律意见等。允许公职律师在特定职务犯罪案件中为被调查人员和涉案人员提供法律帮助，能够在监察活动非公开性与人权保障必要性之间寻求妥当平衡。此处所指法律帮助的主要内容是基本的法律咨询和释法说理，其包括告知涉嫌的罪名、相关法律规定，监察程序的相关事项以及认罪认罚的性质和法律后果等。为此，可允许被调查人员和涉案人员申请获得公职律师的法律帮助。第三，考虑到纪委监委合署办公的制度安排，纪检监察机关的调查活动涉及违纪、职务违法、职务犯罪等事项，在审查调查阶段，被调查人和涉案人员的行为定性和主要事实可能并不清楚、充分，这意味着公职律师为涉嫌职务犯罪案件的被调查人和涉案人员提供法律帮助的规则界限存在模糊之处。对此，需要慎重确定公职律师参与的时空条件。第四，在案件审理部门提前介入调查活动时，公职律师亦有权随之参与，不过，公职律师有别于承担提前介入职责的监察人员——公职律师应当具有相对独立的法律地位，避免承担与其职能不符的其他责任。第五，与下文提及的检察机关提前介入监察活动联系起来，在职务犯罪案件中，如若被调查人或者涉案人员获得公职律师的法律帮助，检察机关可以向公职律师了解案件办理情况并将其作为出具书面意见的依据，进一步拓宽检察机关在提前介入过程中获悉案件信息来源的范围。客观而言，在现有监察法律规范框架内，由公职律师为被调查人和涉案人员提供法律帮助的方案可行性如何，仍有待审慎地研讨，不过，监察机关案件审理部门提前介入制度可以为解决公职律师参与监察活动的案件范围、时间节点等争议问题提供一些启示性思考。

四、检察机关提前介入制度的理论审视

近年来，在刑事司法领域，检察机关提前介入刑事侦查活动的规则方案强

---

[1] 参见《内蒙古自治区司法厅关于准予设立巴彦淖尔市纪委监委等单位公职律师的决定》，载内蒙古自治区司法厅网，http：//sft.nmg.gov.cn/fzgz/sfxzsp/202204/t20220408_2034530.htm，2022年6月13日访问；《江西省司法厅关于准予中共抚州市纪律检查委员会市监察委员会公职律师办公室设立的决定》，载江西省人民政府网，http：//www.jiangxi.gov.cn/art/2020/12/17/art_5078_2999709.html，2022年6月16日访问。

化了检察机关的法律监督作用。① 在国家监察体制改革背景下，2018 年《衔接办法》以专章的形式规定了最高检提前介入国家监委办理职务犯罪案件的工作思路。由于我国现有法律规范区分"调查"与"侦查"的本质属性，因此，检察机关提前介入职务犯罪案件的调查活动，亦有别于检察机关提前介入其他犯罪案件的侦查活动。② 有实证研究指出，实践中，监察机关会主动与检察机关沟通，商请检察机关派员提前介入。③ 简言之，此类提前介入制度在促进"法法衔接"体系高效运行等领域发挥了不可替代的法治作用。

（一）检察机关提前介入的内涵辨析

1. 检察机关提前介入制度的含义界定

职务犯罪治理领域的检察机关提前介入制度，是指通常情况下，如若某一职务犯罪案件经监察机关调查终结并移送审理，检察机关可以在监察机关提出书面商请的前提下派员介入，在法定时间内审核案件材料，对证据标准、事实认定、案件定性及法律适用提出书面意见，对是否需要采取强制措施进行审查。检察机关在提前介入期间，只能通过阅卷、沟通等方式，不能讯问被调查人，并且只能提出意见，不得发表结论性观点。在 2018 年《衔接办法》的基础上，《人民检察院提前介入监察委员会办理职务犯罪案件工作规定》（以下简称 2019 年《检察院提前介入规定》）对检察机关提前介入工作制度进一步作出规范，同年，最高人民检察院颁布的《人民检察院刑事诉讼规则》（以下简称 2019 年《最高检规则》）第 256 条第 2 款又予以明确。实践证明，监察机关邀请检察机关提前介入并对案件证据材料进行审核指导，有利于把法律争议、证据问题解决在移送审查起诉前，是贯彻审判中心主义的基本要求。④

根据相关法律和规范文件的要求，检察机关提前介入监察活动的形态有两种：第一种是一般形态，即对于不需要指定管辖的案件，监察机关商请有管辖权的同级检察机关提前介入；第二种是特殊形态，即对于需要确定指定管辖的案件，在监察机关在办理书面商请手续以后，检察机关应当派员或者指导被指定管辖的下级检察机关派员介入，或者根据实际情况同时派员介入。从实践成效来看，检察机关提前介入监察活动的制度运行效果良好，在提升"法法衔接"顺畅度、保障案件办理质效等方面发挥了实际作用。

---

① 参见周新：《检察引导侦查的双重检视与改革进路》，载《法律科学》2020 年第 2 期。
② 参见卞建林：《配合与制约：监察调查与刑事诉讼的衔接》，载《法商研究》2019 年第 1 期。
③ 参见朱全宝：《论检察机关的提前介入：法理、限度与程序》，载《法学杂志》2019 年第 9 期。
④ 参见陈邦达：《推进监察体制改革应当坚持以审判为中心》，载《法律科学》2018 年第 6 期。

2. 检察机关提前介入制度的概念区分

（1）检察机关提前介入制度有别于监察机关案件审理部门提前介入制度。这种差别体现为：第一，介入阶段不同，前者通常适用于监察活动的案件审理阶段，后者则仅适用于监察活动的审查调查阶段。第二，介入案件不同，前者仅针对职务犯罪案件，后者则因基于纪委监委合署办公制度安排而针对违纪、职务违法犯罪案件。第三，介入后果不同，前者主要影响监察机关的移送审查起诉等工作，而后者则主要影响监察机关的调查、案件审理和处置等工作。总体而言，在提前介入期间，监察机关案件审理部门侧重于审核违纪违法证据材料，以及对犯罪证据材料的整体把关，与之不同的是，检察机关刑事检察部门应侧重于在审核证据材料的基础上出具书面意见，形成各有侧重、优势互补的提前介入形态。[1]

（2）检察机关提前介入制度会在特定情况下与监察机关案件审理部门提前介入制度融合适用。这种融合适用集中体现为，监察机关案件审理部门在决定提前介入审查调查活动的同时，可能也会根据实际需要向检察机关书面商请派员提前介入。[2] 同时，一些地方的监察机关和检察机关联合制定的文件亦明确要求，对于某些案件，监察机关可以在调查阶段商请检察机关提前介入。[3] 上述信息表明实践中确实存在两种提前介入制度融合适用的现象。对于此种提前介入制度融合适用的状况，法学界有学者表示支持——对于监察机关调查部门认为在证明标准、法律适用等方面存在疑问的案件，检察机关可以提前介入调查活动。[4] 但笔者认为，职务犯罪案件提前介入制度融合适用方案应当慎行。理由如下：第一，虽然法律要求监察机关与检察机关在办案过程中互相配合、互相制约，但这不意味着检察机关要过度提前参与，否则，可能会产生不当影响监察调查工作之虞。同时，监察机关也应当尊重检察机关作为法律监督机关的宪法地位，由此形成具有合法性与正当性的职务犯罪案件办理体系。是故，应当避免出现以下情形，即检察机关提前介入时间过早，使得"有的在

① 参见万庭祥：《推进执纪执法贯通有效衔接司法》，载《中国纪检监察报》2020年11月5日，第8版。
② 参见左卫民、刘帅：《监察案件提前介入：基于356份调查问卷的实证研究》，载《法学评论》2021年第5期。
③ 例如，安徽省监察委员会、省高级人民法院、省人民检察院、省公安厅共同制定了《办理职务犯罪案件工作衔接办法》就有相关规定；参见刘擎、张啸远：《监察法与刑事诉讼法衔接管见》，载《中国检察官》2019年第17期。
④ 参见吕晓刚：《监察调查提前介入实践完善研究》，载《法学杂志》2020年第1期。

调查阶段就已经介入，从审查主体变为办案主体"①。第二，检察机关提前介入监察机关调查活动的方案，在某种程度上也忽视了监察机关案件审理部门提前介入制度的意义。这两种制度是前后衔接的关系，既有利于理顺监察机关内部各部门之间的关系，又有利于平衡监察机关与检察机关在移送审查起诉工作衔接方面的配合制约关系。由此看来，不宜要求检察机关过早介入监察调查工作。第三，从尊重现有实务做法的角度出发，同样需要严格限缩检察机关提前介入监察机关审查调查阶段的案件范围，即只有在极其例外的情况下，检察机关才可以有限度地提前介入监察机关审查调查工作，例如，留置期限即将届满，难以满足"移送人民检察院审查起诉十五日以前"的要求，对于确有必要的案件，监察机关案件审理部门经审批同意后，可以在提前介入监察调查活动的同时一并书面商请检察机关提前介入。更进一步地，严格限定检察机关提前介入监察机关调查活动的要求，也为检察机关对监察机关书面商请进行实质性审查提供了合法性依据。

（二）检察机关提前介入制度的运行难题及其应对

1. 论证检察机关提前介入监察活动的合法性基础

在现有立法规范框架内，检察机关只有在监察机关提出书面商请的前提下才能参与监察活动，无主动对监察工作进行法律监督之职权。一方面，检察机关作为法律监督机关的法律定位并未改变，而监察机关不属于法律监督范畴，这是顶层设计之下国家监察体制改革对国家权力支配的调整与重配。既然如此，检察机关不能对监察机关行使监察权的履职行为进行法律监督，是故，检察机关可未经书面商请而主动介入一说无从谈起。另外，有观点提出，"建议赋予检察机关职务犯罪案件提前介入商请启动权，以便其跟进重大、敏感和热点职务犯罪案件，及时客观回应社会关切"②。这是一种看似以商请启动权为名的折中方案，却在实质上支持检察机关有权主动介入的思路。另一方面，在全面深化司法改革的时代背景下，依法履行提前介入职权，是检察机关积极应对职务犯罪侦查职能转隶带来的影响的重要举措。③ 实际上，目前检察机关自上而下推动全方位的检察改革举措，涉及法律监督体系、检察权运行体系、检察人员分类管理体系、组织管理体系等，旨在全面优化检察职能配置。④ 其

---

① 参见陈国庆主编：《职务犯罪监察调查与审查起诉的衔接工作指引》，中国检察出版社 2019 年版，第 51 页。

② 参见左卫民、刘帅：《监察案件提前介入：基于 356 份调查问卷的实证研究》，载《法学评论》2021 年第 5 期。

③ 参见周新：《论我国检察权的新发展》，载《中国社会科学》2020 年第 8 期。

④ 参见陈瑞华：《论检察机关的法律职能》，载《政法论坛》2018 年第 1 期。

中，在"法法衔接"领域，尽管检察机关不能如引导侦查机关那般影响监察机关的调查与处置工作，但检察机关正积极依托提前介入制度，建立健全其与监察机关之间办理职务犯罪案件的规则机制，这是检察机关在既有立法规则范围内作出的适应性改变。但无论如何，除非法律规范作出调整，即明确规定监察活动属于法律监督范畴，否则检察机关都不应主动参与监察活动，以尊重作为行使国家监察职能之专责机关的监察机关的主体性权力。①

综上所述，笔者认为，检察机关有权依商请提前介入监察活动的合法性依据在于《宪法》第 127 条和《监察法》第 4 条的一致性规定，即监察机关办理职务犯罪案件，应当与检察机关互相配合、互相制约。换言之，法律监督与国家监察均属于国家监督体系的有机组成部分，在此前提下，履行法律监督职能的检察机关介入监察活动，引导和配合监察机关的调查取证工作，使得检察机关和监察机关的工作关系体现出了法律监督与监察监督的内在互补性，如此一来，检察机关和监察机关在行使各自监督职能过程中形成了配合机制和制约模式。② 这是国家监察体制改革时代背景下检监机关配合制约关系的生动体现，而不宜将其概括为检察机关对监察活动进行法律监督的形式。以此为指引可得，一方面，检察机关提前介入监察活动的前提应当是监察机关提出正式商请，否则，检察机关无权对尚处于监察阶段的职务犯罪案件发表意见；另一方面，检察机关原则上仅能够针对监察调查结束的职务犯罪案件行使提前介入权力，且需要严格限定提前介入的案件范围，以避免衍生检监机关职能混同的风险。尤其是，对于当下检监机关配合有余而制约不足的状况，可侧重将检察机关提前介入制度作为检监机关互相制约模式的重要路径。③

2. 将检察机关有权提前介入的情形确定为"重大、疑难、复杂案件"

通常情况下，监察机关案件审理部门应当充分发挥把关作用，对于涉嫌职务犯罪案件符合移送审查起诉条件的，才能够建议提请检察机关提前介入。④不过，据调研反馈，实践中，不同地方的办案机关由于对相关标准的认识并不完全一致，在具体介入范围的把握标准方面出现了差别，以至于一些地区存在

---

① 参见虞浔：《职务犯罪案件中监检衔接的主要障碍及其疏解》，载《政治与法律》2021 年第 2 期。

② 参见王军海：《"法律监督机关"的立法内涵、演进逻辑及内在机理》，载《现代法学》2022 年第 1 期。

③ 参见左卫民、唐清宇：《制约模式：监察机关与检察机关的关系模式思考》，载《现代法学》2018 年第 4 期。

④ 参见陈金来、涂志斌：《福建：探索建立涉嫌职务犯罪案件移送起诉工作机制》，载《中国纪检监察》2018 年第 16 期。

凡是监察机关立案调查的职务犯罪案件均商请检察机关提前介入的情况。对于检察机关有权提前介入的案件类型，结合规范文件和学说观点，相关立场可以分为以下两种：第一，2018 年《衔接办法》将国家监委书面商请最高人民检察院提前介入的案件范围限定为"重大、疑难、复杂案件"，随后，2019 年《检察院提前介入规定》将检察机关可提前介入案件类型界定为三种，即"（一）在当地有重大影响的案件；（二）在事实认定、证据采信、案件定性以及法律适用等方面可能存在分歧的疑难、复杂案件；（三）其他需要提前介入的案件"。其中，第三项兜底条款似乎在一定程度上拓宽了检察机关提前介入案件的范围。第二，2019 年《最高检规则》第 256 条将检察机关提前介入的案件范围限定为"监察机关办理的职务犯罪案件"，考虑到上述规定并未对监察机关办理职务犯罪案件的审查调查阶段或者案件审理阶段进行区分，这是否意味着 2019 年《最高检规则》进一步取消了对检察机关提前介入案件范围的限制性条件，即只要监察机关在办理职务犯罪案件过程中提出商请，检察机关均可派员介入？换言之，检察机关可依商请提前介入所有职务犯罪案件办理的监察活动。尽管检察机关全面提前介入的做法尚非必然要求，但有必要强调的是，在遵循《监察法》中"互相配合、互相制约原则"的前提下，监察机关和检察机关需要严格界定提前介入的案件类型。对此，笔者认为，2019 年《检察院提前介入规定》的上述条文应当是对"重大、疑难、复杂案件"这一判断标准的细化，换言之，即使是第三项兜底条款规定的案件同样需要在其他方面满足重大、疑难或者复杂的条件。在此前提下，无论是检察机关还是监察机关均无权任意扩大"其他需要提前介入的案件"的范围。

3. 为检察机关有效完成提前介入工作预留必要的时间

根据规范文件的要求，监察机关一般应在案件进入正式审理阶段、拟移送审查起诉的法定期限内商请检察机关派员提前介入，而检察机关收到书面商请通知后应及时指派检察官介入，在法定期限内审核案件材料并提出书面意见。实践中，监察机关在办理案件过程中面临多样、复杂的情形，"有的案件因留置期限即将届满，在移送审理的第二天就要提交纪委常委会会议审议，甚至在移送审理的当天即移送司法机关，个别地方甚至出现了案件未经审理就移送司法机关的现象"[①]。如此一来，即使监察机关书面商请检察机关派员介入，检察机关基本上难以获得相对充分的工作时间。特别是，对于被调查人被采取留置措施的案件，虽然监察机关案件审查调查部门应当在留置期限届满 30 日前

---

① 参见钟纪晟：《提高案件审理质量 切实加强沟通协调——〈关于加强和改进案件审理工作的意见〉系列解读之二》，载《中国纪检监察报》2019 年 7 月 17 日，第 5 版。

移送审理，然而，"根据司法实践经验，监察机关审查调查部门调查终结移送给案件审理部门时，往往距离留置时间最后期限已不足十五日，有的只剩下四、五日甚至更少"①。可见，监察机关案件审理部门能够利用的工作时间本就有限，而检察机关可获得的办案时限更紧张。但与之同时，检察机关需要在相对较短的工作时间内，针对多个事项提出书面意见。这表明检察机关对其提前介入工作提出了高水平工作要求。从另一角度看，在提前介入时间较短的情况下，检察机关在提前介入期间很可能面临较为繁重的工作负担。考虑到监察机关调查、案件审理等工作时间直接影响到检察机关提前介入时间，因此，一方面，应当进一步规范监察机关的职权活动，对于确有必要延长办案期限的，应当依法报批，而不是挤压后续办案单位的工作时间，特别是，对于采取留置措施的案件，需要根据案件实际情况确定是否延长期限，未来还可以区别设计留置案件与非留置案件的调查期限、案件审理期限，形成多层次的监察案件办理工作期限制度。另一方面，结合前文所述，在严格限定提前介入案件范围的前提下，监察机关应当与检察机关确定书面商请派员介入的期限规则，尤其是设置最低限度的审核时间标准，为检察机关全面审查有关案卷材料提供相对充足的活动空间，也为监察机关完成补正和其他相关工作提供合理的时间保障。

4. 适当区分负责提前介入工作与审查起诉工作的检察机关办案人员

在全面深化司法改革的背景下，依法履行提前介入职权，是检察机关积极应对职务犯罪侦查职能转隶带来的复杂影响的举措。② 当下检察系统正在推动的全方位的改革进程同样是全面优化检察职能配置的过程。③ 以内设机构改革、捕诉一体为例，最高人民检察院成立了负责与国家监察委员会对接、办理职务犯罪案件的职务犯罪检察厅，地方检察机关尤其是基层检察机关可能不会设置专门的职务犯罪检察部，但一般会在某刑事检察部内安排员额检察官专门负责相关工作。如果监察机关案件审理部门商请检察机关提前介入，检察机关通常会指派一名检察官或几位检察官完成提前介入工作，随后，待这一案件移送审查起诉后，参与提前介入的检察官一般还会继续承办该案件，因为他们已经熟悉案情。④ 不过，允许参与提前介入活动的检察官承办此案审查起诉工作的方案，往往会促使办案人员基于先前提前介入工作而产生认知偏见。是故，

---

① 参见蔡健等：《检察机关提前介入职务犯罪案件问题研究》，载《汉江师范学院学报》2019年第4期。

② 参见朱孝清：《国家监察体制改革后检察制度的巩固与发展》，载《法学研究》2018年第4期。

③ 参见陈瑞华：《论检察机关的法律职能》，载《政法论坛》2018年第1期。

④ 参见陈国庆：《刑事诉讼法修改与刑事检察工作的新发展》，载《国家检察官学院学报》2019年第1期。

有观点指出，为了避免检察机关审查起诉工作受到监察调查结果的主观影响，由另外的检察人员承担审查起诉职责的方案，虽然会在一定程度上影响职务犯罪案件办理效率，但更有利于保证程序衔接方面的正当性和办案人员认知上的协调性。① 对此，笔者认为，出于对检察人员因提前介入监察活动而产生偏见的担忧，区分负责提前介入工作与审查起诉工作的检察人员的方案确实有其合理性。不过，如若采取"一刀切"式的区分思路，也会在较大程度上减损检察机关提前介入监察工作之制度本身的功能，即检察机关以提前介入的方式完成针对职务犯罪案件的审查与反馈工作，不仅可以尽早地解决案件办理过程中存在的问题，而且可以将审查起诉和审判理念传导至监察活动领域，在尊重既有监察权运行规律的前提下切实提高职务犯罪案件办理质效。从这一角度看，待该案件进入刑事诉讼活动，一般情况下，考虑到职务犯罪案件办理的严肃性和专业性，由履行提前介入职责的检察人员承担后续的审查起诉和公诉工作，有利于保障检察机关在提前介入过程中与监察机关沟通协调效果。受到员额制改革的影响，就当前基层检察机关承办刑事案件的检察官数量而言，不少地方检察机关的员额检察官数量有限，而承办刑事案件的检察官通常面临案多人少的工作负担，基层检察机关能够保证专人办理职务犯罪案件，已实属不易。在此情形下，要求区分提前介入和审查起诉之检察人员的方案，要求不熟悉提前介入情况的检察人员负责审查起诉，很可能会不当增加检监两机关沟通协商工作，反而会减损"法法衔接"机制的实际效果。

以此为指引，笔者建议，可以遵循适当区分检察人员的思路：如若负责提前介入工作的检察人员已参与监察机关审查调查活动，则不宜继续承担审查起诉职责。待该案件进入刑事诉讼活动后，检察机关应指派另外一名检察人员办理；如若负责提前介入工作的检察人员仅参与监察机关案件审理活动，则可以继续承担审查起诉职责。同时，检察机关应当强调审查起诉工作的相对独立性和审查起诉意见的重要性，明确提前介入书面意见与审查起诉意见的联系和区别，督促已有提前介入经历的检察人员充分阅卷、严格依法审查案件并提出相应意见，另外，对于审查起诉意见和提前介入意见不一致的情形，检察机关应当及时与监察机关沟通，避免职务犯罪案件审查起诉活动陷入工作形式化困局。②

---

① 参见林喜芬：《论监察调查程序中的检察提前介入机制》，载《内蒙古社会科学》2022 年第 1 期。
② 参见郭竹梅：《完善程序机制 做好提前介入工作——检察机关提前介入监察委员会办理职务犯罪案件需重点把握的七个方面》，载《检察日报》2020 年 2 月 16 日，第 3 版。

五、余论

职务犯罪治理领域的提前介入活动，是深化国家监察体制改革进程中衍生的新现象。广义层面的职务犯罪案件提前介入制度在法律规范与实践运行层面衍生出具有鲜明特征的两种形态，初步建构起了职务犯罪案件提前介入制度类型化框架。概览之，监察机关案件审理部门提前介入制度与检察机关提前介入监察活动制度之间既有联系又有区别，成为优化国家监察与法律监督之间关系的制度载体。上述两种提前介入制度使得监察调查工作与案件审理工作，以及检察机关审查起诉工作与监察工作形成环环相扣且层层递进之形态，是具有中国特色的职务犯罪治理体系的重要组成部分。而且，这种以"提前介入"作为主要路径的监检机关工作衔接方案，又可以为监察机关、检察机关分别依法独立行使职权和形成配合制约关系提供规则空间。例如，关于提前介入的案件范围，既然监察机关案件审理部门提前介入的案件类型不等同于检察机关提前介入的案件类型，那么，面对监察机关提出的书面商请，检察机关应当进行实质审查，以确定检察机关作出提前介入决定行为符合法律监督职能定位。"法法衔接"领域的职务犯罪案件提前介入制度形态彼此互动、共同促进，正在进一步拓宽监察机关与司法机关"互相配合、互相制约"原则的理论与实务内涵，满足提高法治反腐现代化水平的发展需要。

检察公益诉讼研究

解密检察公益诉讼发挥治理效能之钥[*]

胡卫列　杨建顺　练育强[**]

一、如何理解公益诉讼治理效能

主持人：检察机关通过履行公益诉讼职能，及时监督纠正职能部门或相关违法主体偏离法治轨道的行为，在督促恢复受损公益的同时依法履职，将职能延伸至背后的制度缺失、制度不规范、管理不到位等治理问题。从我国公益诉讼制度产生的时代背景、制度优势及制度特点等方面来看，如何理解公益诉讼治理效能及独特价值？

胡卫列：检察公益诉讼制度作为党中央和习近平总书记亲自决策部署推进的一项重要改革举措，在习近平法治思想孕育和引领下产生，在正式确立不到5年时间里得到快速发展，呈现出蓬勃的制度生命力和旺盛的发展活力，目前已成为司法参与和促进国家治理的重大创新成果，为世界提供了公益司法保护的中国智慧和中国方案。我们认为检察公益诉讼治理效能及独特价值可以从两个方面理解：一方面，全面推进依法治国的时代大背景，为公益诉讼治理效能提供了根本前提和坚实保障。几年来检察公益诉讼制度从无到有、办案数量从少到多、影响力从弱到强，走过了不平凡的发展历程，归根结底得益于党中央把全面依法治国纳入"四个全面"战略布局予以有力推进，对全面依法治国作出一系列重大决策部署；得益于习近平新时代中国特色社会主义思想，特别是习近平法治思想的有力指引。随着全面依法治国进程不断向纵深推进，政府及其职能部门越来越深刻理解以法治思维和法治方式促进国家治理的重要性，对法律监督态度更加开放并积极寻求法治赋能，这使得公益诉讼治理效能得以

---

　* 原文发表于《人民检察》2022年第7期，收入本书时略有删改。

　** 胡卫列，司法部党组成员、副部长，最高人民检察院原检察委员会委员、公益诉讼检察厅厅长；杨建顺，中国人民大学法学院教授；练育强，华东政法大学法律学院教授，最高人民检察院检察公益诉讼研究基地（上海公益诉讼研究中心）执行主任。文稿统筹：崔议文，《人民检察》编辑；主持人：姜昕，《人民检察》主编。

在更广阔空间、更多领域、更深层次充分发挥。

另一方面，融合制度优势，为公益诉讼治理效能奠定了制度基础。一是党的领导。公益诉讼发挥治理效能的根本逻辑就是党领导下统筹协同、综合发力的政治优势和社会主义制度优势。党的领导是公益诉讼制度发展的根本保障，也是解决工作中面临问题的工作方法。二是人民性。维护人民利益是我国检察公益诉讼制度的目标追求和方向指针，人民群众的支持和参与是制度发展的基本途径和强劲动力。检察公益诉讼从探索建立之初将生态环境和自然资源保护、食品药品安全作为开展公益诉讼的重点，法定领域逐步从"4"到"4＋10"，再到文物和文化遗产保护、网络治理等大量新领域的探索，无论领域范围怎么拓展，都始终紧紧围绕着我国人民群众反映强烈的、社会治理和国家治理中的公益损害多发领域开展。丰富的公众参与，又为实现公益诉讼治理效能提供了扎实的社会基础。三是多元主体协同。检察公益诉讼作为社会治理的一项制度并不是孤立的。从对象功能上看是公益保护制度体系的有机组成部分，从权力属性上看是中国检察制度体系的重要组成部分。公益保护是一个系统工程，检察公益诉讼治理效能的实现不是"单打独斗"，离不开与其他制度的协调配合。检察机关督促行政机关积极、主动履行自身的公益保护职责，充分发挥行政机关在我国公益保护体系中的主体作用；与刑事检察等其他检察业务加强协调配合，促进各检察业务条线形成公益保护的合力等。

杨建顺：从正确理解检察公益诉讼治理效能的角度来说，需要转变观念，坚持确认、承继和发展的正确方法论，在确认和承继现行相关制度、机制和程序的同时，探索应然层面的范围拓展和体系性架构之容许性。

由检察机关提起公益诉讼，这与检察机关作为国家的法律监督机关以及国家和社会公共利益代表的定位紧密相关。由检察机关提起公益诉讼，是通过司法机关采取诉讼救济方式对私人或者行政主体的违法或者不当行为进行合法的、必要的干预，以实现维护国家和社会公共利益的目的。故正确理解公益诉讼治理效能及独特价值，须注重把握国家和社会公共利益，并确保优先适用检察建议，若能达至以检察建议的形式完成对行政行为等的检察监督任务，堪称"最佳司法状态"。

以行政公益诉讼为例，为体现正义性与专业性，能够提起行政公益诉讼的仅限于检察机关。检察机关对行政主体的监督，或者止于检察建议，或者进而通过行政诉讼，促使行政主体依法行使行政权，维护国家和社会公共利益。在这种意义上，公益诉讼治理效能及独特价值主要体现为维护国家和社会公共利益的法律监督，促使行政主体依法行使职权，从点到面、由面及里、动态延展，是修补制度缺失的制度之诉，是矫正行为不规范、补齐管理不到位等治理问题的标准之诉。

练育强：检察公益诉讼制度的治理效能主要体现在两个方面：一是监督依法行政。检察机关在行政公益诉讼中，通过磋商沟通、检察建议、提起诉讼等方式，督促行政机关依法行政、严格执法、自我纠错。二是保护公共利益。除了在行政公益诉讼中通过对行政机关的监督保护公共利益，检察机关还在民事公益诉讼中引导、支持符合条件的法定机关和社会组织及时提起诉讼，或者经过诉前程序后直接提起诉讼，最终形成行政机关、社会组织、检察机关与审判机关共同协作，合力保护公共利益的格局。

检察公益诉讼的独特价值在于充分发挥检察机关的法律监督职能，形成多主体、广覆盖、深治理的公共利益治理体系。一是多主体。从大量的诉前程序解决问题的案例来看，检察机关在公益诉讼中并非机械地就事论事解决问题，而是通过与立法机关、各级政府及其职能部门，以及公民、社会组织、审判机关等就相关事务进行沟通协调，深度融入立法、行政、司法治理过程中，审查各主体履行法律的状况，督促各主体主动纠正错误。二是广覆盖。除了生态环境和资源保护、食品药品安全、国有财产保护、国有土地使用权出让四大领域外，还在英雄烈士名誉保护、未成年人权益保护、安全生产、个人信息保护、军人地位和权益保护等领域探索建立民事、行政公益诉讼制度。三是深治理。检察公益诉讼制度中蕴含着诉前、诉中和诉后的多种治理手段。在诉前程序中，检察机关不仅可以向行政机关发出检察建议，还可以举行诉前圆桌会议深度化解执法难题。在公益诉讼案件判决之后，检察机关也可以通过对判决执行情况的检查、督促，促使法院判决有效履行。

二、应在哪些环节和领域发挥公益诉讼治理效能

主持人：新时代，人民群众在民主、法治、公平、正义、安全、环境等方面提出更高要求，对通过公益诉讼维护公益的需求更加迫切，公益诉讼在国家治理及社会治理中的效能也日益凸显。检察机关应着重从哪些环节和领域发挥公益诉讼治理效能，在促进系统治理、前端治理方面有哪些空间？如何把握公益诉讼探索的内在规律？

胡卫列：当前，公益诉讼检察工作已经从高增速逐渐步入高质量发展阶段，我们强调质效优先导向，强调要更好发挥制度治理效能，一是在制度僵化领域发挥激活作用。不是所有侵害公益问题都应当由公益诉讼来管，检察机关应重点监督那些没有适格主体、没有有效救济渠道或现有救济渠道失灵的公益受损情况，从检察监督角度协助行政机关共同破解治理难题，起到激活或者补足制度机制的作用。二是在相关制度机制之间功能难以联通时发挥衔接润滑作

用。实践中，很多公益受损问题往往涉及多个部门且职能存在交叉，易出现"九龙治水"疏漏或者必须齐抓共管的"老大难"问题，需要多方协调才能解决。公益诉讼具有统筹协调、督促多部门综合治理的独特优势，凝聚双赢多赢共赢的共治力量，提升多元主体共治的整体效能。三是在制度存在漏洞时推动制度完善。检察机关不仅要把公益诉讼的个案办好办实，还要将办案职能向社会治理领域延伸，依法履职，积极查找社会管理的漏洞和短板，注重系统治理，推动健全完善相关行业、领域治理体系，促进标本兼治。四是在法律规范还不健全的新领域、社会生活新业态存在严重公益受损问题时发挥兜底作用。通过法律原则与法律精神的运用，以"我管"促"都管"。五是在一些特殊群体的权益不能得到有效保障的情况下发挥人权保障的救济作用。公益诉讼既是一项民心工程，又是一项人权保障的司法职能，既要围绕着人民群众急难愁盼的领域事项开展，又要注意在保障妇女儿童残疾人以及新业态从业人员等特殊群体的权益中发挥作用。

工作部署方面，我们在持续开展为期 3 年的"公益诉讼守护美好生活"专项监督活动的基础上，又就加强国有财产保护、国有土地使用权出让以及食品药品安全等领域公益诉讼工作提出了要求。关于公益诉讼领域范围，我们认识到，新领域拓展并不限于法定领域之外。生态环境和食品药品两个传统重点领域也有不断深化和拓展的问题，其他法定领域也需要不断做实和丰富，2022年全国"两会"和全国检察长会议还进一步提出公益诉讼新领域探索要以网络治理、金融证券、知识产权、文物和文化遗产保护、妇女权益保障等为重点。要注意把握好普遍性与特殊性、变与不变两组辩证关系，从四个方面认识公益诉讼发挥作用的领域和重点：一是坚持"服务大局、服务人民"的基本原则；二是把法定领域做实做好，特别要持续聚焦生态环境和食品药品领域，作为重中之重；三是结合当地经济社会发展的情况、问题和需求，可以有自己的特色；四是与时俱进地回应人民群众美好生活的新需求、国家治理中的新情况、新问题、新要求，发挥好公益诉讼的职能作用。

推动行业系统治理。基于检察公益诉讼本身的制度特点，其在促进系统治理方面有很大空间和优势：一是公益诉讼聚焦国家治理和社会治理中的重点难点问题，这些也是系统治理的重点领域。检察机关结合办案领域，围绕中心服务大局，将与国家重大战略和地方重点工作相关的、与人民切身利益联系最紧密的生态环境和资源保护、食品药品安全等领域作为工作重点，促进重点领域的系统治理。二是坚持"诉前实现保护公益目的是最佳司法状态"理念，做好系统治理的"前端化解"。集中体现在作为检察公益诉讼制度主体的行政公益诉讼，绝大多数案件通过诉前检察建议得到了解决，需要诉讼解决的只是很小的一部分。此外，增加磋商机制，提出检察建议前先与行政机关磋商，提醒主动履职整改，一些案件经召开磋商座谈会等即得到解决。三是坚持持续跟进监督理念，跟进监督做实每一个环节、每一起案件，做好诉源治理的"关口把控"。检察机关把"回头看"嵌入公益诉讼常规办案流程，从诉前程序到提起诉讼再到裁判执行，一个环节一个环节持续跟进，确保每个环节都求极致，每起案件都有实效，并对已办结重点案件经过一定时期整改效果的巩固情况再次抽样进行"回头看"，防止反弹回潮引起新的公益损害而产生"新案"。四是坚持系统治理，以跨区域协作机制和一体化办案机制为重点，构建公益诉讼办案机制体系，促进一类问题的系统解决。在横向上加强不同地域检察机关协作机制，在纵向上利用检察机关上下级领导体制，充分发挥不同地域、不同层级检察机关的合力，带动同类问题一体解决，促进系统治理。五是坚持双赢多赢共赢理念。我国社会治理的最大优势是党的领导，在党的集中统一领导下，不同社会治理主体共同参与。各级检察机关与行政部门出台协作文件，促进有关易发、高发的系统性、领域性问题长效解决，共同促进系统治理。

杨建顺： 检察机关创新树立公益诉讼"双赢多赢共赢""诉前实现保护公益目的是最佳司法状态"和"持续跟进监督"等监督理念，很好诠释了公益诉讼治理效能及独特价值，也揭示了检察公益诉讼发展之钥：在完善、活用检察建议等诉前程序制度上下功夫；在促进制度和机制的完善上下功夫；在推动标准和规则的制定完善上下功夫。

具体来说，检察机关应当着重从以下环节发挥公益诉讼治理效能：一是积极回应人民群众在民主、法治、公平、正义、安全、环境等方面提出的更高要求，扎实推进法律监督工作，做到件件有回音、件件有着落；二是建立健全信息管理平台，包括与信访等相关制度衔接好，与监察等部门配合好，让"在履行职责中发现"这一要件落到实处，更好体现以法治方式推进法律监督；三是聚力完善"办理一案，治理一片"的"持续跟进监督"，推动相关领域和部门聚力建立健全合法规范运营机制；四是建立健全理论研究与实践紧密结合的机制，从政学民企律协同共治的角度来架构"参与型公益诉讼"。

检察机关在促进系统治理、前端治理方面尚有广阔空间。尤其是应当聚力于解决历史遗留问题和重大疑难问题，解决程序空转等制度自身的瑕疵问题。

练育强： 系统治理是检察公益诉讼发挥公益保护治理效能的新方式，检察机关不仅要解决个案问题，还要从个案出发，从源头防止类案的发生。检察机关在系统治理领域可以进一步发挥检察建议的功能。最高检围绕寄递安全和安全生产制发的七号检察建议和八号检察建议在相关问题的系统治理方面已有成效，可以借鉴这两份检察建议的做法，针对常见的损害公共利益行为，总结行为特点和治理经验，通过最高检向相关部门发送检察建议的方式，推动行业系统治理。

"法治建设既要抓末端、治已病，更要抓前端、治未病"，前端治理要求检察机关把监督的关口前移，加强预防性措施。例如，可以通过与行政机关等第三方合作的方式构建常态化的监督评估机制，对企业排污等行为进行常态化监管，将侵害公共利益的行为及时化解在萌芽之中。

检察公益诉讼制度的发展、完善、创新，应当坚持检察机关法律监督的职能定位。一是不能对行政机关的职能越俎代庖。检察公益诉讼是通过法律监督激活其他公益保护制度共同发挥作用，检察机关在公益诉讼中应当恪守谦抑原则，不能过多地干涉行政机关职能的发挥，更不能代替行政机关作决策。二是尊重行政机关、社会组织等主体作为保护公共利益的第一顺位人地位。行政机关、社会组织的直接职责就是维护公共利益，检察机关的直接职责是监督相关主体维护公共利益。因此，对侵犯公共利益的行为，检察机关应当尊重行政机关等主体的第一顺位处置权限，只有在行政机关、社会组织未能有效保护公共利益的前提下，才能通过公益诉讼等方式予以救济。三是检察机关的权力边界限于公共利益得到保护，检察公益诉讼应当是"督促之诉"而非"问责之诉"，从立案调查、发送检察建议，再到提起诉讼，都是为了督促行政机关依法履行职责，维护国家利益和社会公共利益。

三、如何从工作机制层面提升公益诉讼治理效能

主持人：公益诉讼检察工作全面推开以来，整体发展态势良好，但也存在工作发展不平衡、案件结构不合理、办案质效待提升、素质能力不适应等问题，对此如何破解？如何进一步完善工作机制，提升公益诉讼检察工作品质，更好地发挥治理效能？

胡卫列：公益诉讼检察快速发展的历程，是不断克服困难、解决问题的过程，也是工作机制不断健全完善的过程。一是针对工作中遇到的来自被监督行政机关的阻力，各级检察机关积极争取党委领导和人大监督，加强与行政机关的沟通，因事为制、因地制宜构建大量外部协作机制，以制度性的协作化解个案办理中的阻力。二是针对跨区域公益损害治理步调不统一、标准不一致等影响公益保护效果的问题，构建不同地域检察机关之间的协作机制。三是针对重大案件较少、办案质效偏低的问题，构建重大公益诉讼案件的一体化办案机制，加大最高检、省级院自办案件力度，充分发挥不同层级检察机关的优势，实现四级检察机关公益诉讼办案全覆盖。四是针对调查取证难的问题，强化调查保障机制，加强无人机等调查设备配备，建设一批快速检测实验室或与有关

单位成立联合实验室，有效提高取证、检测的质效。五是针对公众参与度低、社会支持不足的问题，强化社会支持机制，各地检察机关积极推广诉前圆桌会议、听证会、公开宣告等多种方式，借力代表委员，借智学界专家，不断提升公益诉讼的公众参与度和公信力。六是针对检察人员素质能力与公益诉讼业务需要不相适应的问题，各地检察机关通过构建"培训 + 办案 + 研究"立体化精准培训新模式，研发了一批规范课程、办理了一批典型案件、推广了一批办案经验、形成了一批调研成果、培养了一批骨干人才，使人员的整体素质能力显著提升。

下一步，检察机关要在深入总结的基础上，紧紧围绕公益诉讼检察高质量发展的要求，进一步健全完善相关机制，更好地发挥公益诉讼检察的治理效能。一是进一步完善公益诉讼检察指挥体系，推进省级、地市级检察机关指挥中心建设，特别要强化市级院在一体化机制中的突出作用。二是深入推进跨行政区划协作机制建设，制定出台检察公益诉讼跨行政区划管辖指导意见。三是持续加大最高检、省级院自办案件力度，各省级院要摸索形成适合本地的重大案件办理机制。四是进一步强化科技赋能意识，通过大数据、卫星遥感、无人机等技术运用提升重大案件办理质效。五是进一步强化公益诉讼的公众参与和社会监督，按照"应听尽听"原则全面开展公益诉讼办案听证工作，继续扩大"益心为公"检察云平台试点范围，持续发挥好代表委员在案件办理、调研论证、推动立法等方面作用。六是继续推广"培训 + 办案 + 研究"立体化精准培训模式，以案代训、以训促研、以研提质，形成人员素质提高与工作质量提升的良性互动。

练育强：近些年检察公益诉讼制度得到了快速的发展，取得了长足的进步，但是从实践来看，还存在着诸多问题。对此，可以通过改进工作机制的方式予以解决。

比如，对于工作发展不平衡、案件结构不合理问题，可以进一步完善线索的发现、收集机制。此外，可以加强与特定机关的沟通协调和线索移送机制，如检察机关可以建立代表直通车机制，发挥代表委员联系群众的优势，积极承接各类主体移送的公益诉讼受损线索，扩大线索来源。

又如，对于办案质效不高的问题，一是加强对外交流沟通机制。与行政机关可以建立联席会议制度，就某一领域公益保护工作交换意见，形成共识，还可以建立信息员制度，定时互相传送工作信息。对于与社会公众的沟通，可以建立社会主体参与机制，发挥社会公益组织和专业机构专业技术优势，协助检察机关办案。二是对于重大损害公共利益的案件，应当有顺畅的汇报机制，及时向上级检察机关汇报。对于特别重大案件，还应当向所在地党委、人大报告，由党委统筹考虑，稳妥有效地维护国家和社会公共利益。三是在突发公共利益受损需要紧急干涉的情况下，检察机关应当启动紧急案情预警机制，及时派员赶赴发案现场，及时了解案发原因，有效固定证据，及时启动公益诉讼办案机制。四是有必要建立行政机关工作人员责任追究衔接机制。对于案件办理过程中发现的违法违纪线索，检察机关应当及时向监察机关移送，并向原行政机关予以通报。

四、如何从立法保障和规范化层面提升公益诉讼治理效能

主持人：公益诉讼是一项全新的法律制度，近几年来虽然在立法完善特别是单行法提供实体法依据方面取得很大突破，但总体来讲相关立法和规范保障还不够完善。从形式来看，公益诉讼相关条文数量少，规定分散，体系化不足，难以适应公益诉讼发展和提升治理效能的需要。从内容来看，调查核实权规定还比较原则；行政机关依法全面履职的判断标准，探索拓展公益诉讼案件范围、完善办案流程、构建协作机制等方面的经验需要及时上升到规范层面。如何完善公益诉讼立法，以提升公益诉讼治理效能？

胡卫列：从长远看，专门制定检察公益诉讼法更符合公益诉讼检察制度发展的实际和需要。从性质上看，体现区别于一般诉讼权利的特征，契合检察公益诉讼独有性质和意义。从内容上看，能够对民事诉讼法、行政诉讼法所涵盖不了的检察公益诉讼办案实践中主要适用的诉前程序进行系统规定。关于检察公益诉讼法的内容，要重点解决以下四个方面的问题：一是明确公益诉讼案件范围。近年来，各地检察机关根据统一部署，在文物和文化遗产保护、互联网侵害公益、国防军事、妇女儿童残疾人老年人等特殊群体权益保护等领域探索办理了一批典型案件，取得较好效果。但由于缺少法律明确授权，存在个案研究论证和审批程序复杂、提起诉讼难度大等问题，有必要在检察公益诉讼专门立法中对案件范围作出明确规定。二是完善检察机关调查取证权。实践中，公益诉讼调查取证大都是依据民事诉讼监督中的调查核实权开展。传统的询问、查阅、摘抄、复制等调查方式不能满足办案实践需求，比如不能向金融机构查询资金往来，影响了国有财产保护领域行政公益诉讼案件的办理等。同时，调查收集证据多依赖被调查者的配合，极大地限制了调查取证的广度和深度，甚至导致办案搁浅，已成为当前阻碍检察公益诉讼深入推进的瓶颈性制约因素。建议借鉴俄罗斯、巴西等国关于检察公益诉讼调查权、指挥行政部门调查权的规定，在检察公益诉讼专门立法中赋予检察机关必要的强制取证权，从而使检察公益诉讼调查更具刚性、可操作性，也更有保障。三是厘清多元公益诉讼关系。民事公益诉讼是检察机关、审判机关、行政机关、社会组织各有职守的完

整体系。建议在"检察公益诉讼法"中准确界定检察机关在公益诉讼中的主体地位，以及与社会组织、行政机关提起民事诉讼的衔接、顺位、协同关系。同时，法检审级对应与管辖、上级检察机关在二审中的诉讼地位等事项也有必要通过立法予以明确。四是规制检察公益诉讼特殊的程序和实体问题。检察公益诉讼具有鲜明制度特色和独特理论基础，目前在案件管辖、举证责任和证明标准、刑事附带民事公益诉讼、与生态环境损害赔偿制度的衔接、生态损害赔偿金的管理和使用、食品药品安全领域民事公益诉讼惩罚性赔偿适用等问题已出现与普通诉讼法不适配的情形，这些都需要通过专门立法予以回应。

杨建顺： 从完善公益诉讼立法保障和规范化层面来看，总体上可分为五个层面，这五个层面是逻辑递进的关系。其一，全面、客观、准确地了解和把握已有公益诉讼的法律规定，依法依规有效地将其付诸施行。目前相关法律条文数量少、规定分散、体系化不足，但不可以说其位阶偏低。在相关领域提升公益诉讼治理效能，唯有认真扎实研析现行规定，将相关规定切实付诸实施。其二，在知识产权和文物保护等探索拓展公益诉讼案件范围的领域，有两种可供选择的立法完善路径：一是运用法解释学展开对前述既有法律规范的解释，将新拓展领域的公益诉讼纳入其中；二是难以纳入既有法律规范之中的，需要分别推动各相关法律规范的制定施行。其三，在既有公益诉讼领域和探索拓展公益诉讼案件范围的领域，积极推动科学的法规范体系建构。在相关法律条款之下，积极推动实施该条款的行政法规、地方性法规乃至规章，以确保相关法律条款落地落实落细。其四，认真对待公益诉讼实践中遇到的每一个问题，将现有法规范代入其解决过程，充分活用法解释学展开法规范解释。如果通过法规范解释能够较好解决实践中的问题，则承认相关解释的法规范性，既有法规范体系得以充实和发展；如果通过法规范解释不能很好解决实践中的问题，则应当形成修法建议，通过法规范的修改，以适应不断变化的实践需要。其五，制定统一的公益诉讼法。如果确认现行法律条款规定分散，体系化不足，通过完善行政法规、地方性法规、规章和规则等，亦难以适应公益诉讼发展和提升治理效能的需要，那么，就应当坚决果敢地推动制定公益诉讼法。

练育强： 虽然当前我国已经在相关法律中先后规定了公益诉讼条款，但是相关条款较少且规定都很原则，操作性不强。因此，有必要制定独立的检察公益诉讼法。检察公益诉讼法的制定应当注意以下四个方面。

第一，立法性质上应当为现有诉讼制度的"特别规定"。作为公益诉讼制度的专门性立法，其在内容上应当与现有的行政、民事和刑事诉讼制度互为补充，在性质上可以与海事诉讼特别程序法等特别法相类似，与三大诉讼法在诉讼程序上形成"一般规定"和"特别规定"的关系。同时，对检察公益诉办案中涉及的实体问题予以特别补充。

第二，立法结构上可以采取"总分总"的模式。在行政公益诉讼与民事公益诉讼中提取一般规则，形成其总则部分，着重规定立法目的、调查核实权限、证明责任、管辖等共性问题。然后，可依据传统诉讼的划分规则，在分则部分设置不同章节分别就检察公益诉讼的具体程序作出规定。例如，目前关于行政公益诉讼诉前程序的规定相对简略，可以着重补全诉前程序规则。附则部分应当对公益诉讼专门术语、生效时间及其与行政诉讼法、民事诉讼法等相关法律的关系作出规定。

第三，应当处理好刑事诉讼与民事公益诉讼的关系。当前，附带提起的民事公益诉讼程序并未展现出不可或缺性，相反，增加了刑事诉讼的程序负担，检察公益诉讼法可以进一步明确民事公益诉讼程序的提起要件，取消刑事附带民事公益诉讼制度，减轻公民的程序负担。

第四，立法内容上应当重点关注实践中亟待解决的问题。在管辖方面，解决环境公益诉讼全流域、跨省际保护要求，建立跨省际管辖制度。在受案范围方面，宜采取原则性规定的方式，将具体的公益诉讼受案范围交给地方自主决定。在此基础上，可以明确规定只有地方性法规可以确定哪些领域属于公益诉讼的受案范围。在办案领域范围方面，明确诉讼信托制度，将类似消费者权益保护的集合性利益指定给检察机关提起公益诉讼，检察机关可以依法行使消费者的诉讼权利，提起惩罚性赔偿等诉讼请求。在配套保障方面，可以仿照海事特别程序法设立公益诉讼赔偿基金，明确基金的管理使用，以及消费者个体受偿程序，甚至还可以增加违法收益收缴请求权，更好地发挥公益诉讼的作用。在调查取证和紧急措施方面，对于不配合调查核实的可以参照民事诉讼法中"对妨害民事诉讼的强制措施"章节规定相关保障措施，对于损害公益需要采取紧急措施的可以规定禁止令等措施予以制止。在行政公益诉讼诉前程序方面，可以明确规定磋商、制发检察建议、整改的相关程序，突出其司法监督属性，对于整改的要参照民事执行程序作出细致规定。在审理程序方面，考虑到检察机关作为法律监督机构的定位，可以将检察公益诉讼的二审程序定位为抗诉程序，以上级检察院作为抗诉机关提起抗诉。此外，还可以取消诉前公告程序，赋予检察机关和其他行政机关、社会组织并行的诉权。

五、如何从理论支持层面提升公益诉讼治理效能

主持人：构建完善的公益诉讼理论支持体系，一方面应推进对公益诉讼所处时代背景、中国特色的研究，另一方面应加深对公益诉讼自身的理论研究。尤其是对于一些基础理论，如公益诉讼与传统检察职能之间的关系，公益、国

家利益和社会公共利益的界分等，亟待加强研究。如何构建完善的理论支持体系？为提升公益诉讼治理效能，需着重于哪些方面的理论研究？

胡卫列：检察公益诉讼在中国几年来的快速发展超出了一些国家几十年的公益诉讼实践，中国的公益诉讼制度发展和实践走了一条与西方很不同的路径。在这样的大背景下，不仅传统的理论不能完全解决现实的问题，域外的理论也解决不了我国的问题，检察公益诉讼实践面临理论短缺的难题，必须夯实理论基础，打造自己的理论体系，着眼于为解决中国公益诉讼自身发展中的问题，寻找切实可行的中国方案。为提升公益诉讼治理效能，应着重以下几方面的理论研究：一是公益诉讼与法律监督之间的关系，在检察机关作为国家的法律监督机关宪法定位基础上，如何在公益诉讼制度构建、机构设置、机制模式等方面进行回应，更好提升治理效能；二是行政公益诉讼方面，检察建议是制度特色的集中体现，如何更好发挥检察建议的作用，从而提升治理效能；三是民事公益诉讼方面，检察机关不是公益民事司法保护方式的唯一启动主体，涉及与其他公益代表（生态损害赔偿权利人、社会组织）的顺位问题，不同性质的诉讼主体权利如何配置，公益的不同种类民事司法保护方式之间关系的协调衔接，如何更好发挥不同主体、不同制度安排之间的合力，提升治理效能。此外，在具体实践层面，出现了许多新的做法需要理论回应，如圆桌会议、磋商、违法事实确认书、整改承诺书等最早都是基层检察机关在实践中为更好保护公益而创新使用的。检察公益诉讼理论的生命力在于极具中国特色的丰富实践，要关注检察公益诉讼实践的发展趋势，更多采用实证方法进行研究，积极回应实践中的问题。这既是对提升公益诉讼治理效能实践的理论回应，本身也能有力促进提升公益诉讼治理效能。

杨建顺：伴随着公益诉讼试点的推开，尤其是 2017 年修改行政诉讼法正式确立行政公益诉讼制度之后，行政法学界越来越关注行政公益诉讼制度，检察系统陆续推出诸多研究成果。但是，在研究的广度和深度上还相对薄弱，可以概括为"三多三少"：一是对必要性和可行性呼吁得多，对包括困难性和克服困难的对策举措在内的容许性研究少。二是对单一性对策讨论得多，对综合性系统性制度对策和理论研究得少。三是表面性泛论性主张多，深入细致的扎实研究少。

为扭转这种局面，应当建立一系列基础理论研究支持机制。第一，积极推动在高校设置"行政检察监督法学"的学科或者课程，也可以通过专题培训或者在岗培训的方式，为检察官量身定制专业知识和技能提升培训课程，营造理论与实践紧密结合的研究支持环境。第二，扎实推进专题性课题研究，可以通过公开招标的形式，亦可以直接进行委托研究。第三，争取设置以作为

"国家的法律监督机关"的检察机关的定位和作用等为内容的常态化理论研究课题，对"四大检察"的相关基础理论展开更加全面系统而深入细致地研究。第四，对法律监督活动应当遵守事后的原则、有限的原则、不代行权利（权力）的原则、中立的原则与检察机关依法履职、系统治理和争议的实质性化解的关系，需要从理论上进行解构和重构。第五，对"国家利益或者社会公共利益"等公益诉讼的核心概念，应当通过深入系统研究，予以界定和划分。

练育强： 目前检察公益诉讼制度在实践中还存在诸多理论争议，需要进一步深入研究。

一是明确检察公益诉讼的制度模式，即检察公益诉讼究竟能否包含于行政诉讼、民事诉讼中。以行政公益诉讼为例，有学者主张行政公益诉讼包含于行政诉讼之中，亦有学者主张行政公益诉讼应当独立于行政诉讼制度。现在又提出制定独立的检察公益诉讼法，试图将检察公益诉讼与原有的诉讼制度相区分，建立独立的诉讼体系。在这种情况下，检察公益诉讼制度与原有的行政、民事、刑事诉讼间的关系如何，检察公益诉讼的程序应当如何设置、证明标准等问题都有待回答。

二是进一步明确检察公益诉讼受案范围的界定主体。对于检察公益诉讼受案范围能否扩大的争论现在已经形成共识，当下需要讨论的主要问题在于究竟谁有权力界定检察公益诉讼的受案范围。目前检察公益诉讼受案范围的扩展主要依靠法律的制定与修改，但仅依靠中央立法的方式扩展受案范围，势必导致大量地方迫切需要却无法形成全国性需求的领域难以被纳入公益诉讼的受案范围。在这种情况下，是否可以考虑授予地方人大通过地方立法的方式扩展受案范围的自治性权力，需要进一步讨论。

三是明确检察机关在公益诉讼中的定位。比如，虽然相关司法解释明确了检察机关公益诉讼起诉人的身份，但由于该公益诉讼起诉人仍然必须依照民事诉讼法和行政诉讼法享有相应诉讼权利，履行相应诉讼义务，尤其是不服法院的第一审判决、裁定，使用的是"上诉"而不是"抗诉"，那么这一公益诉讼起诉人与原告有什么区别？此外，检察机关诉讼监督主体与当事人身份之困，其与法院之间的关系也是不得不着重考虑的问题。

四是明确检察机关的举证责任，即是否应当由检察机关承担举证责任。这一问题在理论上尚有争议，虽然实践中似乎采用"谁主张谁举证"的标准，但是检察机关的取证能力明显弱于行政机关。因此，理论研究需要回答检察机关能否承担行政机关违法行使职权或不作为的举证责任，以及能否拥有强制性调查手段。

检察公益诉讼专门立法的理论基础和法律框架[*]

孙佑海　张净雪[**]

党的二十大报告强调"加强检察机关法律监督工作","完善公益诉讼制度"。作为新时代一项重要司法制度创新,检察公益诉讼制度全面实施 5 年多来,在促进政府依法行政、维护国家利益和社会公共利益方面展现了独特的制度优势和治理效能。但随着司法实践的深入,检察公益诉讼立法跟不上的问题日益突出。司法实践的迫切需要与相关立法供给不足的矛盾是当下阻碍检察公益诉讼向纵深发展的主要原因。因此,根据党的二十大精神,加快推进检察公益诉讼的专门立法,就成为国家有关部门的一项重要任务。

一、我国检察公益诉讼及其历史沿革

我国的检察公益诉讼,是指检察机关依据法律授权,针对侵犯国家利益、社会公共利益的行为提起诉讼或支持其他主体起诉,由人民法院依法追究相关违法者的法律责任,以及国家检察机关依法提出检察建议督促行政机关依法履行监管职责的制度。从以上概括中可以深刻认识检察公益诉讼的内涵:在起诉对象上,我国检察机关提起的公益诉讼既可以针对未依法履职的行政机关,也可以针对造成公益损害的直接行为主体;在履职方式上,除了提起诉讼,检察机关还可以通过提出检察建议督促行政机关依法履行监管职责,或者通过支持起诉帮助适格主体依法提起公益诉讼。因此,对于检察机关而言,检察公益诉讼不仅是一项诉讼活动,更是一项重要的法律监督活动。

总体而言,检察公益诉讼在我国的发展经历了以下两个阶段。一是顶层设计、试点探索阶段。检察公益诉讼的制度源头是 2014 年 10 月召开的党的十八届四中全会。这次全会通过的《中共中央关于全面推进依法治国若干重大问

　　* 本文发表于《国家检察官学院学报》2023 年第 3 期,收入本书时略有删改。

　　** 孙佑海,天津大学法学院讲席教授,最高人民检察院检察基础理论研究基地(天津大学检察理论研究中心)主任;张净雪,最高人民检察院检察基础理论研究基地(天津大学检察理论研究中心)助理研究员。

题的决定》明确提出，"探索建立检察机关提起公益诉讼制度"。习近平总书记在党的十八届四中全会上所作的说明，深刻阐述了我国设立检察公益诉讼制度的重大意义。2015 年 5 月，中央全面深化改革领导小组第十二次会议进一步明确了建立检察公益诉讼制度的目的、办案重点、诉讼类型等基本内容，构建起检察公益诉讼制度的基本框架。① 2015 年 7 月，第十二届全国人大常委会第十五次会议作出专门决定，授权最高人民检察院正式启动为期两年的公益诉讼试点工作。② 二是正式确立、全面推行阶段。2017 年 6 月，第十二届全国人大常委会第二十八次会议决定修改民事诉讼法和行政诉讼法，正式确立检察公益诉讼法律制度。2018 年 7 月，习近平总书记主持召开中央全面深化改革委员会第三次会议，就全面实施检察公益诉讼作出专门部署，并批准最高人民检察院设立公益诉讼检察厅。2019 年 10 月，党的十九届四中全会通过的《中共中央关于坚持和完善中国特色社会主义制度　推进国家治理体系和治理能力现代化若干重大问题的决定》，再次肯定检察公益诉讼制度，并且提出要"拓展公益诉讼案件范围""完善生态环境公益诉讼制度"。2021 年 6 月，党中央印发《中共中央关于加强新时代检察机关法律监督工作的意见》，明确提出要"积极稳妥推进公益诉讼检察"。2022 年 10 月，习近平总书记在党的二十大报告中对开展检察公益诉讼作出新部署。

通过梳理检察公益诉讼制度的历史沿革，可以充分认识到，检察公益诉讼制度是由党中央和习近平总书记亲自设计、部署和推动的重大司法制度创新，是新时代我国实现国家治理体系现代化的重要举措。③ 检察公益诉讼全面开展以来，我国检察公益诉讼工作有序发展，办案数量稳步增长，办案质效显著提升，一大批长期没有解决的公益损害问题得到了依法处理。数据显示，自 2017 年 7 月至 2022 年底，全国检察机关共立案公益诉讼案件 76.7 万件，其中民事公益诉讼 7.6 万件，行政公益诉讼 69.1 万件。④ 实践证明，以习近平同志为核心的党中央，根据我国的国情和形势发展需要，适时作出建立检察公益诉讼制度的重大决策，是完全正确的。

---

① 参见《把握改革大局自觉服从服务改革大局　共同把全面深化改革这篇大文章做好》，载《人民日报》2015 年 5 月 6 日，第 1 版。

② 参见《全国人民代表大会常务委员会关于授权最高人民检察院在部分地区开展公益诉讼试点工作的决定》。

③ 参见刘艺：《论国家治理体系下的检察公益诉讼》，载《中国法学》2020 年第 2 期。

④ 参见最高人民检察院党组成员、副检察长孙谦在第三届中国国家制度研究高峰论坛上的发言：《中国特色检察公益诉讼的制度与实践》，载中国检察网，http://zgjcgw.com/html/jcrw/djcgs/2023/0414/17297.html，最后访问日期：2023 年 4 月 16 日。

二、检察公益诉讼专门立法的理论基础

（一）基于客观诉讼理论的检察行政公益诉讼

客观诉讼理论是开展检察行政公益诉讼的理论基础。划分主观诉讼与客观诉讼的理论，最早由法国学者莱昂·狄骥（Leon Duguit）创立，后经德国、日本学者在大陆法系的行政诉讼法学研究中借鉴。① 主观诉讼，是指以保护个体权利为目的的诉讼。客观诉讼，是指以维护客观法律秩序或一般公共利益为目的的诉讼。② 主观诉讼的提起以个人拥有"法律上的利益"为前提，当事人必须是具体权益受到侵害的直接利害关系人。而在客观诉讼中，不存在真正的利益主体，有权提起诉讼的主体往往是法律特别授权的公益代表。"任何利害关系人，哪怕只是同这种行为之间有一种道德的、间接的关系，都可以向行政法院起诉。"③ 目的之别引发功能上的差异，主观诉讼的首要功能是个体权利救济、争议化解，而客观诉讼的首要功能是监督法律实施、保障公共权力的良性运作。

"行政公益诉讼属于客观诉讼。"④ 我国的检察行政公益诉讼在试点期间，便表现出了明显的客观诉讼特征。⑤ 在后续的发展过程中，这一特征又得到了强化。

第一，检察行政公益诉讼的制度目的是维护公共利益，与客观诉讼的特征完全吻合。检察机关提起行政公益诉讼有两项前提条件，一是行政行为有瑕疵，二是行政行为造成公益受损。前者表明检察机关提起行政公益诉讼有助于纠正违法行政行为，以维持法律秩序；后者表明检察机关提起行政公益诉讼有助于维护国家利益和社会公共利益。而无论是客观法律秩序还是国家利益、社会公共利益，都是广义上的公共利益，而非私人利益。

第二，从制度功能上看，检察行政公益诉讼主要发挥监督法律实施的作用，与客观诉讼的价值功能相匹配。检察行政公益诉讼的关键在于监督行政机关依法履职、执行国家法律。一方面，我国的检察行政公益诉讼专设检察建议这一特有的履职方式，其具有督促履职、纠正违法等重要职能，使得检察行政

---

① 参见林莉红、马立群：《作为客观诉讼的行政公益诉讼》，载《行政法学研究》2011 年第 4 期。

② 参见王贵松：《信息公开行政诉讼的诉的利益》，载《比较法研究》2017 年第 2 期。

③ 参见［法］狄骥：《公法的变迁》，郑戈译，商务印书馆 2013 年版，第 153 页。

④ 参见江必新：《法律规范体系化背景下的行政诉讼制度的完善》，载《中国法学》2022 年第 3 期。

⑤ 参见刘艺：《构建行政公益诉讼的客观诉讼机制》，载《法学研究》2018 年第 3 期。

公益诉讼的监督特性更加凸显。另一方面，检察行政公益诉讼中以行为标准[①]判断行政机关是否完全履职的司法现状，也反映了检察行政公益诉讼监督法律实施的功能定位。检察行政公益诉讼的首要功能是"监督"而非"救济"，只要行政机关做到了正确适用法律、依法全面履职，即使无法完全消除国家利益或社会公共利益受侵害的状态，也不应再追究其责任。

第三，检察行政公益诉讼的诉讼构造与客观诉讼的特殊架构相一致。一方面，我国的行政公益诉讼仅能由检察机关这一由国家法律特别授权的主体提起。在行政公益诉讼中，检察机关是公益的代表，没有自己的特殊利益。"与境外在提起主体上常常是公民或相关组织相比，我国行政公益诉讼的客观诉讼特点更为突出，是典型的官告官。"[②]另一方面，法院对行政公益诉讼案件的审查重点也区别于其他诉讼。行政公益诉讼的裁判始终围绕行政行为的合法性问题展开，最终的司法审查结果也与公共利益相关，指导相关负有监管职责的行政机关依法履职。

我国传统的行政诉讼多表现主观诉讼的特征。在制度目的上，"我国《行政诉讼法》是以保护相对人的权利为主轴而建构的诉讼体系"[③]。在制度功能上，"救济无疑是行政诉讼最基本的功能和作用"[④]。虽然行政诉讼也能起到监督行政的作用，但这种监督只是在救济相对人权利的过程中附带产生的，并非客观诉讼所强调的直接监督。在诉讼构造上，传统行政诉讼的起诉主体也限于利害关系方，诉讼中的当事双方为权利义务相对方。总体而言，检察行政公益诉讼和行政诉讼均属于广义上针对行政机关提起的诉讼，且在实现"监督行政机关依法行使职权"这一立法目标的问题上，检察行政公益诉讼制度极大地填补了行政诉讼制度的缺失与不足。但借助大陆法系的主客观诉讼划分理论，不难得出结论，我国的检察行政公益诉讼属于典型的客观诉讼，其与更具主观诉讼色彩的传统行政诉讼之间的差异性远超于相似性。

（二）基于社会公共利益代表理论的检察民事公益诉讼

与侧重私益保护的传统诉讼不同，公益诉讼是为了维护社会公共利益而提

[①]　行为标准是以行政机关是否全面充分履行法律规定的行政职责作为判断是否构成"不依法履行职责"的标准，要求法院只对行政机关的履职行为是否全面充分进行审查；与之对应的是结果标准，结果标准不仅仅看行政机关是否积极全面地履行了法定职责，还要看相对人的违法行为是否已经停止或被纠正、国家利益或社会公共利益是否仍然处于受损害的状态。参见张旭勇：《行政公益诉讼中"不依法履行职责"的认定》，载《浙江社会科学》2020年第1期。

[②]　参见王春业：《独立行政公益诉讼法律规范体系之构建》，载《中外法学》2022年第1期。

[③]　参见林莉红、马立群：《作为客观诉讼的行政公益诉讼》，载《行政法学研究》2011年第4期。

[④]　参见姜明安：《行政诉讼功能和作用的再审视》，载《求是学刊》2011年第1期。

起的诉讼。意大利比较法协会主席和诉讼法国际协会主席莫诺·卡佩莱蒂（Mauro Cappelletti）在 1978 年研究比利时、法国和意大利的民事诉讼主体资格时提出了社会公共利益代表理论，即检察院作为社会公共利益的代表在涉及社会公共利益的民事案件中享有提起诉讼的诉讼资格。① 杜伦大学比较法研究中心主任克里斯托弗·奥克韦（Christopher C. Osakwe）在 1983 年研究苏联民事诉讼中公共利益理念时也提出了社会公共利益代表理论，即社会公共利益指称可识别的和不可分割的社会公众利益，检察院根据法律原则确定民事案件涉及可予以保护的社会公共利益，有权作为社会公共利益的代表提起诉讼。②

作为社会公共利益的代表，检察机关所提起的民事公益诉讼不属于传统的民事诉讼，也并非民事诉讼的简单延伸。

第一，从制度目的上看，检察民事公益诉讼是为了维护公益而设，并不以化解平等主体间的人身、财产损害纠纷为目标。这一点是检察民事公益诉讼区别于传统民事诉讼的本质特征。无论是在典型的环境保护或食品药品安全领域，还是在新兴的安全生产、农产品质量安全等领域，检察民事公益诉讼制度打击损害社会公益行为的初衷从未改变。与其他主体提起的民事公益诉讼相比，检察机关提起的民事公益诉讼公法意味更加强烈。"公益代表人的身份以及相应的公益代表权可以使检察院更全面地进行对侵害公益行为的监督。"③因此，由检察机关提起的民事公益诉讼，更加追求公益保护的目标。

第二，从责任基础上看，损害社会公共利益的责任属于公法责任，基于此提起的检察民事公益诉讼不同于传统民事诉讼。"当私权的滥用侵害了社会公共利益，危及公法秩序的安宁时，由公共利益的代言人——检察院或行政机关代表国家进行追诉"④，此类以公法责任承担为基础的诉讼并非传统的民事诉讼。民法典出台前后，关于应否将公益赔偿责任写入民事法律规范的讨论十分热烈。有学者指出，将此类公法责任纳入民事调整规范，会导致"公私不分"，造成法律体系内部的矛盾冲突。⑤ 这一问题投射在诉讼法领域亦是如此，

---

① Mauro Cappelletti：Governmental and Private Advocates for the Public Interest in Civil Litigation：A Comparative Study, in Mauro Cappelletti & John Weisner（eds.）：Access to Justice：Promising institutions（Book 2）, Giuffrè Sijthoff, 1978, pp. 788 – 793.

② Christopher C. Osakwe, The Public Interest and the Role of the Procurator in Soviet Civil Litigation：A Critical Analysis, Texas International Law Journal, Vol. 18, No. 1（Winter 1983）, pp. 49 – 52.

③ 参见韩波：《论民事检察公益诉权的本质》，载《国家检察官学院学报》2020 年第 2 期。

④ 参见肖建国：《民事公益诉讼的基本模式研究——以中、美、德三国为中心的比较法考察》，载《中国法学》2007 年第 5 期。

⑤ 参见孙佑海、王倩：《民法典侵权责任编的绿色规制限度研究——"公私划分"视野下对生态环境损害责任纳入民法典的异见》，载《甘肃政法学院学报》2019 年第 5 期。

将检察民事公益诉讼与传统民事诉讼混同，不仅不利于原有制度矛盾的化解，还将制约检察民事公益诉讼的长远独立发展。

第三，从诉讼构造上看，检察机关作为社会公共利益代表，明显区别于传统民事诉讼中的"原告"。传统民事诉讼将"直接利害关系"作为对"适格原告"的限定。① 而在检察民事公益诉讼中，根据我国现行法律法规，检察机关属于"公益诉讼起诉人"，并非有直接利害关系的原告主体。且作为公益代表，其处分权能相较于民事诉讼的原告也受到一定的限制。② 在民事诉讼中，双方当事人处于平等地位，原告可以随意处分自己的权利。而社会公共利益代表的特殊身份要求检察机关不得随意处分公共利益，不能随意更改、降低诉讼请求，避免被侵害的公共利益得不到全面救济。

综上所述，检察公益诉讼是区别于行政诉讼、民事诉讼的新型诉讼。客观诉讼理论、社会公共利益代表理论是检察公益诉讼制度自成体系的理论基础。我国早期在公益诉讼的制度安排方面分别受到了英美法系和大陆法系相关理论的影响，导致在公益诉讼应采取何种制度模式的问题上，难以形成统一意见。③ 最终采取了在行政诉讼法、民事诉讼法中嵌入特别条款的方式确立检察公益诉讼制度，简称"嵌入式立法模式"。在制度探索的早期，检察公益诉讼的独立属性尚不清晰，加之理论准备不足，选择修改已有诉讼法确立该制度的立法策略有一定的道理。但随着司法实践的深入，检察公益诉讼制度逐步发展为中国特色司法制度，表现出区别于传统诉讼的重要特征，理论界和实务界对于检察公益诉讼独立性的认识也更加趋于一致。④

（三）基于法律监督理论的检察公益诉讼

检察公益诉讼不仅独立于传统的行政诉讼、民事诉讼，还明显区别于其他主体提出的公益诉讼。从制度表象上看，相较于只能提起民事公益诉讼的社会组织，检察机关在公益诉讼中发挥作用的空间更广，其既可以提起民事公益诉讼，也可以提起行政公益诉讼。这一差别背后的深层次原因在于检察机关的特殊职能定位。在公益诉讼中，检察机关不仅是公益代表，而且是法律监督机

---

① 参见孙佑海：《关于建立我国环境公益诉讼制度的几个问题》，载《国家检察官学院学报》2010 年第 3 期。

② 参见孙佑海：《对修改后的〈民事诉讼法〉中公益诉讼制度的理解》，载《法学杂志》2012 年第 12 期。

③ 参见练育强：《争论与共识：中国行政公益诉讼本土化探索》，载《政治与法律》2019 年第 7 期。

④ 参见邱春艳：《完善公益司法保护的中国方案 为服务保障中国式现代化作出新的检察贡献——最高检党组会研究讨论贯彻落实党的二十大"完善公益诉讼制度"要求》，载《检察日报》2022 年 11 月 3 日，第 1 版。

关。根据宪法规定，我国的检察机关是法律监督机关，依法监督国家法律的实施。检察公益诉讼是"以诉的形式履行法律监督本职"，监督性是其首要特征，并由此衍生出权威性等其他重要特征，而这些特征是其他主体提起的公益诉讼所不具备的。

第一，检察公益诉讼具有监督性。"检察公益诉讼是法律监督职能的时代回应。"① 赋予检察机关提起公益诉讼的职权不是偏离法律监督职能的另辟蹊径。相反，这一新兴的履职方式是对检察监督定位的坚守和深化。建立检察公益诉讼制度的出发点，"就是要使检察机关对在执法办案中发现的行政机关及其工作人员的违法行为及时提出建议并督促其纠正"②。作为法律监督者，当负有维护公共利益职责的行政机关未依法积极履职时，检察机关可以通过提出检察建议或者提起诉讼纠正违法、督促履职，落实检察行政公益诉讼制度；或在行政机关履职不能时，作为补充力量，通过代位执法诉讼维护公共利益③，落实检察民事公益诉讼制度。可以说，提出检察建议、提起诉讼是检察公益诉讼的外在形式，强化检察监督才是其本质内涵。而其他主体提起的公益诉讼，聚焦于责任追究、损害救济，并不以监督公权力的运行为主要目的。

第二，检察公益诉讼更具权威性。基于国家法律监督机关的根本法定位，检察机关行使公益诉讼职权的权威性更高。公益诉讼检察是新时代"四大检察"之一，依法提起公益诉讼是检察机关的一项法定权力和职责。这就意味着，只要符合公益诉讼立案条件，检察机关就必须积极采取措施维护国家利益和社会公共利益，没有犹豫和选择的余地。④ 然而，对于社会组织等其他主体而言，其所拥有的公益诉讼诉权是一种权利，其可以基于案件的具体情况选择是否行使这一权利。也即说，相较于可以进行案件筛选的其他主体，必须作为的检察机关对于公益的保护更为全面、可靠。事实也正是如此，在公益诉讼的多年司法实践中，检察机关的办案数量远超其他主体，检察机关已成为公益诉讼的"绝对主力"。5 年来，检察公益诉讼办案数是 76 万多件，而同期社会组

① 参见胡卫列：《国家治理视野下的公益诉讼检察制度》，载《国家检察官学院学报》2020 年第 2 期。
② 参见习近平：《关于〈中共中央关于全面推进依法治国若干重大问题的决定〉的说明》，载《人民日报》2014 年 10 月 29 日，第 2 版。
③ 参见巩固：《环境民事公益诉讼性质定位省思》，载《法学研究》2019 年第 3 期。
④ 参见王太高、唐张：《论检察机关提起公益诉讼的体系展开》，载《苏州大学学报（法学版）》2023 年第 1 期。

织提起的公益诉讼案件是 700 件左右。①

第三，检察公益诉讼更具能动性。相较于其他主体提起的公益诉讼，检察公益诉讼更具主动作为的空间。一方面，检察机关维护公益的手段更丰富，提出检察建议、提起行政公益诉讼等方式都是其独有的。作为行政公益诉讼的唯一适格起诉主体，检察机关的作为空间更加广阔。另一方面，检察公益诉讼的适用领域更广更深。近年来，多部新立或新修的法律中规定了检察公益诉讼条款，逐步推动检察公益诉讼适用领域形成"4＋N"的发展格局。② 这些条款中，多数仅对检察机关进行了授权，而未明确赋予其他主体在特定领域提起公益诉讼的权利。例如，《反电信网络诈骗法》第 47 条仅规定"人民检察院在履行反电信网络诈骗职责中，对于侵害国家利益和社会公共利益的行为，可以依法向人民法院提起公益诉讼"，并未提及其他主体。总体而言，检察公益诉讼应时代发展而生，随人民需要而动，能动性更高。

所有公益诉讼的适格起诉主体中，只有检察机关依法享有法律监督权，其在诉讼中不仅可以提起诉讼，而且有权依法对审判权和行政权进行制约和监督。"检察机关和其他法律规定的机关和组织都有权提起公益诉讼，但是只有检察机关作为国家公诉机关提起的公益诉讼可以称为'公诉'。"③ 因而，检察公益诉讼与其他主体提起的公益诉讼之间存在着本质区别，绝不能将两者同等看待。在公益诉讼制度体系内，检察公益诉讼作为一项重大的专门的制度安排，具有相对独立性。下一步，需要在上述理论的基础上，深入挖掘检察公益诉讼制度的独立成长空间，采取专门立法的模式规范检察公益诉讼制度，为检察公益诉讼的深入开展创造更加有利的法律制度环境。

三、检察公益诉讼专门立法的必要与可行

（一）现行检察公益诉讼规范的整体梳理

近年来，我国检察公益诉讼相关法律法规、政策文件密集出台。在国家法规层面，已初步形成了以民事诉讼法、行政诉讼法的专门条款为基础、部分法

---

① 参见最高人民检察院党组成员、副检察长孙谦在第三届中国国家制度研究高峰论坛上的发言：《中国特色检察公益诉讼的制度与实践》，载中国检察网，http://zgjcgw.com/html/jcrw/djcgs/2023/0414/17297.html，最后访问日期：2023 年 4 月 16 日。

② 当前阶段，"N"已经扩充至"9"。即在英雄烈士保护、未成年人保护、军人地位和权益保障、安全生产、个人信息保护、反垄断、反电信网络诈骗、农产品质量安全、妇女权益保障领域均可以依法提起检察公益诉讼。

③ 参见谢鹏程：《论法律监督与公益代表——兼论检察机关在公益诉讼中的主体地位》，载《国家检察官学院学报》2021 年第 1 期。

律的授权条款为支撑、检察公益诉讼相关司法解释为主体的检察公益诉讼系列规范。

在全国人大及其常委会制定的国家法律层面，共有 13 部对检察公益诉讼作出了规定，涉及具体条款 13 个。这些条款总体上可以划分为三类。第一类是确立检察公益诉讼制度的《行政诉讼法》第 25 条第 4 款和《民事诉讼法》第 58 条第 2 款。作为检察公益诉讼制度的法律源头，这两个条款分别对检察机关提起行政公益诉讼和民事公益诉讼的适用范围、前提条件、履职方式等基本内容作出了规定。第二类是明确公益诉讼检察职能的《人民检察院组织法》第 20 条和《检察官法》第 7 条。这两条从对检察机关的职权配置角度，将"依照法律规定提起公益诉讼"确定为检察机关的法定职权之一。第三类是拓宽检察公益诉讼适用领域的《英雄烈士保护法》第 25 条第 2 款、《未成年人保护法》第 106 条、《军人地位和权益保障法》第 62 条等 10 个条款。①

在最高人民法院、最高人民检察院出台的司法解释层面，涉及公益诉讼法律应用问题的解释的有 20 余部。这些司法解释总体上分为三类。第一类是以检察公益诉讼为主要内容的《人民检察院公益诉讼办案规则》（以下简称《办案规则》）和《最高人民法院、最高人民检察院关于检察公益诉讼案件适用法律若干问题的解释》（以下简称《检察公益诉讼解释》）以及《最高人民法院、最高人民检察院关于人民检察院提起刑事附带民事公益诉讼应否履行诉前公告程序问题的批复》。这 3 部司法解释是对检察机关提起公益诉讼的专门性规定，明确了检察公益诉讼中检察机关的办案流程和司法机关的审理程序。第二类是以公益诉讼为主要内容的司法解释。② 这类解释并未根据起诉主体类型限定自身的适用范围，因此，也是检察机关提起公益诉讼的重要规范依据。第三类是其他多部在具体规定中涉及检察公益诉讼的司法解释。这些解释中的个别条款细化了检察公益诉讼的适用规则。

（二）检察公益诉讼专门立法的必要性分析

现行检察公益诉讼规范对指导司法实践发挥了一定作用。但是应当认识到现行规范存在着层级较低、内容散乱等问题。

第一，总体上看规范层级较低，"依据力"不足。从依法治国的要求看，

---

① 除文中列举的 3 个条款，还包括《安全生产法》第 74 条第 2 款、《个人信息保护法》第 70 条、《反垄断法》第 60 条第 2 款、《反电信网络诈骗法》第 47 条、《农产品质量安全法》第 79 条第 2 款、《妇女权益保障法》第 77 条、《无障碍环境建设法》第 63 条。

② 这类司法解释包括《最高人民法院、最高人民检察院关于办理海洋自然资源与生态环境公益诉讼案件若干问题的规定》《最高人民法院关于审理消费民事公益诉讼案件适用法律若干问题的解释》《最高人民法院关于审理环境民事公益诉讼案件适用法律若干问题的解释》。

检察公益诉讼作为一项诉讼制度不应过分依靠司法解释进行规范。根据立法法的规定，诉讼制度只能由国家法律规定。① 反观我国检察公益诉讼的现行规范，国家法律条款仅仅解决了制度合法性以及诉讼主体适格性的问题，具体的操作规范几乎全部依赖司法解释。② 从规则细节上看，部分解释规则有超越上位规范的风险。例如，《最高人民法院关于审理环境民事公益诉讼案件适用法律若干问题的解释》创新性地规定了预防性环境民事公益诉讼制度，明确可以针对具有损害社会公共利益重大风险的行为提起诉讼。虽然实践中存在预防性公益诉讼的创设需求和审判案例，但这一规定与民事诉讼法确定的提起民事公益诉讼的实害性要件并不一致。因此，迫切需要相关立法及时到位。

第二，整体规范分散化，不利于统一司法适用。理论上，诉讼规则虽然纷繁杂陈、但整体上应当协调一致，不能彼此重复、相互矛盾。然而，分散化立法很难确保规则之间的协调性。由于各类规则的制定主体不同，检察公益诉讼的现行规范面临衔接不畅的问题。例如，法、检分别发布的审理规则与办案规则之间便缺乏整合性。③ 这一现象在检察民事公益诉讼的级别管辖问题上体现得尤为突出。《检察公益诉讼解释》规定第一审民事公益诉讼案件由中级人民法院管辖，《办案规则》规定民事公益诉讼案件由基层检察机关管辖，造成法院、检察院管辖级别的不对应。虽然通过建立检察机关立案管辖和诉讼管辖分离的制度一定程度上缓解了管辖矛盾，但由此造成制度运行困难、效率低下的问题不容忽视。④ 因此，当前阶段，迫切需要协调矛盾冲突、统一适用规则，以保障检察公益诉讼的有序运行。

第三，嵌入式立法模式，不符合检察公益诉讼的独立性诉讼特点。在开展检察公益诉讼的初期，我国采用了"嵌入式立法模式"，在诉讼法层面，用两个法条对公益诉讼作出规定。随着理论研究的深入，加之检察公益诉讼的独立性特征逐渐显现，有学者提出，两大诉讼法中的检察公益诉讼条款"逻辑牵强，不经推敲，与其他法条产生冲突"。⑤ 木文赞成该学者的意见。检察公益诉讼是不同于传统诉讼的独立性诉讼，如果采用嵌入式立法模式，将属于客观诉讼的检察行政公益诉讼融入行政诉讼体系，突破了行政诉讼原告与行政行为

---

① 《立法》第 11 条规定："下列事项只能制定法律：……（十）诉讼制度和仲裁基本制度；……"
② 参见湛中乐：《公益诉讼立法破局关涉的六个基础性议题》，载《人民检察》2022 年第 7 期。
③ 参见刘艺：《高质量推进完善检察公益诉讼规范体系》，载《法治日报》2022 年 11 月 24 日，第 5 版。
④ 参见张嘉军、付翔宇：《检察民事公益诉讼管辖的困境及其未来走向》，载《郑州大学学报（哲学社会科学版）》2020 年第 4 期。
⑤ 参见巩固：《公益诉讼专门立法必要性刍议》，载《人民检察》2022 年第 5 期。

之间具有"利害关系"这一根本特征，必将使行政诉讼内部的统一性和逻辑性遭到破坏；如果将作为公益诉讼的检察民事公益诉讼融入民事诉讼体系，也会突破公益诉讼和私益诉讼的界限，使得民事诉讼的内涵无限延伸与扩大，"极易导致司法审判中法律适用的混乱"①。因此，应当改变检察公益诉讼"寄生"于行政诉讼法、民事诉讼法的窘境，制定适应检察公益诉讼独立性需要的专门法律。

（三）检察公益诉讼专门立法的可行性分析

第一，检察公益诉讼专门立法有稳固的政治基础。立法是将党的主张、人民意愿转化为国家意志的重要政治活动，是治国理政的重要形式。② 当前，检察公益诉讼专门立法得到了党和国家有力的政策支持。党的二十大报告强调"加强检察机关法律监督工作""完善公益诉讼制度"，这是我国检察公益诉讼制度具有旺盛的法律生命力的政治保证。

第二，检察公益诉讼专门立法有广泛的社会共识。"立法是表达民意的国家机关的活动"③，除了政策指引，立法工作离不开人民的支持。当前，检察公益诉讼专门立法的社会共识已初步达成。检察公益诉讼为公益保护而生，聚焦生态环境和资源保护、食品药品安全等与人民群众切身利益密切相关的领域。近年召开的全国人大会议和政协会议上，陆续有代表和委员提出检察公益诉讼立法的相关议案、建议和提案。在第十四届全国人民代表大会第一次会议上，有699名全国人大代表联名提出17项关于制定检察公益诉讼法的议案，有31名代表提出关于制定公益诉讼法的议案。④ 如此多的全国人大代表提出同一主题的立法议案，充分体现了党的主张和人民意愿的高度统一，清晰表明了我国加快推进公益诉讼检察专门立法已具有良好的社会共识基础。

第三，检察公益诉讼专门立法有丰富的司法解释做参考。检察公益诉讼专门立法不是创设新的法律规范，而是在现有规范基础上进行更高层次的梳理与整合、更新与完善。因此，检察公益诉讼的现行规范是否初具规模是判断专门立法时机是否成熟的直接标准。通过前文的分析可以发现，大部分检察公益诉讼的适用规则已经达成共识，以司法解释的形式固定下来。尤其是最高人民检

---

① 参见廖中洪：《对我国〈民诉法〉确立公益诉讼制度的质疑》，载《法学评论》2012年第1期。

② 参见许安标：《扎实推进全过程人民民主 让立法更好体现人民意志》，载《民主与法制》周刊2022年第42期。

③ 参见宋方青：《习近平法治思想中的立法原则》，载《东方法学》2021年第2期。

④ 参见最高人民检察院党组成员、副检察长孙谦在第三届中国国家制度研究高峰论坛上的发言：《中国特色检察公益诉讼的制度与实践》，载中国检察网，http://zgjcgw.com/html/jcrw/djcgs/2023/0414/17297.html，最后访问日期：2023年4月16日。

察院发布的《办案规则》，将检察公益诉讼规则进行了系统梳理，对之后的专门立法必将发挥基础性作用。

第四，多年的法治探索为检察公益诉讼立法提供了坚实的实践基础。这些实践通过指导性案例、政策文件等形式加以体现，在司法实践中发挥着重要的参照作用。据统计，近年来"两高"共发布公益诉讼指导性案例40余件，联合发布检察公益诉讼典型案例10件，分别发布公益诉讼典型案例500余件。这些案例所形成的裁判规则多数虽尚未转化为法律条文，但在事实上引领着类案办理。这些实践积累都将成为专门立法过程中规则完善的重要依据。总体而言，通过整合现有规则、吸收相关司法实践经验，在此基础上出台一部顺应时代需求、具有中国特色的"检察公益诉讼法"，其时已至、其势已成。

四、"检察公益诉讼法"的法律框架构想

一部完整的"检察公益诉讼法"，在法律框架设计上，应当对检察公益诉讼的管辖、回避、立案、调查、诉前程序、提起诉讼、上诉、诉讼监督等内容作出全面规定。这部法律中的部分内容可以沿用现有规则，部分内容则需要在现有规则基础上作出调整或新立。

（一）制定"检察公益诉讼法"应坚持的基本原则

第一，应当兼顾程序规则与实体规则。虽然是一部以"诉讼法"命名的法律，但这部法律不仅要明晰检察公益诉讼的程序性规则，还应兼顾部分实体性规则，如检察机关提起公益诉讼的授权领域、限定条件，以及在各授权领域内检察机关有权提出的公益诉讼请求等。关于检察公益诉讼的授权性条款，虽然此类规定最初被写在了民事诉讼法和行政诉讼法中，但其实体规则的本质并不因此改变。英烈权益保护等多个领域均将此类条款写入本领域单行实体立法中的做法印证了其实体属性。关于检察民事公益诉讼请求条款，当前该诉讼适用的多数领域都没有对公益诉讼中的法律责任进行专门规定，民事公益诉讼中的诉讼请求往往照搬一般民事诉讼请求。只对生态环境保护领域确立了专门的生态环境损害赔偿责任、生态修复责任等，但相关条款却被置于民法典之中，理应通过此次专门立法，将其归位于"检察公益诉讼法"中。

第二，应当统筹检察行政公益诉讼和检察民事公益诉讼。当前检察行政公益诉讼和检察民事公益诉讼被分别规定于行政诉讼法和民事诉讼法，这使得二者在制度层面呈现相互独立、互不协同的状态。在公益诉讼的法律文件中，多见针对单一领域适用民事公益诉讼的司法解释，这样很容易导致本该规范统一进行的公益诉讼被分割为互相矛盾的状态。因此，在制定"检察公益诉讼法"

时，要改变此前行政公益诉讼和民事公益诉讼规则完全分列的立法模式，做到在统一的原则指导下，既要提炼两者的共性，形成"一般规定"置于总则或者各章节之首，又要照顾到两者之间的差异性，对不同类型的诉讼制定反映其特点的特殊规则。

第三，应当平衡立法的稳定性和灵活性。法律规则应当具有稳定性。① 要通过专门立法，最大限度地保证规则供给，为检察机关开展公益诉讼活动创造有利条件，持续发挥其在维护国家利益和社会公共利益中的重要作用。同时，需要注意的是，当前我国检察公益诉讼制度仍处于发展进行时，一些可以涉足或适用的新领域、新方向还在研究摸索的过程中。这一客观情况便要求"检察公益诉讼法"在追求规则严密性和确定性时，保持对改革发展成果的开放性和包容性。因此，在设计安排具体规则内容时要注意关键条文的表述方法，合理使用"等"和兜底条款，预留解释的空间和余地。此外，还要允许部分公益诉讼相关的司法解释与专门立法共存，用于规范较为特殊或尚处变动状态的领域。只有这样，才能保证检察公益诉讼专门立法稳定但不封闭，"保持一定的流动性与充分的适应性，更好地调整社会关系"②。

（二）"检察公益诉讼法"的内容构思

"检察公益诉讼法"需要重点根据司法实践需求对以下制度内容进行明确或调整。

1. 一般性规定

一是明确检察公益诉讼受案范围。检察公益诉讼的受案范围仍处于不断扩展的过程中。在专门立法中如何妥善处理受案范围条款是一个重要的立法技术问题。立法中常见的列举法、概述法两种方式在该法中均有难以落实之处。一方面，随着受案范围的不断扩大，列举法的弊端逐渐凸显，难免挂一漏万；另一方面，概述法容易造成适用范围的无限扩张，不符合立法严谨性要求。相对妥当的处理方式是，采用少量列举和限制性概述的方式进行规定。例如，检察行政公益诉讼的受案范围可表述为，"人民检察院在履行职责过程中发现生态环境和资源保护、食品药品安全、国有财产保护、国有土地使用权出让以及其他法律明确规定的领域负有……"采用指引其他法律的表述方式，既可以有效发挥其他专项立法中检察公益诉讼条款的作用，加强法律衔接，又为进一步拓展受案范围预留了立法空间。

二是调整检察公益诉讼级别管辖。如前文所述，当前检察公益诉讼案件的

---

① 参见张文显：《法治与国家治理现代化》，载《中国法学》2014年第4期。

② 参见邹鹏：《法律体系的开放性风险及其应对》，载《时代法学》2022年第2期。

级别管辖面临较大的争议。在检察公益诉讼专门立法中，应针对级别管辖作出统一规定。总体上，级别管辖的规定应坚持管辖层级对应一致和管辖权适当下放两项原则。一方面，为了便于检察机关履行监督职能，增强公益诉讼管辖与抗诉案件、执行案件管辖的衔接性，要尽量保持法检两家在诉讼中的同级对等[①]；另一方面，为了便于公益诉讼案件的调查取证、促进管辖制度合理化改革，应当允许公益诉讼管辖权下放。大量的刑事附带民事公益诉讼案件的司法实践表明，基层检察机关、基层人民法院具备办好公益诉讼案件的能力。[②] 具体而言，对于检察行政公益诉讼案件，应以被诉行政机关的级别为标准，明确与之"同级"的检察机关和人民法院享有一般管辖权。对于检察民事公益诉讼案件，应将一般管辖权下放至基层检察机关和基层人民法院，并在此基础上建立重大、复杂案件的提级管辖制度。

三是强化检察公益诉讼调查取证权。检察公益诉讼面临"调查难"问题。[③] 公益诉讼案件的待查事项纷繁复杂、证明标准相对较高，而与之对应的检察机关调查取证权却缺乏强制性保障。权力配置难以支撑实践需求，这一规范现状导致检察机关在公益诉讼取证环节频频受阻。"要减少这些阻力，赋予检察机关调查取证一定的强制性保障则是不可或缺的。"[④] 因此，在此次专门立法中，应当注重强化检察机关的调查取证权，赋予检察机关必要时采取强制性措施的权力。具体而言，应规定对妨碍或拒绝协助检察机关调查取证的行为，根据情节轻重采取罚款、训诫等强制措施。与此同时，为了防止权力滥用，要通过条件限制、程序规范等方式确保检察机关强制性调查取证权的正当行使。

2. 检察行政公益诉讼的特殊性规定

一是确立检察行政公益诉讼诉前磋商制度。当前，《办案规则》第 70 条就磋商的内容和方式作了简要规定，但并未将其明确为行政公益诉讼办案中的必经程序。对于检察行政公益诉讼而言，赋予检察机关磋商权能够与检察建议形成合力，最大化发挥诉前程序的优势。增设检察机关磋商权，可以进一步提升检察行政公益诉讼案件的诉前化解率，推动形成公益保护合力，实现双赢多赢共赢。对于检察机关而言，开展磋商还是其了解案情、调查取证的途径，以

---

① 参见刘艺：《行政公益诉讼管辖机制的实践探索与理论反思》，载《国家检察官学院学报》2021 年第 4 期。

② 参见胡卫列、解文轶：《〈人民检察院公益诉讼办案规则〉的理解与适用》，载《人民检察》2021 年第 18 期。

③ 参见曹建军：《论检察公益调查核实权的强制性》，载《国家检察官学院学报》2020 年第 2 期。

④ 参见曹明德：《检察院提起公益诉讼面临的困境和推进方向》，载《法学评论》2020 年第 1 期。

及后续发出检察建议、提起诉讼的基础。① 在此次专门立法中，应当明确检察机关进行磋商为提出检察建议前的必经程序，以强化线索的调查核实，提升整体的办案效率。同时，要明确检察机关在磋商中的主导地位。从形式上看，虽然开展磋商弱化了双方的对抗关系，但其本质上仍属于检察机关对行政机关行使监督权。因此，检察机关应当成为磋商环节的主导机关，可以就行政机关的履职情况、整改方案等依法作出评价，就是否终止磋商、是否提出检察建议作出决定。

二是确立预防性检察行政公益诉讼制度。现行检察行政公益诉讼整体呈现事后救济特征，难以实现对国家利益和社会公共利益的全面保护。② 行政公益诉讼在防范风险、预防损害方面的效能显著，应通过构建预防性行政公益诉讼制度，增强防范重大公益损害的能力。实践中，多地检察机关针对预防性行政公益诉讼作出了有益尝试，为制度的正式确立奠定了基础。尤其是在生态环境保护领域，部分地方检察机关在损害后果发生前，通过提出检察建议等方式成功阻隔了环境风险，实现了对社会公益的全面维护。③ 因此，在此次专门立法的过程中，应重视对于预防性行政公益诉讼制度的构建。具体而言，应明确在特定条件下，检察机关启动行政公益诉讼程序不以损害结果的实际发生为要件。同时，严格规定预防性行政公益诉讼的适用条件，强调可能造成的损害后果具有严重性、不可逆转性，以及损害发生具有高度盖然性等基本前提。

3. 检察民事公益诉讼的特殊性规定

一是赋予检察机关与社会组织同等、平行的起诉地位，并在此基础上调整检察民事公益诉讼的诉前公告制度。现行社会组织在先、检察机关在后的民事公益诉讼起诉顺位制度暴露出了诸多弊端。一方面，前置位主体难当重任，后置位主体成为实际办案主力，造成制度现实与法律规定的矛盾与割裂。办案能力相对薄弱、权威性较低的社会组织被置于"第一顺位"，而办案能力较强、积极性更高的检察机关，却在扮演补充、兜底的角色，这一制度安排显然与我国检察机关的实际法律地位不相符，亟须改变。另一方面，强行设置起诉先后顺位造成了起诉效率低下、公告制度空转。为了尊重其他主体的优先诉权，检察机关提起民事公益诉讼前要进行公告，等待社会组织主动认领案件。然而实

---

① 参见杨惠嘉：《行政公益诉讼中的磋商程序研究》，载《暨南学报（哲学社会科学版）》2021年第9期。

② 参见高志宏：《行政公益诉讼制度优化的三个转向》，载《政法论丛》2022年第1期。

③ 例如，在最高人民检察院发布的典型案例"福建省清流县人民检察院督促整治尾矿库行政公益诉讼案"中，清流县人民检察院积极探索预防性行政公益诉讼，推动相关行政机关共同履行生态环境保护监管职责，从源头上消除尾矿库污染源，维护社会公共利益。

践中绝大多数案件并无相关的社会组织认领，诉前公告制度成为程序性空转。还有的地方，一些社会组织在认领案件之后，不实际进行案件的办理，而是将这些案件长期搁置起来，对此检察机关竟然无能为力。理论上，检察机关与社会组织均属于法律特别授权的民事公益诉讼起诉主体，在公益代表性方面，二者并无本质差异，理应赋予二者同等诉权。因此，建议明确检察机关与社会组织享有提起民事公益诉讼的相同顺位，鼓励二者协调配合，提升起诉效率，形成公益保护合力。在平行顺位的基础上优化诉前公告程序、建立弹性公告制度，明确可以根据案件的复杂程度、案情的紧急程度、相关社会组织的规模等条件灵活调整公告回复期限。同时，还需强调，有关社会组织在公告期间不起诉，公告期满后欲提起民事公益诉讼的，应当经发出公告的检察机关同意。①

二是明确检察民事公益诉讼请求范围。此次专门立法中，明确民事公益诉讼请求范围的必要性在于：一方面，部分领域的检察民事公益诉讼请求与传统民事诉讼请求之间存在较大差异，无法进行规则之间的参照；另一方面，在不同类型的检察民事公益诉讼中，所提起的诉讼请求也不尽相同。因此，应当分领域、分类型对检察民事公益诉讼请求进行规定。例如，生态环境和资源保护领域案件中的生态环境修复、惩罚性赔偿等请求，食品药品安全领域案件的召回、惩罚性赔偿等请求，英烈、军人保护案件消除影响、恢复名誉、赔礼道歉等请求。其中，尤其要明确惩罚性赔偿在检察环境民事公益诉讼中的适用及标准。要通过运用惩罚性赔偿手段，惩治故意损害生态环境的行为，以实现对环境公益的充分救济，有力推动生态文明和美丽中国建设。②

（三）其他应当关注的重点问题

第一，关于检察行政公益诉讼与检察民事公益诉讼适用程序不同，如何共用一套规则的问题。与部分学者依照诉讼类型进行体例安排的想法不同③，本文认为，"检察公益诉讼法"应坚持依诉讼程序划分章节，依照案件办理程序设置"总则""管辖与回避""立案与调查""诉前程序""诉讼参加人""证据""起诉与受理""审理与判决""诉讼监督""执行"和"附则"等章，对检察公益诉讼中各主体进行活动的程序、方法等加以明确。总体而言，检察

---

① 参见许一鸣：《公益诉讼检察实践分析及制度完善》，载《民主与法制》周刊 2022 年第 45 期。

② 参见孙佑海、张净雪：《生态环境损害惩罚性赔偿的证成与适用》，载《中国政法大学学报》2022 年第 1 期。

③ 有学者在分析公益诉讼单独立法问题时提出，公益诉讼立法的基本构成可分为总则、民事公益诉讼、行政公益诉讼、附则四章或总则、行政公益诉讼、民事公益诉讼、附带公益诉讼、附则五章。参见刘加良：《公益诉讼单独立法的必要性与可能方案》，载《检察日报》2020 年 11 月 12 日，第 7 版；颜运秋：《法典化：我国公益诉讼制度体系化最优路径选择》，载《法治论坛》2021 年第 3 期。

行政公益诉讼与检察民事公益诉讼在整体办案流程方面的差异并不显著，坚持依诉讼程序划分章节的方法并不会造成法律适用的困难，反而有助于避免条文之间的重复。具体而言，在检察行政公益诉讼和检察民事公益诉讼规则不一致的部分，可以通过在各章中继续贯彻"总—分"立法思路的方式加以解决。例如，检察行政公益诉讼和检察民事公益诉讼规则在"诉前程序"部分的规则差异较大，可以在"诉前程序"一章中进一步设置检察行政公益诉讼或检察民事公益诉讼的专节或专门条款，在有效区分两类适用规则的同时，保持立法整体架构的连贯性和协调性。

第二，关于检察公益诉讼涉及审判机关与检察机关，该两大司法机构在诉讼活动中如何有序衔接的问题。在检察公益诉讼案件的办理过程中，检察机关负责立案调查、履行诉前程序、提起诉讼、诉讼监督，人民法院负责案件的审理、判决和执行。因此，"检察公益诉讼法"需要同时对检察机关的诉前公益诉讼履职活动、人民法院的公益诉讼审判活动进行调整。与审判视角主导下的行政诉讼法、民事诉讼法不同，"检察公益诉讼法"的立法视角需要在检察机关与审判机关之间进行适度切换。在这个问题上，"检察公益诉讼法"与刑事诉讼法的立法体例更加类似。因而，"检察公益诉讼法"的体例编排可以多参考刑事诉讼法的立法经验。在共性问题上，采用在同一章节中对检察机关和审判机关的职责分条款予以规范的方式。例如，在管辖问题上，可以在"管辖与回避"一章中，先规定检察机关的立案管辖，再规定法院的诉讼管辖。在特性问题上，则依照办案流程进行章节安排，例如，设置诉前程序、诉讼监督等章节专门规定检察履职活动。

第三，关于当前应否制定综合性的"公益诉讼法"的问题。本文认为，当前，"公益诉讼法"的立法条件总体上尚不够成熟。首先，制定"公益诉讼法"的实践探索不充分。公益诉讼在中国出现以来，检察机关之外其他主体提起的公益诉讼案件数量十分有限，社会组织提起公益诉讼的相关规则还在摸索过程中，尚未形成统一定论。其次，制定"公益诉讼法"的协调工作难度过大。出台一部综合性的"公益诉讼法"，其所要协调的利益相关方过多。在当前阶段，公益诉讼所涉及的各主体之间的合作共识尚未达成。例如，在生态环境保护领域，行政机关提起的生态环境损害赔偿诉讼与社会组织提起的环境民事公益诉讼之间的顺位问题仍在争论中。最后，制定"公益诉讼法"的周期可能过长。综合性公益诉讼立法所需协调的事项更多，必然耗时更长，不能适应目前开展检察公益诉讼工作的迫切需要。尤其在当下制定"检察公益诉讼法"条件更加充分的现实情况下，应化繁为简，加快凝聚共识，加快立法进度。因此，在当前阶段，我国立法机关应当下决心先行制定专门的"检察公益诉讼法"。待时机成熟时，在总结实践经验的基础上，再考虑制定全面规范公益诉讼活动的"公益诉讼法"。①

五、结语

检察公益诉讼专门立法不单是检察公益诉讼规范的优化表达，更承载着"完善公益诉讼制度"的重要使命。无论从诉讼类型化的底层逻辑、还是司法实践的创设需求来看，为公益诉讼建立单独的法律规范都是法律发展的必然。在当前阶段，公益诉讼立法中最有可能率先"上岸"的当属"检察公益诉讼法"。因此，建议将制定"检察公益诉讼法"列入第十四届全国人大常委会的优先立法计划。作为公益诉讼领域的先锋立法，这部法律的出台必将实现我国公益诉讼专门立法的历史性跨越，为检察公益诉讼制度更好地造福人民、服务中国式现代化作出应有的贡献。

---

① 参见巩固：《公益诉讼的属性及立法完善》，载《国家检察官学院学报》2021 年第 6 期。

"双碳"目标下的公益诉讼制度构建[*]

洪冬英^{**}

气候是个人、社会、国家和国际社会时刻要面对的问题，其中碳排放是引起气候变化的关键因素。如何保障科学合理的碳排放，以拥有适宜发展的气候，是人类社会所必须解决的难题。对于碳达峰、碳中和（以下简称"双碳"）目标，我国提出了明确的时间表。在国家明确政策导向，市场积极开发碳交易途径之时，如何通过公益诉讼来保障"双碳"目标的实现，急需作出必要的理论回应。

一、国家义务是碳排放公益诉讼的公共基础性保障

没有救济就没有权利，改变全球气候变暖、控制碳排放，是全人类的权利。如何实现碳达峰、碳中和？除了自上而下的国家相应的"减排"系列政策和措施，还需要有权利被侵害时的保护——公益诉讼：一方面，温室气体是吸收热量、保持地球温度的必要媒介，自然状态下产生的温室气体是保证宜居地球的必要条件；另一方面，过量的温室气体排放又导致地球升温、气候变差，人类为发展而进行的生产和消费活动必须停止或是受到限制。因此，通过公益诉讼实现"双碳"目标至关重要。

首先，国家义务是碳排放公益诉讼的公共基础性保障。国家义务在碳排放上的核心就是环境保护的义务，这种义务具有双重性，在宪法上的转化既表现为国家目标也表现为基本权利保障。在生态文明时代，碳排放不仅是制约经济社会发展的瓶颈问题，而且是重大的民生问题，涉及政府宏观发展目标的实现、企业经济任务的完成、社会公共利益的维护和公民个体的权益保障等多重意义。碳排放沿袭了政府环境公共权力的主导力量，从一开始就带有应对环境

---

* 本文系 2020 年国家社科基金一般项目"民事生效判决对后诉案件事实认定的影响研究"（项目编号：20BFX083）的阶段性成果。

** 华东政法大学教授，最高人民检察院检察研究基地（上海公益诉讼研究中心）研究人员。

问题的显性特征，即"问题应对"，不仅以对公民和其他社会主体"赋权"的方式推进环境保护，而且以强化政府环境公共权力的方式来应对和解决环境问题，由此形成以政府环境公共权力为核心的威权型环境治理模式。① 碳排放实现与环境权力、环境权利、环境公共利益结合在一起，碳排放的核心价值是环境利益的保护。生态文明建设下的"双碳"目标，就是认识到人与自然关系必须重塑，即从"天人合一"的和谐相处到"人定胜天"的遗憾再到生态伦理——人与自然同构；应当保证生态完整性、多样性的状态，这离不开气候的整体和谐；从发展和代际公平的角度来衡量，可持续性既关乎当代人又关乎后代人，即当代人的发展既要使自己的需要得到满足，又不能影响到后代人需要的满足。② 总之，国家环境保护义务源于公民的基本环境权利，公民的基本环境权利是公民的基本人权之一，由此对环境保护的要求进而衍生出国家对于环境保护的义务，因此，国家环境保护义务是公民基本权利的保障。③ 换言之，一方面，这是"有为国家"进行环境保护；另一方面，这是从"有限国家"的角度，体现市民社会对国家环境的决定与监督。

其次，国家义务表现为基本国策引领、倡导生态文明建设等法律规定，是公益诉讼的诉由。公益诉讼诉什么、怎么诉？它是以系列的、整体的法律、法规、政策作为基础的一类诉讼。2016 年 6 月，《最高人民法院关于充分发挥审判职能作用为推进生态文明建设与绿色发展提供司法服务和保障的意见》颁布，其第四部分明确提出"积极探索气候变化司法应对措施，推动构建国家气候变化应对治理体系，依法审理碳排放相关案件"。2020 年，我国承诺将提高国家自主贡献力度，采取更加有力的政策和措施，二氧化碳排放力争于 2030 年前达到峰值，努力争取 2060 年前实现碳中和。④ 2021 年 3 月 15 日，习近平总书记主持召开中央财经委员会第九次会议，为 2021 年至 2025 年做好碳达峰工作谋划了清晰的"施工图"。这次会议理清了碳达峰、碳中和工作在国家经济社会中的定位，明确地将碳达峰、碳中和纳入生态文明建设整体布局，并提到事关中华民族永续发展和构建人类命运共同体的高度。⑤ 2021 年国务院发布《关于加快建立健全绿色低碳循环发展经济体系的指导意见》，其目的之一就是实现"双碳"目标。

---

① 史玉成：《环境法的法权结构理论》，商务印书馆 2018 年版，第 10 页。
② 汪劲：《环境法律的理念与价值追求》，法律出版社 2000 年版，第 217—233 页。
③ 陈真亮：《环境保护的国家义务研究》，法律出版社 2015 年版，第 2 页。
④ 《习近平在第七十五届联合国大会一般性辩论上发表重要讲话》，载中国政府网，http://www.gov.cn/xinwen/2020–09/22/content_5546168.htm，2021 年 8 月 26 日访问。
⑤ 《打赢低碳转型硬仗》，载《人民日报》2021 年 4 月 2 日，第 2 版。

最后，国家义务进一步演绎为社会措施，是公益诉讼进一步发挥作用的主要方面。碳排放的特性决定了采取的措施必须具有系统性。从广义讲，一方面，需要社会逐步建立低碳理念，倡导绿色环保，进行碳排放管理（如电动汽车的研发使用），减少碳排放，利用科学技术，相应地制定一系列有效措施，减少企业在生产运营等活动中所产生的碳排放；另一方面，应在市场主体间进行调整中和，此举需要市场、金融手段的完善（如目前碳中和基金发行面世）。其具体涉及以下两方面。第一，计算碳足迹，建立低碳体系。其指的是由第三方对企业进行排放源清查与数据搜集，并出具正式的书面声明。这是实现碳管理的第一步。第二，实现碳中和。其指的是通过购买自愿碳减排额的方式实现碳排放的抵消，以自愿为基本原则，即交易的中和方式，通常由买方（排放者）、卖方（减排者）和交易机构（中介）三方交易来共同实现碳中和。碳排放交易市场是重大制度创新，其通过市场机制中三方交易，达到控制和减少温室气体排放，推动绿色低碳发展的目的。

全国碳市场启动上线交易为"双碳"目标的达成提供了重要抓手。2011年10月，我国在北京、天津、上海、重庆、广东、湖北和深圳七省（市）启动碳排放权交易试点工作。2012年，国家发展和改革委员会出台了《温室气体自愿减排交易管理暂行办法》及《温室气体自愿减排交易审定与核证指南》，在上述七省（市）进行试点。2012年底，深圳率先颁布了《碳排放管理若干规定》，划定了当地的控排单位和排放总额。2017年末，《全国碳排放权交易市场建设方案（发电行业）》印发实施，要求建设全国统一的碳排放权交易市场。2020年12月25日，生态环境部部务会议审议通过《碳排放权交易管理办法（试行）》，自2021年2月1日起施行，对全国的碳排放交易进行统一的规范。2021年7月，全国碳排放交易市场于上海能源与环境交易所正式上线启动，发电行业成为首个纳入全国碳排放权交易市场的行业，纳入重点排放单位超过2000家。碳排放交易是借助市场力量实现减排成本在排放主体之间的优化分配，本身不存在直接减排功能，其通过市场优化碳排放现状，为越来越多的国家和地区使用。中国碳市场将成为全球覆盖温室气体排放量规模最大的市场。[①]

---

① 2021年8月底的有关报道指出：全国碳排放权交易市场7月16日正式上线以来，截至8月23日，全国碳市场碳排放配额（CEA）累计成交量逾794万吨，累计成交额3.93亿元。总体交易价格稳中有升、市场运行平稳，但成交量有待进一步激活。田泓：《上线以来，累计成交额近四亿元全国碳市场总体交易价格稳中有升》，载碳排放交易网，http://www.tanpaifang.com/tanjiaoyi/2021/0824/79261.html，2021年8月26日访问。

二、公益诉讼是保障"双碳"目标实现的有效路径

公益诉讼的整体性要求契合了碳排放基本权利实现和保障的需要。在我国，民事公益诉讼制度的实施早于行政公益诉讼制度。规定哪些主体可以提起公益诉讼，体现了国家对公共权力的尊重与保护，即一个国家对公民权利和公共利益保护的程度。尤其从行政诉讼制度监督行政职权的依法行使这一特定角度来说，原告起诉资格的赋予就是其民主权利的一个表现。"双碳"目标的公共利益体现为碳排放和每个主体相关，一个城市、一个区域、一个国家的碳排放是可以估算的，但碳中和是一个宏观的问题，属于典型的公共利益，民事公益诉讼和行政公益诉讼的共同点在于国家义务背景下保障公众基本权利的实现。

（一）环境权的保护是权利与义务相统一

"双碳"目标的环境权是一个"无所不包"的权利，从权利主体角度而言，环境权包括个人环境权、单位环境权、国家环境权、人类环境权甚至自然环境权；从权利内容角度而言，环境权既包括清洁空气权、清洁水权等生态性权利，也包括环境资源开发利用权、排污权等经济性权利或者环境知情权、公众参与权和诉诸司法的程序性权利。① 环境权是以环境要素为权利对象，以环境利益为权利客体，以享用良好环境为内容，是一项具有人格面向的非财产性权利，是一项需要综合运用公法和私法、实体法和程序法进行系统保护的独立、新型的环境享用权。② "环境权"命题的提出与研究，意在为传统法律部门无法保护或不足以保护的具有公共性、整体性和扩散性的环境利益提供新的法律规制思路。

环境权被侵害时，需依据相关法律对其进行司法救济。环境权是基本权利竞合和冲突的产物，即一个基本权利主体的"一行为"同时被数个基本权利所保障，它可以分为真正的基本权利竞合（法条竞合）以及非真正的基本权利竞合（想象竞合）两种类型。③ 由于环境权的多元性，环境权具有可诉性，为保障主体的独立、新型的环境享用权，需要明确采取何种审查标准。环境权的可诉性涉及国家机关之间的权力分工和制衡关系，其实选择何种审查标准或

---

① 蔡守秋：《环境权初探》，载《中国社会科学》1982 年第 3 期；陈泉生：《环境权辨析》，载《中国法学》1997 年第 2 期；吕忠梅：《再论公司环境权》，载《法学研究》2000 年第 6 期；吴卫星：《我国环境权理论研究三十年之回顾、反思与前瞻》，载《法学评论》2014 年第 9 期。

② 杨朝霞：《论环境权的性质》，载《中国法学》2020 年第 2 期。

③ 法治斌、董保城：《宪法新论》，元照出版有限公司 2004 年版，第 195—198 页。

者审查基准、审查密度，更是关乎司法权与立法权、行政权关系之处理。① 换言之，环境权具有社会性、共享性、公共性、整体性等特点，并且环境权的保护不以环境质量损害（碳排放超标造成损害）为条件，其保护体系是个综合工程，甚至涉及即将发生、可能发生的损害。碳排放的实现应当从环境保护、污染预防、代际公平、发达国家与发展中国家之间公平正义等方面进行。

碳排放既是权利，又是可以控制的义务。首先，碳排放权被定义为"权利"。2011 年国家发展和改革委员会办公厅《关于开展碳排放交易市场试点工作的通知》，2021 年生态环境部《碳排放权登记管理规则（试行）》均使用了"碳排放权"的概念。气候为全民所有，也可理解为由国家所有，政府就此成为受托人，从大气环境所有权到碳排放权，其创设和调节的权利属于政府（主管部门）。这是公共权益，但公共性也会导致公共的悲剧——最多的人共用的东西得到的照料最少②，所有主体都是气候的相关方、利益方，因此"先污染后治理"的理念长期存在，对环境的保护与投资，更注意利益而不注重义务。之后，在长期的环境污染治理中，更多的主体能动性被重视，即预防和平衡调剂。其次，碳排放权的适度性也应得到应有的重视。换言之，各主体都可以使用环境，但应当承担保证气候适宜的义务，即碳排放权不可以无限制，故政府对于碳排放权进行协调平衡，即构建与碳排放额度相关的制度。

碳排放权由相应主体享有时，具有私权性质，可供自用，可以交易，更促进应用主体推动技术创新的积极性。碳排放权又包含着义务，体现了对环境的保护义务。这是具有共通性和非独占性地享用环境利益的权利的集合。其间体现出公法和私法相互交融的过程，需要不同的法律与政策共同作用。

（二）公益诉讼保护碳排放实现的整体法律依据

碳排放在从试点到完善的过程，相当于从末端治理到中端调剂再到前端的预防的过程。目前，应当对我国相关法律法规进行梳理，改变碳达峰、碳中和实现过程中法律体系不完备和适用力度偏弱的情况。③ 这种梳理，既是对相关法律条文的完善，又需要根据实践进行配套调整形成体系。

《宪法》第 2 条第 3 款规定："人民依照法律规定，通过各种途径和形式，管理国家事务，管理经济和文化事业，管理社会事务。"这是通过法律明确规

---

① 吴卫星：《环境权理论的新展开》，北京大学出版社 2018 年版，第 133—134 页。
② 薛克鹏：《经济法的定义——社会公共利益论》，中国法制出版社 2003 年版，第 186 页。
③ 目前，碳排放的法律规定仅在一些法律法规中有所涉及，其包括可再生资源法、清洁生产促进法、节约能源法、大气污染防治法、《碳排放权交易管理办法（试行）》《节能低碳产品认证管理办法》等，而大气污染防治法没有将温室气体列为大气污染物的种类之一。

定人民主权原则，并将主权意义上的"人民"转化为国家治理层面上的社会主体——包括法律监督机关（人民检察院）、政府行政部门以及代表环境共同体的社会组织。《宪法》第 26 条第 1 款规定："国家保护和改善生活环境和生态环境，防治污染和其他公害。"这体现了国家保障环境权益的合理性和正当性，虽然环境权被认为具有不确定性，但从理论和实践的角度，强调参与环境决策权，则更有利于环境保护。

行政法的价值不仅在于加强行政执法，而且在于运用环境义务的手段进行有效的环境利益保护，即以权力规范权利，以权利制约权力，强调低碳发展与环境义务。当前的碳排放交易，其实就体现了以下方面的能源变革：第一，能源扁平分层，不同的能源分层接入；第二，能源的生产者与消费者逐步向"产消者"过渡；第三，从高碳到中碳到零碳的理想愿景。围绕着碳排放，行政主体进行调控管理的方式有抽象行政行为和具体行政行为，应做到决策程序科学合法、环境信息公开、充分听取行政相对人意见或者进行听证、保持中立立场等，进行有序监管。调适碳排放的制度包括颁发碳排放许可证、设置碳税、排放权交易及交易市场完善。这是一种长效激励性机制，控排企业闲置排放额越多，其用于交易可获得的收益越大，因而可激励控排企业进行最大程度的减排。碳交易市场也创设了碳金融市场，使碳排放额不仅具有彰显控排企业排放许可的功能，而且具有金融和投资工具的功能。①

以民法为核心的私法体系也能够发挥积极的作用。民法典彰显了绿色发展的理念，其确认的绿色原则旨在使人类能够拥有气候适宜、环境优美的生存环境，因而保护我们的生态环境，充分体现了环境权的价值理念②，生态化、绿色化的民法典为我国有关环境保护的法律、法规和规章能与其衔接提供了法律基础③，但它们如何衔接至今没有合适的法律依据。碳排放兼具公法、私法特性，可以参考国际通行做法，结合我国特有情况和实践，出台相应的民法典司法解释来解决综合的法益保护。另外，碳排放民事纠纷中的相当一部分属于碳交易合同纠纷，合同订立和履行过程中，政府、交易所、金融机构等第三方都会参与；有关合同的生效时间不是其订立之时，而必须等待行政批准及办理变更登记手续；合同如果属于涉外抵消项目类，还会涉及法律适用和协议管辖问题等。例如，被称为"中国碳排放第一案"的上海太比雅环保公司诉挪华威

---

① 王燕、张磊：《碳排放交易法律保障机制的本土化研究》，法律出版社 2016 年版，第 33—35 页。

② 黄锡生：《民法典时代环境权的解释路径——兼论绿色原则的民法功能》，载《现代法学》2020 年第 4 期。

③ 张璐：《环境法与生态化民法典的协同》，载《现代法学》2021 年第 2 期。

认证公司案，就属于申请碳减排项目国际认证委托服务纠纷案件。[①]

社会法可以解决私法解决不了的社会问题[②]，碳排放中包含了社会正义、社会秩序、社会稳定等方面，政府与社会的法律关系、不同社会部分之间的法律关系都需要调整。例如，因为气候变暖，高温条件下作业的劳动保障、海洋渔业受限受损等，政府是否应当发放相应的救济补贴？虽然我国有《社会救助暂行办法》《自然灾害救助条例》，但未对气候变暖规定相应的救助，条例中应有国家作为救助主体，社会公益组织次之，给予受灾对象以金钱与实物。这种制度无疑应当得到完善，使其功能由保护弱者利益转变为保护社会整体利益。在社会法领域，立法机关还应制定关于低碳宣传教育的法律、促进低碳生产与发展的法律。

综上所述，公法与私法、公益与私益、当代与未来、国家与国际的关联，均需要有完整完善的法律体系来保障，需要用动态的理念去体察各个部门法的价值取向以及基于环境保护所进行的调整举措。从环境公共利益保护的角度出发，公益诉讼是实现这一目标的不二选择。

三、公益诉讼制度的构建应当确定碳排放诉讼当事人的选择

碳排放诉讼当事人，在本部分中特指与碳排放有关案件公益诉讼的原告。近年来，域外关于气候公益诉讼的案件快速增加，根据哥伦比亚大学萨宾气候变化法律中心的数据，截至 2019 年 12 月 9 日，全球共有 1667 件与气候有关的案件，其中发生在美国的有 1340 件，发生在美国之外的有 327 件。[③] 这些案件中，碳排放交易等作为应对气候变化的新型制度工具，结合碳峰值、碳中和等越来越受到重视。公益诉讼产生以来，公民个人能否作为原告，一直是讨论较多的论题，但诉讼制度应与一国的历史、现状相符合。通过对中美气候诉讼的比较，可以明确，在我国，公民个人不宜作为"双碳"目标下的公益诉讼原告。

纵观美国的公益诉讼，虽然有公民个人作为原告，但并不是一以贯之，而是有所变化和限制。美国联邦法层面，最常见的是依据 1970 年通过的《清洁空气法》和《国家环境政策法》提起的诉讼。《清洁空气法》的公民诉讼条款

---

① 刘雪莲、刘晶：《对中国碳减排交易合同法律适用问题的实证分析——以中国"碳交易第一案"为例》，载《西部法学评论》2012 年第 1 期。

② 余少祥：《社会法的界定与法律性质论析》，载《法学论坛》2018 年第 5 期。

③ 黄文超：《域外气候变化公益诉讼的发展动态以及主要类型解析》，载《人民法院报》2019 年 12 月 20 日，第 8 版。

规定①：任何人（包括公民、地方政府或非政府组织）均可对违反此法的行为提起诉讼，不要求与诉讼标的有直接的利害关系。被告主要为任何违反此法的主体（包括美国政府）和享有管理权而不作为的执法管理机构。② 哥伦比亚大学数据库收录的相关案例中，最常见的是针对美国国家环境保护局及其他管理机构具体规定或不作为的质疑，而原告按出现频率从高到低排序包括：非政府组织（如美国环保协会、塞拉俱乐部③、自然资源保护协会和生物多样性中心），州政府，公民个人。在州政府诉美国国家环境保护局的几起诉讼中，州政府在陈述其作为原告的法律资格时，典型表述为："原告州作为一个主权实体，代表自己为保护州财产提起诉讼，同时代表本州公民及居民为保护其健康、福祉和托管于本州的自然资源提起诉讼。"④ 2003 年马萨诸塞州及另两个州诉美国国家环境保护局的起诉状则更为直接地采用了"国家亲权"（parents-patriae）概念，以代表本州公民及其健康、福祉和普遍经济利益提起诉讼。

美国《国家环境政策法》没有类似《清洁空气法》的公民诉讼条款，并且对依据该法提起的诉讼有明确的时间和前提条件限制。《国家环境政策法》的主要规定是要求所有联邦行政机构为重大联邦（政策）行为准备环境影响评估报告。原告大部分为非政府组织，包括许多环境保护组织和直接受到具体政策、规定、行政许可影响的个体单位。同时，这类诉讼的被告不限于美国国家环境保护局，而是囊括了众多联邦政府机构，质疑范围也更广泛地包括了各类与环境相关的政策、规定和行政许可，尤其是对于这些联邦行为是否充分、正确地考量了环境影响的质疑。在少数几起由州政府提起的诉讼中，关于作为原告的法律资格表述和笔者上面提到的很相似。例如，密苏里州诉美国内政部垦务局案中，其表述为"原告作为主权实体，代表自己为保护本州的主权和财产利益提起诉讼，以防止对州有菜场的直接侵害。原告同时主张其治安权以保护密苏里州公民的普遍福祉"。⑤ 另一种以州为原告的资格陈述则强调了州检察长在本州（及其公民）利益和普遍福祉受到影响时，代表木州提起诉讼

---

① 42 U. S. C. § 7604（a）.

② 薛恩同：《美国的清洁空气法》，载北京法院网，https：//bjgy. chinacourt. gov. cn/article/detail/2013/04/id/939269. shtml，2021 年 8 月 26 日访问。

③ 塞拉俱乐部（Sierra Club）是美国历史最悠久、规模最庞大的一个草根环境保护组织。

④ 例如，在 2018 年以纽约州为首的十六个州及城市诉美国国家环境保护局案的起诉状中，该表述为各州及城市的表述模板。Complaint at 3，New York v. EPA，No. 1：18 - cv - 00773（D. D. C. filed Apr. 15，2018）.

⑤ Complaint at 4，Missouri v. Dep't Interior，No. 2：20 - cv - 04018 - NKL（W. D. Mo. filed Feb. 4，2020）.

的权力（和义务）。① 州成文法下的环境诉讼主要集中在依据州影响评估法提出的主张，其大概逻辑与《国家环境政策法》非常相似。原告仍大部分为环境保护组织和受到相对直接影响的个体单位，被告则变为州、郡、市级的各类行政机构。

以上各类诉讼中，公民并不是常见的原告，且《国家环境政策法》等对公民个人起诉没有作出规定。环境保护组织是原告中的主力军。同时，环境保护组织对于自己原告资格的陈述都高度类似，重点通常为：（1）该组织是以环境保护为主旨的机构；（2）该组织的历史、成员规模、涵盖地域等介绍；（3）所诉政策或行为（将）直接（且不可逆地）侵害该组织及其成员的利益，主要表现为由此导致或加重的气候变化会影响该组织及其成员在健康、职业、科学、教育、道德、审美等诸多方面的权益。同时，一些诉状中也会提及政府机构对于公民主张信息公开和正当程序的权利的侵害。

我国的环境公益诉讼制度设计确定了检察机关、社会组织成为原告。经济发展、社会变革以及权力架构调整带动了检察权的发展，检察机关的作用无可替代。作为检察权发展变革实践的必然结果，我国检察权理论受到了西方"行政权—司法权"范式的深刻影响。然而，在我国"议行合一"的政治体制下，立法权是一项母权力，司法权、行政权受立法权的领导和监督。诚然，检察权与一般行政权在组织结构上存在"同构性"，但检察权又具有行权过程中的"独立判断权和处置权"。《宪法》第 134 条规定的检察机关属于法律监督机关的定位，确定了检察权是法律监督权。2017 年 6 月，全国人大常委会同时通过修改民事诉讼法的决定和修改行政诉讼法的决定，修改的重点之一就是将检察机关有权提起公益诉讼这一重要内容写进了这两部法律之中。2018 年，全国人大通过宪法的修正案，并修订监察法，将检察机关原有职务犯罪的职能转隶于监察机关。同年修订的人民检察院组织法最终确认了刑事、民事、行政、公益诉讼"四大检察"为核心的监督格局，新增加"公益诉讼"的职能无疑拓宽了检察机关法律监督的范围。"随着社会分工的日益复杂化与精细化，检察权向权力干预与私利保障的社会公益职能转变，检察机关逐渐成为社会公益的代表者，这种演进动态，正是国家与政府职能实现现代化转型的必然结果。"② 在环境保护中，检察机关可以发送检察建议，

---

① 例如，在 2019 年以加州为首的 26 个州及城市诉美国国家公路交通安全管理局案的起诉状中，类似表述为各州及城市的表述模板。Complaint at 8 – 16, California v. Chao, No. 1: 19 – cv – 02826（D. D. C. filed Sept. 20, 2019）. 其他的州起诉的案件（主要是加州作为原告的案件）中，也常见类似表述。

② 周新：《论我国检察权的新发展》，载《中国社会科学》2020 年第 8 期。

可以督促相关行政机关提起诉讼，也可以提起公益诉讼。如果说检察民事公益诉讼是由诉讼代理机制确立并发展而来的，那么检察行政公益诉讼就是公益诉讼中的一种客观诉讼机制。检察机关和行政机关的关系经历了"推动—回应""内聚—磨合""协同—完善"三个阶段，即所谓对立法权的承接和延伸，对行政权的补充和协调，与审判权的分立和配合，与公民权的衔接和合作。近几年的实践也证明了检察机关在气候保护的公益诉讼中作用明显，可以进一步推进。

在环境保护中，源于法律的特殊授权，通过建构社会组织与"政府执法相平行的制度"，可以实现对政府执法的有益补充，这是由环境保护的整体需要决定的。社会组织为了成员通过诉讼方式行使法律监督权、维护成员的共同利益。当然，社会组织提起诉讼的主体资格系基于民事诉讼法和环境保护法要求组织登记资质、活动时间和无违法记录的专门规定，这也是法律对公民没有诉讼主体资格的有意识的弥补，因为公民在组织能力、社会资源和行为动机上存在不足。应当注意到，我国气候诉讼目前实践不多，我国社会组织发展也未充分具备提出环境公益诉讼的需求，有待进一步发展，据此，社会组织作为气候公益诉讼的原告需要进一步尝试。

一方面，中美两国气候公益诉讼性质不同。我国的气候公益诉讼有别于我国传统诉讼，是民事诉讼、行政诉讼范畴之下的一种特别诉讼，根据案件的诉讼客体不同而选择民事或行政诉讼程序。其目的是对国家利益和社会公共利益的保护和救济，具有明显的公益性。美国气候环境领域内的公益诉讼（公民诉讼）在立法上被规定为一种具有美国特色的民事诉讼，立法初衷主要在于强调私人在实施环境法律、保护环境资源方面的重要性和所发挥的积极作用，以督促企业遵守环境法律、督促政府积极实施法律，维护环境公共利益，并以此弥补政府实施环境法律之不足，性质上体现了个人利益的色彩。

另一方面，美国法律体制中的"民事诉讼"与我国法律语境下的"民事诉讼"不可同一而论。在美国，公共信托理论对环境公益诉讼的发展影响重大。美国的公共信托理论是借鉴英国的产物，当美国工业经济的飞速发展导致生态环境问题日益突出时，公共信托理论的适用范围逐渐扩张至环境保护领域。此后，公共信托理论又与私人总检察长理论相结合，通过回溯性监督实现了普通公民的公益诉权。严格来说，我国没有公共信托理论，但是根据人民主权理论和公有制理论，我国产生了与公共信托理论有一定相似之处的代表信托理论。代表信托理论在许多方面与公共信托理论存在共性，比如二者都认为主权属于国民共同所有，即都主张"阳光、水、野生动植物等环境要素全体所有"，政府只是管理和保护这些环境要素的受托方。当然，作为两种不同的理论，代表信托理论与公共信托理论不可避免地存在区别。在中国的代表信托理论下，公民将公共财产委托给政府监督和管理时，需要委托整体的公共财产，不能将其进行分割。简言之，代表信托具有不可分性。此外，根据代表信托理论，公民对公共财产的监督是有限的，仅限于一般监督（举报、建议等），限制公民对公共财产进行诉讼监督。故公民个人不宜成为我国公益诉讼的原告。

程序法不是纯粹的技术性法律，在程序建构的过程中，无论是立法形式、技术，还是立法方式、方法，都是法律价值的体现，其中都蕴含着法律中的世界观、生活观、社会观、国家观。① 在碳中和案件中，如果是多个诉讼的合并，公益诉讼合并形成共同诉讼，相关主体既有符合条件的环保组织，也有作为国家公益代表人的检察机关，还有能够提起生态损害赔偿的政府部门；在公益、私益合并时，当事人合格具有相对性的判断，私益诉讼的合并，其原告是基于诉讼自愿提起，不存在是否适格问题；如在代表人诉讼中被赋予或授予当事人资格的当事人，当其变为不适格时，可以通过法律程序予以撤换。② 一方面可以驳回起诉，另一方面可以挑选适格的当事人成为代表人，通常方式有一方（即原告）推举和法院指定。当公益诉讼与私益诉讼合并审理时（根据目前数据尚没有此种诉讼实践），应当以公益诉讼为主、私益诉讼为辅，当事人是基于法律规定或者职务上的原因参加诉讼的，属于法定的诉讼担当，其审查应当以协同主义作为程序基调。

四、公益诉讼制度的建构应当包括诉的合并和惩罚性损害赔偿

（一）诉的合并

近几年来，我国检察机关、社会组织等提起的民事、行政公益诉讼成绩斐然，但在"双碳"目标实现中，由于其多元性，需要有综合的救济途径保障。所以，在保持现有民事、行政公益诉讼分离，以及民事公益、私益区分的状态下，可以逐步尝试以下方面的制度建构。

首先，进行有限的公益诉讼合并。其一，对民事公益诉讼、行政公益诉讼进行有限的合并。如前所述，碳达峰、碳中和需要从事前到事后的整体设计、

---

① ［德］鲁道夫·瓦瑟尔曼：《社会的民事诉讼——社会法治国家的民事诉讼理论与实践》，载［德］米夏埃尔·施蒂乐纳：《德国民事诉讼法学文萃》，赵秀举译，中国政法大学出版社2005年版，第76页及以下。

② 汤维建：《当事人适格的判断机制》，载《法律适用》2021年第7期。

保护和救济，行政机关的作用至关重要，由于追求的碳中和目标一致，那么，通向"罗马"的路可以尽可能地相近或相同，民事诉讼与行政诉讼的规则虽然有区别，但它们有个共同的出发点"公益"。其二，同一碳排放案件不同主体、不同阶段的公益诉讼合并，如《最高人民法院关于适用〈中华人民共和国民事诉讼法〉的解释》第 287 条规定，依法享有公益诉讼起诉权的其他机关和组织，可以在法院受理公益诉讼以后开庭前向法院申请参加诉讼，经准许参加后，被列为共同原告。并且同一公益诉讼案件中侵权行为的受害人可以单独提起诉讼。所以，基于以事实为基础的整体利益保护，预防与惩罚、救治并重，纠纷的一次性解决等方面的考量，有限合并的公益诉讼值得推进。公益诉讼的提起客观上都具有完全一致的保护公共利益的法律意义，谁起诉、几个原告起诉并不会产生本质差别。就程序保障的诸手段而言，主要基于几方面的考虑：一是公益诉讼的合并是"程序参与权"的赋予，使相关当事人进入他人诉讼程序，维护程序与实体的权益；二是如有代表人的诉讼，使既判力原则上拘束他人担当诉讼的当事人；三是法院站在公益立场所为的职权介入，法院可依职权主动搜集、斟酌与纠纷有关的事实、证据，以确保裁判的正确性；四是程序保障体现在判决拘束力的片面扩张，即案外人可以援用对其有利的判决，但不受对其不利判决的拘束；五是赋予案外人事后争执前诉判决正确性的机会。其中前三者是判决形成前的程序保障，后两者是判决形成后的程序保障。①

其次，使民事公益诉讼与民事私益诉讼并行。以诉的合并方式，合并审理一并解决关于公益和私益问题，其关注点在于实用性——重在事实模型而非法律关系。② 民事私益诉讼当事人强调"我的"与"你的"的对立关系，但环境诉讼指向的是"我们的"环境，碳中和是我们共同的目标。合并审理公私利益案件，就能实现个体环境利益和有效维护环境公益双重目的。因同一环境侵害引起的公益和私益交织型损害，由法院进行合并审理并一并解决的做法，已是法律政策上的大势所趋。③ 例如，《关于审理生态损害赔偿案件的若干规定（试行）》第 18 条规定，生态环境损害赔偿诉讼案件的裁判生效后，有权提起民事公益诉讼的国家规定的机关或者法律规定的组织就同一损害生态环境行为有证据证明存在前案审理时未发现的损害，并提起民事公益诉讼的，法院

---

① 黄国昌：《民事诉讼理论之新开展》，北京大学出版社 2008 年版，第 269—271 页。
② 张旭东：《环境民事公私益诉讼并行审理的困境与出路》，载《中国法学》2018 年第 5 期。
③ ［德］格哈德、瓦格纳：《损害赔偿法的未来》，王程芳译，中国法制出版社 2012 年版，第176 页以下。

应予受理。这一规定就明确了公益和私益诉讼的合并具有合法性和现实性。当然，合并后的诉讼程序设计还需要进一步的细化与完善。

民法典为我国环境民事救济体系确立了公法义务、私法操作的机制，对环境民事公益、私益诉讼制度协调提出了新的时代要求。纵观环境法发展历程，环境侵权二元性特征下的环境公益和环境私益从混沌不分到逐步分化，成为环境民事公私益诉讼走向的逻辑起点。司法实践中环境民事诉讼双轨制带来的管辖冲突、审理顺位冲突与既判力冲突使制度协调成为必然。制度协调的进路需要突破融合路径的不经济性和衔接路径的片面性，形成以制度共通性为基础的新衔接路径。在具体制度变革中，应以环境民事公益诉讼制度为修正中心，一是探寻集中管辖之可能，如环境法院、环境法庭的集中管辖、集中审理，以统一碳中和案件审理为原则；二是对环境民事私益诉讼原告赋予程序中止权，实现民事私益诉讼生效判决既判力有限制的扩张。①

（二）生态损害赔偿制度的建立

在美国，气候诉讼的经济赔偿不是一个突出问题，包括 Juliana 诉美国案在内，哥伦比亚大学数据库共收录了 27 起有关诉讼，其被告均为美国联邦或州政府（包括具体的州政府部门）。其中，12 起诉讼集中出现于 2011 年，另有 3 起在 2012 年，可能是公共信托原则在美国法律系统中首次"大规模"应用于气候变化诉讼。此后的 12 起诉讼大致平均地分布于 2014 年至 2020 年。这些诉讼大多主张政府温室气体排放及气候变化方面的政策或政府的不作为侵害了年轻人和儿童对于稳定的大气环境的预期利益，也由此违背了公共信托原则。同时，这些诉讼大多要求法院给予禁令救济和宣告式判决，例如，强制政府采取可行措施减少温室气体排放或维护大气环境，及宣告政府在公共信托原则下负有保护环境的信托责任。同时，这些诉讼中的原告几乎都不要求经济赔偿。已结案的诉讼中，绝大部分是由法院驳回原告的起诉。由于原告不主张经济赔偿，美国各级法院目前也没有关于如何计算经济赔偿的判例。截至 2021 年，依据公共信托主张的气候变化诉讼尚未到达过美国联邦最高法院，各州最高法院和联邦各级法院的判例则多以各种理由驳回原告的起诉（见表 1）。

---

① 朱谦、于晶晶：《民法典视域下环境民事公私益诉讼衔接之进路研究》，载《中国地质大学学报（社会科学版）》2021 年第 5 期。

表1 美国的气候诉讼中被驳回起诉案件的概况

驳回理由	具体诉讼（判决法院；判决日期）
谨慎原则（Prudential Standing Rules）：谨慎起见，法院有权拒绝对某些主张作出判决。在公共信托主张类诉讼中，通常针对宣告式判决主张，即法院认为原告要求的宣告式判决并不基于实际争议，也无法实现有效救济	· Kanuk 诉阿拉斯加州 （阿拉斯加州最高法院；2014） · Funk 诉 Wolf （宾夕法尼亚州最高法院；2017）
政治问题排除原则（Political Question Doctrine）：政治性问题不受司法审查。在此类诉讼中其具体表现为原告主张的禁令救济大多是要求法院强制政府立法或通过气候保护政策。法院认为此类救济掺杂过多政治和科学考量，不适合由法院采取行动，应当留给立法和行政	· Aji P. 诉华盛顿州（上诉中）（华盛顿州上诉法院；2021） · Reynolds 诉佛罗里达州 （佛罗里达州上诉法院；2021） · Sinnok 诉阿拉斯加州（上诉中）（阿拉斯加州初审法院；2018） · Kanuk 诉阿拉斯加州 （阿拉斯加州最高法院；2014） · Svitak 诉华盛顿州 （华盛顿州上诉法院；2013）
缺乏诉讼标的管辖权（Lack of Subject Matter Jurisdiction）：通常是由于联邦法院认为公共信托主张属于州法、普通法管辖范围，同时原告未能提出其他联邦法管辖依据，因此联邦法院无管辖权	· Alec L. 诉 McCarthy （华盛顿特区联邦巡回法院；2014）
行政救济未穷尽（Doctrine of Exhaustion of Administrative Remedies）：法院认为原告未能穷尽行政救济	· Farb 诉肯萨斯州 （肯萨斯州联邦区法院；2013） · Funk 诉宾夕法尼亚州 （宾夕法尼亚州上诉法院；2013）
实体法相关：法院认为原告依据的法律或公共信托原则本身并不支持原告的主张，例如政府并不因公共信托原则背负保护相关自然资源的信托责任，即拒绝扩大公共信托原则的适用范围	· Funk 诉 Wolf （宾夕法尼亚州最高法院；2017） · Chernaik 诉 Brown （俄勒冈州最高法院；2020，维持俄勒冈州上诉法院既决判决原判） · Sanders-Reed 诉 Martinez （新墨西哥州上诉法院；2015，维持下级法院既决判决原判）

同时，一些有利于原告的法院裁判文书虽然提及公共信托概念，但并不着重于此。对于原告有利的论述大多依据更传统的逻辑，如对于审前程序而言，原告已提供足够的证据以表明政府行为和气候变化带来的侵害之间的因果关系存在事实争议，因此不予驳回。另外，拒绝被告驳回诉讼请求的逻辑则是，法院虽然不（一定）能提供禁令救济，但原告主张的宣告式判决仍可能是有效救济，因此原告没有丧失诉讼资格。例如，在 2020 年提起的 Held 诉蒙大拿州案中，蒙大拿州初审法院于 2021 年 8 月针对被告要求驳回诉讼裁定，仅驳回原告禁令救济的相关主张。

在哥伦比亚大学数据库收录的所有公共信托主张类诉讼中，Juliana 诉美国案是目前最活跃的、相对而言最知名的一起。2020 年 1 月 17 日由美国联邦第九巡回法院作出的判决显示：原告未能陈述其主张的可救济性，因此不具备诉讼资格。法院认为，原告所主张的救济不太可能显著弥补其所受侵害，即气候变化带来的对于年轻一代生命权、自由权、财产权等宪法权利的侵害。此外，法院认为原告所主张的救济超出了《美国联邦宪法》第 3 条赋予联邦法院的权力。具体而言，原告所要求的"政府采取全面性机制以减少温室气体排放及应对气候变化"，在此案的多数派法官看来，已超出司法权管辖范围，必须交由立法及行政机关来采取行动。此案的多数派法官特别指出，在颁布禁令救济时，法院必须能够有"有限而精确"的法律原则可依据，以保证法院可以有效地监督其禁令的执行。此案的少数派法官则认为，法院无须事无巨细地过问其可能颁发的禁令救济，因此原告能够满足建立其诉讼资格所必需的可救济性。

出于环境治理的需要和生态建设的重要性，我国提出了具有前瞻性的生态损害赔偿。最高人民法院于 2020 年 12 月修订的《关于审理生态损害赔偿案件的若干规定（试行）》（以下简称《若干规定》），从司法审理层面对于国内生态环境相关的损害赔偿诉讼作出了规定；2020 年 8 月《最高人民法院关于推进生态环境损害赔偿制度改革若干具体问题的意见》（以下简称《若干意见》）颁布，这份由生态环境部、最高人民法院、最高人民检察院、司法部等十一个部门联合出台的意见对赔偿权利人的工作环节作出规定。民法典则规定了生态环境修复责任和生态环境损害的赔偿范围，这标志着我国生态环境损害救济的法律制度初步建成，也体现了法律制度对碳排放实现保障的积极有效回应。这项赔偿制度符合目前碳排放公益诉讼的本质需求。碳排放利益是生态性利益，有别于传统的财产利益和人身利益，碳排放往往未使绝对权受到侵害，环境权的保护较多地通过公益诉讼加以救济，生态损害赔偿制度建立实施后，这两种制度的衔接需要进一步明确，这种衔接应当充分体现在公益诉讼中，使公法和私法互动、法律依据系统化。以下三个方面的问题需要进一步在实践中探索解决：一是公益诉讼主体作为合格的提出生态赔偿的主体，行使权利和提出赔偿额的具体方式；二是法律的适用，除民法典、《若干规定》、《若干意见》以外，公法与私法如何进行协调，以更好实现"双碳"目标；三是生态性赔偿执行的有效性。在"双碳"目标实现的公益诉讼实施过程中，这三个问题的科学合理解决，将有助于长远方案的形成。

五、结语

"双碳"目标的实现需要国家减污降碳的协同治理。就行政层面而言，中央统筹对温室气体中二氧化碳进行控制，制定排放标准，建立碳排放交易市场和金融制度等，这必然引起全社会对于"双碳"目标的重视，体现出目标协同治理的理念。就司法资源而言，完善相应的法律，环境司法专门化的发展和环境民事公益诉讼、行政公益诉讼制度的建立，尤其是 2014 年最高人民法院成立环境资源审判庭之后，在中央层面将环境司法专门化的改革推向一个新的高度。公益诉讼制度的构建需要契合"双碳"目标，能够为"双碳"目标的实现提供理性的司法保障。

检察民事公益诉讼、社会组织提起的民事公益诉讼与生态环境损害赔偿制度衔接问题研究

陈　冬　李岩峰　梁增然[*]

　　围绕生态环境保护责任的落实，目前对于生态环境损害救济，形成了生态环境损害赔偿制度与环境民事公益诉讼的共同保障格局。然而，政策与法律双轨推动机制在运行中却出现了衔接关系不畅、沟通渠道不足的困境，无法充分发挥各自效能，形成制度合力。实践中，山东、江苏等省份出现了不同主体就同一行为相继或同时提起生态环境损害赔偿诉讼与环境公益诉讼等情形。理论上，学界对两者的衔接观点不一，比如"范围错位说""性质区分说"等。司法机关对此问题主要有三种认识：第一，认为生态环境损害赔偿诉讼属于环境民事公益诉讼，政府同社会组织、检察院作为同一诉讼的共同原告；第二，两诉的规范基础不同，均应依法予以保护，但基于两诉的相似性，故应合并审理；第三，生态环境损害赔偿诉讼优先于环境民事公益诉讼，即使环境民事公益诉讼在前也应中止，优先审理生态环境损害赔偿诉讼。最高人民法院对此于2019年6月专门发布了《关于审理生态环境损害赔偿案件的若干规定（试行）》（以下简称《若干规定（试行）》），采纳了上述第三种观点，即明确生态环境损害赔偿诉讼优先于环境民事公益诉讼的审理顺位。环境民事公益诉讼与生态环境损害赔偿制度衔接所存在的这些理论与实践争议，亟待予以学理厘清与规则重塑。本课题组认为，两者衔接方面主要存在制度边界不明、导致适用冲突；衔接规则缺位、导致程序"冗余"和"空转"以及生态环境损害赔偿制度中检察监督角色定位不清等突出问题，上述问题的解决思路在于确立公

　　* 陈冬，郑州大学法学院教授，最高人民检察院检察公益诉讼研究基地（郑州大学检察公益诉讼研究院）研究人员；李岩峰，郑州大学法学院博士研究生，最高人民检察院检察公益诉讼研究基地（郑州大学检察公益诉讼研究院）研究人员；梁增然，郑州大学法学院讲师，博士，最高人民检察院检察公益诉讼研究基地（郑州大学检察公益诉讼研究院）研究人员。

益诉权平衡、环境公益救济主导、系统治理及环境多元共治理念，借此从生态环境损害赔偿的启动、磋商、审理和执行四个阶段，从源头完善环境民事公益诉讼与生态环境损害赔偿制度的衔接规则。

一、环境民事公益诉讼与生态环境损害赔偿制度衔接存在的主要问题

通过梳理近5年的环境民事公益诉讼案例与生态环境损害赔偿案例，本课题组发现环境民事公益诉讼与生态环境损害赔偿制度在衔接上存在以下主要问题。

（一）制度边界不明、导致适用冲突

环境民事公益诉讼与生态环境损害赔偿制度的边界模糊，同质化特征明显，性质同质化导致的两制度"选择性"边界不明主要表现在以下方面：第一，原因行为相同。从诉讼的原因行为来看，环境民事公益诉讼与生态环境损害赔偿制度都是因行为人实施污染环境、破坏生态的行为引起；第二，适用范围重合。《生态环境损害赔偿制度改革方案》（以下简称《改革方案》）规定了三种适用情形：一是发生较大及以上突发环境事件的；二是在国家和省级主体功能区规划中划定的重点生态功能区、禁止开发区发生环境污染、生态破坏事件的；三是发生其他严重影响生态环境后果的。各地区应根据实际情况，综合考虑造成的环境污染、生态破坏程度以及社会影响等因素，明确具体情形。其中第三项兜底情形使得地方实践中（主要体现为各省、市生态环境损害赔偿制度实施方案的制定）往往实行制度突破，以至于生态环境损害赔偿制度不断地向环境民事公益诉讼"滑移""侵蚀"，两制度间的边界越发模糊。第三，诉讼请求对应。由《关于审理环境民事公益诉讼案件适用法律若干问题的解释》（以下简称《环境民事公益诉讼司法解释》）和《关于检察公益诉讼案件适用法律若干问题的解释》（以下简称《检察公益诉讼司法解释》）可知，社会组织和检察机关在环境民事公益诉讼中可提出"停止侵害、排除妨碍、消除危险、修复生态环境、赔偿损失、赔礼道歉"等六项诉讼请求。而《若干规定（试行）》规定，生态环境损害赔偿诉讼原告可提出"修复生态环境、赔偿损失、停止侵害、排除妨碍、消除危险、赔礼道歉"等六项诉讼请求。可见，两制度的诉讼请求完全对应。第四，诉讼目的一致。尽管有学者根据被保护利益不同将环境民事公益诉讼和生态环境损害赔偿制度界定为"公益诉讼""国益诉讼"，但基于环境、生态和公益概念的开放性、延展性和兼容性，两者的目的具有高度同质性，都是为了维护生态环境公共利益。

（二）衔接规则缺位、导致程序"冗余"和"空转"

尽管《若干规定（试行）》明确了行政机关提起生态环境损害赔偿诉讼优先，但缺乏环境民事公益诉讼与生态环境损害赔偿诉讼的必要衔接与协调规则，造成程序空转。主要表现在两个方面。

1. 环境民事公益诉讼程序的形式"冗余"

无论是生态环境损害赔偿诉前磋商还是诉讼审理阶段，必然涉及行政机关的诸多成本，行政机关并不必然有追究生态环境损害责任的主动性和积极性。然而，由于缺乏行政机关怠于履行生态环境损害赔偿请求权的协调补充、监督规则，因此即便在行政机关怠于索赔的情形下，检察机关和社会组织也只能被动"观望"，空有环境民事公益诉讼程序而无法实施，无法实现对受损环境公共利益的及时有效救济。

2. 检察民事公益诉讼中的公告程序"空转"

在环境民事公益诉讼中，基于检察机关的"谦抑"性，故而规定了检察院的后置、补位诉权。《检察公益诉讼司法解释》要求检察机关在诉前 30 日发布公告，尊重其他原告的诉权。但实践充分说明，30 日的公告期并未真正促使其他社会组织行使诉权，形成诉前公告程序的"空转"，程序"空转"既不利于对生态环境损害的及时追责，也浪费司法资源。事实上，环境民事公益诉讼是对执法者履职不能时的"补充"，检察机关诉权正是充分发挥法律监督和公益维护职能的必然要求。就客观条件而言，检察机关显然比社会组织更有法律监督和公益维护的能力和资源。因此，现行有关诉前公告的规定，值得商榷与立法纠正。

（三）生态环境损害赔偿制度中检察监督角色定位不清

在生态环境损害赔偿制度中，有关检察机关法律监督职能的制度规范明显不足，导致检察监督在生态环境损害赔偿制度中的角色定位不清，具体表现如下。

1. 生态环境损害赔偿诉前磋商缺乏有效监督

《改革方案》和《生态环境损害赔偿管理规定》明确了生态环境损害赔偿诉讼的磋商前置程序，但磋商环节明显缺失有效的检察监督。《生态环境损害赔偿管理规定》第 31 条第 2 款规定了，"生态环境损害调查、鉴定评估、修复方案编制等工作中涉及公共利益的重大事项，生态环境损害赔偿协议、诉讼裁判文书、赔偿资金使用情况和生态环境修复效果等信息应当依法向社会公开，保障公众知情权"。据此可见，该条款所涉及的前述相关事宜均涉及公共利益，检察机关作为新时代"保护国家利益和社会公共利益的重要力量，是国家监督体系的重要组成部分"①，检察监督理应介入。因此，为最大程度维护公共利益及防范行政机关在磋商过程可能发生的怠于履职、违法行使职权乃至寻租等行为，应当允许检察机关、社会组织等主体参与和监督整个过程，并有权就索赔请求、磋商时间、次数等提出相关建议、意见。《生态环境损害赔偿管理规定》第 13 条第 2 款亦明确规定"最高人民检察院负责指导生态环境损害赔偿案件的检察工作"。因此，有必要将该规定细化，落实检察机关在磋商过程中的具体监督职能。

2. 缺乏生态环境损害赔偿制度与环境行政公益诉讼的协调规则

如果生态环境损害的发生是由于行政机关未能尽职履责所致，那么无论是生态环境损害赔偿磋商还是生态环境损害赔偿诉讼都只能"治标不治本"，行政机关都始终被排除在责任者范围之外。在此情形下，应当充分重视、发挥检察监督的作用，检察机关及时介入，优先适用环境行政公益诉讼；检察机关应向行政机关发出检察建议，法定期限内仍未依法履行职责的，检察机关应当提起环境行政公益诉讼。

二、环境民事公益诉讼与生态环境损害赔偿制度衔接理念的变革与重塑

环境民事公益诉讼与生态环境损害赔偿制度的双轨制运行，本应发挥各自效能、形成主体多元的生态环境损害责任追究合力，然而当下基于传统诉权顺位理念确立的两诉衔接机制却导致两者运行过程中出现适用边界模糊、主体定位偏差、程序"冗余""空转"和检察机关角色定位不清等突出问题。完善两者衔接的前提在于衔接理念的变革与重塑，衔接理念是指导两者衔接设计和制度实践运作的理论基础和原则指导。基于当下生态环境损害赔偿制度与环境民事公益诉讼衔接机制的突出问题，完善两者衔接规则，应确立以下理念。

（一）公益诉权平衡理念

当下我国环境公益诉权主要分属于行政机关（生态环境损害赔偿诉讼）、检察机关和社会组织（环境民事公益诉讼），不同主体公益诉权的行使顺位大体上形成了行政机关—社会组织—检察机关的格局，同时不同主体公益诉权的行使过程相对封闭，各主体之间的公益诉权缺乏必要的衔接。此外，从近年实践数据来看，法律规范层面的诉权顺位与司法实践呈现明显"倒挂"现象，检察机关在环境公益救济中的实际重要地位与法律规范层面的"补

① 《中共中央关于加强新时代检察机关法律监督工作的意见》

充""兜底"定位严重不符。公益诉权平衡理念的本质是在环境公益诉权理论根基和现实需求之间寻求平衡，实现环境公共利益救济体系整体制度效能的提升。

基于环境公益诉权平衡理念，可对当下基于三种起诉主体依次传递的诉权顺位进行适当的制度微调，在保持生态环境损害赔偿制度优先的前提下，在检察机关、社会组织提起的环境民事公益诉讼内部按照"谁先发现线索、即可起诉"的原则，实现环境公共利益及时有效救济。从理论上看，生态环境损害赔偿制度优先的理论支撑在于行政机关代表国家行使生态环境损害索赔权，既是环境资源国有财产国家所有的物权体现，也是生态环境保护国家义务的内在要求。从实践上看，行政机关在生态环境救济的专业技术、人员配置、手段方式、技术性规范制定和运用等方面处于优势地位，应肯认其启动生态环境损害赔偿制度优先，这也是对现行政策、法律机制保持适度稳定的必然要求。但在检察机关、社会组织提起的环境民事公益诉讼内部，应不再区分检察机关和社会组织诉权顺位，检察机关与社会组织享有同等的公益诉权，其理论依据在于公益诉权同为法律拟制诉权，应以最有利于实现环境公益救济之根本目标进行诉权分配。环境民事公益诉讼数年制度实践也表明，社会组织公益诉权优先并未发挥推动环境公益及时有效救济之根本目标，甚至成为检察机关履行公益诉讼职能的突出"掣肘"。

（二）检察机关依法履职理念

2021中共中央在《关于加强新时代检察机关法律监督工作的意见》中明确提出"提高法律监督能力水平""推动国家治理体系和治理能力现代化"。在《生态环境损害赔偿管理规定》中对检察机关的任务分工表述为"最高人民检察院负责指导生态环境损害赔偿案件的检察工作"，基于新时代检察履职理念，检察机关在生态环境损害赔偿制度的启动、磋商、诉讼、执行等各环节均应化被动为主动，充分发挥其在国家治理、环境治理现代化进程中宪法赋予的法律监督职责，对行政机关是否依法履职、启动生态环境损害赔偿的合规性、生态环境损害赔偿索赔请求是否全面、生态环境损害主体的环境公益损害风险防控的合规性、生态环境损害修复与赔偿的执行等方面进行全过程的法律监督，并以此为基础贯通生态环境损害赔偿制度、环境民事公益诉讼以及环境行政公益诉讼，形成衔接有序的环境公共利益救济制度体系。

（三）环境公益救济主导理念

环境公益诉讼的本质是启动公益诉权以对受损环境公共利益实现及时有效救济，生态环境损害赔偿制度与环境民事公益诉讼在维护受损环境公益上的同质性，意味着两者衔接的规则设计应以提高受损环境公益救济效能为主导。环境公益救济主导理念的核心在于通过衔接规则，充分激活环境行政执法监管、社会组织公益维护、检察机关全过程法律监督等各自优势，使环境多元共治主体共同聚焦于环境公益救济目标。确立环境公益救济主导理念，一方面，需要对当下环境公益诉权顺位进行适当微调，匹配当下司法实践的现实所需；另一方面，需要夯实检察机关在环境公益救济中全过程法律监督职能，督促行政机关及时、全面、依法履行法定职责，督促行政机关符合法定条件时及时启动生态环境损害赔偿程序；检察机关积极参与生态环境损害赔偿磋商、充分利用环境民事公益诉权实现环境公益及时有效救济。

（四）系统治理理念

2021年《中共中央关于加强新时代检察机关法律监督工作的意见》提出"积极稳妥推进公益诉讼检察""坚持和发展新时代枫桥经验……有效化解矛盾纠纷"。2022年党的二十大提出"防范化解重大风险""完善公益诉讼制度"。2023年3月最高检在工作报告中提出，"把诉前实现维护公益目的作为最佳司法状态""构建协同高效的公益司法保护体系"。检察监督系统治理尤其是公益诉讼检察监督系统治理已成为新时代国家治理视野下系统治理的新内涵、新要求、新方向，因此，充分发挥公益诉讼检察监督诉源治理的重要功能，落实党和国家有关国家治理、系统治理的重要战略、政策决议，已成为生态环境公益救济各项制度不可忽视的时代命题，公益诉讼检察监督系统治理应充分贯彻有关源头防范、风险预防、非诉挺前、实质性化解等系统治理理念。因此，在生态环境损害赔偿制度与环境民事公益诉讼衔接中，一方面，需要打通两者在适用范围上的衔接，特别关注环境民事公益诉讼在环境风险预防中的能动作用；另一方面，需要充分发挥公益诉讼系统治理的积极功用，对包括行政机关依法履职、市场主体环保合规、环境公益及时有效救济等从多角度、多进路、全过程展开法律监督，实现公益维护和环境协同治理，实现环境公益损害风险的提前预防、生态环境损害的有效填补、环境规范执法的有效落实和环境损害再生的源头治理等公益诉讼检察监督的系统治理制度功能。

（五）环境多元共治理念

党的十八大将生态文明建设纳入"五位一体"建设格局，党的十八届四中全会将生态文明纳入法治轨道，党中央、国务院出台了《生态文明体制改革总体方案》，党的十九大报告提出"构建政府为主导、企业为主体、社会组织和公众共同参与的环境治理体系"，随后中共中央、国务院出台《关于构建现代环境治理体系的指导意见》，党的二十大报告提出"健全现代环境治理体系"。环境多元共治是现代环境治理体系的重要构成，其核心是形成环境治理多元主体之间的协同合作治理关系，以形成现代环境治理的"共治共建共享"的治理大格局。环境多元共治理念为行政机关、社会组织与检察机关在追究生态环境损害责任中形成相互配合、相互监督的治理共同体奠定基础，这就要求在生态环境损害赔偿制度中，尤其是诉前磋商程序应保障检察机关、社会组织的有效监督、充分参与。

三、环境民事公益诉讼与生态环境损害赔偿制度衔接的具体完善路径

针对当下环境民事公益诉讼与生态环境损害赔偿制度衔接的突出问题，基于公益诉权平衡、环境公益救济主导和环境多元共治等理念，本课题组将两种机制统摄于《民法典》第 1234 条、第 1235 条规定的生态环境损害赔偿责任中，建议未来立法修改完善，可从生态环境损害赔偿的启动、磋商、审理和执行四个阶段，从源头完善环境民事公益诉讼与生态环境损害赔偿制度的衔接规则。

（一）启动阶段的衔接

生态环境损害赔偿制度启动阶段的衔接，主要是指行政机关、社会组织和检察机关发现生态环境损害案件线索后，根据优化调整后的诉权顺位规则，相互协调配合，通过启动生态环境损害赔偿制度或环境民事公益诉讼，实现生态环境损害的及时救济。根据公益诉权平衡理念，本课题组认为，第一，总体上应形成生态环境损害赔偿制度优先、环境民事公益诉讼补位的整体格局；第二，环境民事公益诉讼内部，检察机关和社会组织以诉权平等为基础重新进行制度调整；第三，通过生态环境损害追偿前的通知必经程序实现两诉讼、三主体在生态环境损害索赔中的协调配合。具体制度运行方案如下。

1. 检察机关发现生态环境损害案件线索时的衔接方案

（1）检察机关向行政机关移交案件线索，并督促其启动生态环境损害索赔程序。根据《改革方案》《生态环境损害赔偿管理规定》的规定，行政机关在法定适用情形下可作为生态环境损害赔偿的索赔权利人启动生态环境损害赔偿程序，但其实该法定适用情形并不清晰明确，各地方的相关规范性文件也不一致，呈现一定的立法乱象，建议未来立法对此予以限缩、明晰，以规范行政机关启动生态环境损害赔偿案件的适用范围，避免当下扩大化、泛化的立法态势。基于生态环境损害赔偿优先原则，检察机关在获得生态环境损害线索后，

应首先判断案件是否属于生态环境损害赔偿制度适用范围，如果属于则应移交案件线索，移交至具有生态环境损害索赔权的相应行政机关，并督促其及时启动生态环境损害赔偿程序。行政机关接到移交的案件线索后，如果怠于启动生态环境损害赔偿程序，检察机关应对接环境行政公益诉讼，向相应行政机关发出督促启动生态环境损害赔偿的检察建议。

（2）检察机关可直接提起环境民事公益诉讼，起诉通知为必经程序。当检察机关对有关生态环境损害赔偿线索审查后，认为案件不属于生态环境损害赔偿制度适用范围的，检察机关应直接启动环境民事公益诉讼程序。但在其正式提起民事公益诉讼时，应同时向行政机关和有关社会组织发出通知，具体步骤如下：①检察机关在启动检察环境民事公益诉讼过程中，及时向相应的行使监管职责的行政机关发出行政履职自查通知。生态环境损害案件通常与环境行政机关是否依法全面履职密切相关，检察机关针对生态环境损害的案件事实向行政机关发出的行政履职自查通知，在性质上体现为检察机关作为法律监督者向行政机关作出的依法履职程序性警示，区别于环境行政公益诉讼中检察机关基于行政机关不依法履职的初步调查结果而向行政机关发出的诉前检察建议。行政机关在收到行政履职自查通知的 30 日内，应针对生态环境损害案件事实就其是否依法履职情况向检察机关作出初步说明的书面回复，检察机关可根据其回复情况判断是否启动环境行政公益诉讼的调查程序。此外，如果环境行政机关不依法履职是导致发生环境污染、生态破坏等侵害环境公共利益民事侵权行为的先决或前提行为，检察机关也可将环境民事公益诉讼转化为环境行政附带民事公益诉讼。②检察机关在启动环境民事公益诉讼过程中，及时向有关社会组织发出检察公益诉讼起诉通知。当下环境民事公益诉讼通过检察机关的诉前公告程序确立了社会组织诉权优先，但制度实践已充分证明，诉前公告程序并未真正发挥督促社会组织行使诉权、实现生态环境损害及时救济的制度目标。因此，建议立法取消检察环境民事公益诉讼的诉前公告程序，调整为检察机关向生态环境损害行为地、结果地符合提起民事公益诉讼主体资格要求的社会组织发出检察公益诉讼起诉通知。通知的目的在于保障环境多元共治理念下社会组织在环境治理中的参与权，但本质区别于当下法律规范确认的检察机关诉前公告程序所保障的社会组织优先诉权。社会组织在接到检察机关发出的公益诉讼起诉通知后的 30 日内，如果其有充分证据证明就同一污染环境、破坏生态行为中存在检察机关尚未发现的其他生态环境损害的事实，社会组织可以补充新的诉讼请求，申请与检察机关作为环境民事公益诉讼的共同原告。

```
┌─────────────────────────────────┐
│    检察机关发现生态环境损害线索    │
└─────────────────────────────────┘
                │
        ┌───────────────┐
        │   判断案件类型   │
        └───────────────┘
         │              │
┌──────────────┐  ┌──────────────┐
│案件属于生态环境损│  │案件不属于生态环境损│
│害赔偿适用范围   │  │害赔偿适用范围   │
└──────────────┘  └──────────────┘
        │                 │
┌──────────────┐  ┌──────────────────────┐
│向相应行政机关   │  │检察机关提起环境民事公益诉讼│
│转交案件线索     │  └──────────────────────┘
└──────────────┘
```

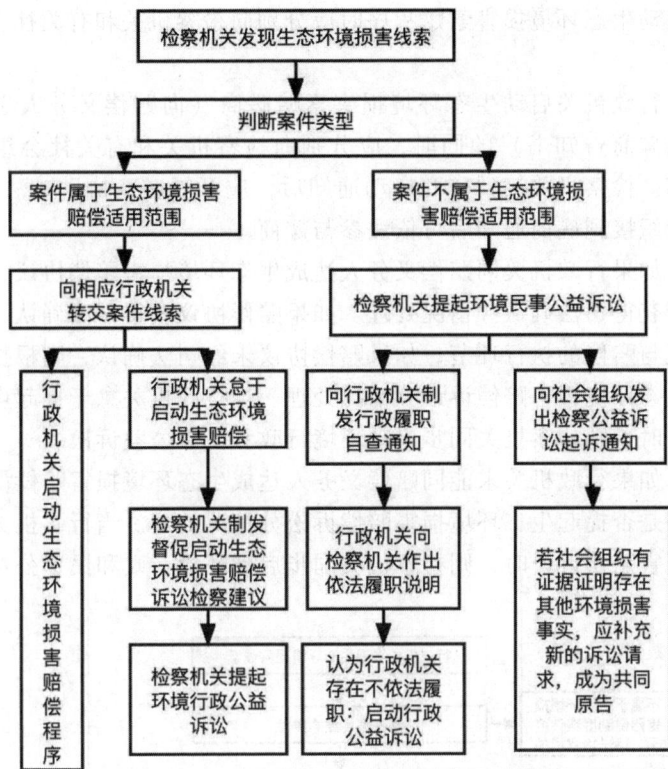

图 1　检察机关发现生态环境损害线索衔接流程

2. 行政机关发现生态环境损害案件线索时的衔接方案

（1）向检察机关移交案件线索。根据《改革方案》《生态环境损害管理规定》等规定，生态环境损害赔偿案件实则是有比较严格的适用范围的，行政机关在发现生态环境损害案件线索时应首先判断案件是否属于生态环境损害赔偿的法定适用范围，不宜泛化、扩大适用范围，如果判断不属于其启动生态环境损害索赔程序的适用范围，应及时将线索移交至具有相应管辖权的检察机关。这点在《生态环境损害赔偿管理规定》第 15 条也有体现，该条规定了赔偿权利人应当建立线索筛查和移送机制。

（2）行政机关启动生态环境损害赔偿程序，磋商启动通知为必经程序。生态环境损害赔偿制度赋予环境行政执法机关落实环境多元共治、提升环境行政执法效能的新途径，基于公益诉权平衡理念，行政机关发现生态环境损害案件线索后，经审查属于启动生态环境损害赔偿的适用范围的，行政机关可直接启动生态环境损害索赔程序，但基于环境多元共治理念、检察监督等理念，行政机关在启动生态环境损害索赔程序时应分别向检察机关和有关社会组织发出通知。

第一，行政机关启动生态环境损害索赔磋商（向赔偿义务人送达生态环境损害索赔磋商告知书）的同时，应分别向检察机关和有关社会组织发出磋商启动通知。检察机关接到磋商启动通知后，应开展磋商协助、法律监督等；有关社会组织接到磋商通知后可依法参与磋商。

第二，如果行政机关同赔偿义务人达成生态环境损害赔偿协议，则根据赔偿协议是否获得司法确认分情况处理。如果赔偿协议获得司法确认，则转入生态环境修复与赔偿的执行环节；如果赔偿协议未经司法确认，则根据行政机关是否提起生态环境损害赔偿诉讼分情况处理。当行政机关怠于提起生态环境损害赔偿诉讼时，则检察机关同步启动环境行政和民事公益诉讼。

第三，如果行政机关未能同赔偿义务人达成生态环境损害赔偿协议，则根据行政机关是否提起生态环境损害赔偿诉讼分情况处理。当行政机关怠于提起生态环境损害赔偿诉讼时，则检察机关同步启动环境行政和民事公益诉讼。

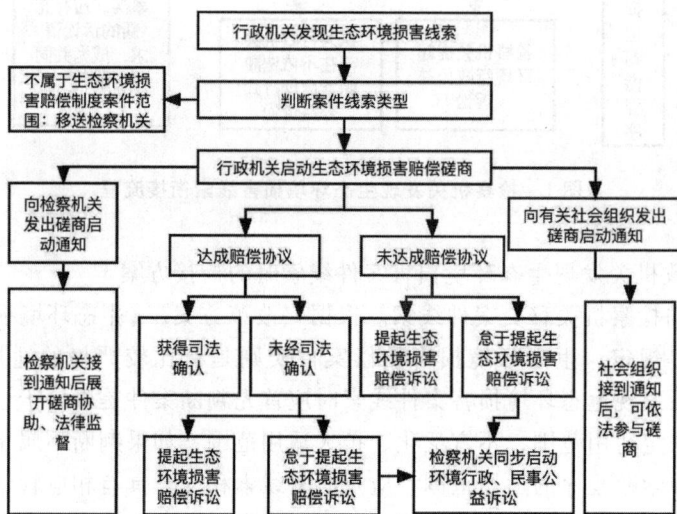

图 2　行政机关发现生态环境损害线索衔接流程

3. 社会组织发现生态环境损害案件线索时的衔接方案

根据环境保护法、民事诉讼法的规定，符合法律规定的社会组织可以依法提起环境民事公益诉讼。当有关社会组织发现生态环境损害案件线索后，也应首先判断案件类型，并分情况处理。

（1）向行政机关移交生态环境损害赔偿案件线索。社会组织发现生态环境损害案件线索后，认为案件属于生态环境损害赔偿制度案件适用范围时，应及时向生态环境损害赔偿权利人（行政机关）移交案件线索，案件移交至行政机关后，相应的衔接程序可按照前述图2"行政机关发现生态环境损害线索衔接流程"启动相关程序。

（2）社会组织可直接提起环境民事公益诉讼，起诉通知为必经程序。社会组织发现生态环境损害案件线索后，认为案件类型不属于生态环境损害赔偿制度案件适用范围的，社会组织可自行启动环境民事公益诉讼。但决定提起环境民事公益诉讼的社会组织应同时向涉案行政机关和有管辖权的检察机关发出环境民事公益诉讼启动通知。检察机关接到通知后，可启动支持起诉的程序；行政机关接到通知后，应在30日内针对生态环境损害案件事实就其是否依法履职情况向检察机关作出初步说明的书面回复，检察机关可根据其回复情况判断是否启动环境行政公益诉讼的调查程序。

当社会组织已向涉案行政机关和检察机关发送环境民事公益诉讼起诉通知，但最终决定不起诉的，检察机关可根据前述图1"检察机关发现生态环境损害线索衔接流程"启动相应程序。

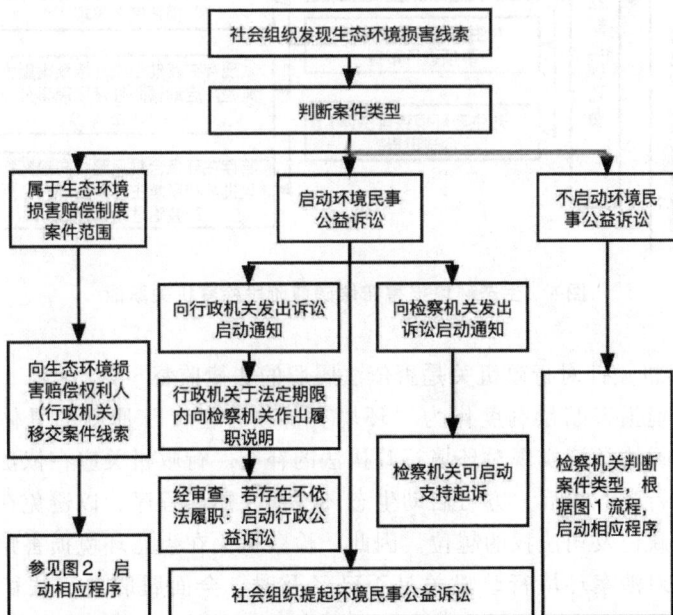

图3　社会组织发现生态环境损害线索衔接流程

（二）磋商阶段的衔接

生态环境损害赔偿制度和民事公益诉讼的衔接，除启动阶段的案件线索移送相互衔接外，在生态环境损害赔偿诉前磋商环节，由于涉及案件范围差异、全过程检察法律监督等因素，将涉及生态环境损害赔偿制度、检察环境民事公益诉讼、检察环境行政公益诉讼进行衔接的核心在于厘清检察机关在生态环境损害赔偿诉前磋商环节中角色定位及明晰相应程序机制。检察机关在生态环境损害赔偿诉前磋商环节的具体监督职责，应主要围绕对行政机关是否依法履职、生态环境损害索赔是否合法、全面、生态环境致害主体是否合规及具体整改等方面展开。（详见图4）

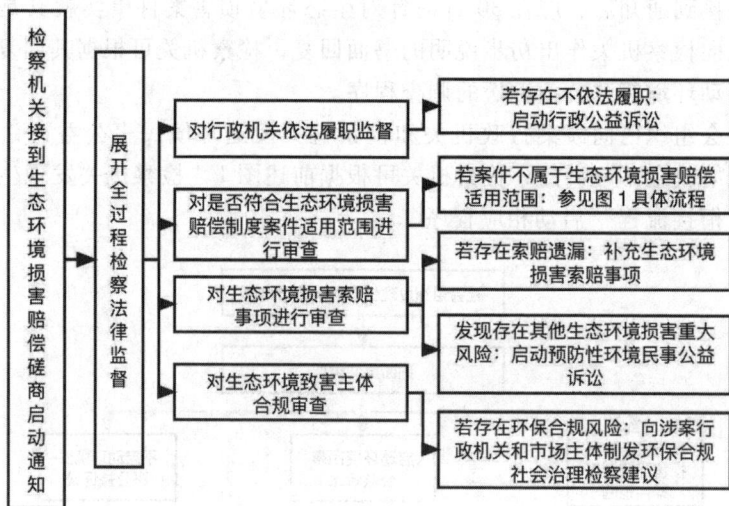

图4　生态环境损害赔偿磋商阶段检察机关职能

1. 检察机关针对行政机关是否依法履职的法律监督

生态环境损害赔偿制度作为"环境有价损害担责"原则的具体落实，其本质是通过司法救济实现对环境行政执法的补充。行政机关应在依法全面履行法律赋予的行政职责后，方可启动生态环境损害赔偿程序，以避免在环境治理中行政权的缺位及司法权的越位。因此，检察机关在生态环境损害赔偿诉前磋商环节，应对涉案环境行政机关是否已经及时、全面履职进行法律监督。由此，行政机关在生态环境损害赔偿诉前磋商中，应负有向检察机关说明自身已依法全面履职的义务。检察机关应针对行政机关的履职说明进行初步审查，尤其要审查行政机关是否已穷尽相应行政救济手段，此初步审查有别于环境行政公益诉讼起诉要件中对于行政机关是否穷尽相应救济手段的实质性审查标准，应采取程序正义审查标准，即行政机关在程序上已启动或实施相应的行政命令、行政处罚、行政强制即可。检察机关此初步审查的目的在于防止环境行政执法"泛司法化"，防止其推诿懈怠行政职责，以规范环境治理的行政主导地位。当检察机关发现行政机关未及时、全面依法履职而直接启动生态环境损害赔偿诉讼的，应视情况及时启动针对行政机关的行政公益诉讼程序，向其发出依法全面履职的诉前检察建议。

2. 检察机关对是否符合生态环境损害赔偿案件适用范围的审查

根据《改革方案》的规定，生态环境损害赔偿制度有严格的适用范围限制。目前明确规定的生态环境损害赔偿适用范围只有"发生较大及以上突发环境事件""在国家和省级主体功能区规划中划定的重点生态功能区、禁止开发区发生环境污染、生态破坏事件的"两类。此外，虽然《改革方案》中提出各地区可根据实际情况，综合考虑造成的环境污染、生态破坏程度以及社会影响等因素，明确除《改革方案》确立的上述两种适用情形外的其他适用情形，但是根据《立法法》第 11 条第 10 项的规定，涉及诉讼制度的事项只能通过制定法律的方式予以确立，因此当下各地方有关生态环境损害赔偿法律规范中扩大生态环境损害赔偿适用范围的情形，涉嫌违反立法法的规定，应对生态环境损害赔偿案件适用范围限缩解释，不宜扩大、泛化。因此，未来应对生态环境损害赔偿案件的适用范围予以立法确认、明晰、规范。检察机关在生态环境损害赔偿诉前磋商程序中，应主动审查案件类型是否符合法律规范要求，该审查目的在于规范行政机关公益诉权的有限性，其机理在于，行政规制及行政执法才是行政机关的主要职能，警惕行政泛司法化。对于不属于生态环境损害赔偿案件适用范围的，检察机关应根据图 1 流程及时启动环境民事公益诉讼程序。

3. 检察机关对生态环境损害索赔事项的审查

根据《民法典》第 1234 条生态环境损害的生态修复责任和第 1235 条关于生态环境损害赔偿范围的规定，检察机关在生态环境损害赔偿诉前磋商中，应对行政机关的生态环境损害磋商事项进行必要的监督审查，并需要特别关注是否围绕生态环境受到损害至修复期间服务功能丧失导致的损失、生态环境功能永久性损害造成的损失进行有效索赔，对行政机关在生态环境损害赔偿诉前磋商中遗漏的索赔事项，检察机关应及时作出补充。此外，检察机关应针对涉案生态环境损害是否产生连带生态环境损害重大风险进行必要监督审查，如果对涉及的其他生态环境要素或生态系统存在重大致害风险，应同时启动预防性环境民事公益诉讼。此外，对索赔事项的审查还包括对赔偿义务人的监督审查，包括是否针对所有的责任主体提起索赔、是否有遗漏、多义务主体索赔责任分配是否合理公平；监督审查也包括对行政机关磋商次数、磋商时间长短的审查，避免实践中出现的多次磋商、磋商时间过长等无效磋商的程序"空转"现象，及时发出相关检察建议，以确保受损环境公益的及时维护。

4. 检察机关对生态环境致害主体的环保合规审查

实践中造成生态环境损害的违法行为人主要为各类市场主体，因此，通过环境公益维护制度体系，协助行政机关督促涉案的各类市场主体进行环保合规整改，可以成为新时代公益诉讼检察积极履职、系统治理的发力点。《中共中央关于加强新时代检察机关法律监督工作的意见》明确提出检察机关应"推动国家治理体系和治理能力现代化"。《人民检察院检察建议工作规定》中明确了检察建议类型包括社会治理型检察建议。在生态环境治理领域，检察机关也可探索协助行政机关围绕生态环境损害主体积极整改、促进市场主体环境合规，从源头消除生态环境损害风险。具体来看，当生态环境损害主体为企业等市场经营主体时，检察机关在生态环境损害赔偿诉前磋商环节应主动协同行政机关针对致害主体的环保合规风险展开审查，必要时可向行政机关和市场主体制发环保合规社会治理检察建议，从源头防范、化解环境损害风险，提升公益诉讼检察有关国家治理、社会治理的系统治理制度潜能。

（三）审理阶段的两诉衔接

根据《若干规定（试行）》第17条的规定，两诉在审理阶段如果同时提起，衔接规则应遵循当下确立的生态环境损害赔偿诉讼审理优先原则。基于生态环境损害赔偿优先，兼顾诉讼效益原则，未来立法对于审理阶段的两诉衔接可进行适当调整，按照以下三种情况进行区分。

1. 环境民事公益诉讼先行提起的两诉衔接

检察机关或社会组织先于行政机关提起环境民事公益诉讼后，如果环境民事公益诉讼案件类型属于生态环境损害赔偿案件类型，行政机关在环境民事公益诉讼审理过程中如果基于同一生态环境损害事实向人民法院提起生态环境损害赔偿诉讼，基于生态环境损害赔偿优先原则、环境公益救济主导原则和司法效益原则，人民法院应同时受理行政机关提起的生态环境损害赔偿诉讼，并将生态环境损害赔偿诉讼和环境民事公益诉讼进行合并审理。

2. 生态环境损害赔偿诉讼先行提起的两诉衔接

行政机关先于检察机关或社会组织提起生态环境损害赔偿诉讼后，如果检察机关或社会组织向人民法院就同一生态环境损害的事实提起环境民事公益诉讼，人民法院应在符合条件的情况下受理环境民事公益诉讼并合并审理。具体来看，检察机关或社会组织如果在人民法院受理生态环境损害赔偿诉讼后，基于同一生态环境损害事实，只有有证据证明存在行政机关尚未发现的其他生态环境损害的事实，以及诸如生态环境损害重大风险等超出生态环境赔偿诉讼案件受案范围的情形下，检察机关或社会组织才可向人民法院同时提起环境民事公益诉讼。人民法院在同时受理生态环境损害赔偿诉讼和环境民事公益诉讼后，应当进行合并审理。

3. 环境民事公益诉讼内部两主体的衔接

检察机关和社会组织作为环境民事公益诉讼的法定起诉主体，亦会存在检察环境民事公益诉讼和社会组织提起的环境民事公益诉讼的冲突。本课题组认为，检察机关或社会组织已经提起环境民事公益诉讼后，如果检察机关或社会组织针对同一生态环境损害事实有证据证明存在尚未发现的其他生态环境损害或补充其他诉讼请求的，应当将其列为环境民事公益诉讼的共同原告，而不必重新提起新的诉讼。

（四）执行阶段的两诉衔接

根据《民法典》第1234条、第1235条等关于生态环境损害修复、生态环境损害赔偿范围等的规定，生态环境损害赔偿诉前磋商与诉讼、环境民事公益诉讼等都涉及最终的执行，检察机关作为法律监督机关，应该对执行过程实现有效监督。

1. 生态环境损害赔偿协议经司法确认后的执行监督

行政机关与生态环境损害赔偿义务人达成生态环境损害赔偿协议，并经司法确认后，赔偿义务人应按照赔偿协议自行开展生态修复或委托具备修复能力的社会第三方展开修复、积极进行损害赔偿，行政机关和检察机关应及时督促赔偿义务人开展生态修复和损害赔偿。赔偿义务人完成生态修复后，由行政机关对修复效果进行评估或委托第三方进行修复评估，并将评估材料抄送检察机关。

赔偿义务人不履行或不完全履行赔偿协议约定的生态修复和损害赔偿义务的，检察机关应积极支持行政机关根据司法确认结果向人民法院申请强制执行。行政机关怠于向人民法院申请强制执行的，检察机关应督促行政机关向人民法院申请强制执行。

2. 生态环境损害赔偿诉讼、环境民事公益诉讼判决的执行监督

生态环境损害赔偿义务人应及时履行生态环境损害赔偿诉讼或环境民事公益诉讼关于生态环境修复和生态环境损害赔偿的判决。赔偿义务人应按照判决要求自行开展生态修复或委托具备修复能力的社会第三方展开修复、积极进行损害赔偿，行政机关、检察机关或提起环境民事公益诉讼的社会组织应及时督促赔偿义务人开展生态修复和损害赔偿。赔偿义务人完成生态修复后，由行政

机关对修复效果进行评估或委托第三方进行修复评估，并将评估材料抄送检察机关。

赔偿义务人不履行或不完全履行判决的生态修复和损害赔偿责任，检察机关应积极支持行政机关或提起环境民事公益诉讼的社会组织根据判决结果向人民法院申请强制执行，检察机关自行提起的环境民事公益诉讼，则应自主向人民法院申请强制执行。行政机关或提起环境民事公益诉讼的社会组织怠于向人民法院申请强制执行的，检察机关应督促行政机关向人民法院申请强制执行。

论行政公益诉讼的证明责任及其分配

章剑生[*]

引言

基于现代审判程序的逻辑构造，对检察机关提出的行政公益诉讼请求，法院是否予以支持，并不是基于检察机关的法律地位，而是基于该诉讼请求是否具备符合法律规定的事实与依据。也就是说，纵然检察机关有权监督法院的审判活动，也不能改变行政公益诉讼审判程序的逻辑构造。与之相关的证明责任分配仍然是不可或缺的内容。《行政诉讼法》第 25 条第 4 款规定了行政公益诉讼的提起机关、范围和原则性程序，但并没有涉及行政公益诉讼证明责任及其分配问题，即使最高人民法院、最高人民检察院发布了《关于检察公益诉讼案件适用法律若干问题的解释》（以下简称《公益诉讼解释》），其中的相关规定也比较简陋。然而，在行政公益诉讼中，案件事实应当由诉讼当事人哪一方来提供证据并加以证明？如果负有提供证据责任一方当事人不能提供或者提供证据但不能证明案件事实时，法院又该如何裁判？法院是否有依职权调取证据的责任？等等。对此类问题，本文试图作一些初步的解答。

但凡诉讼场景都是这样的："诉讼开始时，存在着何方对某个事实主张举证责任的问题；诉讼终止时，则是一个由何方承担不能被证明的事实的不利后果问题；此外，在诉讼的不同阶段当中的具体场合应当由谁提供某个证明也具有重大意义。"[①] 这就是所谓的诉讼证明责任的分配问题。诉讼证明责任涉及对某一事实主张应由哪一方当事人举证，以及不能证明时不利后果应归于哪一方当事人的问题。在比较法语境中，前者称之为主观证明责任，后者称之为客观证明责任。为了便于展开下面的讨论，本文在此借用这两个概念工具。本文

---

[*] 浙江大学光华法学院教授，最高人民检察院检察基础理论研究基地（浙江大学检察基础理论研究中心）研究人员。

[①] 参见［德］汉斯·普维庭：《现代证明责任问题》，吴越译，法律出版社 2000 年版，第 9 页。

拟从行政公益诉讼证明责任的制度基础开始，讨论其证明责任确立的原则及分配规则，并简要讨论与之相关的检察机关调查权和诉前督促程序两个问题。本文认为，行政诉讼法确立的行政诉讼证明责任原则及分配规则，其制度基础是行政私益诉讼，它难以平移至行政公益诉讼中。因此，行政公益诉讼证明责任必须寻找自己的制度基础，由此获得确立其证明责任原则与分配规则。必须指出的是，比较法知识固然重要，但由于"社会活动中所需要的知识至少有很大部分是具体和地方性的"①，因此，确立中国行政公益诉讼证明责任原则与分配规则，应当要在遵循诉讼一般规律的基础上，从"中国经验"，即独特的检察机关体制中提炼、获取，才能阐发出对中国问题具有足够解释力的法理。

一、行政公益诉讼证明责任的制度基础

（一）行政公益诉讼的程序构造

作为行政私益诉讼的一种例外，行政公益诉讼在诉讼程序上仍应当遵循行政私益诉讼程序，只有在该诉讼程序与行政公益诉讼目的之间发生不兼容，或者行政私益诉讼存在程序空白时，立法才有构造行政公益诉讼程序的充分理由。行政公益诉讼的程序构造主要体现在如下两个方面。

1. "双阶构造"的诉讼程序

作为行政私益诉讼的一种制度性补充，在 2017 年修改的《行政诉讼法》第 25 条第 4 款中，立法简要地勾勒了行政公益诉讼的程序。根据这一规定，提起行政公益诉讼须经如下两个阶段程序：（1）检察建议先行前置程序，督促行政机关履行职责；在行政机关不依法履行职责时，检察机关才能提起行政公益诉讼。本文将这种行政公益诉讼程序的结构称为"双阶构造"诉讼程序，即督促程序—诉讼程序。在这个"双阶构造"诉讼程序中，尽管督促程序的外观是一种"建议"，行政机关似乎没有服从的义务，但从它的内部结构和结果看，实质上它是"命令—服从"的一种强制，即由检察机关向行政机关发出一种履职"命令"，行政机关随即"服从"并履行此"命令"为其设定的义务。尽管督促程序在性质上为非诉讼程序，但它与行政公益诉讼程序不可分割；若没有督促程序，行政公益诉讼程序就无法开启。就这一点而言，其功能如同前置性的行政复议程序。在督促程序中，检察机关处于优势、主动的地位，是否启动、何时终止程序等都是由检察机关依职权决定。这一特点也与它

---

① 参见苏力：《法治及其本土资源》（第 3 版），北京大学出版社 2015 年版，第 20 页。

作为国家法律监督机关的地位相匹配。（2）行政公益诉讼程序与行政私益诉讼程序基本重合，它没有也没有必要发展出一个自己独立的诉讼程序。这一点从 2017 年行政诉讼法修改内容中可以推导出来：国家立法机关在《行政诉讼法》第 25 条添加第 4 款之后，再也没有在该法的其他地方增加有关行政公益诉讼程序的规定。我们可以视为国家立法机关默认了行政公益诉讼可以适用行政私益诉讼程序。

基于这一行政公益诉讼的程序构造，讨论证明责任及其分配问题有两个不同面向：一个是"督促程序"，另一个是"诉讼程序"。作为一种法律程序，"督促程序"当然也存在证明责任问题。但是，因其没有诉讼程序那种"等腰三角形"的关系结构，与诉讼程序相比，两者证明责任的内容可能是完全不同的。不过，由于"督促程序—诉讼程序"之间具有不可分离性，"督促程序"便成为我们考虑行政公益诉讼证明责任及其分配问题时不可忽视的重要因素。

2. "混合主义"的诉讼模式

一般认为，刑事诉讼模式偏向于职权探知主义，凸显国家权力的主动性（追诉性）；民事诉讼模式偏向于当事人主义，强调当事人对自己权利的处分性（意思自治）。从行政诉讼法的相关规定看，行政诉讼采用的则是一种"混合主义"诉讼模式，即当事人主义与职权探知主义的结合。[①] 从立法目的看，行政诉讼既要保护私人合法利益，又要监督行政机关依法行使职权。[②] 而诉讼目的只有匹配一个妥当的诉讼模式，立法者的意志才能得以实现。就此而言，行政诉讼法采用"混合主义"诉讼模式是妥当的。进言之，以何种原则确立证明责任以及如何分配证明责任问题，与诉讼模式之间具有密切的关联性。一般来说，在职权探知主义诉讼模式中，主观证明责任的色彩相对淡薄，甚至可以不存在主观证明责任，但当事人主义的诉讼模式则相反。

基于对行政行为合法性审查而建立起来的行政诉讼[③]，原告的诉讼请求并不当然可以限定法院的审查范围，法院也可以不直面原告诉讼请求作出裁判[④]。这种"诉判分离"的制度安排是行政诉讼采用职权探知主义诉讼模式的充分理由。但是，行政诉讼又是从民事诉讼中发展出来的一种特别诉讼程序，

---

① 参见《行政诉讼法》第 34 条、第 38 条和第 40 条等。
② 参见《行政诉讼法》第 1 条。
③ 参见《行政诉讼法》第 6 条。
④ 参见最高人民法院指导案例 88 号。

因而天生具有当事人主义的诉讼模式性格①，且"保护私益"的行政诉讼目的也需要由当事人主义的诉讼模式来匹配。由此我们可以看到，行政诉讼"混合主义"诉讼模式的底色是职权探知主义，当事人主义则是一种补充。有一种观点认为："在行政诉讼程序中并非完全不存在主观证明责任，由于行政诉讼这样的以职权探知主义为主导的诉讼领域，近年常常被突破，杂糅了不少辩论主义的因素，也有主观证明责任适用的土壤。"② 这个观察结论大体是对的。如果行政诉讼模式是当事人主义与职权探知主义的混合这一命题成立的话，那么，这种"混合主义"诉讼模式是否适应行政公益诉讼呢？本文认为，因行政公益诉讼以保护公共利益为要旨，"混合主义"诉讼模式总体上应当是合适的，只不过职权探知主义的底色或许应当加重而已。但是，就诉讼程序公正、公平的要求看，即使在行政公益诉讼中，职权探知主义也要加以限制，毕竟，行政公益诉讼有时还会涉及具有私人地位的第三人的合法权益。

（二）行政公益诉讼的特殊性

"公益诉讼的最终目标在于实现公共利益方面的社会与法律变革。通过诉讼促使现行的法律得到执行，或者促使政府履行责任。"③ 依照行政诉讼法的相关规定，行政公益诉讼的目的是保护国家利益或者社会公共利益，这一点与行政私益诉讼中"监督行政机关依法行使职权"是重合的。因行政私益诉讼还有"保护私益"的目的，所以，与行政私益诉讼相比，行政公益诉讼又具有自身的某种特殊性，进而，这种特殊性也是确立行政公益诉讼证明责任及其分配规则时应当考虑的因素。

1. 督促程序前置

督促程序是检察机关以"建议"的形式命令行政机关依法履行职责的法定程序。根据行政诉讼法的规定，在启动这个程序之前，检察机关已经"在履行职责中发现生态环境和资源保护、食品药品安全、国有财产保护、国有土地使用权出让等领域负有监督管理职责的行政机关违法行使职权或者不作为，致使国家利益或者社会公共利益受到侵害"④。由此可见，检察机关启动督促

① 1982 年《民事诉讼法（试行）》第 3 条第 2 款规定："法律规定由人民法院审理的行政案件，适用本法规定。"2000 年最高人民法院《关于执行〈中华人民共和国行政诉讼法〉若干问题的解释》（已失效）第 97 条规定："人民法院审理行政案件，除依照行政诉讼法和本解释外，可以参照民事诉讼的有关规定。"这些规定大致也可以支持这个判断。

② 参见肖建国、包建华：《证明责任：事实判断的辅助方法》，北京大学出版社 2012 年版，第 38 页。

③ 参见徐卉：《通向社会正义之路——公益诉讼理论研究》，法律出版社 2009 年版，第 103 页。

④ 参见《行政诉讼法》第 25 条第 4 款。

程序需要满足两个法定要件，即"违法行使职权或者不作为"和"致使国家利益或者社会公共利益受到侵害"。对于这两个法定要件中的事实，检察机关应负有收集证据并加以证实的责任。由于督促程序前置于诉讼程序，除非行政机关满足了检察建议的要求，否则，检察机关必然开启诉讼程序，将案件提交法庭。基于这样一种衔接性的制度安排，在督促程序中检察机关收集的证据，必须会沿用到诉讼程序之中，与诉讼程序中的证明责任产生了连接。

2. 由检察机关提起诉讼

检察机关的宪法地位是国家法律监督机关。在行政公益诉讼中，它是以公益诉讼起诉人的身份向法院提起公益诉讼。[①] 这里姑且不论"国家法律监督机关"和"公益诉讼起诉人"两者如何在诉讼程序中的协调问题[②]，即使检察机关在行政公益诉讼具有"公益诉讼起诉人"的身份，它也不同于行政私益诉讼中的原告。正因如此，在办理公益诉讼案件中，检察机关才具有不同于行政私益诉讼原告收集证据的权利。如《公益诉讼解释》第6条规定："人民检察院办理公益诉讼案件，可以向有关行政机关以及其他组织、公民调查收集证据材料；有关行政机关以及其他组织、公民应当配合；需要采取证据保全措施的，依照民事诉讼法、行政诉讼法相关规定办理。"从这一司法解释看，检察机关在收集证据过程中，"有关行政机关以及其他组织、公民"有配合的义务，必要时，它还有采取证据保全措施的权力。可见，尽管在行政公益诉讼中检察机关是以公益诉讼起诉人的身份出现，但它实质上仍然是国家法律监督机关。这种以国家权力为后盾收集证据的权利（力），足以影响到行政公益诉讼证明责任分配规则。

3. 保护国家利益或者社会公共利益

国家利益是关系到国家兴衰、存亡的利益。社会公共利益是不特定多数人可以共享的且不可分割的利益。当"行政机关违法行使职权或者不作为，致使国家利益或者社会公共利益受到侵害"时，在立法政策上，我们选择了由作为国家法律监督机关的检察机关行使诉权，通过启动司法权达成保护国家利益或者社会公共利益的目的。这在宪法给定的国家"框架性制度"[③] 中是可以获得自洽解释的。在行政公益诉讼中，无论是作为起诉人的检察机关、被起诉

---

① 参见《最高人民法院、最高人民检察院关于检察公益诉讼案件适用法律若干问题的解释》第4条。

② "检察机关介入行政诉讼，无论是参加还是提起行政诉讼，其法律地位都是国家专门法律监督机关，不具有诉讼法上的原告地位。"参见章剑生：《现代行政法基本理论》（第2版/下卷），法律出版社2014年版，第971页。

③ 参见章剑生：《现代行政法基本理论》（第2版/上卷），法律出版社2014年版，第23页。

人的行政机关，还是居中裁判的法院，人民代表大会设置这些国家机关的目的之一就是保护国家利益或者社会公共利益。基于这样的共同目的，或许它也会影响行政公益诉讼证明责任分配规则。

二、行政公益诉讼证明责任的制度构造

（一）行政公益诉讼证明责任确立原则

在分析了行政公益诉讼证明责任的制度基础之后，我们当以何种原则确立行政公益诉讼证明责任，便是本文接下来要讨论的问题。作为行政公益诉讼证明责任的制度构造基础，行政公益诉讼证明责任确立原则具有顶拱石的功能，因此，寻找这块顶拱石构成了本文的主要任务。

1. 证明责任简述

通常，证明责任涉及两个基本问题：（1）涉案事实应当由哪一方当事人负责提交法院，即主观证明责任问题。在这个问题上，罗森贝克的"规范说"无疑是一种具有决定性的学说。"在一个以辩论原则为主导的诉讼中，当事人不仅必须证明为判决所需要的事实，而且还要通过提出主张来参与诉讼，并使自己的主张成为判决的基础。"① 这一证据法上的基本问题在我们的诉讼法中，概称之为"举证责任"。如《行政诉讼法》第34条第1款规定："被告对作出的行政行为负有举证责任，应当提供作出该行政行为的证据和所依据的规范性文件。"根据这一规定，涉及被诉行政行为合法性的事实，应当由行政机关负责向法院提交。（2）在双方当事人穷尽了举证责任之后，涉案事实仍处于真伪不明时法院如何裁判，即客观证明责任问题。这一证据法上的基本问题本质上是要回答在这种情形下法官如何裁判的问题。由于人的认知局限性，客观上的确会存在穷尽努力之后仍不可能查明涉案事实的可能性，且法官对手中的案件又不可能拒绝裁判，所以，当双方当事人穷尽举证责任之后涉案事实仍处于真伪不明时，法官就应当将败诉风险裁判给对此涉案事实负有举证责任的那一方当事人，从而给诉讼程序画上一个句号。由此可见，由哪一方当事人来负责提供涉案事实证据，并不是证明责任的核心。当双方当事人穷尽举证责任之后涉案事实仍处于真伪不明时，法院应该将败诉风险判给哪一方当事人的问题，才是证明责任的坚核。正如有学者所言："以客观证明责任概念为核心的证明法学研究的对象是，法院对当事人所提出的支持（或者消灭）请求权的事实由于各种原因无法查明时，也即诉讼终止时事实处于真伪不明状态的前提下，

---

① 参见 ［德］莱奥·罗森贝克：《证明责任论》，庄敬华译，中国法制出版社2002年版，第45页。

如何按照法律（主要是实体法）的预先设置在当事人之间分配这种真伪不明所带来的风险的问题。"①

2. 证明责任原则的确立

在相当程度上，与讨论证明责任场域关系最为密切的是当事人主义的诉讼模式；或者说，当事人主义诉讼模式才是确立证明责任原则的诉讼法基础。如前所述，我国的行政私益诉讼是一种"混合主义"的诉讼模式。本文认为，这种诉讼模式也可适用于行政公益诉讼，只不过需要强调的是，行政公益诉讼因为突出保护国家利益或者社会公共利益的目的，才需要加重职权探知主义诉讼模式的成色。

在行政私益诉讼中，原告因不服行政机关作出的行政行为而对其提起行政诉讼，因行政机关已经作出了被诉行政行为，且行政机关在行政法律关系中具有"强势"的地位，所以，在"违法推定"原则之下将被诉行政行为合法性的证明责任分配给行政机关，可以起到强化原告"弱势"地位的作用。从当事人主义的诉讼模式看，《行政诉讼法》第34条第1款规定被告对作出的行政行为负有举证责任，将这种证明责任分配原则归为"举证责任倒置"也是妥当的。针对"被告对作出的行政行为负有举证责任"，当年行政诉讼法的立法草案说明中并没有涉及这个问题，但后来有一个权威性的解释是："行政诉讼要解决的核心问题是被诉具体行政行为是否合法，而被诉具体行政行为又是行政机关以单方面的意志作出的，从'依法行政'的原则来看，行政机关作出某种具体行政行为，一要有事实依据，二要有法律、法规等规范性文件的根据。因此，在行政诉讼中，由被告的行政机关承担举证责任是符合行政法的原则的，反映了行政管理的特点，切合行政审判的实际。"② 有原则必有例外。关于原告是否需要分担的举证责任，1989年行政诉讼法是没有规定的，后来因为司法实践中出现了问题，2000年最高法的司法解释才作出了回应③，之后，又在实践基础上将相关司法解释整合进了2014年行政诉讼法，即就"起诉被告不履行法定职责"和"行政赔偿、补偿"两类行政案件，基于罗森贝克的"规范说"，2014年《行政诉讼法》第38条在原、被告之间分配了相关的证明责任。

那么，上述这个行政私益诉讼证明责任原则，可否直接引入行政公益诉讼

---

① 参见吴越：《从举证责任到客观证明责任的跨越（代译序）》，载〔德〕汉斯·普维庭：《现代证明责任问题》，法律出版社2000年版，第2—3页。

② 参见黄杰：《〈中华人民共和国行政诉讼法〉释义》，人民法院出版社1994年版，第104页。

③ 参见最高人民法院《关于执行〈中华人民共和国行政诉讼法〉若干问题的解释》第27条。

呢？答案是否定的。理由在于：（1）行政公益起诉人是国家法律监督机关，被诉人不是如同行政私益诉讼中作为行政机关行使职权指向的行政相对人，而是行政机关。在"原告（检察机关）—被告（行政机关）"这种诉讼构造模式下，检察机关在行政公益诉讼中的地位与承担证明责任之间有着十分密切的关系；作为被告的行政机关与检察机关一样，都拥有以国家强制力为后盾的权力。在合法的框架内，它们都有非凡的获取证据的能力。在这样的诉讼构造模式中，确立"原告（检察机关）—被告（行政机关）"之间证明责任分配原则，就不能简单地搬用刑事、民事或者行政私益诉讼的法律政策设计方案了。正如有学者所说："在私益诉讼中适用单方面职权主义的依据在于，被告行政机关的举证能力强于原告。而检察机关和行政机关同样作为国家机关，在举证能力上没有根本性的差异，因此在诉讼模式上应适用一般辩论主义，法院保持客观中立的态度，法院不应收集证据支持任意一方当事人。因而，《行政诉讼法》第34条主观举证责任恒定由被告行政机关承担，在检察机关提起公益行政诉讼的案件中就失去了存在的合理性"①。这个观点大致是正确的，不过法院是否应当"保持客观中立"，也并非不能讨论的问题。（2）行政公益诉讼的目的是保护国家利益或者社会公共利益。因此，在某些法定情况下，法院也有依职权调查取证的法定义务，所以，难谓法院一定要持有"保持客观中立"的外观。可见，《行政诉讼法》第40条"但书"条款不宜适用②，也是这一逻辑可以推导出的当然结论。基于主观诉讼的特性，行政诉讼法设计了一套与之相匹配的证据制度，其核心是"被告对被诉行政行为合法性承担举证责任"③。检察机关提起行政公益诉讼是否也可以适用这个证明责任原则，不无问题。如由于检察机关具有不同于公民、法人或者其他组织收集证据的权力、能力，《行政诉讼法》第41条和第42条亦不适用行政公益诉讼。④若检察机关请求

---

① 参见李洪雷：《检察机关提起行政公益诉讼的法治化路径》，载《行政法学研究》2017年第5期。

② 《行政诉讼法》第40条规定："人民法院有权向有关行政机关以及其他组织、公民调取证据。但是，不得为证明行政行为的合法性调取被告作出行政行为时未收集的证据。"

③ 参见《行政诉讼法》第34条。

④ 《行政诉讼法》第41条规定："与本案有关的下列证据，原告或者第三人不能自行收集的，可以申请人民法院调取：（一）由国家机关保存而须由人民法院调取的证据；（二）涉及国家秘密、商业秘密和个人隐私的证据；（三）确因客观原因不能自行收集的其他证据。"第42条规定："在证据可能灭失或者以后难以取得的情况下，诉讼参加人可以向人民法院申请保全证据，人民法院也可以主动采取保全措施。"

法院判令行政机关履行法定职责，那么《行政诉讼法》第38条也不宜适用。①也有学者认为："从行政公益诉讼的特点和诉讼参加人的地位来说，应当以检察机关承担举证责任为原则，行政机关承担举证责任为例外。理由在于：一是检察机关兼具司法权与监督权，既有法律赋予的调查核实权，更有专业的法律人才，具有强大的举证能力，能够承担举证责任，由检察机关承担举证责任具有合理性和可行性。二是由检察机关承担举证责任有利于促进检察机关审慎提起行政公益诉讼。只有在事实清楚、证据充分、法律适用准确的情况下才能提起诉讼，以确保公力救济的严肃性和权威性。"② 本文认为，以检察机关具有的权力等因素导出检察机关承担举证责任为原则，行政机关承担举证责任为例外之结论，并没有考虑到因行政公益诉讼"双阶构造"诉讼程序的特点，过度加重检察机关的举证责任，可能影响行政公益诉讼目的实现。"即使是检察机关作为行政公益诉讼的原告，也不能因其在调查取证方面拥有比一般原告更多的手段和经验而减轻甚至免除被告的举证责任。"③ 因此，本文认为，行政公益诉讼证明责任宜适用"谁主张、谁举证"原则，但涉及行政机关"不作为"或者"不依法履行职责"除外。若照此原则仍不足以保护公共利益的，则由法院裁量分配证明责任。

（二）行政公益诉讼证明责任分配规则

基于"双阶构造"的行政公益诉讼程序，行政公益诉讼的诉讼客体有两个：一是公益起诉人的检察建议，二是被告不依法履行职责。针对这两个诉讼客体，行政公益诉讼证明责任分配规则如下。

1. 检察机关的检察建议

检察机关必须就检察建议承担如下证明责任：（1）检察建议的对象属于"法定领域"。即被告行政机关的违法行使职权或者不作为必须发生在"生态环境和资源保护、食品药品安全、国有财产保护、国有土地使用权出让等"领域。④（2）被告是负有监督管理职责的行政机关。检察机关应当提供与该行政机关主体资格相关的证据材料，不能仅仅止于行政私益诉讼中"有明确的被告"，而应当是"有正确的被告"。为此，检察机关必须查明该行政机关是

---

① 《行政诉讼法》第38条第1款规定："在起诉被告不履行法定职责的案件中，原告应当提供其向被告提出申请的证据。但有下列情形之一的除外：（一）被告应当依职权主动履行法定职责的；（二）原告因正当理由不能提供证据的。"

② 参见胡薇、杨明霞：《行政公益诉讼程序问题探讨》，载《法治研究》2017年第5期。

③ 参见田凯：《行政公诉论》，中国检察出版社2009年版，第178页。

④ 关于这个"法定范围"的解释，参见罗文燕：《行政公益诉讼范围、要件及其程序》，载《法制现代化研究》2019年第2期。

否具有法定的"监督管理职责"。（3）有违法行使职权或者不作为。检察机关应当提供行政机关违法行使职权的证据。对于行政机关的"不作为"，在督促程序中，应当由行政机关承担已经"作为"的证明责任；在诉讼程序中，则由检察机关承担"不作为"的证明责任。（4）致使国家利益或者社会公共利益受到侵害。即使行政机关履行了法定职责，但仍导致国家利益和社会公共利益未脱离受侵害的状况的，也属于本要件情形之一。对此，检察机关必须提交足以证明"侵害事实"已经发生的证据。有学者认为："检察机关在证明起诉符合法定条件这一点上与传统的行政诉讼原告所负有的举证责任无异，而区别则主要在于其应承担起证明行政机关对公共利益造成损害事实的举证责任。而这一责任，并非要求检察机关承担完全意义上的证明责任，依照《试点办法》第44条的规定，其只需提交'国家和社会公共利益受到侵害的初步证明材料'即可。"① 本文认为，"初步证明材料"通常适用于私益诉讼中原告起诉条件，从充分保护原告诉权角度，这样的规定是妥当、合理的，也有利于原告便利运用司法权保护自己的合法权益。但在这里，它涉及检察机关是否作出检察建议的问题，就不能仅仅限于"初步证明材料"了。因为，由于检察建议一经作出，势必中断行政机关正常的行政过程，波及行政效率，为了确保行政过程不被随意打断，仅仅是"初步证明材料"即可成立本件是不够的。否定"初步证明材料"，也有助于检察机关"只帮忙、不添乱"，更加审慎地作出检察建议。（5）已经作出检察建议。检察机关提起行政公益诉讼之前，必须作出检察建议督促行政机关在30日内纠正违法行为或者履行法定职责。如果行政机关接受了检察建议，检察机关就没有法定理由提起行政公益诉讼了。对此，检察机关需要提交已经作出"检察建议"的证据。（6）行政机关收到了检察建议。检察建议必须到达行政机关，才能对行政机关产生"拘束"的法效果。对此，检察机关必须提交检察建议的"送达回执"。

2. 行政机关"不作为"或者"不依法履行职责"

一旦检察建议在法律上成立，行政机关即负有没有"不作为"或者"不依法履行职责"的证明责任，否则，将承担败诉的不利后果。对于是否存在"不依法履行职责"，此时检察机关的检察建议，如同行政私益诉讼中原告起诉行政机关"不履行法定职责"的"申请"一样，行政机关应当就其"已经依法履行职责"提交证据。作为行政公益诉讼证明责任的一个例外，其法理是对否定性事实的举证不能。因此，在检察机关提出"行政机关不依法履行职责"时，要求检察机关提供"行政机关不依法履行职责"的证据具有客观

---

① 参见薛志远、王敬波：《行政公益诉讼制度的新发展》，载《法律适用》2016年第9期。

不能性。在这种情况下，证明责任应当转移到行政机关，由行政机关承担已经"依法履行职责"的证明责任。在此基础上，由法院作合法性审查。如在一个地方法院判例中，针对行政机关提交的"已依法履行职责"的证据，经审查后法院认为："公益诉讼人提起本案诉讼后，被告采取措施督促相关责任人按照有关行政机关的决定补植了树木，达到了一定的成活率，被告另案提起诉讼，对其决定违法转包行为予以法律救济，公益诉讼人对被告的补救行为予以认可，并变更诉讼请求，本院依法应予准许。"① 本案中，被告向法院提交已经"依法履行职责"的证据（如采取措施督促相关责任人按照有关行政机关的决定补植了树木，达到了一定的成活率），是检察机关提起行政公益诉讼之后才形成的，这大概也是与行政私益诉讼在证据合法性方面的不同之处。

关于行政机关就"不依法履行职责"承担举证责任，有以下两个问题需要注意：（1）若行政机关以已经回复了检察机关检察建议为理由，主张其已经依法履行职责时，检察机关应当负有提供"致使国家利益或者社会公共利益受到侵害"事实继续存在的证据。如在一个地方法院判例中，行政机关回复检察机关它已经"依法履行职责"了，但是，检察机关经调查之后认为，本案"致使国家利益或者社会公共利益受到侵害"事实仍然存在，行政机关没有提交证据予以否认。据此，法院认为："公益诉讼人向被告发出检察建议后，被告书面回函称已向相关企业下达限期责令拆除的通知等整改措施，整改期满后，企业并未自动履行，该违规建设至今存在，遭到破坏的森林植被至今未恢复。判令被告依法履行监管职责，能够督促被告严格依法行政，保障自然保护区的生态有效恢复，促进生态环境得到改善。故为保护国家利益和社会公共利益，公益诉讼人要求判令被告贺兰山管理局依法履行职责的诉讼请求有事实和法律依据，本院予以支持。"② （2）程序上履行了但实体上仍未达到法律规定的要求。与前（1）不同之处在于，它不是关注行政机关"不依法履行职责"的危害结果，而是行政机关在实体法上的要求是否达到。如在一个判例中，法院认为："至于第三人仲某某正在服刑且无实际履行能力，也不能成为被告不依法定程序履行法定职责的阻却事由。被告于 2018 年 3 月 27 日在龙庙镇花厅村沂河堆边、扎下镇胡道口村三组坟地、梦溪街道沭阳县人民医院北侧三处盗伐地点所补种的 180 株白蜡树苗的株数和代履行程序亦不符合《中华

---

① 贵州省清镇市人民检察院诉清镇市流长苗族乡人民政府乡政府其他行政行为公益诉讼案，贵州省清镇市人民法院〔2016〕黔 0181 行初 35 号行政判决书。

② 阿拉善左旗人民检察院诉内蒙古贺兰山国家级自然保护区管理局行政公益诉讼案，内蒙古自治区阿拉善左旗人民法院〔2016〕内 2921 行初 26 号行政判决书。

人民共和国森林法》第三十九条的规定，不能证明被告已及时、正确、完全履行了法定职责。"① 从本质上看，本案不是"不依法履行职责"，而是违法履行法定职责。对于这种情形检察机关能否提起行政公益诉讼，在《行政诉讼法》第 25 条第 4 款的框架之下，并非没有讨论余地。

三、结语

作为有别于刑事、民事和行政私益诉讼的行政公益诉讼，其证明责任制度如何设计，在相当程度上是一个法政策问题，由立法者权衡各种因素之后决断。正如有学者所说："如果说，主观诉讼模式下'履行法定职责'裁判源自诉讼当事人权利保障的需要，可以通过司法层面的规范操作予以解释，那么公益诉讼模式下的'履行法定职责'裁判则带有鲜明的中国特色，中国特有的行政体系、分权格局与官僚组织激励模式，使其不再仅仅是一项法律内部的规范解释命题。"② 因此，在比较法上由于中国行政公益诉讼可以借鉴的资源并不多。在这个意义上，从判例中寻找中国"经验"并从中加以提炼，也许正是中国行政诉讼法发展的进路之一。

---

① 江苏省宿迁市宿城区人民检察院诉沭阳县农业委员会行政公益诉讼案，江苏省宿迁市宿城区人民法院〔2017〕苏 1302 行初 348 号行政判决书。
② 参见卢超：《从司法过程到组织激励：行政公益诉讼的中国试验》，载《法商研究》2018 年第 5 期。

未成年人检察研究

建构未成年人司法社会支持体系的
理论框架与实践路径[*]

建构未成年人司法社会支持体系的理论框架与实践路径[*]

席小华　　史卫忠[**]

一、问题的提出

2018 年 2 月，最高人民检察院与共青团中央联合签署了《关于构建未成年检察社会支持体系的合作框架协议》（以下简称《协议》），提出了建设未成年检察社会支持体系的目标与任务。2019 年 4 月，双方启动了未成年检察社会支持体系建设试点工作，经过申报和审核，确定在北京市海淀区等 40 个地区开展未成年人检察社会支持体系建设试点，希望通过试点工作，不断积累复制经验，培养社会专业支持力量，建立完善服务机构，进一步推动整个未成年人司法社会支持体系建设取得实质性的发展和进步。

从犯罪学视角出发，运用社会支持理论指导犯罪治理实践已经成为世界各国的有效做法，相对于社会控制理论的外在强迫性和被动性，社会支持理论更强调对犯罪人需求的尊重与满足，以此视角出发设计的犯罪预防实践更容易取得效果。因此，在我国，由司法机关主导自上而下推动未成年人司法社会支持体系建设工作，既是犯罪治理策略的选择与转变，也是司法工作实践的创新与发展。虽然这只是在未成年人司法领域的初步探索，但其必然会对我国整个刑事司法产生深远影响。

最高人民检察院、共青团中央建构未成年人检察社会支持体系的倡导得到基层司法机关和社会组织的积极响应。然而，因为各地资源基础不同，专业实践路径各异，大家对建构未成年人司法社会支持体系模式的理解存在较大差

---

　* 本文发表于《预防青少年犯罪研究》2020 年第 5 期，收入本书时略有删改。

　** 席小华，首都师范大学政法学院教授，最高人民检察院未成年人检察研究基地（首都师范大学未成年人检察社会支持体系研究基地）执行主任，北京青少年社会工作研究院执行院长；史卫忠，最高人民检察院检察委员会副部级专职委员。

异。在笔者看来，应接纳各地未成年人司法社会支持体系建构模式的差异性，但同时也需要从社会支持理论出发，对未成年人司法社会支持体系建构的基本概念、功能作用、理论框架、实践路径作出必要的梳理，以帮助各地实践者更准确地理解未成年人司法社会支持体系建构的应然框架与核心要素，从而指导实践的健康发展。

二、未成年人司法社会支持体系概念的界定

近年来，虽然未成年人司法社会支持体系、未成年人检察社会支持体系等概念被社会各界广泛提及，但较少有学者对此概念在学理上进行深入分析。

（一）未成年人司法、社会支持的基本内涵

未成年人司法，一般是指专门未成年人司法机构或者其他司法机构（包括国家司法机关和非国家机关的司法组织），应用法律处理未成年人犯罪和不良行为案件，以达到保护和教育未成年人健康成长、防治未成年人犯罪和未成年人不良行为这两个目标的专门司法制度。[1] 在以上定义中，未成年人司法的目标是未成年人犯罪预防和不良行为矫正。然而，未成年人犯罪预防及矫正只是刑事司法的工作目标。除此之外，涉及未成年人的民事、行政、公益诉讼裁判活动同样属于未成年人司法的范畴。未成年人司法的目标除了防治未成年人犯罪和不良行为以外，还应包括未成年人民事权益保护、刑事犯罪被害未成年人保护等相关重要内容。鉴于此，笔者对以上定义作出细微调整：未成年人司法，是指专门的未成年人司法机构或者其他司法机构，应用法律处理涉及未成年人的案件，以达到维护未成年人权益，促进未成年人健康成长，预防和矫正未成年人犯罪和不良行为的专门性司法制度。

社会支持的概念则来源于社会学理论，自 20 世纪中期以来，伴随着社会支持理论研究的不断推进，很多学者对社会支持的定义提出了自己的主张。Cobb 认为，社会支持主要是指个体所感知的来自其所在的社会团体、他人等社会支持网络成员的关心、尊重和需要的一种行为及主观感受。[2] 它实际上就是一定社会网络运用一定的物质和精神手段对社会弱者进行无偿帮助的一种选

---

① 姚建龙：《长大成人：未成年人司法制度的建构》，中国人民公安大学出版社 2003 年版，第 22 页。

② Cobb S . Social support as a moderator of life stress. Psy – chosomatic Medicine , 1976 （3）：300 – 314.

择性社会行为。① 林南在综合分析众多社会支持概念的基础上提出，社会支持是由社区、社会网络和亲密伙伴所提供的感知和实际的工具性或表达性支持，他将社会支持分为工具性支持和表达性支持。② 这种社会支持的概念被广泛接受，笔者也比较赞同。

（二）未成年人司法社会支持的概念和特征

针对未成年人司法社会支持的概念，目前国内的研究较少。有观点认为，未成年人刑事司法的社会支持体系，是指由若干相关联系的制度、机制等有机构成的整体，它能够为社会力量参与创造条件，并且为社会力量参与的有效性和可持续性提供保障。③ 也有观点认为，未成年人检察社会支持体系是指通过链接社会资源，服务于未成年人检察工作的若干相互联系的制度、机制等构成的有机整体。未成年人检察社会支持体系指向是人，途径是链接社会资源，目的是减轻未成年人心理应激，缓解紧张状态，提高社会适应能力，助力回归社会，实现犯罪预防。④ 还有观点认为，未成年人司法社会支持是指与未成年人司法体系相对应的，通过国家、群体和家庭对进入刑事司法的罪错未成年人提供的各项救助行为和服务的有序外部社会网络，包括社会福利与社会工作系统，家庭支持系统，学校教育系统，安置辅导及矫治系统等。⑤ 上述这些概念虽然在表述上略有不同，但基本内涵并无本质上的差别。

综合以上概念，结合未成年人司法的目的和社会支持的内涵，笔者认为，未成年人司法社会支持体系，是指在未成年人司法工作开展过程中，为有效实现未成年人权益维护，未成年人犯罪预防，未成年人司法科学化、规范化、精准化等目标，在相关组织机构的积极引领下所形成的包含平台、资源、机制、服务等因素的多元复合支持网络。首先，未成年人司法社会支持是一个网络系统，其中既包括政府等正式支持资源的参与，也包括家庭、社区等非正式支持资源的介入，同时还包括链接各种支持资源的协调机制。其次，建构未成年人司法社会支持系统必须建立一个高效的组织机构平台。因为无论是正式支持资源的介入还是非正式支持资源的参与，都需要有一个稳定的组织平台给予保障和引领，从而协调各种资源参与未成年人司法社会支持体系的建构。最后，未

---

① 陈成文、潘泽泉：《论社会支持的社会学意义》，载《湖南师范大学社会科学学报》2000 年第 6 期。

② LinNan. SocialSupport，LifeEventsandDepression. FL：AcademicPress，1986：28.

③ 宋志军：《论未成年人刑事司法的社会支持体系》，载《法律科学》2016 年第 5 期。

④ 成都锦江区人民检察院：《多层次未成年人检察社会支持体系的构建》，载《法制与社会》2018 年第 6 期（上）。

⑤ 牛凯：《构建未成年人司法的社会支持体系》，载《人民法院报》2018 年 4 月 25 日，第 5 版。

成年人司法社会支持体系建设的目标首要在于未成年人权益的维护和未成年人犯罪的预防，其中既要关注具有不良、违法、犯罪行为的未成年人，也应包括刑事犯罪被害未成年人、民事权益被侵害的未成年人等。同时未成年人司法社会支持体系建设的目标还在于推动未成年人司法的科学化、规范化、精准化发展。

三、未成年人司法社会支持体系的理论框架

依据社会支持理论，未成年人司法社会支持应是一个复杂的多维体系，从基本构成要素来看，包括社会支持的主体、社会支持客体和社会支持介体。社会支持主体是社会支持的实施者，大多数学者认为，社会支持的主体是一个复合的关系网络。社会支持客体是社会支持的接受者，既包括需要支持的个体也包括需支持的群体。社会支持的介体是连接社会支持主体和客体的纽带，是架设在社会支持主体和客体间的桥梁。①

依据以上社会支持理论框架的基本逻辑，笔者对未成年人司法社会支持体系的主体、客体及介体作如下分析。

（一）未成年人司法社会支持的客体

社会支持理论的产生源于对社会弱势群体的关注，在后续的研究中，虽然学者们依然坚持社会支持的客体是社会中的各类弱势人群，但也有一些学者认为社会支持是一种具有普遍性的社会行为，日常生活里的每个个体都有可能成为社会支持的客体，其中既包括个体也包括群体。② 笔者同意第二种观点，依据这个观点，未成年人司法中的两类人群都应成为社会支持体系的客体，一类是作为司法对象的未成年人，既包括涉嫌违法犯罪的未成年人，也包括被害的未成年人，同时也应包括民事司法过程中涉及的未成年人。另一类则是未成年人司法机关的工作人员。这里需要讨论的问题是，未成年人司法机关的工作人员和涉案未成年人缘何需要社会支持？

对于未成年人司法机关的工作人员而言，其基本的职责是规范、科学、准确适用法律。而这一目标的达成离不开社会专业力量的参与，从某种程度上讲，社会支持体系的搭建与否已经成为衡量未成年人司法人员工作成效的重要标志。未成年人司法突出强调遵循儿童利益最大化的理念，始终关注未成年人

---

① 倪赤丹：《社会支持理论：社会工作研究的新"范式"》，载《广东工业大学学报（社会科学版）》2013 年第 5 期。

② 倪赤丹：《社会支持理论：社会工作研究的新"范式"》，载《广东工业大学学报（社会科学版）》2013 年第 5 期。

的成长和发展，以帮助涉案未成年人脱离困境、回归社会为基本任务。这决定了未成年人司法除履行一般的司法专业职能外，还要主动承担教育、矫正、预防、维权等特殊功能。在没有社会支持体系的情况下，诸如社会调查、心理疏导、监督考察、行为矫正、技能培训等这些工作不得不由司法人员去做、去联系，形成了所谓的"全能司法官"。但司法人员毕竟不是万能的，加之案多人少的矛盾突出，导致有些工作做不了，也做不好，进而影响了未成年人司法保护的质量和效果。特别是其中有不少工作与社会的方方面面紧密相连，对相关专业技能和经验要求较高，需要有专业的社会力量才能更好地完成。

未成年人司法中另外一类客体则是名副其实的社会弱势群体，即进入司法程序的未成年人。无论是涉嫌犯罪的，还是被害的或民事权益受到侵害的未成年人，一般都面临着各种各样的家庭与社会困境，这是导致他们进入司法程序的重要因素。同时，因其是未成年人，身心发育不成熟，自身缺乏解决问题的条件和能力，决定了其需要被社会各界关注和支持，社会需要为其提供全方位的服务。为此，联合国有关儿童准则、我国相关法律都倡导、鼓励社会专业力量、各种社会资源参与到未成年人司法程序之中，目的是保护未成年人权益不受侵犯，帮助涉案未成年人。

通过上述分析，可以看出，未成年人司法内容的多样化和方式的专业化，要求司法人员寻求社会资源和社会专业力量的参与和支持，有效链接社会资源参与未成年人司法活动成为未成年人司法的内在要求。而涉案未成年人的弱势性也决定了其需要司法人员以外的其他专业工作的服务与支持，从而有效帮助其脱离困境，修复社会关系，建构支持网络，重新融入社会生活。正是以上服务和支持需求的存在，才使未成年人司法人员和涉案未成年人成为未成年人司法社会支持体系的客体。

因此，未成年人司法社会支持，一方面，表现为社会各界对未成年人司法工作的具体支持，使司法办案和社会工作保持有效衔接，形成未成年人司法保护的合力；另一方面，体现了全社会对未成年人健康成长的关心，实质上更是未成年人社会关爱保障体系建设，是一种工作机制和方式的改革创新，有助于进一步推进社会治理体系现代化，构建全民共建共治共享的格局。而从世界范围看，成熟的未成年人司法制度都有一个健全完善的社会支持体系。我国各地司法实践也证明，凡是未成年人司法工作质量和效果比较好的地方，一般都有着良好的社会支持体系做支撑。这也是笔者多年来从事相关工作的一种深切感受。

（二）未成年人司法社会支持的主体

在已有的研究中，学者们在分析社会支持的主体时，对其作出过各种分类，因为卡伦感兴趣的是社会支持与犯罪预防的关系，所以特别补充了正式支持和非正式支持这一分类方法，他认为在犯罪预防和矫正领域，正式支持和非正式支持的作用都是非常重要的。① 正式支持是由官方或司法机构提供的，非正式支持是民间所提供的。卡伦关于社会支持的分类对本研究具有重要借鉴意义。因此，笔者在讨论未成年人司法社会支持的主体构成时，也从正式支持和非正式支持两个维度进行分析。社会支持主体的具体构成见图1。

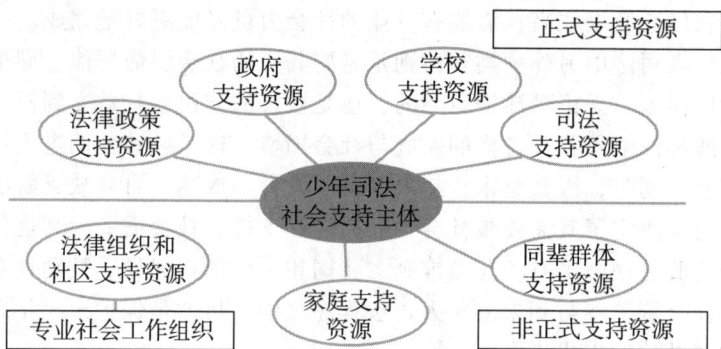

图1 少年司法社会支持主体构成

如前谈到，正式支持资源是指由政府、官方等正式支持力量提供的支持，主要包括由政府组织、司法机构、学校等提供的支持，同时由国家和各级政府制定的可以为未成年人提供支持和保护的法律、政策也属于正式支持资源。从支持方式上看，国家及政府部门提供支持主要有两种：一是制定专门性的法律和政策，二是通过行政工作协调分配相关资源为未成年人司法提供支持。

而学校的支持方式则是对涉案未成年人提供更直接、更具体的教育支持。此处需要特别指出的是，未成年人司法机关的工作人员既是未成年人司法社会支持体系中需要被支持的客体，但对于涉案的未成年人而言，它也是正式支持资源，正是其服务需求的提出，才能使各种社会资源为涉案未成年人提供现实支持。

非正式支持又被称为非官方社会支援、非正式照料等。② 非正式支持资源不包含来自政府的直接干预，其主要包括三类：一是家庭成员的支持；二是亲属的支持；三是非亲属关系人的支持，如朋友、同事以及由非政府组织、慈善

---

① 于阳：《西方社会学社会支持理论研究及其借鉴意义》，载《犯罪研究》2012年第6期。
② 姚远：《非正式支持理论与研究综述》，载《中国人口科学》2003年第1期。

机构、相关社区、社会工作组织等提供的支持。

在未成年人司法社会支持体系构建中，需要关注以上正式支持和非正式支持资源的参与和介入，同时需要在各种社会支持资源间建立有效沟通、联络和协调机制。正因如此，我们将未成年人司法社会支持系统描述成为一个立体的网络系统。

（三）未成年人司法社会支持的介体

在实践中我们发现，社会支持的主体应是一个多元化的网络体系，其在回应社会支持客体需要的过程中，需要建立一个强有力的组织平台，这个平台一方面可以及时收集客体的服务需求，另一方面可以有效组织各种支持资源对客体需求给予回应和满足。这也是社会支持体系建设中需要建设社会支持介体，即连接社会支持主体和客体桥梁和纽带的重要原因。

从应然角度看，社会支持介体应具有强大的资源整合能力，是一个强有力的组织保障平台。众所周知，未成年人司法社会支持主体需要多种资源参与，既需要制度保障，也需要福利资源、社会资源的整合与运用，倘若没有强有力的协调能力，社会支持体系客体的需求很难得到满足。因此，在未成年人司法和未成年人福利制度发达的国家，会由政府建立青少年工作委员会等部门和机构，代表政府行使各种保障未成年人权利的职能，从而最大限度地实现未成年人权益的维护。从我国实践来看，最高人民检察院和共青团中央签署的《协议》中，将共青团或者其组织建立的12355或"未成年人司法社会工作服务中心"作为未成年人司法社会支持体系的介体，这一模式具有相应的现实基础。共青团目前是我国未成年人保护工作的重要部门，代表政府行使未成年人保护的重要职责。然而，共青团本身也是群团性社会组织，其身份性质决定了其在协调各类资源时往往力不从心，这种状况必然会导致其难以承担未成年人司法社会支持体系介体应该履行的责任。可是，在任何事物的推动中，应然与实然之间存在差距在所难免，这也是未来我国建构未成年人司法社会支持体系需要重点关注的问题之一。

综合以上分析，未成年人司法社会支持体系应是一个具有理论逻辑的框架体系，其基本的构成要件是主体、客体和介体。社会支持的主体是一个多元资源组成的关系网络，包括正式和非正式两大类支持资源。在客体提出支持需求的基础上，由介体组织、协调各种支持资源为客体服务，为了更好地协调社会支持主体和客体之间的关系，需要社会支持主体加强沟通协调机制建设。具体结构见图2。

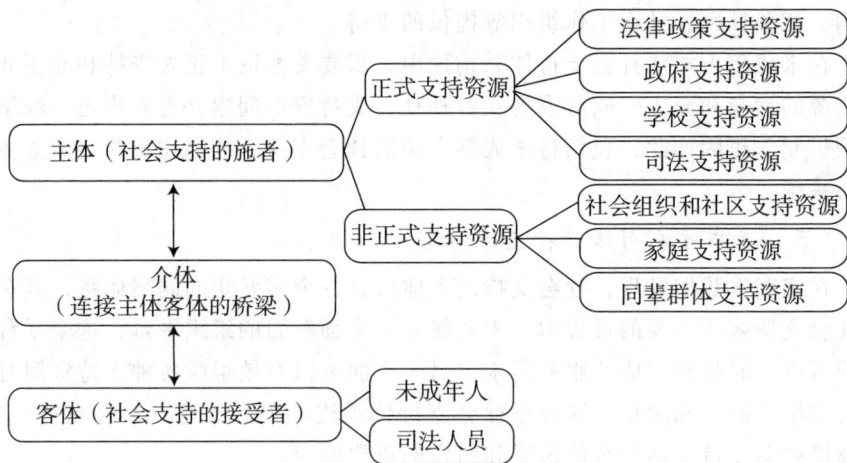

图2　少年司法社会支持体系结构

四、未成年人司法社会支持体系建设的功能与价值

未成年人司法社会支持体系建设，作为一项由国家最高司法机关和群团性组织推动的重点工作，必然是期待其发挥重要的功能和作用。因此，在理解未成年人司法社会支持体系建设相关问题过程中，对其基本功能的分析必不可少。按照《现代汉语词典》的解释，功能，是指事物或方法发挥的有利的作用、效能。[①] 关于刑事司法的功能，有学者认为其最原始的功能是解决社会冲突；派生功能是维护社会稳定、保障公民权利；拓展功能是形成公共政策、促进法律发展、增进社会福利。[②] 未成年人司法是刑事司法的一部分，刑事司法功能的定位是我们理解未成年人司法功能的重要基础。有学者提出，未成年人检察社会支持体系建设的功能在于治疗、护理、矫治、康复、回归。[③] 基于以上未成年人司法以及其社会支持体系的功能分析，笔者认为，未成年人司法社会支持体系建设至少可以发挥以下几点基本功能。

（一）有效协助未成年人司法机关的工作人员规范、科学、准确适用法律

未成年人司法虽然具有不同于成年人司法的典型特征，但其依然首先要适

[①] 《现代汉语词典（第五版）》，商务印书馆2005年版，第475页。

[②] 董邦俊：《和谐社会背景下的刑事司法功能解读》，载《法学论坛》2007年第4期。

[③] 姚建龙：《完善社会支持体系应思考的三个问题》，载《人民检察》2017年第22期。

用好法律。办案过程中，因未成年人身心的特殊性、涉案的复杂性，既要关注案件本身的定罪量刑和处理方式，又要重视案件背后的问题及其影响，这对司法人员如何规范、科学、准确适用法律提出了很高的要求。而社会专业力量的参与，可以为未成年人司法机关的工作人员办好案件提供重要依托和必要帮助。比如，《刑事诉讼法》第279条规定，公安机关、人民检察院、人民法院办理未成年人刑事案件，根据情况可以对未成年人犯罪嫌疑人、被告人的成长经历、犯罪原因、监护教育等情况进行调查。目前，涉罪未成年人社会调查报告已经成为未成年人司法人员适用法律的重要参考。而社会调查制度的真正落实，很大程度上需要社工等专业力量对涉罪未成年人及其家庭、社区环境进行深入、细致、全面的调查，以准确了解其犯罪原因、回归社会的有利因素和不利因素，并完成翔实的调查报告。再比如，《刑事诉讼法》第281条规定，讯问和审判未成年人时，在未成年人的法定代理人不能在场的情况下，可以由合适成年人到场。这既是确保司法办案程序合法性的客观条件，更是有效维护涉案未成年人合法权益的必然要求。这就是说，正是社会支持体系的搭建，为办案提供了专业服务，可以最大限度地实现未成年人司法制度的立法目的和规范要求。

（二）充分实现未成年人司法的教育矫正功能

未成年人司法的核心目标在于通过针对涉案未成年人的教育矫正工作，改善其偏差的认知和行为习惯，帮助其顺利回归社会。国家相关法律确立了对犯罪的未成年人实行教育、感化、挽救的方针，坚持教育为主、惩罚为辅的原则。众所周知，涉罪未成年人的教育矫正是一项专业性极强的社会服务，必须充分、全面、科学把握未成年人的犯罪原因、心理状况、内在需求、外在关系等方面的内容。这既需要社会学、心理学、犯罪学等学科知识训练，也需要个案、小组、社区等专业方法训练，同时还需要具备尊重、接纳等基本价值理念。为此，引入社会学、心理学等方面专业人才参与相关工作，设立专门的社会支持服务机构提供服务，就成为实现未成年人司法教育矫正功能的重要支撑，也是有针对性地开展科学化、精准化帮教工作的必要保障。

（三）促进发挥未成年人司法对社会关系的保护作用

未成年人司法坚持"双向保护"的原则，既要保护涉案的未成年人，也要保护因犯罪行为而伤害的社会关系。在保护社会关系方面，同样离不开社会专业力量的参与和支持。比如，为了平衡因犯罪行为而伤害的社会关系，刑事和解是非常有效的手段。在针对刑事犯罪施害人和被害人开展刑事和解的过程中，具有专业知识和能力的社会工作者等方面人士的介入，其第三方身份更容易与双方建立信任的工作关系，更能准确评估双方的基本需求，加之经过长期训练所掌握的工作技巧，也更容易促进达成和解的目标。因此，借助专业力量参与未成年人司法活动，有助于最大限度地修复社会关系，这对于充分发挥未成年人司法的作用、促进社会和谐稳定具有积极意义。

（四）积极推动未成年人司法制度的不断完善

我国自20世纪80年代起开始未成年人司法制度改革，历经30多年的发展，无论是未成年人立法还是未成年人司法都取得重要成就。然而，与未成年人司法制度发达国家和地区相比，我国未成年人立法和司法尚存在较大改善空间，其中非常重要的一环就是未成年人司法社会支持体系需要进一步完善。有专家提出，"没有社会支持体系就没有真正的未成年人司法"①。这也是最高人民检察院和共青团中央自上而下推动建立健全未成年人司法支持体系的重要原因。在过去的几十年中，虽然各地都开展了建构未成年人司法社会支持体系的实践，但并未在全国层面做系统化的推动，此次全国层面自上而下的实践与探索，以及后续实践所积累的成功经验，势必会对完善我国未成年人司法制度产生积极影响，并最终对完善未成年人立法提供经验与素材，推动中国特色社会主义的未成年人立法和司法迈上新的台阶。

五、我国未成年人司法社会支持体系建设的进展状况

近年来，经过各方面共同努力推动，我国未成年人司法社会支持体系建设取得了长足发展，产生了积极效果。目前，可以向涉案未成年人提供从谈心谈话、社会调查、合适成年人到场、法律援助、技能培训、社会观护，到人格甄别、心理疏导、家庭教育指导、对监护人监护条件进行调查评估、落实就学就业安置等各种支持，进一步提升了未成年人司法保护质量和效果。中央层面主要表现为最高人民检察院和共青团中央联合推动的未成年人检察社会支持体系建设试点工作。笔者作为，这项工作的亲历者和组织者之一，现以未成年人检察为例，对相关社会支持体系建设的进展状况作如下归纳。

（一）未成年人检察社会支持体系建设与未成年人检察工作共同发展

自1986年上海市长宁区人民检察院成立全国第一个少年起诉组到2018年12月，最高人民检察院成立专门负责未成年人检察工作的第九检察厅，未成年人检察工作走过了30多年的发展历程。在这一历程中，未成年人检察社会

---

① 宋英辉：《从六个方面着手推进未成年人司法社会支持体系》，载《检察日报》2015年6月27日。

支持体系和未成年人检察工作相伴而生、共同促进、共同发展。一是从 20 世纪 80 年代开始，未成年人检察工作在萌芽、探索阶段，就提出了"司法保护一条龙"和"社会保护一条龙"建设相结合的思路。当时主要是加强与综治、共青团、关工委等相关职能部门和社会组织的联系与衔接，邀请热心未成年人保护工作的干部群众、"五老"（老党员、老专家、老教师、老战士、老模范）等社会力量参与未成年犯罪嫌疑人帮教和犯罪预防工作，共同构筑未成年人犯罪的综合防控和教育挽救体系，产生了积极效果。二是 2000 年后，未成年人检察工作逐步进入发展、深化阶段，各地检察机关主动探索尝试了社会调查、合适成年人、社会观护、附条件不起诉、心理矫正、法律援助、刑事和解、羁押必要性审查等一系列特殊检察制度。这一发展对社会支持体系建设提出了更高的要求，一些地方检察机关开始探索引进社会工作者、心理咨询师参与未成年人检察工作，有的还利用爱心企业、社区服务站等建立起涉罪未成年人观护基地。社会专业力量的介入提高了检察机关办理未成年人案件的专业化水平，同时未成年人检察专业化需求也推动了社工队伍等专业力量的发展。三是进入 2012 年以后，随着最高人民检察院对未成年人检察工作顶层设计力度的加大，未成年人检察社会支持体系建设也逐步得到强化。2012 年，全国第一次未成年人刑事检察工作会议提出要大力促进政法机关办理未成年人刑事案件配套工作体系和未成年人犯罪社会化帮教预防体系建设。2016 年，全国未成年人检察工作 30 年座谈会系统提出要大力推进未成年人检察专业化规范化社会化建设的发展思路，把未成年人检察社会化建设放在与专业化规范化建设同等重要的位置来谋划和推进。全国未成年人检察社会支持体系建设由此进入了快速发展期。

（二）持续推动未成年人检察社会支持体系顶层设计

2018 年 2 月，最高人民检察院与共青团中央签订《关于构建未成年人检察工作社会支持体系合作框架协议》，充分发挥各自优势，共同推动未成年人检察工作社会支持体系建设，为整个未成年人司法社会支持体系建设积累经验，标志着未成年人司法社会支持体系建设进入了新的发展阶段。2018 年 10 月，最高人民检察院在上海召开全国未成年人检察社会支持体系建设座谈会，总结各地检察机关经验做法，对各地社会支持体系建设工作提出要求。2019 年 4 月，最高人民检察院和共青团中央经过评审确定在北京市海淀区等 40 个地区开展未成年人检察社会支持体系建设试点，推进未成年人检察社会服务机构实体化规范运转。此后又共同举办未成年人检察社会支持体系建设工作推进暨专题培训班，同时委托首都师范大学研发未成年人司法社工工作指引，持续推进试点工作。2019 年 12 月，新修订的《人民检察院刑事诉讼规则》增设可以借助社会力量开展帮助教育未成年人工作的规定，为在未成年人检察工作中进一步凝聚社会力量提供了法律依据。在最高人民检察院、共青团中央等部门和社会各界人士的推动下，未成年人保护法修订草案也对社会力量参与未成年人司法办案作出规定。

（三）因地制宜推动社会支持体系建设

一是争取党委、政府支持，通过财政列支、政府购买服务或者申请青少年项目，建设社会支持体系。例如，上海市检察机关立足本地社工组织相对发达的优势，联合相关部门共同建立市、区两级未成年人检察社会服务专门机构，受理检察机关提出的关于涉罪未成年人帮教矫治，未成年人民事、行政案件中未成年当事人保护救助等司法保护需求，并根据实际需要转介至27家单位或专业社会组织提供服务，同时对服务效果进行评估。北京、浙江、云南等省级人民检察院争取财政、民政部门支持，将购买社会服务、培育社会力量等项目纳入办案经费，确保经费保障的长期性和稳定性。云南省德宏州人民检察院争取州委州政府支持，拨款1000万元，成立德宏州未成年人综合保护中心。四川省成都市检察机关通过政府购买服务方式，以项目形式发包专业社工组织提供社会调查、帮教考察、合适成年人到场、未成年被害人综合救助、心理干预、犯罪预防和亲职教育等方面的支持。二是动员爱心企业，加强与慈善机构的合作。例如，福建、江苏、浙江等地利用本地民营企业发达的优势，依托爱心企业建立观护基地。福建省石狮市人民检察院与"阳光太太志愿服务队"合作，将其作为"石狮市未成年人帮教中心"链接的社会公益志愿者资源，接收未成年被害人到该队成员所在的企业实习，学习一技之长。重庆市人民检察院与重庆明天公益基金会共同发起"青春再出发——涉案未成年人帮教与维权"公益项目，培育专业未成年人司法社工，为检察机关办理未成年人案件提供支持，在一定程度上解决了经费和专业力量不足的问题。三是利用普通教育、特殊教育资源。例如，广东、贵州等地检察机关依托当地学校，积极推动学校型观护基地建设，为涉罪未成年人提供社会观护。贵州省检察机关充分利用省委、省政府"育新工程"，加强与各地"育新学校"的联系，将检察机关不捕、不诉、附条件不起诉以及因未达刑事责任年龄不承担刑事责任的未成年人送到"育新学校"进行专业的教育矫治，有效解决了社会帮教观护力量薄弱的实际问题。湖北省黄冈市人民检察院与中南财经政法大学刑事司法学院合作，由该学院的专业心理咨询师对黄冈全部在押未成年人进行心理疏导，此外，还共同研发"一检倾心"App，以人工智能助力未成年人检察心理辅导，成效明显。四是吸纳爱心人士、志愿者等社会力量参与。例如，重庆市检察机关充分发挥"莎姐"品牌效应，组建包括律师、心理咨询师、教师、代表委员等在内的 1000 多名"莎姐"志愿者服务队伍。北京市检察机关除了对涉案未成年人提供国家司法救助外，还通过北京市青少年法律援助与研究中心，利用捐款设立的 500—3000 元的小额爱心救助，为经济困难的涉未成年案件人员提供救助。

（四）社会支持体系建设有力促进未成年人司法保护的质量和水平不断提升

一是推动罪错未成年人帮教工作更加精准深入。例如，广东省深圳市人民检察院依托专业社工机构，实现"专业社工帮教机构＋劳动技能培训＋心理干预＋义工服务＋社会企业支持"的综合性涉罪未成年人社会化帮教机制。河南省郑州市金水区人民检察院，委托司法社工对涉嫌犯罪的未成年人开展社会调查、量身定制帮教方案，并安排涉罪未成年人参加社区留守儿童"四点半课堂"、困境儿童帮扶等各种志愿服务活动等，取得较好效果。二是推动未成年被害人保护救助工作更加及时有效。浙江省宁波市鄞州区人民检察院、重庆市人民检察院等积极推动将未成年被害人"一站式"办案区建在医院，更加有效地保护救助未成年被害人。广东省广州市人民检察院在办案中通过团市委安排社工跟进服务，以谈心、游戏、外出活动等多种形式持续跟进被害人的康复、学习及家庭生活情况，并委托医院对被害人及其家庭开展心理危机干预，尽力帮助他们渡过难关。三是推动未成年人权益保护和犯罪预防工作更加顺畅有力。例如，山东省武城县人民检察院打造的未成年人检察监督信息平台已经在德州全市推广，目前已有 701 个机关、事业单位参与，信息员队伍达 4 万余人。山西省临汾市检察机关委托团市委所属的"青少年维权专员"开展专门救助工作。在办理一起刑事案件时，发现被害人的 2 名未成年子女陷入困境，委托"青少年维权专员"开展调查并制定具体帮扶方案，聘请专业心理咨询师开展心理干预，帮助寄养家庭做好监护，并积极为 2 名未成年人落实司法救助、民政救济，确保妥善安置。

（五）社会支持体系工作制度机制进一步健全

一方面，最高人民检察院加强与民政部、教育部、共青团中央、全国妇联等部门在未成年人保护方面的沟通合作，会签下发相关文件，建立完善配合工作机制，指导各地在涉案未成年人救济安置、农村留守儿童和困境儿童保护、校园欺凌和性侵害防治、罪错未成年人矫治、侵害未成年人案件强制报告等方面开展广泛协作。另一方面，地方检察机关立足实际，围绕社会支持体系的重点领域出台具体意见。如浙江省人民检察院积极建议省委平安办将不起诉考察帮教、法律援助、合适成年人参与诉讼落实情况三个考核项目，纳入平安浙江建设考核。上海市人民检察院与市社区青少年事务办公室会签《涉罪未成年人帮教与维权工作合作备忘录》，将观护帮教、附条件不起诉监督考察、社会调查、合适成年人到场等均纳入青少年事务社工的职能范围，并由检察机关划拨专门经费提供资金支持。福建省人民检察院与团省委会签《关于在未成年人检察工作中引入青少年司法社工的意见》，通过借助司法社工在社会学、心理学等领域的专业优势，增强帮教挽救工作的效果。江苏省人民检察院制定了《关于推进和规范涉罪未成年人观护教育工作的指导意见》，推动全省观护基地建设常态化、制度化和长效化。

六、建构未成年人司法社会支持体系的实践困境与解决策略

在以上分析中，笔者提出了未成年人司法社会支持体系的基本概念、逻辑框架与功能作用，这是建构未成年人司法社会支持体系的理论模型。那么，在全国快速推进未成年人司法社会支持体系建设的过程中，面临何种困境？需要解决的问题和路径是什么？这是基层实践急需回答的问题。依据帕森斯的行动研究框架（见图3），针对行动者的行动困境与策略的研究需要关注三个基础性因素：一是行动者的观念基础，具体来讲就是行动者的价值和信念；二是行动者所处的情景，具体包括行动者所处的场域特征、自身在场域中的具体位置等；三是行动者所拥有资本情况，具体包括经济资本、文化资本和制度资本等。这三个因素对于行动者行动策略的选择皆产生了决定性的影响。①

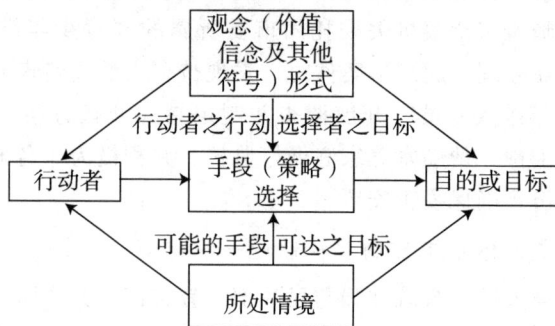

图3 帕森斯行动研究的模式框架

依据以上理论框架，笔者针对北京、上海、云南、广东四省（市）的实

---

① ［美］杰弗里·亚历山大：《社会学二十讲》，贾春增译，华夏出版社2000年版，第24页。

践开展了深入调研，试图对此问题作出解释。

（一）实践困境

归纳起来讲，目前我国未成年人司法社会支持体系建构主要面临三大类困境，分别是资源性困境、专业性困境和制度性困境。

1. 资源性困境

资源性困境是指未成年人司法社会支持体系搭建过程中因经费及相关保障不足而带来的实践困境，这是现阶段我国未成年人司法社会支持体系搭建面临的首要难题。以笔者的观察，未成年人司法社会支持体系搭建的资源性困境是多种原因造成的，笔者拟以社会工作专业力量进入未成年人司法程序开展服务为例进行说明。

首先，从政府经费管理规则来看，经费使用需要明确的政策与法律依据，而目前我国开展未成年人司法社会支持体系试点工作，尚未成为确定性的制度安排，在经费使用机制上也缺乏梳理和协调，这就直接导致了试点工作经费短缺的问题。相信这些问题的解决必然需要实践经验的积累。

其次，从整体上来看，目前政府和司法机关对社会服务机构的信任机制尚未建立起来。有的学者在针对三个草根 NGO 组织质性研究的基础上，提出目前我国草根 NGO 组织所面临资源性困境的根本原因是："虽然国家放松了对资源的控制，但国家对公民社会的发展依旧抱有不信任的态度。"政府因对草根 NGO 组织的运作模式并不了解，无法对其项目作出准确的评估，虽然逐年增加解决民生问题的投资，但资金多半流向了官办的非营利组织，政府不愿意将资金投入到草根 NGO 中。① 社会工作等社会服务机构在嵌入未成年人司法领域开展服务的过程中也遇到了相似的问题，一方面，因政府并不了解社会工作专业服务的过程以及项目资金的测算标准，所以影响了其对社工机构服务经费的支持力度。另一方面，相对于官办的非营利机构，草根社工机构组织体系并不健全，资金使用的监督机制尚未形成，这也影响了政府对社会服务机构信任机制的形成。

最后，从社工服务角度来说，因社工在未成年人司法场域的服务尚处于初步探索阶段，服务内容、服务标准尚未确定，相对应地，服务资源的配备标准尚未统一，这在一定程度上影响了社工服务的资源供给。在未成年人司法制度相对完善的西方国家，围绕未成年人司法过程的社工服务需求非常明确，其中服务内容、服务标准也被明确设计，这样政府就清晰地知道应该配备何种人力

---

① 张树沁、郭伟和：《去行政主导的草根 NGO 发展策略——基于三个草根 NGO 的社会资本实证研究》，载《东南学术》2012 年第 2 期。

和物力的资源支持社工服务。与西方国家相比，我国社会工作进入未成年人司法程序开展服务尚处于初步发展阶段，这一阶段性特征也导致了政府难以给予社工服务统一性的资源支持，这是社会工作与未成年人司法场域合作面临资源性困境的另一重要原因。

社会工作专业力量是未成年人司法社会支持体系搭建的重要支撑，其所面临的困境也在一定程度上反映了未成年人司法社会支持体系搭建过程中所面临的资源性困境的整体情况。

2. 专业性困境

专业性困境是指在未成年人司法社会支持体系搭建过程中所面临的专业资源短缺困境。众所周知，未成年人司法社会支持体系的搭建，未成年人司法人员和涉嫌违法犯罪未成年人服务需求的满足，需要一支专业能力强的社会工作人才队伍，而这在我国很多地区还难以实现。一方面，从专业化的角度而言，我国目前已经有 300 多所大学设立了社会工作专业，并且其中一部分大学以司法社会工作为人才培养方向，或者已经设置了司法社会工作相关课程，每年全国各类高校毕业的社会工作专业学生也能达到数万人。然而，司法社会工作在各类社会工作服务中是非常难的一类，刚刚毕业的社会工作专业学生在短时间内难以胜任相关服务。举例而言，涉嫌违法犯罪的未成年人服务，因为其违法犯罪行为背后确实存在诸多需要改善的问题，比如偏差的认知和行为习惯、失衡的社会支持系统等，这就要求社会工作者不仅需要具备一定的知识基础和方法训练，更需要在实务开展过程中不断开展培训和督导，才能成长为合格的司法社会工作者。目前我国尚未培养形成一支专业能力强的社会工作人才队伍，来满足司法机关的服务需求。另一方面，从职业化角度而言，目前我国社会工作职业体系的搭建并不完善，尚未形成社会工作人才进入司法机关开展服务的职业机制，专门从事司法社会工作的专业机构数量也比较少，导致司法社会工作人才出现短缺的现状。

总而言之，未成年人司法社会支持体系中客体服务需求的满足绝非易事，需要过硬的专业能力和长期的培训，以及职业准入体系。从目前我国的社会工作专业基础发展现状来看，各地发展极不平衡，有些省份确实难以寻找到可供使用的专业机构和专业人才，这是目前建设未成年人司法社会支持体系面临的专业困境。

3. 机制性困境

机制性困境是指目前未成年人司法社会支持体系建设缺乏必要的机制与路径梳理所导致的实践困境。最高人民检察院和共青团中央签署了《协议》，要求各地探索未成年人司法社会支持体系建设，但是并未清晰地指出未成年人司法社会支持体系的框架与内容，也未完全确定未成年人司法社会支持体系搭建的路线图，这种情况不可避免会导致基层实践的盲目性。站在全国发展的角度，因各地资源状况不同，专业基础不同，其搭建的未成年人司法社会支持体系模式必然存在差异。这也是最高人民检察院和共青团中央难以在全国层面进行统一要求的原因。

然而，笔者在调研中发现，很多地区并不了解未成年人司法社会支持体系搭建所需关注的基本要素，与此相对应，未成年人司法社会支持体系搭建的制度建设、平台建设、机制建设等相关内容也未得到充分理解和重视，有些地区的实践只是根据自己的理解推进，甚至认为只要有社会力量参与了未成年人司法工作就是搭建了支持体系，难以整体把握未成年人司法社会支持体系搭建的要点和重点。基于此，为了健康推进我国未成年人司法社会支持体系的搭建，需要从宏观上进行机制性的梳理，形成统一的规范和标准来指导基层实践，以推动未成年人司法社会支持体系建设的健康发展。

（二）解决策略与途径

未成年人司法社会支持体系的搭建，需要在理论研究和实践经验基础上，从制度、机制、资源链接、专业服务等多个维度开展工作。笔者选择其中几个重要问题做初步分析。

1. 成立有效、有力的组织保障平台

组织保障平台，就是上文提到的未成年人司法社会支持体系中的介体，它是连接支持主体和客体的桥梁和纽带。笔者认为，在未成年人司法社会支持体系搭建的过程中，首要任务就是建立一个强有力的组织保障平台。最高人民检察院和共青团中央在《协议》中提出："根据各地实际，可以依托 12355 青少年服务平台，青少年社会工作服务机构等已有团属机构，也可以成立'未成年人司法社会工作服务中心'等专门机构。未成年人司法社会服务机构'一门受理'检察机关、共青团委派的工作及委托提供的相关社会服务并接受同级综治委'预青'专项组指导，逐步实现实体化注册、专业化运作。"这就是目前我国未成年人司法保护机构建设的基础与现状。笔者在考察中发现，目前我国不少地区的未成年人司法社会支持体系的组织保障平台是依托共青团组织建立的，而且也确实为未成年人司法工作开展提供了重要支持。比如，北京团市委于 2012 年孵化的北京超越青未成年人社工事务所这一组织平台来引领全市未成年人司法社工服务，上海团市委依托阳光社区青未成年人事务中心开展未成年人司法社工服务，广州团市委在 12355 平台上专门成立了青年之家站点为司法机关提供社工服务，等等。以上共青团组织成立的服务平台，既关注了司法机关的服务需求，同时也实现了社会资源的有效链接，真正发挥了链接司法机关和社会资源的纽带作用。

但是，从全国大部分地区的实践来看，还缺少有力的未成年人司法社会支持体系组织保障平台。基于此，笔者建议，现阶段各地应在最高人民检察院和共青团中央未成年人检察工作社会支持体系建设试点的引领下，尽快成立未成年人司法社会支持体系的组织保障平台，并依托此平台发挥以下几方面的保障作用：一是为未成年人司法社会支持体系搭建寻求政府的财政支持，从而推动支持体系建设持续发展。二是培育和孵化一支专业能力较强的社会工作者队伍，从而为未成年人司法提供有效服务。三是积极挖掘多种社会资源参与未成年人司法社会支持体系建设。四是在积累实践基础上，逐步建立未成年人司法社会支持体系建设的制度体系。

从长远的角度考虑，未成年人司法社会支持体系建设需要以政府为主导，建立更强有力的组织保障平台。这就是说，国家应建立一个包括对犯罪、欺凌、被害、困境等所有儿童在内的服务保障平台。对此，很多发达国家都提供了有益经验。比如，丹麦建立了 SSP（Social work School Police）青少年犯罪预防平台。SSP 这个平台最早是由丹麦警察局倡导建立的，目前包括福利、文化、警察、学校、社工等相关部门和专业组织参与，平台的理事由所有参与政府部门或社会组织的最高负责人担任，并在每年召开 1 次理事会议，讨论未成年人保护面临的重要问题以及工作方案，秘书处则负责理事会确定的重点问题的解决。SSP 青少年犯罪预防平台高效运转，有效解决了国内青少年保护中各种复杂问题，并实现了帮助青少年健康成长的目标。而 SSP 之所以能够高效运转，与平台中政府重要职能部门领导的参与以及发挥的作用密不可分。瑞典乌布萨拉市的儿童保护平台建设的经验同样值得借鉴。乌布萨拉在市政府专门成立了青少年保护工作委员会，这个委员会下属东西南北四个辖区，这四个辖区都有专门的工作人员，处理所有涉及儿童的事件，如被侵害、犯罪、失踪等，并第一时间提供服务，以确保儿童得到及时保护和服务。以上两个国家的经验在于政府对于儿童保护工作的重视和支持，并在政府层面搭建儿童保护平台，以确保及时链接到各类资源为儿童有效服务。

2. 培育、鼓励社会工作专业力量进入未成年人司法领域开展服务

自 21 世纪初，社会工作专业开始与未成年人司法机关合作，开展未成年人司法社会工作服务，并成为未成年人司法社会支持体系不可缺少的组成部分。截至目前，国内未成年人司法社会工作已经涵盖了维权类、预防类和补救类在内的多项未成年人司法社会工作服务内容，具体而言包括：（1）维权类未成年人司法社会工作服务。此类服务的核心宗旨是维护未成年人的合法权益不受侵犯，因未成年人特殊的生理和心理状态，需要成年人对其基本权利给予

特殊保护，在相关法律的支持下，我国已经开展的维权类未成年人司法社会工作服务有犯罪未成年人合适成年人服务、刑事犯罪被害人救助服务、涉未成年人民事案件观护服务等。（2）预防犯罪类未成年人司法社会工作服务。此类服务群体尚未实施犯罪行为，但存在犯罪风险，需要社会工作专业服务给予跟进。此类服务对象主要包括：具有不良行为的未成年人和具有吸毒行为的未成年人等。（3）补救类未成年人司法社会工作服务。此类服务对象已经实施了违法犯罪行为，需要深入开展相关教育矫正，从而实现预防其再次犯罪。具体的服务内容包括：违法未成年人的训诫服务、犯罪未成年人社会调查服务、犯罪未成年人教育矫正服务等。[①]

通过以上的服务内容可见，我国部分地区已经开展了相对完善的未成年人司法社会工作服务，基本能够满足未成年人司法过程中的服务需求。正如前文所述，未成年人司法社会支持体系搭建的成效如何，社会工作服务是否参与和介入是核心要素，同时这也是发达地区成功的经验和做法。基于此，在我国全面推进未成年人司法社会支持体系搭建的过程中，在组织保障平台搭建之后，接下来的核心任务就是培育一批司法社工机构，培养一支司法社会工作专业人才队伍，引领其进入未成年人司法场域开展服务，并协助其解决在开展服务过程中的实践困境，这既是未成年人司法领域内服务需求是否能够得到满足的重要保障，也是未成年人司法社会支持体系搭建过程中必须解决的核心问题。

3. 积极挖掘、链接各类资源参与未成年人司法支持体系建设

如前文所述，社会支持主体是各类正式及非正式支持资源，其在未成年人司法工作开展中发挥着至关重要的支持作用。然而，以上资源并非完全理解未成年人司法工作中需要给予何种支持以及如何提供支持，这样就需要未成年人司法支持体系的组织平台在与未成年人司法机构充分沟通交流、深入理解未成年人司法机关服务需求的基础上，积极开展资源挖掘与链接的工作。

政府相关部门正式支持资源的链接是未成年人司法社会支持体系建设的基础保障。基于国家监护权的基本理念，国家是未成年人的最高监护人。虽然我国对于未成年人的保护首先强调家庭的责任，但当家庭不能很好履行家庭的监护和教育责任时，国家应承担起相应的责任，以保护未成年人健康成长。政府相关部门作为国家履行相关职能的代表人，有责任也有义务承担未成年人保护的工作。如涉嫌违法犯罪未成年人的教育、职业培训、就业安置、福利保障等需求的满足，离不开政府相关部门的支持和参与。所以，在未成年人司法社会

---

① 席小华：《中国未成年人司法社会工作的行与思》，载《华东理工大学学报（社会科学版）》2018年第6期。

支持体系建设的过程中，除了继续充分发挥共青团未成年人保护重要责任的同时，更需要强调政府相关职能部门的参与，建立健全未成年人司法机构与政府相关部门的有效工作衔接机制，以充分调动各种资源为涉嫌违法犯罪未成年人服务。

企业等相关非正式支持资源的参与是未成年人检察社会支持体系建设的重要补充。在未成年人司法社会支持体系建设的过程中，除了强调共青团组织的积极作用、政府相关部门的保障作用，广泛链接企业等非正式支持资源也尤为重要。举例来讲，附条件不起诉是未成年人检察工作的一项重要制度，监督考察是附条件不起诉制度的核心内容，而对涉罪未成年人的监督考察工作，有些是在学校等正式支持体系中完成的，但也有相当一部分未成年人已经离开学校，是在一些社会企业或机构中工作；同时，企业可以为其提供技能培训、社会实践等方面的条件和机会。因此，在未成年人司法社会支持体系建构中，需要这些企业和相关机构参与涉罪未成年人的监督考察和教育工作。从某种程度上而言，链接相关非政府的社会支持资源已经成为未成年人司法社会支持体系建设中不可缺少的组成部分。

总而言之，在未成年人司法社会支持体系的建构过程中，首要任务是根据未成年人司法的需要挖掘多种支持资源，接下来的任务则是建立一套完善的社会支持资源参与未成年人司法的工作机制，引领其有序、有效地为未成年人司法提供支持，并在经验成熟后以制度化的形式予以确定。

4. 关注未成年人司法社会支持体系的制度化建设

制度既是一项实践探索的成果，也是实践持续推进的保障。未成年人司法社会支持体系的搭建需要持续加以推进，逐步形成稳定的制度体系。这对于有效预防未成年人犯罪，促进未成年人司法规范化发展具有重要意义。因此，在试点过程中应当及时完善未成年人司法社会支持体系建设相关制度。目前，一些省（市）已率先出台了推进未成年人司法社会支持体系建设的制度性文件，如检察机关和团委的合作框架协议、未成年检察工作购买社会工作服务的规定等，为未成年人司法社会支持体系建设的试点推动提供了助力，笔者已对此进行了介绍。需要指出的是，从实践需求出发，未成年人司法社会工作支持体系的制度建设应当重点关注准入条件、经费保障、协调机制、流程运作、服务标准等多项内容，这项工作既需要一个统领性文件，也需要数个保障性文件，以形成一个完整的制度体系，共同推动未成年人司法社会支持体系健康发展。

论未成年人保护公益诉讼中的公共利益

——以价值补充为方法[*]

——以价值补充为方法[*]

何　挺　王力达[**]

一、涉未成年人公共利益的不确定性与价值补充的基本方法

未成年人保护法 2020 年修订，首次在法律中对未成年人保护公益诉讼作出了明确规定，为其提供了有别于整体公益诉讼制度的专门法律依据。国务院 2021 年发布的《中国儿童发展纲要（2021—2030 年）》也明确提出，对食品药品安全、产品质量、烟酒销售、文化宣传、网络传播等领域侵害儿童合法权益的行为，开展公益诉讼工作。此后，未成年人保护公益诉讼得以在前期探索的基础上快速发展。2021 年全国检察机关就未成年人保护公益诉讼共立案 6633 件，同比上升 3.2 倍；在未成年人保护行政公益诉讼中提出诉前检察建议 5811 件，同比上升 2.8 倍；提起未成年人保护公益诉讼 84 件，同比上升 2.2 倍。在上述已立案案件中，食品药品安全、生态环境保护等传统领域案件 1957 件，占 29.5%；产品质量、烟酒销售、文化宣传、网络信息传播、个人信息保护、儿童游乐场设施安全、娱乐游戏、文身、点播影院、爱国主义教育基地等其他领域案件 4676 件，占 70.5%。[①] 从中可以看出，未成年人保护公益诉讼对涉及未成年人的各类场景治理的参与度和覆盖面日渐提升，逐渐成为公益诉讼的一个重要类型，并在推动我国未成年人保护整体水平提升方面发挥着显著作用。

---

[*] 本文系 2022 年国家社科基金重点项目"中国特色未成年人司法基本原理研究"的成果。

[**] 何挺，北京师范大学教授，最高人民检察院未成年人检察研究基地（北京师范大学未成年人检察研究中心）研究员；王力达，北京师范大学法学院博士研究生。

[①] 参见最高人民检察院：《未成年人检察工作白皮书（2021）》，载《检察日报》2022 年 6 月 2 日，第 6 版。

与实践中适用数量不断攀升和适用领域不断拓展、创新相比，未成年人保护公益诉讼的理论研究较为缺乏，对一些基础性问题并未形成共识。其中，如何准确理解"涉及未成年人的公共利益"（以下简称涉未公共利益），关涉该制度的基本样态，是必须厘清但又争议颇多的一个问题。① 对此，目前主要存在三种观点。狭义的观点主要基于公共利益一般指向不特定多数人的性质，主张未成年人利益只有在人数众多且具有不特定性的情况下，才能够被认定为公共利益并适用公益诉讼。② 广义的观点则主要基于未成年人保护的特殊性，认为未成年人共同保护责任决定了未成年人个体利益的公益化，因此不仅众多未成年人的合法权益属于公共利益，小众群体或者个体未成年人的合法权益也应属于公共利益，也就是说，未成年人合法权益在某种意义上等同于公共利益。③ 折中的观点则认为，在未成年人保护公益诉讼中，虽然不要求被侵害的未成年人必须具有不特定性，但只有在众多未成年人利益受到侵害的情形下才能认定公共利益的受损性，仅对个别未成年人造成侵害的行为不宜按公益诉讼案件办理。④ 上述三种观点均能够在实践操作中找到不同程度的对应：虽然大多数公益诉讼是基于不特定未成年人的利益而提起，但也存在以众多特定未成年人利益甚至个别未成年人利益为保护对象而开展的公益诉讼活动。⑤ 诚然，这些保护范围大小各异的"公益诉讼"都在客观上发挥了未成年人保护的功效，但公益诉讼这一手段的运用是否适宜，还需要考虑更多的因素，如公共利益概念的基本属性、我国法律体系对公益诉讼制度的整体定位、公益诉讼与其他未成年人保护措施之间的关系等。

出现上述对涉未公共利益范围的不同认识，根本原因在于公共利益概念的

---

① 《未成年人保护法》第 106 条规定："未成年人合法权益受到侵犯，相关组织和个人未代为提起诉讼的，人民检察院可以督促、支持其提起诉讼；涉及公共利益的，人民检察院有权提起公益诉讼。"根据该规定，提起未成年人保护公益诉讼前提是未成年人合法权益受到侵犯并"涉及"公共利益，因此"涉未公共利益"的范围界定对未成年人保护公益诉讼具有关键影响。

② 参见王广聪：《未成年人公益诉讼与少年司法国家责任的拓展》，中国检察出版社 2021 年版，第 28 页。

③ 参见党瑜、张垚：《未成年人检察公益诉讼的权力边界探析——从一起"4A 级景区儿童票"公益诉讼案谈起》，载《预防青少年犯罪研究》2019 年第 4 期。

④ 参见陈萍：《未成年人行政公益诉讼初探》，载《中国检察官》2020 年第 12 期；吴燕等：《未成年人检察公益诉讼新领域探索的实践与思考——未成年人保护法视域下的路径选择》，载《中国检察官》2021 年第 5 期。

⑤ 例如，撤销监护人资格是为了保护个别未成年人的利益，但在公益诉讼发展的早期阶段，有的撤销父母监护权案件却被选入了中国法学会案例法学研究会"2014 年十大公益诉讼"，参见《案例法学研究会评出"2014 年十大公益诉讼"》，载中国社会科学网，http：//ex. cssn. cn/st/st_ xscg/201502/t20150213_ 1516596. shtml，最后访问日期：2022 年 5 月 8 日。

不确定性。这也是探讨涉未公共利益范围并进而明确未成年人保护公益诉讼适用范围的理论基点。在理论研究中，公共利益被认为是一项典型的不确定法律概念。不确定法律概念，是指法律中内容和范围不确定的概念。① 不确定法律概念并不是完全混沌的，作为一项法律概念，其必然具有较为明确的核心意义，但是从核心意义向边缘意义延伸的过程中，其外延就会展现出模糊性和多义性的特征，需要通过解释予以确定化。② 由于立法者在使用不确定法律概念时需要确保法律概念对事实的涵括力、法律对生活的调整力，或者需要为行政、司法预留政策空间，其确定化的实现无法完全依靠制定规范性文件的方式，而必须进入个案层面，在具体场景中完成。③ 一般认为，公共利益所代表的是构成社会生活基础而被广泛珍视的那部分利益，它与私人利益相对，但又区别于大家的利益、多数人共享的利益和公众利益等相近概念，具有公共性质，体现社会发展的整体要求和强国富民的目标。④ 因此，国家安全、社会治安等与绝大多数社会成员切实相关且具有公共性质的利益毫无疑问处于公共利益概念的核心范围。然而，在这些核心范围以外的一些利益是否能够被认定为公共利益，往往就会面临较大的争议，需要在不同场景中进行专门的讨论。

在讨论某一利益是否属于公共利益时，价值补充是一种基本的方法。价值补充是一种对不确定法律概念进行价值判断，使其确定化，继而发挥其法律功能的解释方法。⑤ 从内涵上看，它超越了规范解释对法律规范的拘泥，而从更广阔的社会规范层面寻找解释的角度和因素。⑥ 从功能上看，它是连接概念与法律适用的桥梁，如果缺乏价值补充，不确定法律概念只能是空中楼阁，无法找到与具体场景的对接路径，因此价值补充可以说是不确定法律概念确定化并进而得以适用的必由之路。

基于对不确定法律概念和价值补充方法的上述认知，在对涉未公共利益范围进行研究时，不应寻求超越具体应用场景的确定答案。从理论角度看，开展公益诉讼是为了实现公益救济，如果忽略公共利益的不确定性而对其范围进行

---

① 参见［德］卡尔·恩吉施：《法律思维导论》（修订版），郑永流译，法律出版社 2014 年版，第 133 页。

② 参见尹建国：《行政法中的不确定法律概念释义》，载《法学论坛》2009 年第 1 期。

③ 参见王天华：《行政法上的不确定法律概念》，载《中国法学》2016 年第 3 期。

④ 参见［英］迈克·费恩塔克：《规制中的公共利益》，戴昕译，中国人民大学出版社 2014 年版，第 241 页；胡鸿高：《论公共利益的法律界定——从要素解释的路径》，载《中国法学》2008 年第 4 期。

⑤ 参见杨仁寿：《法学方法论》（第二版），中国政法大学出版社 2013 年版，第 137 页。

⑥ 参见尹建国：《行政法中的不确定法律概念研究》，中国社会科学出版社 2012 年版，第 133—136 页。

笼统限制，那么势必会在特定场景下对这种救济的有效性产生不当妨碍，因而不应当依靠对公共利益的整体界定来实现公益诉讼适用范围的确定化。[①] 具体到未成年人保护公益诉讼，涉未公共利益处在公益诉讼和未成年人保护双重场景的交叠之中，公益诉讼的制度定位与制度目的、未成年人的弱势性与发展性等因素都能够在不同程度上为公共利益的价值补充提供指向，从而促成涉未公共利益的相对确定化，实现对未成年人保护公益诉讼适用范围的类型化界定。由此，本文拟在承认涉未公共利益概念不确定性的基础上，运用价值补充的方法，在具体场景中为司法实践的个案判断提供理论上的类型化指引。

二、公益诉讼场景价值补充：涉未成年人公共利益的扩张空间

在公益诉讼场景中对公共利益进行价值补充，可以从两个角度开展：一是从公益诉讼制度定位的角度发现公共利益"不特定多数人说"的相对性，由此为涉未公共利益的扩张提供前提条件；二是从公益诉讼制度目的角度发现其对公共利益的松绑导向，由此为涉未公共利益的扩张提供制度依托。将二者相结合，可以发现涉未公共利益呈现出"带着镣铐跳舞"的姿态，具有在有限范围内适度扩张的空间。

（一）扩张前提："不特定多数人利益说"的相对性

虽然公共利益的内容与范围具有不确定性，但一般认为，其主体通常应为"不特定多数人"。这一认识在一定程度上符合公益诉讼的制度定位。从诉讼的角度考察公益诉讼，可以将其定位为私益诉讼的补充制度。一方面，从公益诉讼的历史来看，其正是为了弥补私益诉讼的局限性而诞生。无论诉讼双方人数多寡，私益诉讼处理的始终是具体的权利救济问题，难以触及私人利益之外的广阔空间。对于公共利益受到侵害的诸多社会现象，私益诉讼鞭长莫及，公益诉讼由此应运而生。现代意义上的公益诉讼起源于 20 世纪 50 年代的美国，这种诉讼制度自诞生之初就具有鲜明的目的，它不仅是为了解决诉讼主体之间的权利义务关系问题，更是为了帮助社会弱势群体，保护公共利益，实现社会公平与正义。[②] 由此可见，公益诉讼制度的存在，不是为了挤占私益诉讼的空间，而是为了在私益诉讼力不能及之处发挥独特的补充作用。另一方面，从公益诉讼的诉权基础来看，有权提起公益诉讼的机关和组织由法律明文规定，它

---

① 参见杨会新：《去公共利益化与案件类型化——公共利益救济的另一条路径》，载《现代法学》2014 年第 4 期。

② 参见胡云红：《比较法视野下的域外公益诉讼制度研究》，载《中国政法大学学报》2017 年第 4 期。

们提起诉讼是基于法定的诉讼担当。① 法定诉讼担当的适用无须取得直接利害关系人的授权，在效率方面具有显著优势，但强行赋予非直接利害关系人诉讼实施权必然会对直接利害关系人的诉讼实施权产生影响、限制甚至是剥夺，因而法定诉讼担当的适用只有在直接利害关系人不能或者不宜实施诉讼的情形下才具有正当性基础。② 也就是说，法定诉讼担当人应当是直接利害关系人在诉讼活动中的补位者，在直接利害关系人能够通过私益诉讼保护自身利益的场景，一般不应适用法定诉讼担当。从这个角度也可以看出公益诉讼制度在定位上的补充性。

由于公益诉讼制度是一项补充性制度，在一般情况下，其不应侵占私益诉讼的适用空间，因此在公益诉讼中界定公共利益的范围时，应当确保其与私人利益之间存在相对明确的边界。也就是说，对于一项侵害行为，如果被侵害人能够提起私益诉讼且提起私益诉讼足以恢复其合法权益，那么就应当认为该侵害行为没有触及公共利益，公益诉讼也就不应介入。一般情况下，即使被侵害人的数量众多，只要其尚不具有不特定性，被侵害人都可以在私益诉讼的范围内以分别起诉的方式或者提起集体诉讼的方式维护自身权益，因此公益诉讼中的公共利益通常被认为是"不特定多数人利益"。③

然而，由于公共利益的不确定性，"不特定多数人利益说"同样具有相对性，在公益诉讼的特定场景下，公共利益存在突破这一限制的空间与可能。例如，在司法实践中，一些传统上属于私益诉讼范围的案件，仅仅依靠私益诉讼并不能取得很好的诉讼效果。在这种情形下，如果依然墨守"不特定多数人利益说"，坚持公共利益与私人利益的上述边界，两者之间就会出现保护相对薄弱的空隙，导致公益诉讼无法"贴合性"地发挥对私益诉讼的补充功能。此时，应当允许公共利益适当地进入私人利益范围，使公益诉讼与私益诉讼在适用上形成一定的交叠，从而达到"无缝衔接"。

事实上，公益诉讼的一些域外经验已经展现出了类似的倾向。在美国的公益诉讼制度中，很多情况下"公共利益"并不是一个必须严格界定的概念，因为美国的公益诉讼并不是在私益诉讼之外完全另起炉灶的事物，而是承认民事诉讼可以审理超出原被告双方利益范围的纠纷而形成的一种相对特殊的诉讼

---

① 参见汤维建：《当事人适格的判断机制》，载《法律适用》2021 年第 7 期。

② 参见黄忠顺：《论公益诉讼与私益诉讼的融合——兼论中国特色团体诉讼制度的构建》，载《法学家》2015 年第 1 期。

③ 参见范战平：《环境公益诉讼中"公益"的再审视》，载《郑州大学学报（哲学社会科学版）》2020 年第 6 期；娄超：《论我国诉讼制度中的公益》，载《山东社会科学》2019 年第 7 期。

类型。① 例如，美国的集团诉讼旨在处理大量产生于同一事件的类似诉讼请求，其原告具有"为本人及所有其他处境相似者"而起诉的意思，这种诉讼即被认为涉及公益问题，带有公益诉讼的性质。② 美国研究者也认为，只要一项诉讼的原告的诉讼请求涉及自身以外更广泛人群的利益，该诉讼即被认为是涉及公共利益的诉讼。③ 以这种认识为借鉴和参考，一项诉讼并非只有在严格指向不特定的多数人时才具有公益性，对于公益诉讼中的公共利益范围宜根据具体场景的不同而进行更为灵活的界定。

在我国现行法律的公益诉讼条款中，也可以观察到相应的制度呈现（见表1）。《消费者权益保护法》第47条和《个人信息保护法》第70条并未像其他法律那样直接使用"公共利益"这一术语，而是对提起公益诉讼的条件进行了特殊规定，明确只要侵害行为达到了"侵害众多"的标准，公益诉讼就得以提起。这两项规定背后的具体场景是：在消费者权益保护领域，被侵害人通常是某一商品或者服务的购买者；在个人信息保护领域，被侵害人则往往是向某个人信息处理者提供了个人信息的个体或者群体。严格来说，在这两类场景下，即使被侵害人人数众多，也都具有特定性，没有达到"不特定多数人"要求，未超出传统意义上私益诉讼的适用范围。但是这两类被侵害人与经营者、个人信息处理者相比处于显著的弱势地位，并且呈现出高度分散的特点，如果不允许公益诉讼介入，不仅会显著增加被侵害人的维权难度，还会不可避免地将很多隐藏的被侵害人遗漏于权利救济活动之外。在这种情况下，将众多特定私益主体的利益总和纳入公共利益的范畴，便具有了合理性。

表1　我国现行法律公益诉讼条款中关于公共利益的表述

公益诉讼条款	关于公共利益的表述
《民事诉讼法》第58条	损害社会公共利益的
《环境保护法》第58条	
《反垄断法》第60条	
《英雄烈士保护法》第25条	

① See Robert B. McKay, *Civil Litigation and the Public Interest.* University of Kansas Law Review, Vol. 31：3, pp. 355 – 376（1982）.

② 参见颜运秋：《公益诉讼理念与实践研究》，法律出版社2019年版，第89—103页。

③ See Daniel S. Jacobs, *The Role of the Federal Government in Defending Public Interest Litigation.* Santa Clara Law Review, Vol. 44：1, pp. 1 – 54（2003）.

续表

公益诉讼条款	关于公共利益的表述
《军人地位和权益保障法》第 62 条	致使社会公共利益受到损害的
《固体废物污染环境防治法》第 121 条	损害国家利益、社会公共利益的
《土壤污染防治法》第 97 条	
《行政诉讼法》第 25 条	致使国家利益或者
《安全生产法》第 74 条	社会公共利益受到侵害的
《消费者权益保护法》第 47 条	侵害众多消费者合法权益的
《个人信息保护法》第 70 条	侵害众多个人的权益的
《未成年人保护法》第 106 条	涉及公共利益的

从上述分析中可以看出，公益诉讼的制度定位对公共利益范围形成了相对限制。它要求公共利益与私人利益之间具有一定的区分，但并不要求二者的边界绝对清晰，允许其具有一定的弹性。也就是说，"不特定多数人利益"是公共利益的常见形态，但并非唯一形态。根据公益诉讼具体领域的特点和保护合法权益的需要，公共利益可以在一定程度上舍弃主体的不特定性，适度跨越其与私人利益的边界。这给未成年人保护公益诉讼制度带来了一个重要启示：基于未成年人保护的需要适度扩张涉未公共利益的范围，既与公共利益的不确定性相契合，也与公益诉讼的制度定位并行不悖，因此这种扩张具备理论上的前提条件。

（二）扩张依托：公益诉讼恢复性目的的松绑导向

公益诉讼的制度目的主要在于恢复被侵害的公共利益，而非扩大现有的公共利益，这与其他很多涉及公共利益的制度存在本质差异，也是涉未公共利益在未成年人保护公益诉讼制度中实现适度扩张的重要依托。以公共利益经常被提及的征收制度为例，在绝大多数征收活动进行之前，公共利益并未受到侵害，国家征收土地或者土地上房屋的目的并不在于恢复受损的公共利益，而是通过对土地的重新规划使用而扩大现有的公共利益。也就是说，在征收制度中，公共利益的对立面并非侵害行为或者侵害风险，而是可以与公共利益进行大小比较的另一项合法利益——通常是属于私人利益的公民财产权。在这种情况下，公共利益与私人合法利益存在一定程度的竞争，因此必须严格限制公共利益的范围，使征收活动的边界具有较大的刚性，防止出现滥用征收制度，以扩大公共利益之名行侵犯私人合法利益之实的现象。[①]

与之相比，公益诉讼的制度目的则完全不同。公益诉讼通常为恢复被侵害的公共利益而提起，站在公共利益对立面的往往并不是另外一项合法利益，而是一项非法的侵害行为或者一种具有侵害性的现实风险。[②] 此时，虽然公共利益与侵害人的不法利益同样呈现出竞争性，但后者并不受法律保护。同时，在这两种利益之外，还存在着另一合法的私人利益，即遭受侵害或者威胁的未成年人利益。该利益与公共利益具有明显的一致性。由此可见，公益诉讼场景中的公共利益与私人合法利益并不互斥，甚至还具有"一荣俱荣"的关系，因此在公益诉讼场景中界定公共利益的范围，就没有必要如同前述征收制度那样恪守其与私人利益之间清晰的边界，而可以进行适当的柔化处理，在私益诉讼与公益诉讼的协同之下最大程度地恢复被侵害的利益。具体来说，对于一些特定的利益，立法者可以根据需要，同时对私益诉讼和公益诉讼的适用作出规定；只需同时明确二者适用的优先顺序，就能够妥善地化解制度冲突，保持公益诉讼制度的补充性定位。我国《英雄烈士保护法》第25条就采用了这样的立法方式。[③] 根据该规定，侵害英雄烈士的姓名、肖像、名誉、荣誉的行为，无论是否损害了公共利益，私益诉讼都具有适用的优先性；在私益诉讼缺位且公共利益受损时，公益诉讼得以补充适用。这不仅保障了英雄烈士近亲属的诉权，还形成了双层的权利救济途径，更好地保护了与英雄烈士的姓名、肖像、名誉、荣誉有关的公私利益。

可见，公益诉讼的制度目的对公共利益的范围进行一定程度的松绑，为了实现其制度目的，公共利益可以在特定情形下突破与私人利益的严格边界。将这一认识与公共利益"不特定多数人利益说"的相对性结合起来可以发现，经过公益诉讼场景中的价值补充后，公共利益无须与私人利益形成泾渭分明、非此即彼的区别，某项利益即使属于私益诉讼的范畴，在特定情形下也可以由公益诉讼予以保护。这为涉未公共利益的范围界定创造了更大的腾挪空间，也

---

① 参见陈小君：《农村集体土地征收的法理反思与制度重构》，载《中国法学》2012年第1期。

② 针对已经发生的侵害公共利益的行为，可以提起公益诉讼；针对致使公共利益受损的现实风险，在一些情形下也可以预防性地提起公益诉讼，以恢复至公共利益受到妥善保护的状态。后者在一定范围内已具备法律依据，如根据《安全生产法》第74条第2款的规定，因安全生产违法行为造成重大事故隐患，致使国家利益或者社会公共利益受到侵害，检察机关可以提起公益诉讼。在实践中，检察机关已经对这种预防性的公益诉讼进行了积极探索。参见肖荣、郭琦：《预防性公益诉讼：从"治已病"到"治未病"》，载《检察日报》2022年4月14日，第5版。

③ 《英雄烈士保护法》第25条规定，对侵害英雄烈士的姓名、肖像、名誉、荣誉的行为，英雄烈士的近亲属可以依法向人民法院提起诉讼。英雄烈士没有近亲属或者近亲属不提起诉讼的，检察机关依法对侵害英雄烈士的姓名、肖像、名誉、荣誉，损害社会公共利益的行为向人民法院提起诉讼。

就是说，基于未成年人保护的需要，涉未公共利益完全可以进行适度拓展。这是在未成年人保护场景中进一步开展价值补充的基础和前提。

三、未成年人保护场景价值补充：涉未成年人公共利益的扩张必要性

在未成年人保护场景中对公共利益进行价值补充，需要回归未成年人这一特定保护对象的特殊性，以未成年人的弱势性和发展性为切入点。

(一) 未成年人的弱势性对公共利益的拓展

由于未成年人作为弱势群体的身份特殊性，很多研究者都认为未成年人利益与公共利益之间具有某种程度的关联。得益于这种关联，公共利益能够在未成年人利益向度上进行一定的扩张。例如，有研究者认为，公共利益具有三个层次，分别是国家利益、不特定多数人的利益和特殊保护界别的利益，其中特殊保护界别包括老年人、儿童、妇女和残疾人等特殊群体。[①] 根据该观点，未成年人是特殊保护界别中的一员，其利益在很大程度上可以被整体纳入公共利益，成为公共利益的一种类型。也有观点认为，公共利益原则上指向多数人的利益，只有在利益源于弱势群体的基本权利之时，私人利益才可以成为公共利益，其中的弱势群体可能是妇女、老人、儿童，也可能是消费者、贫困人口等。[②] 根据该观点，未成年人群体的利益并非全部属于公共利益，只有在涉及基本权利时才能够被认定为公共利益。

虽然内容有所不同，但是上述观点都将未成年人利益与公共利益进行了某种程度的对接，展现出二者的关联性。在未成年人保护公益诉讼中，这种关联性的重要程度进一步凸显。一方面，从历史的角度看，公益诉讼最初的目的就是"为弱者而战"，对公共利益范围进行界定时，不应脱离这一初衷。[③] 另一方面，未成年人的身心发育不成熟，缺乏足够的生活经验和自我保护能力，在受到侵害之时，不但通过私益诉讼保护自身利益的难度较大，而且有时受害后甚至不能被及时发现，更加需要公益诉讼的介入。因此，在未成年人保护公益诉讼中，有必要将符合特定条件的部分未成年人私人利益视为公共利益，从而更好地实现保护未成年人这一公益诉讼目的。

基于未成年人的弱势性对公共利益概念进行价值补充时，可以考虑以下两

---

① 参见韩波：《公益诉讼制度的力量组合》，载《当代法学》2013 年第 1 期。

② 参见郑贤宇：《公益诉讼界定的困境和出路》，载《云南大学学报（社会科学版）》2012 年第 5 期。

③ 参见朱晓飞：《公益诉讼语境下的"公益"涵义解析》，载《环球法律评论》2008 年第 3 期。

方面的因素：一是其他救济途径的有效性。针对一项侵害未成年人利益或使未成年人面临侵害风险的行为，如果未成年人通过公益诉讼以外的救济途径能够及时、充分和便利地保护自身利益，则无必要将该利益视为公共利益，公益诉讼缺乏介入的必要性；反之，如果未成年人在公益诉讼之外维护自身利益难度较大，那么检察机关和有关社会组织就有必要成为诉讼担当人提起公益诉讼。二是侵害行为的多发性。在个别未成年人遭受侵害时，如果该侵害行为具有个别性与偶发性，不会对更多的未成年人造成影响，那么自然不应认为其涉及公共利益；反之，如果发现该侵害行为在未成年人群体中具有多发性甚至一定程度上的普遍性，其他未成年人很可能已经遭受、正在遭受或者在未来可能遭受类似的侵害，那么即使个别未成年人被侵害的利益能够通过公益诉讼以外的救济途径得到恢复，侵害行为有较大可能再次发生的风险仍然会对多数未成年人构成威胁。此时公益诉讼的介入便具有较大的正当性，尤其是行政公益诉讼能起到以点带面的作用，通过"办理一案，治理一片"，给更多的未成年人提供保护。概而言之，之所以考虑这两方面的因素，是因为未成年人处于弱势地位，不仅遭受侵害的情形难以被及时发现和救济，重复遭受侵害的可能性也相对更大，需要得到特殊、优先保护，涉未公共利益范围也因此需要适度拓展。

（二）未成年人的发展性对公共利益的拓展

对未成年人进行特殊、优先保护，并不仅仅基于其弱势性，还因为其具有特殊的发展性。与成年人相比，未成年人的发展性至少在四个方面具有特殊性：一是发展内容的全面性，未成年人在身体、心理和社会关系等方面都尚未成熟，处在全面而迅速的发展过程中；二是发展空间的广阔性，未成年人处在生命历程的前端，未来有无限可能，与身心发展已相对定型的成年人相比，具有明显更大的发展空间；三是发展需求的多元性，未成年人在健康、教育、权益、福利和环境等方面都需要特殊的社会资源对其发展予以保障[1]；四是发展过程的风险性，从社会学的角度看，未成年时期是一个自然人从动物性占主导的婴幼儿成长为社会性占主导的成年人的阶段，这一阶段的根本特征就是不断试错、纠错，最后逐步走向社会化，因而其过程充满了各种内外风险[2]。

基于未成年人特殊的发展性，未成年人的发展权同样应当得到特殊、优先保护。作为一项基本人权，发展权是关于发展机会均等和发展利益共享的权

---

[1] 参见董小苹、华桦：《需求与权利：青少年政策制定的核心——青少年发展需求调查》，载《中国青年研究》2012年第2期。

[2] 参见苑宁宁：《未成年人司法的法理证成与本土建设研究》，载《河南社会科学》2020年第10期。

利，在其保障之下，每一位社会成员都有资格自由地主张参与、促进和享受经济、政治、文化和社会等各方面发展所获之利益。① 发展权是一项典型的积极权利，要求国家积极作为，在现有社会条件下尽可能地为公民发展权的实现提供条件，而非消极地保护公民发展权不受侵害。具体到国家对未成年人发展权的保护，联合国《儿童权利公约》（以下简称《公约》）及联合国儿童权利委员会发布的相关文件有更为清晰的阐释。《公约》第 6 条第 2 款规定："缔约国应最大限度地确保儿童的存活与发展。"其中，对于如何理解"发展"，联合国儿童权利委员会 2003 年发布的第 5 号一般性意见提出："希望各国将'发展'作为一个综合的概念，从最广泛的意义上加以解释，它包括儿童身体、智力、精神、道德、心理和社会多方面的发展。执行措施的目的应当是实现所有儿童的最适发展。"这表明国家对未成年人发展权的保护应当具有全面性，既要覆盖未成年人发展的各个方面，也要普遍适用于全体未成年人。对于何为国家保障未成年人发展权的"最大限度"，从《公约》第 4 条中可以找到相应的说明："缔约国应采取一切适当的立法、行政和其他措施以实现本公约所确认的权利。关于经济、社会及文化权利，缔约国应根据其现有资源所允许的最大限度并视需要在国际合作范围内采取此类措施。"这表明国家对未成年人发展权的保护水平应当与其现有资源相匹配，也就是说，随着社会的发展进步和资源的积累丰富，未成年人的发展权也应当相应地获得更有力的保护。

在国家保护未成年人发展权的责任要求下，未成年人保护公益诉讼仅仅追求恢复、弥补或预防是远远不够的，其追求的目标还应当包括随着社会发展而不断拓展未成年人群体所享有的权益以保障其更好地发展。如果发现未成年人发展权在某一方面的受保护程度与社会发展水平不相适应，那么这种需要增加的未成年人利益也可以被认为涉及公共利益，检察机关和有关社会组织可以通过公益诉讼的方式为未成年人争取与社会发展水平相匹配的更多利益。

上述分析可以得出的结论是，以公共利益受到侵害为原因，未成年人保护公益诉讼得以提起；以公共利益增加为目标，未成年人保护公益诉讼也得以在符合特定条件的基础上提起。② 这实际上是通过价值补充扩充了公共利益在未成年人保护场景中的范围，进而拓展了公益诉讼在未成年人保护领域的功能。事实上，这种拓展在现行立法中已经有了一定程度的呈现，从前述表 1 中即可

---

① 参见汪习根：《发展权含义的法哲学分析》，载《现代法学》2004 年第 6 期。

② 有研究者在对公共利益进行分类时，将消除侵害能给社会带来的公共利益称为原因性公共利益，将不存在侵害时采取某种措施能给社会增加的公共利益称为结果性公共利益。参见倪斐：《公共利益法律化研究》，人民出版社 2017 年版，第 203—209 页。

看出，《未成年人保护法》第 106 条与其他法律中的公益诉讼条款有所不同，对检察机关提起公益诉讼的条件采用了"涉及公共利益"这种更为宽泛的表述，而没有使用"损害"或者"侵害"等含义更为明确的词语。由此可见，在未成年人保护领域，检察机关提起公益诉讼并不必须以已经侵害公共利益为前置条件，只要侵害未成年人权益的行为与公共利益相涉，检察机关就可以提起公益诉讼。进一步而言，在未成年人保护法提供的法律依据下，未成年人保护检察公益诉讼具有更加广阔的适用空间，能够对涉未公共利益发挥独特的增益作用。同时，对于社会组织为增加涉未公共利益而提起公益诉讼，法律也并没有作出禁止性规定，同样为相关实践探索预留了空间。从另一个角度来说，针对我国目前未成年人保护整体水平相对较低的现状，未成年人保护公益诉讼的这方面增益功能尤其需要关注。

四、未成年人保护公益诉讼中公共利益的适度扩张

正如对公共利益的一般理解指向不特定多数人的利益，不特定未成年人的利益毫无疑问同样处于涉未成年人公共利益语义范围的核心。涉及此种利益的，未成年人保护公益诉讼当然得以提起。但是，如果仅停留于此，涉未成年人公共利益并未彰显出具体场景中的独特面貌，无法实现未成年人保护公益诉讼的特殊制度功能。基于前文两个方面的价值补充，在未成年人保护公益诉讼这一场景中，涉未成年人公共利益还应当在两个方面进行适度扩张。

（一）内容扩张：从一般公共利益到特殊公共利益

涉未成年人公共利益内容的适度扩张，是指在不特定未成年人利益这种一般性的公共利益之外，将具备一定条件的特定未成年人群体利益视为特殊公共利益，使之成为公益诉讼的保护对象。基于前述，未成年人因其弱势性与发展性的特征而需要特殊、优先保护，所以这种扩张具有充分的必要性，但扩张的程度也必须受到一定的限制，避免以公益之名过度侵入私益领域而失序。第一，这种扩张不能无视公共利益概念的核心意义。无论如何扩张，公共利益始终应当具有一定程度的公共性。虽然未成年人利益与公共利益具有关联，但是不宜将未成年人利益不做区分地直接等同于公共利益，也不宜将未成年人个体利益视为公共利益，否则会使公共利益变成一个缺乏内核的空洞概念，造成公共利益与私人利益的混同。例如，监护问题虽然涉及未成年人利益并关涉未成年人健康成长的核心问题，但通常只与一个家庭中的未成年人有关，明显缺乏公共性，因此撤销监护人资格案件不宜作为公益诉讼案件办理。第二，涉未成年人公共利益的扩张不能冲破公益诉讼作为私益诉讼之补充的制度定位。如果

过分扩张针对特定未成年人群体的特殊公共利益，可能会影响本已稳定运行的私益诉讼而喧宾夺主。特别是在民事领域，过于宽泛的涉未成年人公共利益范围可能会造成民事公益诉讼的滥用，破坏社会治理的原有结构和法律所设计的救济途径体系安排。例如，赠与、继承等领域中涉及未成年人的财产性纠纷，一般不应当认为涉及公共利益而可以提起公益诉讼。第三，涉未成年人公共利益的扩张不能影响家庭保护的正常运行。家庭是未成年人成长最重要的支持来源，正如《公约》第18条的规定："父母或者视具体情况而定的法定监护人对儿童的养育和发展负有首要责任。"在未成年人的合法权益受到侵害时，应当优先由父母或者其他法定监护人为其提供保护和寻求救济。国家虽然也承担着保护未成年人的责任，但这种责任具有补强性、兜底性和替代性，不应当走在家庭保护的前面。① 若未成年人能够在家庭的庇护下得到较好保护，国家就没有必要过度介入，否则会对家庭保护的自主性造成不当干扰。由此可见，把握涉未成年人公共利益在未成年人利益向度上的扩张限度非常重要。

基于上述，可以考虑在以下两种情形中认定未成年人保护领域的特殊公共利益。一是在某一未成年人群体成员高度分散或者处于显著弱势地位，受到侵害后难以依靠其他手段充分维权的情形下，将特定未成年人群体的利益视为公共利益。根据消费者权益保护法和个人信息保护法的相关规定，未成年人消费维权公益诉讼和未成年人个人信息保护公益诉讼不要求被侵害人具有不特定性，只要符合"众多"的条件就可以提起。这正是公共利益内容扩张的一种体现，是由消费者权益保护领域和个人信息保护领域的特殊性所决定的。与之类似，在其他未成年人群体成员高度分散或者处于显著弱势地位的情形下，对侵害一定数量特定未成年人利益的行为同样可以提起公益诉讼。例如，某一特定幼儿园或者中小学使用不符合安全标准的校车接送在校学生的，虽然被侵害人限定于该学校乘坐校车的学生，具有特定性，但是他们与学校相比处于显著弱势地位，仅靠自身力量难以改变校车的安全状况。在无法通过其他途径有效解决这一问题的情况下，应当认定为涉及公共利益，允许公益诉讼的介入和补位。

二是在特定未成年人因系统性治理漏洞而遭受侵害或面临侵害风险的情况下，认为侵害行为或风险涉及公共利益。公共利益之所以具有公共性，在很大程度上是因为其超越了私人利益的集合，能够辐射到更多利益主体，因此保护公共利益不仅对已经受到侵害的个体具有意义，还能够惠及更加广阔和长远的范围。如果未成年人遭受侵害或面临侵害风险由系统性治理漏洞导致，那么无

---

① 参见张善根：《寻求儿童监护的家国共治方案》，载《探索与争鸣》2021年第5期。

论他们的个体权利是否得到了救济，这种侵害都有可能在其他未成年人身上同样发生或者在未来继续发生，其对未成年人群体造成的威胁并没有得到根除。此时，即使已受侵害的未成年人具有特定性甚至是个体性，涉及的利益也已不限于这部分未成年人的私人利益或其简单加和，还包括其所在未成年人群体层面的公共利益。例如，未成年人在义务教育阶段辍学后，即使得到了充分的权利救济而顺利复学，造成其辍学的原因依然是一个值得关注的问题。教育行政部门应当排查该学校和该区域其他学校是否依然存在可能导致未成年人在义务教育阶段辍学的系统性治理漏洞。如果确实存在这样的治理漏洞，教育行政部门应当责令学校及时采取措施予以填补和解决。教育行政部门不作为或者学校工作不力的，即使暂时还没有其他未成年人辍学，也应当认为这种治理漏洞所造成的风险涉及公共利益，未成年人保护公益诉讼也相应得以提起。

（二）功能扩张：从恢复型公益诉讼到增益型公益诉讼

功能方面的适度扩张，是指未成年人保护公益诉讼既可以基于涉未公共利益受到侵害或者面临侵害风险而提起，也可以在特定情形下基于涉未公共利益增加的目的而提起。从公益诉讼的角度，如果前者可以称为恢复型公益诉讼，后者则可以称为增益型公益诉讼。增益型未成年人保护公益诉讼与未成年人特殊的发展性相匹配，对未成年人的发展权进行与时俱进保护，可以视作履行未成年人保护国家责任，积极作为保障未成年人发展权的重要制度载体，这一点在我国目前未成年人保护水平整体需要提高的情况下尤为重要。

与此同时，由于旨在增加涉未成年人公共利益，增益型公益诉讼超越了一般公益诉讼"恢复"的制度目的，在适用时应当进行更为慎重的利益衡量。第一，增益型公益诉讼的适用应当与社会发展水平相匹配。如前所述，发展权是一项积极权利，其内容随着社会发展水平的提高而不断扩展。因此，在适用增益型公益诉讼时，应当充分考虑社会客观条件的限制，不将明显超越社会发展水平的事项作为公益诉讼的追求，避免作出不符合现实情况的处理。第二，对于增益型行政公益诉讼而言，其适用必须以现行规范性文件的规定为依据。虽然这种诉讼的本质上是要求国家从国家责任的角度为未成年人提供更多的福利，但是作为一种"行政诉讼"，其仍须以被诉行为违法为起码的门槛性条件。① 因此，增益型行政公益诉讼应以行政机关依法负有相应的职责且履职不到位为前提，而不能超越已有规定直接在诉讼中增置行政机关的职责，否则将会对行政法及其制度体系造成不当冲击。第三，对于增益型民事公益诉讼而

① 参见巩固：《公益诉讼的属性及立法完善》，载《国家检察官学院学报》2021 年第 6 期。

言，其适用应当符合比例原则并更为慎重。在民事领域，与恢复型公益诉讼中站在公共利益对立面的是一项明确的侵害行为或者侵害风险不同，提起增益型公益诉讼时，站在公共利益对立面的往往是另外一项并不直接违法的行为或者利益，增加涉未成年人公共利益可能会对其他民事权利主体造成一定的影响。因此，在未成年人保护领域适用增益型民事公益诉讼，必须遵循比例原则的要求进行考虑和衡量。

基于以上，可以考虑按照行政公益诉讼和民事公益诉讼的不同要求，逐步探索增益型未成年人保护公益诉讼。在行政公益诉讼方面，当前宜重点针对现行法律和其他规范性文件中有规定，但规定较为笼统或模糊而导致实践中行政机关履职不到位的事项，开展增益型公益诉讼。具体来说，现行规定中行政机关的未成年人保护职责可以大致分为两种类型：一种是保护未成年人的人身权、财产权等较为明确的消极权利，这种职责的内容较为清晰和稳定，行政机关的履职情况也相对容易确定；另一种则是保护未成年人的发展权等积极权利，这种职责的内容相对模糊，且会随着社会发展而产生一定的变化，对行政机关是否完全履职的判断难度更大。因而在实践中，后者更容易产生"履职死角"，导致某一方面的未成年人保护水平无法与社会发展水平相匹配。对此，增益型行政公益诉讼能够发挥重要的"死角清理"功能，有利于确保所有未成年人充分享受社会发展的成果与红利。例如，根据国务院 2017 年发布的《残疾人教育条例》第 17 条的规定，适龄残疾儿童、少年能够适应普通学校学习生活、接受普通教育的，就近到普通学校入学接受义务教育；能够接受普通教育，但学习生活需要特别支持的，根据身体状况就近到县级人民政府教育行政部门在一定区域内指定的具备相应资源、条件的普通学校入学接受义务教育；不能接受普通教育的，由县级人民政府教育行政部门统筹安排进入特殊教育学校接受义务教育；需要专人护理，不能到学校就读的，由县级人民政府教育行政部门统筹安排，通过提供送教上门或者远程教育等方式实施义务教育，并纳入学籍管理。从该规定可以看出，适龄残疾未成年人应当优先在普通学校就读，特殊教育、送教上门和远程教育都是普通教育无法实现时的补充手段。不断提高普通学校的无障碍化程度，为更多残疾未成年人进入普通学校接受义务教育提供保障，是教育行政部门的职责所在。目前，虽然我国残疾未成年人义务教育入学率已达到 95% 以上，但其中仅有一半左右在普通学校就读。[1] 如

---

① 参见《国新办举行"保障残疾人权益 共享幸福美好生活"发布会图文实录》，载国务院新闻办公室，http://www.scio.gov.cn/xwfbh/xwbfbh/wqfbh/44687/47004/wz47006/Document/1713610/1713610.htm，最后访问日期：2022 年 5 月 20 日。

果说保障残疾未成年人接受义务教育是恢复型公益诉讼关注的内容①，那么要求教育行政部门加强对普通学校的建设，为更多残疾未成年人的入学提供必要条件，则是增益型公益诉讼追求的目标。基于此，检察机关如果发现辖区内普通学校的无障碍化程度远远落后于社会发展水平，不能满足残疾未成年人的合理需求，就可以考虑以行政公益诉讼的方式介入，督促教育行政部门依法完善相关制度和设施，更好地保障残疾未成年人在普通学校接受教育的权利。

在民事公益诉讼方面，可以民事法律为基础，以最有利于未成年人原则为指导，通过司法裁判为未成年人争取更多有针对性的保护。事实上，增益型民事公益诉讼在提升未成年人保护水平方面具有独特功能：对于未成年人日常生活中涉及较多、风险较大的民事法律关系场景，在符合民事法律基本原则的基础上，可以通过增益型民事公益诉讼细化甚至创制符合未成年人身心特点的针对性规则和保护措施。具体来说，检察机关和有权提起民事公益诉讼的社会组织可以在法律仅有基础性规定但如何具体应用于未成年人尚不够明确的领域，在与社会发展水平相适应的前提下，基于最有利于未成年人原则和其他基础性的或相关的民事法律规定提起民事公益诉讼，实现增益目的。在这一方面，实践中已经进行了一些有益的尝试。例如，虽然我国之前并未对未成年人文身作出明确的禁止性规定，但是检察机关根据最有利于未成年人原则和一些相关的法律规定，对为未成年人提供文身服务的行为提起民事公益诉讼，得到了法院的支持性判决。② 又如，虽然我国现行法律未明确将电竞酒店纳入互联网营业场所进行管理，但是实践中一些电竞酒店在房间中配备与网吧硬件配置基本相同的电脑并以此作为揽客的主要卖点，已经具备了类似于互联网经营场所的功能，接纳不特定未成年人在电竞酒店上网侵犯了涉未成年人公共利益。检察机关针对向未成年人提供上网服务的电竞酒店经营者提起民事公益诉讼，同样受到了法院的支持。③ 增益型民事公益诉讼是对未成年人保护工作更高层次的要求，需要在涉未成年人公共利益和并不直接违法的相对方利益之间进行平衡，应更为慎重，但它确实能够在适应社会发展状况的基础上发挥提升未成年人保

---

① 实践中已有检察机关对此发出过行政公益诉讼诉前检察建议，参见张昊：《检察公益诉讼全方位维护残疾人权益》，载《法治日报》2022年5月14日，第3版。

② 参见《最高人民检察院第三十五批指导性案例》，载最高人民检察院网上发布厅网站，https://www.spp.gov.cn/spp/xwfbh/wsfbh/202203/t20220307_547722.shtml，最后访问日期：2022年5月8日。

③ 参见《电竞酒店向未成年人提供上网服务 宿迁市检察院提起民事公益诉讼叫停》，载江苏检察网，http://www.jsjc.gov.cn/yaowen/202205/t20220517_1386266.shtml，最后访问日期：2022年9月22日。

护水平的功能，应当成为未成年人保护公益诉讼长期发展的一个重要方向。随着社会的不断进步，增益型民事公益诉讼将会在更广阔的领域中发挥积极作用。

五、结语

在未成年人保护公益诉讼中，涉未成年人公共利益经过公益诉讼和未成年人保护两个场景的价值补充，得以在内容和功能上适度扩张。这种扩张不仅具有理论层面的意义，也会对未成年人保护公益诉讼的实践带来深远影响。一方面，内容扩张所形成的特殊公共利益，使得未成年人保护公益诉讼比其他类型的公益诉讼覆盖面更宽，需要以未成年人保护的整体视角审视侵害特定未成年人群体的现象，识别侵害背后的系统性漏洞，并判断其是否涉及公共利益而可以开展公益诉讼；另一方面，功能扩张所催生出的增益型公益诉讼，要求检察机关和有关社会组织以更加积极主动的方式促进社会对未成年人的福利倾斜，能够为我国未成年人保护工作的整体升级提供动力来源。当然，未成年人保护公益诉讼中公共利益的扩张仍然需要保持在合理的限度之内，与其他的未成年人保护制度对接并嵌入整体的未成年人保护体系之中。

低龄未成年人犯罪核准追诉问题研究[*]

宋英辉　　刘铃悦^{**}

2020 年 12 月 26 日,《刑法修正案（十一）》由第十三届全国人大常委会第 24 次会议审议通过。修正后的《刑法》第 17 条第 3 款规定:"已满十二周岁不满十四周岁的人, 犯故意杀人、故意伤害罪, 致人死亡或者以特别残忍手段致人重伤造成严重残疾, 情节恶劣, 经最高人民检察院核准追诉的, 应当负刑事责任。"该条款在特定情形下, 经特别程序, 对法定最低刑事责任年龄作了个别下调。可以说, 附条件降低刑事责任年龄为处理已满 12 周岁不满 14 周岁未成年人实施的严重危害案件提供了一种途径①, 回应了实践中低龄未成年

---

* 本文发表于《法治研究》2022 年第 3 期, 收入本书时略有删改。

** 宋英辉, 北京师范大学教授, 最高人民检察院未成年人检察研究基地（北京师范大学未成年人检察研究中心）主任; 刘铃悦, 北京师范大学博士研究生。

① 不过, 通过降低刑事责任年龄是否有助于解决已满 12 周岁不满 14 周岁未成年人实施的严重危害行为这一问题, 其立法目的能否实现, 尚有待实践检验。从域外经验及相关科学研究成果来看, 降低刑事责任年龄并非解决该问题的有效路径。首先, 生物学研究表明, 人类大脑的发展是非线性的, 成年人与未成年人的判断和推理能力普遍存在差异, 甚至在儿童和青少年之间也存在显著差异。将成熟度作为降低刑事责任年龄的根据, 虽然外表上是 "成熟度", 但实则是成人社会对未成年人容忍度的降低, 在放弃 "爱的宽容" 后, 严惩实施重大犯罪的未成年人 (See Delmage, E. The Minimum Age of Criminal Responsibility: A Medico – Legal Perspective. Youth Justice, 2013, 13（2）: 108)。同时, 脑与神经科学研究的成果表明, 外部环境对大脑发育以及人格形成具有重要影响。对低龄未成年人适用刑罚处罚, 一方面会中断其正常社会化进程, 影响健康人格的形成, 另一方面也会中断该未成年人获得知识和学会处理人际关系的过程, 使其融入社会更为困难。其次, 刑事司法并不能有效降低未成年人的再犯率。国外的一项实证研究表明, 刑事司法程序对于参与者再犯行为的严重程度的影响, 在统计学上没有显著区别, 事实上还有负面影响 (See Anthony Petrosino, Carolyn Turpin – Petrosino, Sarah Guckenburg, Formal System Processing of Juveniles: Effects on Delinquency, Campbell Systematic Reviews, 2010: 1)。不仅如此, 在美国部分州中, 累犯率还有所增加。来自 15 个州的统计数据显示, 在成年人法庭上受审并已从州立监狱中释放的未成年人, 在未来再次犯罪并回归监狱的人数比例占 82% (https://www.sohu.com/a/351469541_ 120032, 访问时间 2021 年 10 月 14 日)。基于上述原因, 美国纽约州将刑事责任年龄从 16 周岁提高到 18 周岁 (参见袁钢: "美国纽约州为何要提高刑事责任年龄?",《民主与法制》2019 年第 2 期)。根据比较法上的经验, 限制民事行为能力年龄的下调并不能合理推导出降低刑事责任年龄的必然性。例如, 日本为解决日益严峻的少年犯罪, 同时也为了与新修订的《选举法》和《民法》保持一致, 促进民众对于成年人这一法律术语的理解, 意图将刑事责任年龄从 20 岁降低至 18 岁。但这种观点遇到了猛烈的批判。反对者认为, 与其他法律保持一致并不能说明降低刑事责任年龄的正当性。为反映立法目的, 不同的部门法应当设置不同的年龄来定义成年人 (See Suzuki M, Takeuchi K. Future of Youth Justice in Japan. Youth Justice, 2020, 20（3）: 183 – 198)。

人实施犯罪案件所引发的社会关切①。不过，关于如何理解《刑法》第 17 条第 3 款的规定，学界尚有不同认识。为此，有必要明确核准追诉的含义和性质，厘清其适用的实体条件和程序要件，并探究与核准决定密切相关的核准前的证据收集程序。本文拟围绕上述问题，略陈浅见，以期推动学界关于已满 12 周岁未满 14 周岁未成年人实施的严重危害案件进行更为深入的研究。

一、核准追诉的含义和性质

在刑事诉讼中，追诉权的行使方式有国家追诉和私人追诉之分。其中，国家追诉是各法域国家或者地区占主导地位的追诉方式。国家追诉又分为广义和狭义两种。二者的区别在于，前者是指代表国家的专门机关依照职权主动发动刑事诉讼、侦查犯罪和起诉犯罪的各项活动；后者仅包括起诉机关向审判机关提起诉讼的活动。② 我国采取的是广义的国家追诉原则。而实现国家追诉原则的重要方式之一即是最高人民检察院核准追诉。关于最高人民检察院核准追诉，除了上述《刑法》第 17 条第 3 款规定外，其第 87 条第 4 项关于重启追诉时效也有规定，即法定最高刑为无期徒刑、死刑的，经过 20 年，如果 20 年以后认为必须追诉的，须报请最高人民检察院核准。对于第 87 条第 4 项规定的"核准"，《人民检察院刑事诉讼规则》和《关于办理核准追诉案件若干问题的规定》将其解释为由最高人民检察院享有的对特定案件审查决定提起公诉的权力。那么，《刑法》第 17 条第 3 款中的"核准追诉"与第 87 条第 4 项及有关司法解释规定的"核准追诉"含义是否相同，对这一问题的回答既关系到对第 17 条第 3 款"核准追诉"含义的解读，也涉及对该核准追诉程序性质的理解。

（一）核准追诉的含义

按照现代汉语的字义解释，"核准"是指审核后批准。③ 那么，《刑法》第 17 条第 3 款中的"核准追诉"是应当理解为"核准起诉"还是"核准按照刑事案件予以追诉"？区分两者的意义在于，若为前者，最高人民检察院在核准前，侦查机关即可依照刑事诉讼法的规定进行立案侦查，采取强制措施；若为后者，根据程序法定原则，最高人民检察院在核准以前就不能启动刑事程

---

① 周光权：《全国人民代表大会宪法和法律委员会关于〈中华人民共和国刑法修正案（十一）（草案）〉修改情况的汇报——2020 年 10 月 13 日在第十三届全国人民代表大会常务委员会第二十二次会议上》，载《中华人民共和国全国人民代表大会常务委员会公报》2021 年第 1 期。

② 宋英辉、吴宏耀：《刑事审判前程序研究》，中国政法大学出版社 2022 年版，第 42 页。

③ 中国社会科学院语言研究所词典编辑室：《现代汉语词典》，商务印书馆 2016 年版，第 530 页。

序，更不能采取刑事诉讼法中的强制措施。对此，有的学者认为，《刑法》第17条是关于应当负刑事责任的年龄的规定。其中，第3款中规定的"经最高人民检察院核准追诉的，应当负刑事责任"也并不是指核准追诉的，就一定追责，还需人民法院根据证据和事实情况等，对案件进行审理，审理后作出有罪判决的，判决生效后，行为人才负刑事责任。[1] 也有学者认为，《刑法》第17条第3款的核准追诉指的是核准起诉，核准程序参照适用此前最高人民检察院于2012年8月21日发布的《关于办理核准追诉案件若干问题的规定》。[2]

我们认为，尽管《刑法》第17条规定了刑事责任年龄，但关于刑事责任年龄的具体规定有原则性区别，具体区分为两种类型：一种是第1款和第2款的规定，即已满16周岁的人犯罪，应当负刑事责任；已满14周岁不满16周岁的人，犯故意杀人、故意伤害致人重伤或者死亡、强奸、抢劫、贩卖毒品、放火、爆炸、投放危险物质罪的，应当负刑事责任。另一种是第3款规定的已满12周岁不满14周岁的人，犯故意杀人、故意伤害罪，致人死亡或者以特别残忍手段致人重伤造成严重残疾，情节恶劣，经最高人民检察院核准追诉的，应当负刑事责任。通过条文比较便可知道，第1款和第2款规定的案件即刑事案件，不需要特别核准，而第3款规定的案件则显然不同，必须经过最高人民检察院核准追诉，其行为人才纳入已达刑事责任年龄应负刑事责任的考量，否则就完全没有必要特别规定"经最高人民检察院核准追诉的"这样的限定表述。这与预防未成年人犯罪法关于严重不良行为案件作为保护处分案件予以专门教育或者专门矫治教育的规定是相互衔接的。也就是说，对已满12周岁不满14周岁的未成年人实施严重危害行为，原则上作为保护处分案件适用预防未成年人犯罪法规定的措施，只有对故意杀人、故意伤害特别危害行为经过特别核准程序的情形下才作为刑事案件。这与开始即作为刑事案件，之后从刑事程序中分流出不符合追究刑事责任条件（譬如属于正当防卫、不能辨认和控制自己行为的精神病患者等）的情形的逻辑起点是完全不同的，一个是严格限制进入刑事程序，另一个是进入刑事程序后分流少数不应当进入刑事程序的案件。鉴于上述，我们认为《刑法》第17条第3款中的核准追诉是指核准广义上的追诉，即核准的客体是能否进入刑事诉讼程序的案件，其法律效果是对该案件能否启动刑事追诉程序，而不仅是提起公诉。该条款中的核准追诉和第

① 王爱立：《中华人民共和国刑法释义》（第7版），法律出版社2021年版，第30页。
② 程捷、李广钊：《最低刑事责任年龄个别下调制度的法教义学评释》，载《少年儿童研究》2021年第5期。

87 条第 4 项及有关司法解释①中的核准起诉既有相同之处，也有明显区别。其相同之处体现在：第一，这两类案件都需要经由最高人民检察院核准。具体而言，根据《刑法》第 17 条第 3 款的规定，对于已满 12 周岁未满 14 周岁未成年人实施的严重危害案件，只有经最高人民检察院核准追诉的，才应当负刑事责任。而对于重启追诉时效的案件，根据《刑法》第 87 条第 4 项及相关司法解释的规定，只有经最高人民检察院核准，才可以对案件提起公诉。第二，这两类案件都以不核准为原则，以核准为例外。这体现在，法律及司法解释对这两类案件的报请核准均设置了相应的实体和程序要件，并由最高人民检察院对核准追诉的必要性进行把关，旨在严格限制程序的任意启动。②

不过，《刑法》第 17 条第 3 款规定的核准追诉与《刑法》第 87 条第 4 项的规定仍有区别：第一，经过追诉期限的案件原本是需要负刑事责任、符合追诉条件、应当予以追诉的案件，只不过是已过追诉期限，需要最高人民检察院核准确认是否重启追诉时效。《刑事诉讼法》第 112 条规定，人民法院、人民检察院或者公安机关对于报案、控告、举报和自首的材料，应当按照管辖范围，迅速进行审查，认为有犯罪事实需要追究刑事责任的时候，应当立案。由此，启动刑事程序的前提是"认为有犯罪事实需要追究刑事责任"。第 16 条规定，有下列情形之一的，不追究刑事责任，已经追究的，应当撤销案件，或者不起诉，或者终止审理，或者宣告无罪：（1）情节显著轻微、危害不大，不认为是犯罪的；（2）犯罪已过追诉时效期限的；（3）经特赦令免除刑罚的；（4）依照刑法告诉才处理的犯罪，没有告诉或者撤回告诉的；（5）犯罪嫌疑人、被告人死亡的；（6）其他法律规定免予追究刑事责任的。显然，属于《刑事诉讼法》第 16 条规定情形之一的，不追究刑事责任，不应当予以追诉，当然也不应当起诉。换言之，可以追诉、起诉的，应当是需要追究刑事责任、符合追诉条件的案件。《刑法》第 87 条第 4 项的规定，为"犯罪已过追诉时效期限的"案件的继续追诉提供了途径。对于原本符合追诉条件、应当予以追诉的案件，原本就应当依法立案侦查。在实践中，此类案件在案发后一般也

---

① 主要包括 2012 年 8 月 21 日最高人民检察院发布的《关于办理核准追诉案件若干问题的规定》以及 2019 年 12 月 2 日通过的《人民检察院刑事诉讼规则》。

② 史卫忠等：《核准追诉中的若干实务问题考察》，载《人民检察》2016 年第 10 期。

已启动立案侦查程序，因各种原因经过追诉时效，其立案侦查原本是依法进行的。[①] 而《刑法》第17条第3款限定的案件范围十分明确，即"已满12周岁不满14周岁的未成年人"实施的案件，按照我国刑法关于刑事责任年龄的一般规定，此类案件与原本就符合追诉条件的案件不同，是必须经过最高人民检察院核准追诉才应当负刑事责任，因而才符合追诉条件的案件。根据预防未成年人犯罪法和刑法的规定，关于"已满12周岁不满14周岁的未成年人"实施严重危害案件，其走向无非有两种：一是没有层报最高人民检察院而直接适用预防未成年人犯罪法规定的措施，或者最高人民检察院不予核准追诉而适用预防未成年人犯罪法规定的措施；二是经报最高人民检察院核准追诉，启动刑事程序。从法律规定看，此类案件并非都必须报请最高人民检察院核准以启动刑事追诉程序，依法予以适用预防未成年人犯罪法规定的措施也是可以选择的一种处理方式。换言之，此类案件之所以需要最高人民检察院核准，是因为只有经核准之后才能确定是否应当负刑事责任，是否符合作为刑事案件追诉的条件，也即该案是作为刑事案件办理，还是作为保护处分案件办理。

第二，是否核准追诉考量的侧重点不同。对于经过追诉期限的案件，在裁量是否追诉时，首先是从国家层面判断，从国家利益、社会发展稳定的大局考虑。[②] 其次是要考虑该案对社会稳定的影响，犯罪行为在当地造成的伤害、恐慌是否消除，被害方及当地群众的态度。[③] 而对于已满12周岁不满14周岁的未成年人实施的严重危害案件，核准时应当首先从行为人主义角度出发，不仅要考虑犯罪行为的严重程度、所造成的危害后果以及社会影响，也要考虑该未成年人的身心状况、成长环境等因素，关注其复归社会的需求，需要全面综合考量，进行专门评估，审慎作出决定。

（二）核准追诉的性质

在明确了《刑法》第17条第3款核准追诉的含义后，接下来的问题便是核准追诉的性质。"经最高人民检察院核准追诉的，应当负刑事责任"，这表明，对于"已满12周岁不满14周岁的未成年人"实施的严重危害案件除了

---

① 《刑事诉讼法》第109条规定，公安机关或者人民检察院发现犯罪事实或者犯罪嫌疑人，应当按照管辖范围，立案侦查。据此，启动刑事程序有两种情况，一是发现犯罪事实，二是发现犯罪嫌疑人，不论哪种情况，都以应当追究刑事责任为前提。在发现犯罪事实而启动刑事程序的情况下，法律拟制行为主体应当负刑事责任，在发现犯罪嫌疑人而启动刑事程序的情况下，该行为主体应当是达到法定刑事责任年龄的人。在前一种情况下，其后查明行为主体具有不予追究刑事责任的情形，应当终止刑事程序。

② 张军：《关于检察工作的若干问题》，载《国家检察官学院学报》2019年第5期。

③ 韩晓峰、王海：《核准追诉制度若干问题研究》，载《人民检察》2009年第4期。

依据预防未成年人犯罪法采取措施以外，其走向如何，需要最高人民检察院审查决定。换言之，我国对于实施严重危害案件的"已满 12 周岁不满 14 周岁的未成年人"采保护主义，即在程序上由最高检察机关先行判断是作为刑事案件还是保护处分案件，只有在最高检察机关核准的情况下，才可以发动对未成年人的刑事追诉。在未成年人司法制度中，这种由专门机关预先予以审查，并根据涉案未成年人的罪错情况，确定其应当适用何种处理程序的制度，便是先议制度。先议制度主要涉及先议权的归属问题。根据先议权行使的主体不同，有关国家和地区的做法可以分为三种模式：审判机关先议模式、检察机关先议模式和多元主体先议模式。首先，审判机关先议模式的代表国家和地区包括日本、我国台湾地区。根据日本新《少年法》的规定，"负责判断国家权力机关应否介入、干涉少年之人格成长过程或其环境一事者，乃其家庭法院之少年裁判部"。与日本相似，我国台湾地区"少年事件处理法"（以下简称"少事法"）也要求少年先议制度应当契合一定的标准。一是采取法官先议主义，排斥其他如检察机关等机关或检察官等人员行使先议权。二是采取保护优先主义，即原则上对罪错未成年人采取保护处分，只有涉罪未成年人的罪行特别严重才转入刑事诉讼程序。其次，检察机关先议模式的代表国家是德国。检察机关先议模式是指检察官根据案件情况决定案件是否进入少年刑事诉讼程序，但德国检察机关先议模式饱受合宪性质疑。最后，多元主体先议模式的代表国家是美国，联邦和州层面的做法体现在三个方面：一是警察通过初步调查（preliminary investigation）、警局调处（stationhouse adjustment）、移送严重犯罪未成年人至少年法院立案部门，决定未成年人是否进入未成年人司法体系。二是少年法院先议。少年法院先议是指少年法院依据案件具体情况所进行的审前筛选程序。三是检察官先议。检察官先议是指部分州规定由检察官对案件筛选审查并作出将案件起诉至少年法院或刑事法院的决定。[①]

与域外一些国家或地区司法中以法院为中心以及较早形成了未成年人司法程序不同，我国未成年人司法程序起步较晚，相关规定散见于部门法之中，缺乏系统性，且长期以来一直依附于成年人司法程序。换言之，在我国，没有独立的未成年人司法法，未成年人案件只有法律有特别规定时才优先适用该特别规定，没有特别规定时则适用成年人司法程序，加之我国刑事诉讼为严格分明的阶段性构造的特殊性，法院处于刑事程序的后端，在实践中难以形成法院为中心的先议权制度。鉴于检察机关的宪法定位，我国未成年人保护法赋予检察

---

① 姚建龙：《超越刑事司法：美国少年司法史纲》，法律出版社 2009 年版，第 167 页。

机关对涉及未成年人的诉讼活动等进行监督①，同时，检察机关是可以全程参与刑事诉讼程序全过程的机关，前承公安侦查程序后启法院审判程序，也是决定提起公诉的唯一机关。《刑法》第 17 条第 3 款之所以将核准追诉的权力赋予检察机关，除其是行使追诉权的当然主体和审前程序的法律决定机关以外，更主要的是为了发挥检察机关特别是最高检察机关的法律监督职能和统一该类案件追诉标准适用的作用。正如有学者指出，最高人民检察院核准追诉这一程序设计既有严格限制检察机关追诉低龄未成年人刑事责任的考虑，也有立法机关赋予最高检察机关统一此类案件追诉标准的意思。②

可以说，《刑法》第 17 条第 3 款之规定，构建了分流已满 12 周岁未满 14 周岁未成年人实施的严重危害案件为保护处分案件与刑事案件的审查核准机制。

二、核准追诉的实体要件

实体要件是规范国家刑罚权产生的依据。已满 12 周岁不满 14 周岁未成年人实施的严重危害案件，其实体要件包括年龄、罪行、犯罪结果、情节恶劣等四个方面。

（一）关于年龄

《刑法》第 17 条第 3 款规定核准追诉适用的对象为已满 12 周岁未满 14 周岁的未成年人。据此，未满 12 周岁的未成年人实施的严重危害案件，不能进入核准追诉程序；已经进入核准程序，查明系未满 12 周岁的未成年人的，以及是否已满 12 周岁存在疑问的，均不能核准追诉。③

（二）关于罪行

《刑法》第 17 条第 3 款规定"已满十二周岁不满十四周岁的人，犯故意杀人、故意伤害罪，致人死亡或者以特别残忍手段致人重伤造成严重残疾，情节恶劣，经最高人民检察院核准追诉的，应当负刑事责任"，并没有明确"犯

---

① 《未成年人保护法》第 105 条规定："人民检察院通过行使检察权，对涉及未成年人的诉讼活动等依法进行监督。"

② 胡云腾、徐文文：《〈刑法修正案（十一）〉若干问题解读》，载《法治研究》2021 年第 2 期。

③ 有观点认为，对于 12 周岁以下犯有故意杀人、故意伤害、抢劫、强奸、诈骗等社会危害极大的恶性犯罪的未成年人可以根据"推定刑事责任能力制度"追究其刑事责任。如果其已明确具有明辨是非和自我控制的能力，对犯罪的过程有周密的计划，对犯罪的手段可能造成的严重后果及可能接受的法律惩处有明确的认知，则应推定其具有刑事责任能力。也就是说，即使行为人未满 12 周岁，也应认定为其具有刑事责任能力，而接受法律的惩处。参见宋全成：《我国刑事犯罪未成年人的结构性特征与防治对策》，载《南通大学学报（社会科学版）》2021 年第 1 期。

故意杀人、故意伤害罪"究竟是指具体的罪名还是犯罪行为。《刑法》第17条第2款规定:"已满十四周岁不满十六周岁的人,犯故意杀人、故意伤害致人重伤或者死亡、强奸、抢劫、贩卖毒品、放火、爆炸、投放危险物质罪的,应当负刑事责任。"全国人大常委会法工委《关于已满十四周岁不满十六周岁的人承担刑事责任范围问题的答复意见》认为:"刑法第17条第2款规定的八种犯罪,是指具体犯罪行为而不是具体罪名。"根据法律条文之间内在的逻辑关系,其第3款中"犯故意杀人、故意伤害罪"是指实施了故意杀人和故意伤害的犯罪行为。换言之,如果已满12周岁不满14周岁未成年人所实施的严重危害案件包含了故意杀人、故意伤害行为的,应当按照《刑法》第17条第3款的规定确定罪名。例如,13周岁的甲在强奸被害人乙后,以残忍手段将被害人杀害,可评价为甲有故意杀人情节且恶劣。刑法之所以要求已满12周岁未满14周岁的人对这两种犯罪行为负刑事责任,主要是考虑到已满12周岁未满14周岁的人对杀人、伤害行为的认知能力及此类犯罪行为的严重危害性。一方面,这两种犯罪行为是对已满14周岁不满16周岁未成年人实施的八种犯罪行为的进一步限缩,因涉及对他人生命法益和重大健康法益的直接侵害,其犯罪行为的严重程度更能被一般人所认知。[1]已满12周岁不满14周岁的人对故意杀人、故意伤害行为已经具有辨认和控制能力,其既能够认识自己杀人、伤害行为的内容、社会意义与结果,又有能力去支配自己不去实施杀人、伤害行为。另一方面,已满12周岁不满14周岁的人对于故意杀人、故意伤害行为也具有违法认识可能性与期待可能性,在实施杀人、伤害行为时能够认识到自己的行为是违法的,进而控制自己不去实施这样的违法行为。

(三)关于犯罪结果

犯罪结果是罪行之外在实体要件上的另一重限制。《刑法》第17条第3款对已满12周岁未满14周岁未成年人实施的严重危害案件,附加了"致人死亡或者以特别残忍手段致人重伤造成严重残疾"这一结果要件。这表明,"以特别残忍手段致人重伤造成严重残疾"与"致人死亡"在犯罪结果上具有相当性,实施故意杀人既遂与以特别残忍手段致人重伤造成严重残疾的,都有可能被追究刑事责任。[2]法律规定"致人重伤造成严重残疾"的后果是"以特别残忍手段"造成的。对于"特别残忍手段",应当根据犯罪使用的工具、方式

① 满涛:《未成年人利益最佳与刑事责任年龄的降低——兼评〈刑法修正案(十一)〉第一条》,载《河北法学》2021年第7期。
② 彭文华、傅亮:《论〈刑法修正案(十一)〉关于刑事责任年龄的规定》,载《青少年犯罪问题》2021年第1期。

方法、伤害部位、持续时间与频度、被害人遭受的痛苦等，按照社会认知一般标准来认定。

（四）关于情节恶劣

从我国立法规定来看，情节恶劣有的属于入罪要件，有的属于具体罪名的量刑情节或法定刑升格要件。[①] 不过，《刑法》第 17 条第 3 款所规定的情节恶劣与之有所区别，此处的情节恶劣并不是指量刑情节或法定刑升格要件，而是核准追诉的要件，当然也是已满 12 周岁未满 14 周岁的人应当负刑事责任的要件之一[②]，是对全案要素进行整体性、综合性的评价。从我国实务中案件办理来看，对情节恶劣的认定主要考量以下因素，这也可以作为办理已满 12 周岁不满 14 周岁未成年人实施的严重危害案件的参考。

一方面是行为人主观方面的因素，譬如，犯罪的动机、目的、主观故意的样态等。如在某故意杀人、强奸案中[③]，被告人恐其盗窃行为败露，在被害人儿子在现场的情况下，持刀杀害被害人，连续刺戳被害人后背两刀。在被害人受伤倒地后，又实施强奸行为，逃离现场后又折返确认被害人是否有生还的可能性后，锁住被害人家门，阻断外界施救，表明其积极追求被害人死亡的结果。

另一方面是行为人客观方面的因素。譬如，有关特别残忍手段方面的因素。包括但不限于：一是行为的方式方法。在规范层面，以特别残忍手段致人重伤造成严重残疾是指故意要造成严重残疾而采用毁容、挖人眼睛、砍掉双脚等特别残忍的手段伤害他人行为。[④] 在司法实务中，故意挖眼、割耳、鼻，故意用刀划面部、电击、烧烫、使用异物插入他人隐私或要害部位等，通常被认为属于特别残忍手段的方式方法。对于某些案件，即便行为人没有采用上述手段，也可以认定为特别残忍的手段，譬如其所采用的方式方法对被害人造成了极度痛苦、恐惧、屈辱或者有悖人伦底线的，也可以认定为特别残忍的手段。二是使用具有严重伤害性、造成被害人极度痛苦、极度恐惧或者有悖人伦底线的工具。譬如，用硫酸等高度腐蚀性液体等伤害被害人、使用被害人极度痛

---

① 例如，《刑法》第 236 条第 3 款第 1 项规定，强奸妇女、奸淫幼女，有下列情形之一的，处十年以上有期徒刑、无期徒刑或者死刑：（1）强奸妇女、奸淫幼女情节恶劣的，等等。

② 法工委发言人：《符合 4 个条件可追究低龄未成年人刑责》，载全国人大网，http：//www.npc.gov.cn/npc/c30834/202101/674e6322acee426ea113a852cdd7a0e8.shtml，最后访问日期：2021 年 10 月 1 日。

③ 参见甘肃省甘南藏族自治州中级人民法院（2020）甘 30 刑初 3 号刑事判决书。

④ "以特别残忍手段致人重伤造成严重残疾"中的"特别残忍手段"是指：故意要造成严重残疾而采用毁容、挖人眼睛、砍掉双脚等特别残忍的手段伤害他人行为。参见全国人大常委会法制工作委员会编：《中华人民共和国刑法释义》（第 6 版），法律出版社 2015 年版。

苦、恐惧的工具伤害被害人等。三是侵害被害人的次数、频率、伤害行为持续的时间、反复性、经常性。比如，多次伤害、持续伤害、经常伤害等。四是侵害行为所针对被害人身体的具体部位。比如伤害被害人感到极度痛苦或者极度屈辱的部位等。此其一。其二，有关犯罪后果严重性的因素。譬如，致人死亡、造成被害人身体器官缺损、器官明显畸形、身体器官较为严重功能障碍、造成严重并发症，造成两人或两人以上死亡或者残疾，给被害人及其家庭、亲属等造成极度痛苦或严重心理伤害后果等。其三，有关犯罪对象的因素。譬如被害人为幼童、老年人、孕妇、残疾人、抚养人等。其四，有关案件起因方面的因素。譬如案件缘何而起、被害人是否有过错、双方关系如何等。其五，有关特定场所、时间等因素。比如，公共场所、当众实施、在被害人亲属目睹情形下实施侵害，对被害人及其家庭具有特殊意义的场所、节日或其他对被害人及其家庭具有特殊意义的时间等。其六，有关在犯罪中的地位、作用的因素。譬如，共同犯罪中的组织者、策划者、主要实施者等。

除此之外，有关犯罪后的表现也是需要考量的因素。譬如，犯罪后为了逃脱罪责而毁灭证据、恐吓证人、伪造现场、嫁祸他人等隐瞒事实、掩盖犯罪行为等。

总之，情节恶劣需要根据案件情况进行全面评价，综合考量其犯罪的动机、目的、手段、过程、后果、犯罪中的作用、对象、案发原因、场所、时间、犯罪后表现等情况，以及其犯罪行为是否冲击社会基本价值观，挑战社会人伦底线等因素，予以判断。

三、核准追诉的程序要件

虽然实体要件是刑罚权产生的依据，但核准追诉程序如何运作，直接影响已满 12 周岁未满 14 周岁的未成年人最后能否依照实体刑法而受刑事追诉。《刑法》第 17 条第 3 款对核准追诉的条款未作进一步规定，而报请主体与具体程序、核准追诉依据的材料与核准期间等问题，对于该规定的实施同样不可回避。

（一）报请主体与具体程序

报请主体与具体程序，是指由谁来提出核准追诉的申请，以及依照何种程序提出的问题。实际操作中，可能会面临以下问题，一是由哪一级检察院作为报请的机关；二是通过何种程序、步骤进行报请。

我国刑事诉讼法及相关司法解释中涉及报请最高人民检察院核准的情形，一是对经过追诉时效案件继续追诉的核准制度。《人民检察院刑事诉讼规则》

第 320 条、《关于办理核准追诉案件若干问题的规定》第 6 条规定，法定最高刑为无期徒刑、死刑的犯罪，已过 20 年追诉期限的，如果认为必须追诉的，由侦查机关的同级人民检察院受理并层报最高人民检察院审查决定。二是对有重大立功或者案件涉及国家重大利益情形的核准终止追诉。《刑事诉讼法》第 182 条、《人民检察院刑事诉讼规则》第 279 条规定，"犯罪嫌疑人自愿如实供述涉嫌犯罪的事实，有重大立功或者案件涉及国家重大利益的，经最高人民检察院核准，公安机关可以撤销案件，人民检察院可以作出不起诉决定，也可以对涉嫌数罪中的一项或者多项不起诉"。三是对严重危害国家安全犯罪、恐怖活动犯罪案件缺席审判的核准制度。《刑事诉讼法》第 291 条、《人民检察院刑事诉讼规则》第 505 条及第 506 条规定，对于公安机关移送的需要及时进行审判的严重危害国家安全犯罪、恐怖活动犯罪案件，犯罪嫌疑人、被告人在境外，人民检察院认为犯罪事实已经查清，依法应当追究刑事责任的，经检察委员会讨论提出提起公诉意见的，应当层报最高人民检察院核准。此类案件由有管辖权的中级人民法院的同级人民检察院提起公诉。此外，不属于由最高人民检察院核准，但需要报请最高人民检察院的还有《刑事诉讼法》第 157 条、《人民检察院刑事诉讼规则》第 314 条规定的在较长时间内不宜交付审判的特别重大复杂的案件，即下级检察机关因为特殊原因，在较长时间内不宜交付审判的特别重大复杂的案件，需要由最高人民检察院报请全国人民代表大会常务委员会批准延期审理。

通过比较，我们认为上述报请最高人民检察院（核准）的相关规定具有以下特点：第一，就案件本身而言，多为重大复杂、社会关注度高、影响范围大的案件，一旦处理不好可能产生负面的社会舆论。因此，为审慎作出决定，法律规定由市一级的检察院作为报请机关。第二，在规范目的上，虽然法院享有案件的最终裁判权，但检察机关对案件走向的判断，亦会对案件最终结果产生重要影响。因此，为防止国家追诉权的恣意行使对公民基本权利的干预，法律对报请核准均采用了层报的方式，通过层级式的严格把关，将不具有核准必要性的案件逐级过滤出去。第三，在核准结果上，检察官基于客观公正义务，在核准程序中综合全案证据、事实以确认国家对被追诉人的刑罚权是否存在，进而作出核准或者不予核准的决定，其结果既可能对犯罪嫌疑人、被告人产生有利影响，也可能产生不利影响。

基于以上分析，可以得出如下结论：首先，对于报请核准的机关，可以由设区的市级人民检察院提起。因为其一，已满 12 周岁不满 14 周岁未成年人实施的严重危害案件，其案件事实本身可能并不复杂，在案发后通常很快就能确定犯罪嫌疑人，但这类案件容易引发社会关注，所产生的社会影响较大。因此，如何平衡被害人权利保护与未成年人权利保护、社会舆论与司法公正，就成为处理此类案件时不得不面对的问题，由设区的市级人民检察院作为提起报请核准的机关体现出对此类案件的慎重，有利于排除当地压力和舆论的影响。这一做法，在检察机关自侦案件以及中级人民法院管辖的第一审刑事案件中也有体现。例如，根据《最高人民检察院关于人民检察院立案侦查司法工作人员相关职务犯罪案件若干问题的规定》，人民检察院自侦的犯罪案件由设区的市级人民检察院立案侦查。基层人民检察院发现犯罪线索的，应当报设区的市级人民检察院决定立案侦查。此外，根据我国刑事诉讼法关于级别管辖的规定，对于危害国家安全、恐怖活动案件，以及可能判处无期徒刑、死刑的案件，由中级人民法院管辖。这些均反映出对重大、特殊案件慎重处理的要求。基于此，已满 12 周岁不满 14 周岁未成年人实施的严重危害案件理应由设区的市级人民检察院作为报请核准的机关，如果基层人民检察院接到同级公安机关移送的案件，应当报市级人民检察院决定是否报请。其二，相较于基层人民检察院，市级检察机关对全市范围内未成年人实施的严重危害案件具有更为全面和宏观的把握，有助于统一裁量基准和尺度。并且，由市级检察院作为报请主体，可以集中利用有限的司法资源，提高办案质量和效率。① 再者，从专业性角度来讲，市级检察机关无论是未检部门建设，还是办案人员的素质水平，都较基层人民检察院具有优越性。

其次，对于报请核准的程序和步骤，应当采取层报的方式，即先由市级检察机关报请省级检察机关，再由省级检察机关报请最高人民检察院。如果省级检察机关认为不应当追诉的，可以否决下级检察机关的决定，不再上报最高人民检察院。这是因为，检察权在运行方式上具有等级性、统一性等特征，以实现检察权能的合理运作和整体的公平正义。② 反过来讲，也可以这样理解，直接报请违反了检察权运行的基本规律，僭越了上下级检察机关之间的领导关系。其结果是客观上减少了上一级检察机关审查过滤的环节，可能导致没有核准必要的案件进入最高人民检察院，浪费不必要的司法资源。此外，法律之所以规定"核准"，就表明应当采取层层把关、逐级递进的报请程序，市级人民检察院不能直接越级报请至最高人民检察院。③

---

① 李昊昕：《检察机关直接受理侦查案件的管辖与内部分工》，载《检察日报》2020 年 1 月 16 日，第 3 版。

② 邹绯箭、邵晖：《"检察一体"与中国上下级检察院组织关系构建》，载《中国刑事法杂志》2013 年第 8 期。

③ 胡云腾、徐文文：《〈刑法修正案（十一）〉若干问题解读》，载《法治研究》2021 年第 2 期。

（二）核准追诉依据的材料与核准期间

对低龄未成年人实施的严重危害案件的审查、核准，应当建立在坚实的证据、事实基础和准确的法律评价之上。未成年人司法具有司法规律的一般性，一般案件中用于评价行为人危害行为以确定刑事责任的案卷证据材料自然应当成为核准追诉的依据。① 同时，未成年人司法有其特殊性，以"行为人主义"为主要特征，关注偏常心理、行为的诱因及其矫正②，所以应当将社会调查报告、心理测评报告、风险评估报告、该加害人一方与被害人一方是否达成谅解的情况等，作为评估依据，综合衡量追诉的必要性。也就是说，尽管已满12周岁未满14周岁未成年人实施的严重危害案件符合罪行、结果、情节等要素，最高人民检察院也不必然就核准追诉，否则就没有单独设置核准程序的必要。核准程序并不单单是对上述要件进行实质审查，也需要对核准追诉必要性进行审查判断，即综合评估后认为适用专门矫治教育仍不足以降低其再犯可能性及社会危害性的，应当核准追诉。审查判断的依据主要包括社会调查报告、心理测评报告、风险评估报告、该加害人一方与被害人一方是否达成谅解的情况等。具体而言，社会调查报告应当包括个人基本情况③、社会生活状况④、与涉嫌犯罪相关的情况⑤以及其他认为应当调查的内容。心理测评

---

① 何挺、刘颖琪：《低龄未成年人犯罪核准追诉"情节恶劣"要件的思考》，载《预防青少年犯罪研究》2021年第2期。

② 宋英辉、苑宁宁：《未成年人罪错行为处置规律研究》，载《中国应用法学》2019年第2期。

③ 主要包括未成年人的年龄、性格特点、健康状况、成长经历（成长中的重大事件）、生活习惯、兴趣爱好、教育程度、学习成绩、一贯表现、不良行为史、经济来源等。除此之外，国外的实证研究表明，不负责任的父母、贫穷、虐待与未成年人犯罪之间存在着强烈的相关性。未成年人不是完全独立自主的个体，他们通过观察、亲身体验或者遭遇，塑造了其独特的成长经历，而这种经历会随着时间的推移，潜移默化地植入到其人格发展以及性格养成当中，并外化为行为特点和行事方式。这表明，只有当这种相关关系消失时，才可以说未成年人是自主选择犯罪的人，可以承担刑事责任。[See Catherine Elliott（2011：297）] 正因如此，有些国家将未成年人犯罪的原因也作为调查重点。例如，《俄罗斯联邦刑事诉讼法典》第421条规定，未成年行为人实施犯罪时的刑事案件，在进行预先审查时应当确定年长者对未成年行为人的影响。《乌克兰刑事诉讼法典》第433条规定，在对未成年人犯罪案件进行侦查时，需要确定对未成年人的教育产生负面影响的情况。

④ 包括未成年人的家庭基本情况（家庭成员、家庭教育情况和管理方式、未成年人在家庭中的地位和遭遇、家庭成员之间的感情和关系、监护人职业、家庭经济状况、家庭成员有无重大疾病或遗传病史等）、社区环境（所在社区治安状况、邻里关系、在社区的表现、交往对象及范围等）、社会交往情况（朋辈交往、在校或者就业表现、就业时间、职业类别、工资待遇、与老师、同学或者同事的关系等）。

⑤ 包括犯罪目的、动机、手段、与被害人的关系等；犯罪后的表现，包括案发后、羁押或取保候审期间的表现、悔罪态度、赔偿被害人损失等；社会各方意见，包括被害方的态度、所在社区基层组织及辖区派出所的意见等，以及是否具备有效监护条件、社会帮教措施。

报告也应当作为评估和专门矫治教育的依据。① 未成年加害人一方与被害人一方和解的情况应当作为报请或者核准追诉的参考依据，但不是决定的唯一因素。如果双方未能达成谅解，不能仅根据被害人一方的追诉意愿就作出核准决定。

由于是否核准追诉关系到案件的走向，且未成年加害人一般处于被管束状态，核准追诉应当及时并且毫不拖延地进行，因此设定一个合理期间便十分必要。此一期间的设置应当考虑三个因素，一是要保证上下级检察机关程序流转，二是要确保检察人员有充分的时间审阅案卷材料，三是要为检察人员在必要时到案发地了解案件有关情况预留时间。综合以上，我们认为，此类案件的核准期间可以比照检察机关审查起诉以及核准重启追诉时效的期限。② 具体而言，办理已满12周岁未满14周岁未成年人实施的严重危害案件，地方人民检察院应当在受理案件后10日内层报最高人民检察院；最高人民检察院应当在受理后1个月以内作出决定，特殊情况下可以延长15日。

四、核准追诉前的证据收集与强制性管束措施

国家专门机关如果实施强制处分并进而干预到公民基本权利时，在法律上必须有明确依据，并且应当严格遵循法律设定的相关要件，否则可能侵害公民基本权利。在核准已满12周岁未满14周岁未成年人实施的严重危害案件中，涉及核准追诉前的证据收集与强制性管束措施等程序时，也应当遵循这一原则。

（一）证据收集的手段

发现案件事实后，公安机关必须立即依法对案件展开调查活动。具体可以分为两种情况，第一种情况是，案发后行为人尚不明确，此时如果符合刑事立案条件的，公安机关应当依法立案侦查。如果在侦查过程中查明行为人是已满12周岁不满14周岁的未成年人，还能否继续采取刑事诉讼法中的侦查措施？所获取的证据材料是否具有证据能力？我们认为，由于此时案件未经最高人民检察院核准追诉，该案件尚不符合作为刑事案件追诉的条件，不宜再采取强制

---

① 2017年3月2日最高人民检察院发布的《未成年人刑事检察工作指引（试行）》第35条规定："社会调查过程中，根据需要，经未成年犯罪嫌疑人及其法定代理人同意，可以进行心理测评。"

② 根据《刑事诉讼法》第172条第1款关于审查起诉期限的规定，人民检察院对于监察机关、公安机关移送起诉的案件，应当在1个月以内作出决定，重大、复杂的案件，可以延长15日；犯罪嫌疑人认罪认罚，符合速裁程序适用条件的，应当在10日以内作出决定，对可能判处的有期徒刑超过1年的，可以延长至15日。根据《最高人民检察院关于办理核准追诉案件若干问题的规定》关于核准期间的规定，地方各级人民检察院应当在受理案件后10日内层报最高人民检察院，最高人民检察院应当在受理案件后1个月内作出是否核准的决定，特殊情况下可以延长15日。

措施，不过不影响此前所取得的证据材料的证据能力。因为侦查的目的是提起公诉①，调查已满 12 周岁未满 14 周岁未成年人实施的严重危害案件，其目的是查明案件真相，以便确定是否报请最高人民检察院核准追诉。况且，在案发之初，由于行为人尚不明确，此前的刑事立案和侦查程序当然符合一般刑事案件办理的程序，依照刑事诉讼法采取的证据收集程序也更为规范，而且在明确行为人之前并不涉及人身强制措施问题，因此，程序的转换不应当影响证据材料的证据能力。

不过，不能按照刑事案件进行侦查，并不意味着禁止对案件事实的调查。在学理上，侦查分为强制侦查与任意侦查，二者的区别在于侦查过程中是否使用强制措施。② 按照刑事诉讼法理和域外通行的做法，强制侦查措施需要法律明确规定，且需要司法官签发令状，而对于任意侦查法律没有特别限制。对于已满 12 周岁未满 14 周岁未成年人实施的严重危害案件的调查取证，可以按照任意侦查理论，通过任意侦查措施收集证据。我国也有类似的法律规定。比如，《公安机关办理刑事案件程序规定》第 174 条第 2 款规定，调查核实过程中，公安机关可以依照有关法律和规定采取询问、查询、勘验、鉴定和调取证据材料等不限制被调查对象人身、财产权利的措施。也可以按照人民警察法的规定，采取盘问、检查等不限制人身自由的调查方式。另外，按照任意侦查理论，在经犯罪嫌疑人或其他相关权利人同意情况下，即使没有搜查证或令状，也可以对其人身、住宅或办公场所进行搜查，并可以保全证据为目的将相关的资料、物品进行扣押。③ 除任意侦查措施外，还可以根据相关法律采取行政调查措施。根据《公安机关办理行政案件程序规定》关于行政调查措施的规定，对人的行政调查措施包括询问、检查、辨认等，对物的行政调查措施包括勘

---

① ［日］田口守一：《刑事诉讼法（第五版）》，张凌、于秀峰译，中国政法大学出版社 2010年版，第 29 页。

② ［日］田口守一：《刑事诉讼法（第五版）》，张凌、于秀峰译，中国政法大学出版社 2010年版，第 41 页。

③ 宋志军：《同意搜查制度比较研究》，载《山东警察学院学报》2013 年第 5 期。同意搜查在域外未成年人司法制度中面临广泛争议，例如在美国，未成年人司法中允许将"同意搜查"（consensual search）作为无证搜查的例外。同意搜查所收集的证据在经过证据补强后，可以用作证据使用。同意搜查之"同意"要求当事人具有自愿性，且适用范围上限于诸如夫妻、父母子女、同居室友、房东房客、教师学生及雇员等相互间存在特殊关系的群体。在 1965 年"明尼苏达州诉肯德曼案"（State v. Kinderman）中，明尼苏达州最高法院认定父亲许可警方搜查儿子房间之授权有效。参见张鸿巍：《美国未成年人司法体系与程序》，法律出版社 2020 年版，第 189 页。除明尼苏达州外，大部分州法院均认可父母作为同意搜查的适格主体。See Kenneth T. Hanley, *Fourth Amendment Protection for the Juvenile Offender: State, Parent, and the Best Interests of the Minor*, Fordham Law Review 49, no. 6（May 1981）: 1156.

验、鉴定等。

第二种情况是，案发后即发现行为人系已满 12 周岁不满 14 周岁的未成年人，此种情况下，由于尚未经最高人民检察院核准追诉，该案件尚不能作为刑事案件立案侦查，但仍需要依法收集证据，查明事实，为报请核准追诉做好准备。具体可以如上所述，依照治安管理处罚法、人民警察法、《公安机关办理行政案件程序规定》等关于调查程序的规定以及任意侦查措施来收集证据。

（二）强制性管束措施

根据法律保留原则的要求，在最高人民检察院核准追诉之前，对已满 12 周岁未满 14 周岁的未成年人不能采取刑事强制措施。① 不过，对于一些可能实施新的危害行为、有危害公共安全或者社会秩序的现实危险、可能毁灭、伪造证据，干扰证人作证或者串供、可能对被害人、举报人、控告人实施打击报复，以及企图自杀或者逃跑的未成年人，不采取一定的管束性约束措施不足以防止其发生人身危险性和社会危险性。根据预防未成年人犯罪法的规定，已满 12 周岁不满 14 周岁的未成年人实施的严重危害案件属于严重不良行为，对这类未成年人可以采取预防未成年人犯罪法规定的措施。具体而言，《预防未成年人犯罪法》第 41 条规定，对有严重不良行为的未成年人，公安机关可以根据具体情况，由社会组织、有关机构在适当场所对未成年人进行教育、监督和管束。《预防未成年人犯罪法》第 45 条第 1 款规定："未成年人实施刑法规定的行为、因不满法定刑事责任年龄不予刑事处罚的，经专门教育指导委员会评估同意，教育行政部门会同公安机关可以决定对其进行专门矫治教育。"据此，公安机关在最高人民检察院核准追诉之前，可以依法对该行为人实施管束措施，或者依法进行专门矫治教育。因为即便该未成年人最终没有被核准追诉，按照刑法和预防未成年人犯罪法的规定，也应当依法适用预防未成年人犯罪法规定的处遇措施。②

---

① 首先，法律保留原则在立法上要求所有强制措施的种类、构成要件必须由立法者事先规定且相关条款要具有明确性，禁止实施法律之外的刑事强制措施。其次，该原则在司法上要求依据法律规定的种类、条件和程序来适用具体的强制措施，不得超出法律设定的界限范围。最后，禁止事后法，即不得针对特定案件或者特定的人员事后设立特种刑事强制措施，也不得在刑事诉讼过程中任意创制新的刑事强制，以保证所有案件及当事人受到公平的待遇。参见宋英辉、甄贞：《未成年人犯罪诉讼程度研究》，北京师范大学出版社 2011 年版，第 105—106 页。

② 我们认为，为了保证此类案件的正确处理，比较理想的路径是由全国人大常委会作出立法解释，明确将该类案件的办案程序作为刑事诉讼特别程序的一种，这样一来，对该类案件可以依照刑事诉讼法立案侦查，采取相关强制措施，但对羁押措施的适用应予以严格限制。将该类案件作为特殊类型的刑事案件予以侦查，更能保证证据收集的规范性和充分性，更有利于保障未成年人辩护权，更有利于正确处理案件。

综合型证明模式：
性侵未成年人案件的证明逻辑*

向　燕**

对于核心证据欠充分的案件，运用我国传统刑事证明制度往往会存在印证不足而难以定罪的困难。这在近年来引起社会普遍关注的性侵未成年人案件中尤为突出。此类案件往往因犯罪隐蔽、案发迟延而客观证据少，一旦犯罪嫌疑人拒不认罪，极易导致司法证明的困难。新修订的未成年人保护法确立了侵害未成年人案件的报告制度，性侵害、性骚扰防控制度，密切接触未成年人从业人员限制制度，以及对性侵未成年被害人的特殊询问程序和综合保护制度，旨在对这类犯罪进行有效的预防和救济。最高人民检察院高度重视性侵未成年人案件的办理，就此类案件出台了第十一批指导性案例，但在司法实务中，基层人民法院不敢定、不敢判的情形仍较为突出。囿于传统印证证明模式的局限，这类案件的办理通常强调建构以被害人陈述为核心的证据体系，重视经验法则的运用①，但关于如何审查判断被害人陈述真实性，建构完善的证据体系，以及把握这类案件的证明标准等问题，在司法实践中仍然模糊不清，不易把握，亟须通过相对明确的理论框架统一认识，明确标准。

事实疑难案件的司法证明是一个有趣但宽泛的问题，脱离具体的案件类型对其展开论述往往是困难的。性侵未成年人案件的证明现状既反映了该类案件司法证明的特性，也映照出由印证证明模式导致的刑事案件事实认定的共同困境。本文将以性侵未成年人案件为范本，分析这类案件证明困境形成的制度根源，主张在核心证据欠充分的事实疑难案件中采用综合型证明模式，并结合被害主体的特点，对证明对象、证明方法、推理依据和证明标准等司法证明要素

---

　　* 本文发表于《中国刑事法杂志》2021 年第 5 期，收入本书时略有删改。
　　** 西南政法大学法学院教授，最高人民检察院刑事检察研究基地（刑事检察研究中心）执行主任。

　　① 参见刘艳燕：《以被害人陈述为核心构建性侵未成年人案件的证据标准》，载《人民司法》2015 年第 14 期。

作出具体界定，目的是：一方面，推动在性侵未成年人案件领域确立统一的追诉和裁判标准，保障未成年被害人获得司法救济；另一方面，倡导在刑事案件中适用具有普遍价值的综合型证明模式，以有效解决事实疑难案件的证明难题。

一、性侵未成年人案件证明困境的制度根源

（一）我国传统刑事证明制度的主要特征

依据现代刑事诉讼确立的证据裁判原则，对过去事实的证明，是根据证据而进行的一系列推理活动而确立的。证据、推论、待证事实（证明对象）、证明标准是司法证明的基本要素：推论是事实认定的手段；证据是用以推论的材料；待证事实是推论的最终目标；证明标准是运用证据证明待证事实应当达到的程度或水平。此外，就推论而言，还需要具体关注推论的依据（法则）和推论的方法（证明方法）。前者是对人类生活经验的概括，为进行事实推论所必须的大前提。后者是指可以指导裁判者完成从零散的证据推论到待证事实的所有证明活动的总括性方法。由于人类认识过去事实的手段趋于一致，司法推理的基本结构是共通的，但各国的法律理论和立法可以通过对证明要素的界定，塑造其证明制度的标志性特征。我国刑事证明制度具有以下主要特征。

第一，以要件事实为通常的证明对象。证明对象，也称待证事实，是指在诉讼中需要运用证据证明的事实。证明对象的功能有二：一是限定裁判事实的范围，使事实的认定能够满足法律适用的需要；二是防止审理对象的漫无目的和无限扩张，引导控辩双方的取证、举证、质证和认证行为。我国刑事证明对象理论立足于"法律规范说"，即刑事案件的证明对象是法律规范相对应的经验性事实。法律规范说受到了案件事实归属理论的深刻影响。法官要适用法律，就必须对事实进行归属，将已知的案件事实归入法律规则的构成要件中。[①] 在法律规范说的基本思路之下，我国的证明对象也常常被称为是"要件事实"。据此，刑诉学界基本一致地认为刑事诉讼中的待证事实包括实体法事实和程序法事实。[②]

第二，以印证证明占据主导地位的证明方法。印证证明模式被认为是我国

---

① 参见黄泽敏：《案件事实的归属论证》，载《法学研究》2017 年第 5 期。

② 参见陈一云：《证据学》，中国人民大学出版社 1991 年版，第 140 页以下；樊崇义：《证据学》法律出版社 2011 年版，第 118 页以下；何家弘、刘品新：《证据学》（第五版），法律出版社 2013 年版，第 197—198 页。另一种代表性的观点是三类说，即除实体法与程序法事实之外，证据法事实也应视为证明对象。参见卞建林：《刑事证明理论》，中国人民公安大学出版社 2004 年版，第 142—143 页。

刑事证明的基本方法。印证的基本特性是"利用不同证据内含信息的同一性来证明待证事实"。① 为达到"证据相互印证"的事实认定状态，印证证明模式对办案人员的证明活动起到了较强的指引作用。印证证明模式强调证据的外部印证，而忽略内部心证；强调从积极方面建构事实，而不是从消极方面证伪事实。② 据此，在证明活动中，控方注重获取直接反映要件事实的"内容性"信息，认为这样的核心证据才是能够形成印证的"真凭实据"；而较为忽视与要件事实具有疏远联系的补助证据（如证明犯罪嫌疑人或被害人心理活动、行为习惯、事后状态的证据），认为这类补助证据具有较强的主观性和推断性，不足以成为判定印证的独立证据。③ 由于反映要件事实内容的证据种类常为言词证据，致使实践中公检法机关对言词证据均颇为倚重。言词证据固有的不稳定性特点和虚假性风险，也为印证证明模式在客观证据缺乏的案件中的适用带来问题。

第三，以高度盖然性为经验法则的适用基准。刑事诉讼法学界通常认为，作为事实认定依据的经验法则，应当具有高度的盖然性。④ "如果不具有高度盖然性，那么就不能作为推定中介"。⑤ 在司法实务中，更为普遍接受的说法是，裁判推理应当依据常识、常情、常理。⑥ 依据经验法则的性质，可将其区分为两类：第一类是一般经验法则，指人们从日常社会生活中所体验、感知的一类事实，其事实构成要素之间的因果关系经过长期的反复验证，代表着一种类型事物发展的通常趋势或规律。⑦ 这类法则无须证明，往往是事实判定者根据一般经验常识，依其直觉而运用。第二类是特别经验法则，指经验规则的形成是基于特别知识或经验所取得的事实。对这种事实本身在诉讼上仍可作为证明对象，由其他证据加以证明或采取其他相应的证明方式如交付专家鉴定等。⑧ 特别经验法则的适用往往需要经严格程序加以证明，且在外观上与一般

---

① 参见龙宗智：《刑事印证证明新探》，载《法学研究》2017年第2期。

② 参见龙宗智：《中国语境中的"排除合理怀疑"》，载《中外法学》2012年第6期。

③ 核心证据是指由要件事实生成的，与之具有直接、必然联系的证据，如证人证言，犯罪嫌疑人供述、物证、书证、视听资料等常见证据种类。补助证据主要因事实认定之目的而运用于司法证明活动，证明对象是要件事实以外的事实与推理环节。参见向燕：《论刑事综合型证明模式及其对印证模式的超越》，载《法学研究》2021年第1期。

④ 参见林钰雄：《严格证明与自由证明》，法律出版社2008年版，第97页。

⑤ 参见张卫平：《认识经验法则》，载《清华法学》2008年第6期。

⑥ 参见马荣春：《刑事案件事实认定的常识、常理、常情化》，载《北方法学》2014年第2期；谢进杰、邓慧筠：《刑事裁判说理中的"常理"》，载《中山大学学报（社会科学版）》2019年第3期。

⑦ 参见毕玉谦：《试论民事诉讼中的经验法则》，载《中国法学》2000年第6期。

⑧ 参见毕玉谦：《试论民事诉讼中的经验法则》，载《中国法学》2000年第6期。

经验法则相抵触矛盾，我国司法实务中运用的经验法则仍以一般经验法则为主。

第四，以"证据相互印证""结论唯一性"作为证明标准完成的主要指标。我国刑事诉讼的证明标准是"案件事实清楚，证据确实、充分"。《刑事诉讼法》第55条通过三个解释性条件阐释了"证据确实、充分"。第一个条件规定的是证明对象的范围，即哪些事实需要证明。[①] 第二个条件规定了对证据"确实性"的要求。前两个条件并未能体现证明程度的要求，仅有第三个条件"排除合理怀疑"的确立真正体现了证明标准的功能。除上述法律规定之外，相关学理观点和司法解释对"证据确实、充分"的具体内涵作出了进一步界定，主要体现为两个方面的要求：一方面，我国刑事证明的完成是以"证据相互印证"为实现标准。受到印证证明理论的影响，我国刑诉学界的主流观点认为，证据相互印证是对我国"证据确实、充分"的具体诠释[②]或"最低限度的标准"[③]。《最高人民法院关于适用〈中华人民共和国刑事诉讼法〉的解释》（以下简称《最高院解释》）亦有多处条文规定了证据印证规则，明确地将"证据相互印证"作为定罪标准[④]，在我国司法实务部门亦获得了普遍认可。另一方面，我国刑事证明标准要求依据证据获得的事实认定结论具有"唯一性"。《最高院解释》第140条依据间接证据定案的证据规则要求，对被告人定罪应当"根据证据认定案件事实足以排除合理怀疑，结论具有唯一性"。该项要求并不限于依据间接证据定案的情形。《最高人民法院关于进一步加强刑事审判工作的决定》中亦指出，认定犯罪的事实不清、证据不足，特别是影响定罪的关键证据存在疑问，不能排除合理怀疑得出"唯一结论"的，要依法作出证据不足、指控的犯罪不能成立的无罪判决。不论是法律规定还是司法惯例，"证据相互印证""结论具有唯一性"已经成为判断我国刑事证明标准完成的主要指标。据此，"证据确实、充分"与"排除合理怀疑标准"的关系也较为明确：二者能够在多数情形下达成统一，此时，全案证据相互印证且能排除合理怀疑；但在另一些情形下，根据全案证据虽能排除合理怀疑，但因缺乏能够在内容上形成印证的独立证据，或者不能达到事实认定结

---

① 也有学者将本款解释为证据裁判原则的体现。参见张军、陈卫东：《新刑事诉讼法疑难释解》，人民法院出版社2012年版，第116页；陈瑞华：《刑事证据法的理论问题》，法律出版社2015年版，第270页。

② 参见龙宗智：《印证与自由心证——我国刑事诉讼证明模式》，载《法学研究》2004年第2期；杨波：《我国刑事证明标准印证化之批判》，载《法学》2017年第8期。

③ 参见陈瑞华：《论证据相互印证规则》，载《法商研究》2012年第2期。

④ 参见《最高人民法院关于适用〈中华人民共和国刑事诉讼法〉的解释》第140条、第141条。

论的唯一性，就无法满足"证据确实、充分"的证明标准。① 从我国司法实践来看，排除合理怀疑的适用往往会受制于印证证明的要求，而证据印证的客观要求可能排斥了具有主观性的排除合理怀疑标准的适用。②

聚焦于要件事实的证明、强调经验法则的高度盖然性和证明标准的客观性，构成了我国刑事证明制度的主要特色。毫无疑问，这样的证明制度主要是基于对客观真实的价值追求而对司法证明各要素加以限定的产物。它强调证明过程须尽可能地摒弃主观性和推断性强的推理因素，以获取唯一确定的事实认定结论。有学者将此种旨在实现必然性证明的方法称为"客观证明模式""客观推断模式"。③ 这样的称谓能够鲜明地反映我国刑事证明制度的基本特征。

（二）性侵未成年人案件中事实认定特点与传统证明模式的冲突

对于大多数证据相对充分的普通刑事案件而言，适用简单便捷的客观证明模式能够顺利保障真实发现目标的实现。然而，运用此种证明模式来处理性侵未成年人案件却往往会导致追诉的困难。这是因为，性侵未成年人案件中的事实认定具有一定的特殊性，体现为：

第一，要件事实生成的核心证据匮乏，不容易形成充分的印证。性侵犯罪隐蔽性强，客观证据少。对未成年人，犯罪嫌疑人往往以哄骗、引诱、威胁或轻微暴力的形式即可达成犯罪目的，儿童被害人呼救、反抗的情形较少，很少会留下因反抗形成的身体伤痕。在这类犯罪中，经由要件事实（性侵行为）生成的证据数量较少，常常呈现出口供与被害人陈述"一对一"的证据构造。依据实务中的惯常做法，"这类案件因证据先天不足，基本上靠言词证据定案"④。然而，犯罪嫌疑人拒不供认的情形占据了很大比例。据某市统计，其未成年人检察部门 2013 年至 2016 年办理的 802 件性侵未成年人案件中，犯罪

---

① 具体案例可参见龙宗智教授在其文中的举述。参见龙宗智：《印证与自由心证——我国刑事诉讼证明模式》，载《法学研究》2004 年第 2 期；龙宗智：《中国法语境中的排除合理怀疑》，载《中外法学》2012 年第 6 期。

② 笔者指导学生以裁判文书为样本对排除合理怀疑适用情形进行了实证研究，以"裁判日期：2019 年度""法院层级：基层法院"和"合理怀疑"为关键词在中国裁判文书网进行搜索，经整理后发现 515 份基层法院的裁判文书中，61.5% 的样本案件中法院在排除合理怀疑时都会考虑"证据是否相互印证"这一因素。亦有学者认为，"证明标准需要通过印证标准来加以衡量，带来的一个结果就是排除合理怀疑这样一个证明标准的主观内核被印证标准这样一个客观要求所架空"。参见吴洪淇：《印证的功能扩张与理论解析》，载《当代法学》2018 年第 3 期。

③ 该学者认为，客观证明模式的主要特征是，推理依据的事理是客观事理，运用的证据具有对待证事实能够构成客观判断的潜力或实际能力，对证据关系构造有特殊限定，所用心证是不自由、不具有动态性的。参见周洪波：《中国刑事印证理论的再批判与超越》，载《中外法学》2019 年第 5 期；周洪波：《刑事庭审化视野中的印证证明》，载《当代法学》2018 年第 4 期。

④ 参见最高人民法院：《刑事审判参考》（2014 年第 3 集），法律出版社 2014 年版，第 61 页。

嫌疑人拒不供认的案件多达 205 件，占比 25.5%。① 在犯罪嫌疑人拒绝供述或翻供的情形下，依据印证证明模式的要求容易存在定罪的困难。

第二，性侵未成年人案件事实推论的依据涉及特别经验法则。由于直接证据的缺乏，这类案件往往需要运用间接证据和补助证据进行事实推论。儿童具有不同于成年人的生理、心理特点，对其言语、行为进行事实推论所依据的经验法则往往区别于"常情、常理"。正是因为缺乏对特别经验法则的了解，各国司法实践中普遍存在期待性侵案件被害人完美表现的"强奸迷思"。② 类似的"迷思"在性侵未成年人犯罪中同样存在。在最高人民检察院第十一批指导性案例"齐某强奸、猥亵儿童案"中，最高人民检察院亦强调"对性侵未成年人犯罪案件证据的审查，要根据未成年人的身心特点，按照有别于成年人的标准予以判断"③，但从我国司法实务来看，这类案件对严格的印证规则把握相对宽松，但不会对性侵儿童犯罪与成年人犯罪适用的经验法则作出明显区分④。

第三，性侵未成年人案件的事实认定亦难实现对绝对确定结论的追求。在被告人对性侵行为予以否认的情形，办案人员倾向于以被害人陈述为主要证据来构建案件事实。但是，未成年被害人陈述的证明力容易受到质疑。儿童被害人的陈述可能缺乏细节，甚至前后不一致。幼童虽然能够对询问作出简单的回答，但人们常常对其是否具有准确的分辨能力和记忆能力，能否区分现实与想象存有强烈的怀疑。在追求客观真实的观念之下，以被害人陈述为核心认定事实，始终会存在着这样的疑问：被害人陈述是否真实？对于其所述的无法获得印证的事实情节，应当如何认定？

鉴于性侵儿童案件的证明困难，笔者曾撰文主张，在这类案件中确立"被害人陈述可信性"的证据审查标准。⑤ 然而，办案人员即便对被害人陈述的真实性形成了内心确信，不免也会产生是否存在事实误判的担忧。同时，这样的证据审查标准似乎也与我国刑事诉讼追求客观真实的价值取向存在抵牾，因此，有必要对这类案件的证明问题作更系统的阐释和论证。

---

① 参见岳慧青：《性侵害未成年人案件证据的运用》，法律出版社 2018 年版，第 24 页。

② 参见［美］乔安娜·伯克：《性暴力史》，马凡译，江苏人民出版社 2014 年版，第 21—51 页。

③ 最高人民检察院第十一批指导性案例齐某强奸、猥亵儿童案（检例第 42 号）。

④ 信息来源于 2021 年 6 月笔者与浙江省某市基层人民检察院的调研座谈，2020 年 8 月笔者对重庆市某基层人检察院未检科检察官的访谈。

⑤ 参见向燕：《性侵未成年人案件证明疑难问题研究——兼论我国刑事证明模式从印证到多元"求真"的制度转型》，载《法学家》2019 年第 4 期；向燕：《论性侵儿童案件的精密办案模式》，载《中国刑事法杂志》2020 年第 1 期。

二、解决事实疑难案件的综合型证明模式

性侵未成年人案件面临的证明困境虽然具有一定特殊性，但并非绝无仅有。对于核心证据欠充分的案件，运用我国传统的刑事证明制度往往都会存在印证不足而难以定罪的困难。客观证明模式虽在我国刑事司法实践中占据主导地位，但具体灵活的司法实践并非僵硬地遵循单一的证明逻辑。办案人员在处理证据欠充分的事实疑难案件时，往往超越了传统刑事证明理论对司法证明要素的狭隘界定，转而寻求一种更为精细而复杂的证明路径。

（一）事实疑难案件的常见证明路径

从我国刑事司法实务来看，在处理事实疑难案件时，办案人员可能会采取如下的证明路径：

第一，就证明对象而言，关注超出要件事实之外的生活故事，将案件事实塑造为一个涵盖起因、行为、情节及结果等要素的自然生活历程事实。例如，在"王某等人利用未公开信息交易案"中，检察机关在要件事实之外，还举证了被告人在事后受到证监会调查时的逃跑行为，认为系"畏罪出逃"。[1] 再如，待证事实中"犯罪动机"的举证缺失，常常构成定罪的重大疑点，极有可能导致追诉的失败。[2] 在具体的证明实践中，待证事实并不限于犯罪的主客观方面，而是牵涉到该犯罪行为前后的生活事实，包括前述的犯罪起因、善后行为（如销毁罪证、经济赔偿）、被告人的辩解及事实的细枝末节，此时刑事案件的证明对象是一个涵盖要件事实、具有历程性的自然生活事实。这些生活事实以犯罪行为为核心，以时间发展为线索，构成了一个接续性的、具有整体意义的事件。

第二，就证据类型而言，重视运用补助证据，依据或然性法则作出情理推断。例如，在马某某故意杀人、盗窃案中，对于被告人身边发现的被害人柏某的手机、银行卡等赃物，被告人提出辩解称与被害人谈恋爱并同居半年，案发当晚去被害人公寓谈分手并带走感情补偿物品，对之后的遇害并不知情。案件承办人细致地进行了补充侦查，收集了丰富的证据并最终追诉成功。[3] 这些证据中，部分证据属于要件事实直接生成的核心证据，如赃物、被告人辩解等，而部分证据则是与要件事实具有疏远联系的补助证据，如被害人男友每晚21

---

[1] 最高人民检察院第十七批指导性案例之王某等人利用未公开信息交易案（检例第65号）。
[2] 参见王乙轩：《犯罪动机——建构犯罪事实的临门一脚》，载《检协会讯》2014年第99期。
[3] 详细案情参见肖辉：《对一起疑难案件的总结与思考——以间接证据认定的马某某故意杀人、盗窃案》，载《中国检察官》2008年第4期。

时前后必给柏某打手机、柏某之前从未关机，结合遇害当晚其男友拨打的电话被自动转呼秘书台，用以推断案发时间；依据被害人饲养的宠物狗见到被告人的反应等证据，推翻了被告人与被害人长期恋爱的辩解。在该案中，补助证据的运用对事实认定起到了至关重要的作用，而运用补助证据认定案件事实，依据的是具有或然性（部分盖然性）的经验法则，具有一定的主观性和推断性。

第三，就证明方法而言，不是简单地通过证据印证获得事实认定结论，而是比较案件中不同的事实主张，最终认定最能解释全案证据的事实主张。例如，在陈某贩毒案中，一审法院认为陈某"基于贩卖目的"向沈某购买100克毒品的证据不足，改判罪名为非法持有毒品罪。尽管司法机关没有明确采取建构不同的事实假说并在比较中进行遴选的证明方法，但毫无疑问，由于一审程序中检法两机关对事实认定的分歧，抗诉机关与二审法院对全案证据的分析都紧紧围绕着"陈某购买毒品系用于贩卖"，还是"购买毒品用于自吸"这两种事实假说的真伪判断进行。抗诉机关作出以下论证：（1）此次购毒前后，陈某已有多次贩毒经历，其中一次贩毒获得法院定罪判决的认定。（2）陈某持有的银行卡显示，其间该银行卡有大量小笔整额款项存入，符合小包毒品资金往来特点。（3）陈某系无业人员、无固定经济来源且在哺乳期间，花3.8万元资金购毒自吸，有违常理。最终，法院认为全案证据能够支持陈某购毒是为了贩毒，从"高度盖然性"的角度实现了证明目的。① 我国司法实务中，面对被告人拒不供述的事实疑难案件时，办案人员往往会考虑被告人的辩解是否成立：除了控辩双方的事实主张之外，"还有其他更为合理的解释吗？"② 这显然体现了一种证伪的思路，即在比较不同的事实主张之后，排除不合理或是次优的事实假说，从而选择能够对全案证据作出最佳解释的事实版本。

第四，就证明标准而言，放弃追求获得绝对确定性的事实认定结论，转而满足于排除合理怀疑的证明标准。综合运用核心证据和补助证据，通过情理推断的方法作出事实认定结论，往往仅能获得具有高度盖然性的事实认定结论。在王某利用未公开信息交易案中，现有证据能够证明王某具有获取未公开信息的条件，其近亲属操作的证券账户在王某具有获取未公开信息条件期间的交易行为与某基金公司的股票交易指令高度趋同，且二人的交易行为与其在其他时间段的交易习惯存在重大差异，二人亦不能对该交易异常行为作出合理解

---

① 参见陈国庆：《刑事抗诉典型案例评析》，中国检察出版社2017年版，第162—165页。
② 参见潘莉、朱建军：《从一枚指纹能否定案谈"证据确实充分"的具体运用——以朱某盗窃案为例》，载《中国检察官》2013年第3期。

释。① 该案没有证据能够直接证明王某向同案被告人披露了交易信息，依据在案证据不能实现客观的、必然性的证明，但被告人无法对其交易异常行为提出合理解释，根据全案证据能够排除其他可能性，从而获取了具有高度盖然性的事实认定结论。

笔者以为，此种以自然生活历程事实为证明对象，综合运用核心证据与补助证据，容许依据或然性法则进行最佳解释推理的司法证明模式，可称为综合型证明模式。② 相较于印证证明模式，综合型证明模式是在证明对象、证据类型、证明方法与证明标准方面更为宽泛和包容的证明模式，它具有如下特点：其一，就证明对象而言，印证证明模式沿袭传统证明理论的要件事实说，主张诉讼中的待证事实系法律规范对应的经验事实。综合型证明模式则要求，事实认定应建构以犯罪行为为核心的完整叙事，不应局限于狭隘的要件事实的证成。其二，就证据类型而言，印证证明模式依赖的主要证据类型为要件事实生成的核心证据，补助证据通常只能作为审查判断证据真实性的因素。综合型证明模式则承认补助证据与核心证据具有平等的证明价值。事实认定既可以通过核心证据之间的相互印证而达成，也可以通过综合运用核心证据与补助证据，依据或然性法则进行推论获得确认。其三，就证明方法而言，印证证明模式要求通过证据的外部印证积极建构唯一的客观事实，而综合型证明模式采用最佳解释推理的证伪方法，即从几个潜在假说中挑选出唯一的、能够对全案证据作出最佳解释的事实假说。其四，就证明标准而言，印证证明模式要求全案证据需要呈现"证据印证"和"结论唯一性"的客观证明度，而综合型证明模式容许独立适用排除合理怀疑的证明标准，接受高度盖然性而非绝对确定性的事实认定结论。

相较于我国司法实务中简单粗略的印证分析方法，综合型证明模式是一种更为全面、精密的司法证明模式，可适用于所有的刑事案件。我国司法实务部门长期以来倚重印证证明模式，办案人员对综合型证明模式虽有所运用，但总体而言较为零散和隐性，该种现象可部分地归因于诉讼效率的因素。精细的取证和证据分析过于消耗司法资源，亦对侦查的专业化水平提出了更高要求，因此，在核心证据充分的普通刑事案件中，简捷高效的印证证明模式获得广泛的适用，而在运用印证方法无法破解的事实疑难案件中，办案人员往往才转而采用综合型证明模式来寻求事实真相的发现。

---

① 最高人民检察院第十七批指导性案例之王某等人利用未公开信息交易案（检例第65号）。
② 具体展开参见向燕：《论刑事综合型证明模式及其对印证模式的超越》，载《法学研究》2021年第1期。

（二）综合型证明模式确立的理论基础

综合型证明模式的适用在司法实践中具有自发性和普遍性的特点。即使运用客观证明模式的案件，裁判者也会要求待证事实应当涵盖具备时间、地点、方法、手段、动机、目的等通常不属于犯罪构成要件的要素。① 对于需要倚赖或然性法则进行推论的补助证据，如被害人的神色举止和事后反应等，依传统证明模式虽不能作为定案的直接根据，办案人员也普遍承认这些证据有助于加强其内心确信。综合型证明模式所具有的实践合理性，源于其符合司法证明活动的一般原理。

第一，重建历史事实的困难要求司法证明须尽可能地获取与事实相关的信息。司法证明活动揭示的是发生在过去的事实，需要充分利用一切有助于查明真相的信息。不论证据与要件事实的联系是紧密抑或疏远，只要其能通过相应的事理联系发挥证明作用，都可以成为事实的认定的基础。因此，主要法治国家的刑事诉讼法学理论和立法普遍地确立了两步筛选机制：一是通过相关性法则对"证据"设定较低的门槛；二是通过证据资格或证据可采性的有限过滤机制，以实现发现真实之外的其他法律、政策价值。② 此种证据采纳机制的基本原则是，尽可能扩大事实认定的基础，减弱证据的法律控制对事实认定的影响。③ 例如，英美法系国家的相关性规则规定，只要"使任何事实的存在具有任何趋向性的证据"④，原则上即可采纳。德国刑事诉讼法确立的职权探知原则，要求法院应当确保判决建立在充分的信息基础之上。⑤ 法官必须对所有其可得使用之证据加以利用，如果证据对案件之澄清只具轻微之重要性、关联性，此不足成立对该证据申请拒绝之理由。⑥ 因此，刑事证明活动不应限定补助证据在事实认定中的作用，而是应当将其作为与核心证据具有同等地位的证据加以运用。只要综合运用核心证据与补助证据能够达到相应的证明标准，就可以认定被告人有罪。

---

① 参见《人民检察院刑事诉讼规则》第 400 条。

② 有学者将其表述为相关性规则与合法性规则。参见杨波：《以事实认定的准确性为核心——我国刑事证据制度功能之反思与重塑》，《当代法学》2019 年第 6 期。

③ 例如，证据排除规则仅是法律规定的例外情形。在证据之于发现真实的价值很高而未损害核心人权价值的情形，削弱了证据排除规则的强度，例如，中国、英国、加拿大等国家的实物证据排除规则均采用裁量原则。

④ See Federal Rules of Evidence, 401.

⑤ 参见［德］托马斯·魏根特：《德国刑事程序法原理》，江溯等译，中国法制出版社 2021 年版，第 297 页。

⑥ 参见［德］克劳思·罗科信：《刑事诉讼法》，吴丽淇译，法律出版社 2003 年版，第 416 页，第 419 页。

第二，经验法则形塑了事实建构的对象、方法和证明程度。对不能直接由经验感知的过去事实，"我们只能根据经验从一个对象的存在推断另外一个对象的存在"①。经验法则在事实认定中起到了至关重要的基础性作用，具体表现在以下几个方面。

其一，经验法则形塑了事实建构的对象为自然生活历程事实。一方面，待证事实通常是以犯罪行为为核心并由因果关系连接的生活事实。刑法以"犯罪行为"为中心进行构建，而人类的行为模式往往遵循着因果关系的发展：它通常有一个"起始事件"，导致行为人的"心理反应"并形成了"目标"，从而激发了相应的"行为"，带来具体的"后果"及相应的"状态"。在英美法系的证据法理论中，这是一个根据人类的生活经验建立起来的故事结构。②在司法证明的过程中，我们往往通过判断故事的真伪来确立犯罪的发生。因此，待证事实不仅需要涵盖犯罪要件事实，还会扩展到刑法并不关注的其他生活事实。关于人类行为模式的经验法则恰似一条红线，贯穿了生活事实的发展历程，并将要件事实与其他事实连接为一个完整的故事。另一方面，前后连续的自然生活事实是否构成一个有意义的整体事件，是由时序关系所决定的。因果联系是连接各部生活事实的重要关系，但并不是唯一的关系。真实的生活还穿插着各种偶然性的事件，系事物发展过程中具有随机性的环节。例如，被害人在受到犯罪侵犯后，正好接到了朋友打来的电话并有简短的对话。双方对话的具体内容及被害人的情绪状态，也可能成为具有意义的证明对象。据此，用"自然生活历程事实"指称待证事实非常贴切。它表明，司法证明中的待证事实区别于法律规范要件事实，它是由前后接续、发展的生活事实构成的，具有内在联系和整体意义的具体事件的总称。

其二，经验法则决定了事实建构的方法是一种或然推断的方法，获得的事实认定结论并不具有绝对确定性。首先，经验法则本身具有盖然性（或然性）。经验法则的获得具有归纳性质，是根据过去的经验总结出一个事物（原因）与另一事物（结果）之间的接续的、常见的关系。但是，在归纳推理中，结论总是要超出前提。因此，通过归纳法提炼的经验法则不具有完全的确定性。换言之，除了少量的必然性法则（例如，人不可能同时处在两个地方），经验法则通常在性质上属于可反驳的事实推定。学界往往根据盖然性程度不同对经验法则进行了类型化的整理，例如，区分为法（必然性法则）、经验原

---

① 参见［英］休谟：《人性论》（上册），关文运译，郑之骧校，商务印书馆1997年版，第104页。
② See Pennington & Hastie, *A Cogitative Theory of Juror Decision Making: The Story Model*, Cardozo Law Review, Vol. 13, No. 3, pp. 525 – 526 (1991).

则、经验定律等。① 尽管可以进行大致分类，但经验法则的盖然性很难进行明确计算和区分。因此，要求事实认定所适用的经验法则一概具有高度盖然性可谓过于严苛。在大多数情形下，我们满足于运用具有或然性的经验法则，并据此作出有意义的事实推论，例如，依据"利益受到侵害的人可能会实施报复"来确立具体案件的犯罪动机。当作为每一"部分"的经验法则的运用蕴含了潜在的相反可能性时，作为整体的事实认定结论也必然具有盖然性。

其次，经验法则的运用具有情境性的特点。我们之所以能够将过去的经验运用于被推断的事物，是因为预设了一个归纳前提，即当前判断的事实类似于过去经验的事实。但是，现实生活千姿百态，具体的事实版本较之过去的经验事实可能存在情境和条件的增加、减少和变化，从而导致经验法则概率的降低甚至无效，从而需要适用其他法则。因此，裁判者在认定案件事实时，还面临对案件情境和条件作出必要取舍，进而决定经验法则的选择和适用问题。作为司法证明过程必不可少的要素，裁判者主观能动性的发挥也决定了事实认定结论并不具有客观的唯一性，即不同裁判者对案件的事实评判可能存在差异。

最后，经验法则具有的盖然性和情境性的特点并不意味着不可知论，而是要求事实的判定者通过整体主义的方法获取最佳的事实认定结论。经验法则的情境性特点表明，单个证据只有在其他证据形成的情境中才能明晰其证明价值，因此，不论是对单个证据证明力的审查判断，还是对全案证据的综合认定，必然需要借助整体主义的方法并结合个案情形进行。经验法则的盖然性则意味着不止一个的可能性。作为经验法则构成主体的因果关系，自然也是一种盖然性的推理。② 在刑事诉讼中，案件证据可以大致视为是待证事实生成的结果（或产生原因），而该证据组合可能是由不同的原因（或原因组合）引起，从而可以追溯至不同的事实版本。例如，乙的尸体、甲身体上的搏斗伤痕，二人在犯罪现场的血迹，既可能是甲杀死乙事件的结果③，也可能是乙试图杀死甲，甲极力反抗所致。全案证据既可能是事实Ⅰ形成，也可能是事实Ⅱ甚至事实Ⅲ、事实Ⅳ导致。因此，事实判定者需要根据案件证据呈现出的具体条件和情境，确立可能的事实假说，并排除其他可能性以发现真实。如前所述，尽管因果关系是事实推理依据的主要法则，但不能完全涵盖一些偶然牵连的事实，因此，当前西方证据法学理论运用了更为宽泛的"解释"（或称"说明"）关

---

① 参见姜世明：《证据评价论》，厦门大学出版社 2017 年版，第 12 页。

② 此点的详细论证参见［英］休谟：《人性论》（上册），关文运译，郑之骧校，商务印书馆 2010 年版，第 152—165 页。

③ 这些证据都可视为是待证事实的结果，而关于甲乙过去的借贷纠纷的证据，可以视为是引起待证事实发生的原因。

系来界定证据与待证事实之间的联系。① 例如，雪地上的鞋印说明了甲来过，而甲来过的事实解释了雪地上的鞋印。事物之间的解释关系仍具有盖然性的特点。"甲来过"并不是对证据的唯一解释，其他可能性还包括他人穿了甲的鞋踩过雪地、鉴定人对鞋印作出了错误的鉴定意见等。总之，经验法则的盖然性和情境性特点决定了事实认定的证明方法和证明程度，即事实判定者应当放弃获取唯一确定结论的观念，而只能从能够解释证据的多个潜在事实假说中选择最佳的一个并视其为真实。

三、性侵未成年人案件证明逻辑的具体展开

性侵未成年人案件通常证据相对短缺，在这类案件往往可以通过运用综合型证明模式来缓解证明的困难。鉴于未成年人被害人身心的特殊性，在运用该证明逻辑时还应当结合其主体特点进行具体分析。

（一）证明对象

结合性侵未成年人案件的特点，在确立证明对象的范围并以此指导案件的证据收集和事实认定时，应当把握以下两个具体原则：其一，待证事实应当是宽泛的自然生活历程事实。性侵未成年人犯罪发生隐蔽，直接由要件事实生成的证据相对缺乏。但是，依据时间的线索扩展事实的范围并进行细致地侦查，能够获取由宽泛的"生活事实"产生的数量众多的证据，从而缓解了这类案件中证据短缺的问题，为判断案件事实的真实性奠定基础。其二，未成年被害人心理状态的发展是确定待证事实范围的重要线索。经验事实连绵起伏，这件事情引起另一件事情。在确定待证事实范围时总会面临这样的问题：应当"从绵延的事情中应当截取哪一段，从哪一层次截取"②？性侵犯罪中，被害人陈述往往是案件的核心证据。在此情形下，应该关注未成年被害人的心理状态及变化历程，以此确定待证事实的范围。性侵犯罪在案发之后才进入刑事诉讼的视野，但是，"儿童性侵犯不是一下子发生的，而是一个长期形成的动态关系过程"③。多数儿童是由其认识的人甚至家庭成员所侵犯④，儿童被害人迟延披露的情形居多⑤，性侵行为往往发生多次并延续数月乃至数年。因此，至案

---

① 参见向燕：《论司法证明中的最佳解释推理》，载《法制与社会发展》2019年第4期。

② 参见陈嘉映：《冷风集》，东方出版社2001年版，第181页。

③ 参见龙迪：《综合防治儿童性侵犯专业指南》，化学工业出版社2017年版，第311页。

④ 参见〔美〕玛丽·克劳福德、罗达·昂格尔：《妇女与性别——一本女性主义心理学著作》（下册），许敏敏等译，中华书局2009年版，第810页。

⑤ 参见龙迪：《综合防治儿童性侵犯专业指南》，化学工业出版社2017年版，第112页。

发前，未成年被害人与犯罪嫌疑人通常存在着某种形式的抵制、反抗和压制的关系，而未成年人的照顾者可能会透过被害人的行为表征察觉到她/他的异常情绪。例如，未成年被害人离家出走、与犯罪嫌疑人争吵、在日常生活中抵触与犯罪嫌疑人的身体接触；幼童不愿意上学、睡觉时噩梦惊醒、向家长提起不喜欢老师等。在一些案件中，犯罪嫌疑人、未成年被害人及其照顾者之间还存在着具有冲突性质，并最终导致犯罪披露的一系列事件。这些具体事件及日常行为表征是儿童被害人在某种心理状态的驱动下的产物，而通过把握儿童被害人的细微心理状态及其变化历程，可以将这些看似零散的具体事件和情节紧密连接起来，形成一个前后相继而具有特定意义的整体事件。

在性侵未成年人案件中，以未成年被害人的心理状态为线索建构案件事实具有积极意义。

第一，有利于获取完整、丰富的事实细节。犯罪嫌疑人的心理状态也会导致其在应对犯罪相关事件时的特殊行为反应，在办理案件时也应注意搜集和审查。① 不过，多数犯罪嫌疑人会极力否认犯罪行为或予以掩饰，多次讯问中供述的事实细节常有变化，以口供为依据建构"自然生活历程事实"的难度较大。反之，未成年被害人及其照顾者对基本事实的陈述通常较为稳定。儿童在叙述自己心理和情绪时，常常自然地透露出更多的事实细节，便于办案人员进一步审查核实。毫无疑问，依据被害人陈述建构完整的自然生活历程事实，在很大程度上依赖于规范的询问程序和专业的询问人员。询问人员需要与未成年人建立亲和关系，了解未成年人的心理特点，熟悉法律规定的证据要求，并运用适当的问题形式，才能通过细致的询问获得未成年人对自然生活历程事实准确、详尽的陈述。

第二，有利于审查判断未成年被害人陈述的真实性。我国司法实务部门通常运用印证规则审查判断单个证据的真实性。② 除印证之外，言词证据的自身特点亦是审查判断其内容真实性的重要因素。倘若被害人陈述的"故事"符合一般情理，符合未成年人的心理特点，能够有力地补强被害人陈述的真实性。举例而言，在一起父亲数次性侵不满14周岁女儿的案件中，被害人在上午受到被告人性侵后，告诉家里老人要出去买文具，但直到晚上才回来（陈述心理原因："觉得家很恶心，我呆不下去"），回来就趴在自己床上哭。母亲回家后和女儿谈心，被害人没有告诉其实情（陈述心理原因："我现在不想说，

---

① 例如，犯罪嫌疑人同意被害人及亲属支付赔偿款的要求，反映了其"理亏"的心理状态。

② 《最高院解释》第87条第8款规定，对证人证言应当着重审查"证言之间以及与其他证据之间能否相互印证，有无矛盾"。

我怕说了引起家庭矛盾"）。两天后，被害人编写了手机短信想告诉母亲实情（陈述心理原因："当面说不出口"），犹豫中没有发送出去（这里的"犹豫"心理，与之前不愿告诉母亲的顾虑一致）。母亲无意中看到，与犯罪嫌疑人发生激烈争吵，被害人及其成年亲戚报警而案发。在这起案件中，将性侵事件发生后被害人心理活动及相应行为反应为线索建构案件事实，能够形成完整的、充满细节的故事，并能通过故事情节是否前后融贯、是否符合情理来判断故事的真实性。

（二）证明方法

在性侵未成年人案件中运用印证证明模式认定案件事实，存在着明显的弊端。原因是：第一，这类案件普遍存在着核心证据不充分的问题，难以形成印证。第二，性侵未成年人案件往往因未成年人的监护人、照顾者报案而案发。亲友从被害人处知悉性侵事件的证人证言虽具证明力，但证词内容仍然来源于被害人，不能作为印证的独立证据。[①] 在缺乏直接证据相互印证的情形下，这类案件的办理往往需要通过被害人陈述与间接证据的相互印证来完成事实证明。

然而，从我国的司法实践来看，依据印证证明模式完成性侵事实的证明任务仍是困难的。以某地办理的一起猥亵幼童案为例。3 岁女童在幼儿园受到教师的猥亵，当天回家洗澡时因疼痛拒绝母亲冲洗，在母亲询问下无意中告诉了母亲性侵事实。经医学检查，儿童外阴有轻微红肿，儿童亦能对教师李某实施猥亵的时间、行为有简单、清楚的描述。李某承认其在儿童午休结束后帮助被害人穿裤子，但并不承认实施了猥亵。由于案发自然且被害儿童缺乏诬陷动机，办案人员能够对李某实施了猥亵行为形成内心确信，但儿童被害人的陈述缺乏其他独立证据的印证，从而难以使李某获得追诉和定罪。笔者认为，在性侵未成年人案件及其他核心证据天然缺乏的疑难案件中，适宜运用最佳解释推理的证明方法，通过证伪的方法达成证明目的。

最佳解释理论的推理过程可以被表述为：如果假说 H 为真，那么假说 H 对证据 E 所作出解释的充分程度就是我们根据证据 E 推出假说 H 是否真实的依据。[②] 司法证明的过程是运用证据对犯罪事件进行解释的过程。能够对全案证据作出最好说明和解释的假说（或称故事），通常是最接近客观真实的假

---

① 印证的证据应具有独立的信息来源。参见陈瑞华：《论证据相互印证规则》，载《法商研究》2012 年第 1 期；龙宗智：《刑事印证证明新探》，载《法学研究》2017 年第 2 期。

② See Stathis Psillos, *Fine Structure of Inference to the Best Explanation*, 74 Philosophy and Phenomenological Research, 441, 442 – 443（2007），.

说。最佳解释推理具有两个基本的推理步骤。第一个步骤是根据证据确定潜在的假说。第二个步骤是从潜在的假说中选择最佳的假说，并认为这是最可能为真的假说。[①] 运用最佳解释推理理论，可以建立一种"确定－排除假说"的证明模型。

首先，根据案件的具体情境确立可能的潜在假说。在确立潜在假说时，应当坚持"中立、客观、无偏见"的立场，尽可能地通过各种来源收集证据和背景信息并据此形成假说。与自然科学领域不同，在刑事诉讼领域，事实假说须根据案件情境和经验常识确立，因此，特定案件中潜在假说的数量往往是有限的。在对案件进行初步评估时，应当特别注意案发情形，未成年人的陈述是否存在暗示、误解或撒谎等因素。举例而言，性侵未成年人案件中潜在的假说可能包括：（1）发生了对未成年人的性侵。（2）指控源于误解（例如，犯罪嫌疑人是在帮助儿童清洗）；（3）儿童过去看过色情或淫秽制品，因此了解成年人的性交行为；（4）儿童的叙述是因为受到了成年人重复的暗示（例如，该案同时存在对该儿童监护权的争夺）；（5）儿童在撒谎（例如，为了掩盖他在自慰时被发现的羞耻）。[②]

其次，运用证据对潜在的几种假说进行检验并选定最佳假说。倘若事实是客观发生的，证据与事实之间应当存在一种互为解释的关系。在案的证据支持并指向特定的事实，而该特定事实能够对所有相关证据形成合理的解释。判断案件事实的真实性通常具有多个标准：（1）涵盖性。案件事实应当涵盖绝大多数证据，这意味着案件事实能够获得尽可能多的在案证据的支持，反之，案件事实能够为绝大多数证据提供解释。（2）完整性。案件事实应当具备完整的故事要素，包括时间、地点、起始事件、动机、目标、行为、结果及状态等。（3）融贯性。故事内部融贯并与社会的普遍知识相符合。故事内部融贯是指通过证据推论出的证据事实之间不存在矛盾和抵触。故事与社会普遍知识相符合是指依据证据作出的事实推论符合逻辑与经验。（4）唯一性。融贯的故事仅有一个，不应存在各自融贯但互不相容的多个故事。[③]

犯罪行为发生在特定时空之下，客观的事实仅有一个。"确定－排除假说"的证明模型要求能够通过证据与待证事实之间的解释过程，排除其他潜

---

① 参见向燕：《论司法证明中的最佳解释推理》，载《法制与社会发展》2019 年第 5 期。

② Korkman J. , Pakkanen T. , Laajasalo T, *Child Forensic Interviewing in Finland*：*Investigating Suspected Child Abuse at the Forensic Psychology Unit for Children and Adolescents*, p153, In：Johansson S. , Stefansen K. , Bakketeig E. , Kaldal A. （eds）, Collaborating Against Child Abuse. Palgrave Macmillan, Cham （2017）.

③ 参见向燕：《论司法证明中的最佳解释推理》，载《法制与社会发展》2019 年第 5 期。

在假说，得出符合上述标准的唯一结论。换言之，所有相关证据能够支持"被告人实施了犯罪行为"的事实，而其他的潜在假说则不能获得证据的充分支持，此时，有罪证明即可成立；倘若不能排除其他潜在的假说，有罪证明则不能成立。在运用最佳解释推理方法时，对"证据"的理解是广义的。证据既包括由要件事实生成的证据，如被害人陈述、犯罪嫌疑人供述、证人证言、物证、书证等，还包括所有能够对证据和待证事实构成"解释"关系的证据，例如，儿童被害人的神情举止、被害人与犯罪嫌疑人之间的关系、被害人有无性经历（用以解释其性知识的来源）、被害人家庭与犯罪嫌疑人之间是否存在矛盾、父母及侦查人员对儿童的询问方法和问题形式（用以解释儿童陈述是否受到诱导或污染）。这类证据与要件事实之间不具有必然的因果联系，但存在某种程度的或然性联系，仍能为推论事实提供证明力。倘若由要件事实生成的证据不能形成相互印证，但在案证据能够为最佳假说提供充分、合理的支持，也可以作出有罪的事实认定。因此，就本质而言，最佳解释推理是一种承认"情理推断"合法性的证明方法。

下文以芬兰发生的一起性侵儿童案件为例，阐述"确定－排除假说"证明模型的运用。一名5岁的小女孩因其单身母亲吸毒之故，被送到"儿童之家"的社会福利机构生活。近1年时间里，女孩很好地适应了那里的生活。在一天晚上，大家在一起讨论"恐惧"。小女孩主动告诉机构的一个工作人员说，有一次，她在外公家住的时候害怕了。因为外公将她锁在卫生间里，让她舔其生殖器。该员工问她，她说的人是谁。女孩回答了外公的名字。工作人员立即向儿童专业机构咨询，并接到建议说不要继续询问儿童。警察立即介入侦查，将女孩带到专业的询问儿童机构开展询问。

根据该案的具体情形，可以形成几种潜在的事实假说：（1）外公对小女孩进行了性侵或者试图性侵。（2）儿童福利机构的工作人员误解了小女孩的表达。（3）小女孩使用了表述成人性行为的语言，但并不真正了解这些语词的意思。本案的主要证据有：（1）儿童被害人陈述。经专业人员询问，儿童被害人陈述大约1年前圣诞假期的时候，她被送到外公家由其照顾。外公带她去卫生间并试图让其为他口交。（2）证人证言。儿童被害人称她在当时告诉了母亲。警察对其母进行了询问，获得了母亲的证实。（3）专家证言。鉴于案发时间在近1年前，被害人年龄幼小，儿童专家对被害人的语言和记忆能力进行了测试。测试结论表明，该儿童的语言和记忆能力高于同龄人的平均水平，能够对数月前发生的事件进行详细的描述。（4）案发情况。儿童被害人在参加"恐惧"分享活动时，主动、自然地披露性侵事件。（5）被害人的语言特征。被害人使用儿童的语言对性侵行为作出了详细的描述。① 倘若依据印证证明模式，本案中在内容上能够形成相互印证的证据仅有被害人陈述和母亲的证言，后者来源于前者，无法满足印证证据应有独立来源的要求。该案在我国很可能面临追诉失败的结果。但是，倘若依据最佳解释推理的方法，依据上述证据可以排除假说 2 和假说 3，假说 1 也能够满足涵盖性、融贯性、唯一性和简单性的遴选标准。最终，芬兰法院对被告人作出了有罪判决。

可见，对于核心证据欠充分的事实疑难案件，最佳解释推理的证明方法能够丰富证据的种类和数量，减少依赖核心证据积极建构事实的难度，同时通过穷尽列举潜在假说并逐个排除的证伪方法，保障事实认定的准确性。

（三）推理依据

性侵未成年人案件司法证明所依据的经验法则，既包括一般经验法则，也包括特殊经验法则。人们的行为一般遵循着动机—目标—行为—结果的发展线索，这属于一般经验法则。在性侵未成年人案件中，运用这类法则与其他案件并无差异。特殊经验法则是指基于未成年人的年龄阶段和身心特点，未成年被害人可能对性侵事件表现出不同于成年人的语言表述和行为反应。特殊经验法则是由经验法则运用的情境性特点所决定。这类法则往往与普通的经验常识或直觉相悖，倘若不能加以正确认识和运用，很容易导致事实推论的错误。性侵未成年人案件中特殊经验法则的运用，需要特别注意以下两点。

第一，经社会科学研究成果揭示的未成年被害人的典型行为特点属于特殊经验法则，司法解释宜确立指导性的证明力规则，法院原则上应予以参照。控辩双方对经验法则的运用存在争议时，可以聘请或申请法院指定鉴定人、专家辅助人参与诉讼，对该特殊经验法则进行证明。举例而言，在性侵成年人案件中，被害人未能立即披露犯罪的证据往往会用以弹劾被害人指控的真实性。世界范围内诸多实证研究表明，迟延披露犯罪的现象在性侵儿童犯罪中十分突出。② 年幼的儿童被害人不懂得性行为的意义，不希望家庭破裂，常常受到犯罪者的哄骗、威胁，担忧披露后周围人的反应，这些都是妨碍其及时披露犯罪

---

① See Korkman J., Pakkanen T., Laajasalo T, *Child Forensic Interviewing in Finland: Investigating Suspected Child Abuse at the Forensic Psychology Unit for Children and Adolescents*, p156, In: Johansson S., Stefansen K., Bakketeig E., Kaldal A. (eds), Collaborating Against Child Abuse. Palgrave Macmillan, Cham (2017).

② See Anne Cossins, *The Hearsay Rule and Delayed Complaints of Child Sexual Abuse: The Law and the Evidence*, 9 Psychiatry Psychology and Law. 163, 167 (2002).

事实的原因。①

依据相关社会科学研究成果及域外国家检察机关的追诉指南，下列情形在性侵未成年人案件中较为常见，不应仅依据这些事实作出不利于被害人陈述真实性的推论：（1）没有在性侵行为实施后及时报案。（2）被害人的陈述前后不一致。（3）根据观察被害人看上去同意了性行为。（4）被害人在过去对其他事项的陈述不实，且被害人曾经或现在酗酒或吸毒。②（5）未成年被害人在诉讼过程中撤回指控或改变陈述③，换言之，儿童撤回指控不应被解释为其陈述必然虚假。

第二，对性交行为是否"违背妇女意志"，推论所依据的经验法则应当符合未成年人年龄阶段的身心特点。我国刑法学界的主流观点认为，违背妇女意志和强制手段是强奸罪本质特征中两个不可分割的部分。④ 强制手段通常被界定为使"被害人不能抗拒、不敢抗拒或者无法抗拒"⑤的手段。因此，同意（即未违背妇女意志）是强奸罪的常见抗辩。强奸犯罪的被害人若系年满14周岁未满18周岁的未成年人，也存在同意的认定问题。

对未成年被害人同意的认定，应当与成年人有所区分。就同意的证明而言，不仅要审查双方的言词证据，还要尽可能地依据间接证据和补助证据对其自愿性作出事实推论。在我国司法实务中，对未成年人是否同意的判定，办案人员往往适用与成年人基本相同的经验法则。例如，被害人"自愿"去犯罪嫌疑人住处；性侵过程中被害人缺乏激烈反抗、没有大声呼救；案发后没有在第一时间报案；被害人在受侵害后没有立即逃离犯罪现场；在事后与犯罪嫌疑人的通信联络中，没有提到自己受到了强奸。依据一般经验法则，这些都属于不利于判定"违背妇女意志"和"被害人不能抗拒、不敢抗拒或者无法抗拒"

---

① 大多数被害人受到了威胁，包括以死亡、虐伤、遗弃、拒绝进行威胁，或以家庭破裂、性侵实施者会受到惩罚、提供贿赂或以其他人会怎样去看待被害人等情感威胁。See Anne Cossins, *The Hearsay Rule and Delayed Complaints of Child Sexual Abuse: The Law and the Evidence*, 9 Psychiatry Psychology and Law 163, 170 (2002).

② Child Sexual Abuse: Guidelines on Prosecuting Cases of Child Sexual Abuse, available at https://www.cps.gov.uk/legal-guidance/child-sexual-abuse-guidelines-prosecuting-cases-child-sexual-abuse#a01.

③ See Michael D. Stanger, *Throwing the Baby out with the Bathwater: Why Child Sexual Abuse Accommodation Syndrome Should Be Allowed as a Rehabilitative Tool in the Florida Courts*, 55 U. Miami Law Review 561, 570 (2001).

④ 参见高明暄、马克昌：《刑法学》（第8版），北京大学出版社、高等教育出版社2017年版，第466页。

⑤ 参见1984年《关于当前办理强奸案件中具体应用法律的若干问题的解答》，该司法解释虽已失效，但对我国的学理观点和司法实务仍具普遍影响。

的事实。

　　然而，性交行为的本质是具有双方互动性的社会行为。它不仅是生物学的本能，更是社会关系视角下权力结构和文化传统的产物。由于心智不成熟和社会经验的缺乏，未成年人在与成年人的社会交往中通常处于严重的弱势地位。未成年人也更容易因不知所措而未能对性侵事件作出符合社会预期的反应。相关社会科学研究表明，青少年与成年人在社会关系中的一个重要不同是，青少年常常因缺乏约会经验的积累，对男女关系的背景知识知之甚少，从而容易忽视那些预示性侵害即将发生的征兆。由于他们不能敏感而明确地确定该种强制是错误的，他们更容易受到性侵犯和性强制。[①] 域外研究者曾选取 146 名有男朋友的 9 年级少女群体（平均年龄为 14.2 岁）进行调查，部分少女（101 名）的男友年龄与其相仿，其余少女（45 名）的男友年龄更长。经统计，前者报告称曾遭遇其同龄男友性强制的比率为 18.3%，后者则高达 39.1%；而关于性强制既遂的比率，前者为 1.9%，后者为 8.7%。[②] 可见，未成年少女与年龄更长的男性交往时，在行使性自主权方面处于明显的劣势。

　　因此，在性侵未成年人案件中，应当将青少年的社交弱势地位作为重要的背景知识来选择经验法则的适用。我国刑法通说认为，暴力、胁迫与其他手段都必须达到使妇女明显难以反抗的程度，男子以"轻微力量"拉扯女子要求发生性关系，不能认定为暴力手段。[③] 我国司法实务中也普遍认可，"性侵过程中被害人缺乏激烈反抗和呼救，常表明被害人系自愿"。这些经验法则均不应适用于性侵未成年人案件。未成年人身心脆弱，与成年侵害人相较体力悬殊，在性侵害发生时处于孤立无援的境地，在此情形下，犯罪嫌疑人使用轻微暴力或威胁，也可能达到使被害人不敢反抗的程度。对反抗程度的要求，常常意味着被害人一方要作出捍卫式的努力。这样的要求已经超出了未成年人应对危机事件的心理和行为能力，实属对其科以其过重的行为义务。

　　此外，依据未成年被害人的行为反应作出事实推论时，还应当充分考虑未成年被害人的年龄阶段和个人背景。未成年被害人的行为反应不仅与其年龄存在很大的相关性，还与其家庭环境、成长背景、性格特点等具有密切联系。例如，对于受到严格家教、有贞操观念的未成年少女，与男子进行交往时通常更

　　[①] See F. Scott Christopher, Jacqueline C. Pflieger, *Sexual Aggression：The Dark Side of Sexuality in Relationships*, 18 Annual Review of Sex Research 115, 121 (2007).

　　[②] See L. kris Gowen, S. Shirley Feldman, Rafael Diaz, and Donnovan Somera Yisrael, *A Comparison of the Sexual Behaviors and Attitudes of Adolescent Girls With Older Vs. Similar – Aged Boyfriends*, 33 Journal of Youth and Adolescence, 167, 171 (2004).

　　[③] 参见张明楷：《刑法学（下）》（第 5 版），法律出版社 2016 年版，第 871 页。

为谨慎，在受到性侵时反抗可能更为激烈和明显。对于缺乏学校和家庭约束，有一定社会经验或性经验的未成年人少女，在面临强制时更有可能会选择减少人身风险的妥协策略，在案发后未必会及时寻求家庭和外界的帮助。但这并不意味着，她真正同意了性交行为。因此，当务之急是应由最高司法机关进一步总结司法经验和社会科学研究成果，将相应的特殊经验法则转化为证明力规则或指导性案例。从长远来看，一个更彻底的改革方法是修改刑法，对强奸罪的犯罪构成要件作出区分性的规定。例如，就被害人系 14 岁至 16 岁未成年人的强奸行为确立"肯定同意"的入罪模式，即需要未成年被害人明确地表达同意才能实施性交。

（四）证明标准

性侵未成年人案件乃至核心证据天然缺乏的案件的事实认定，应适度放弃证据相互印证的严苛要求，转而考虑适用排除合理怀疑的证明标准。这主要是因为：首先，排除合理怀疑本是西方法治国家刑事诉讼中普遍适用的证明标准，在我国现行立法中亦作为阐释"证据确实、充分"的核心条件，能够独立承担起证明标准的功能。其次，性侵未成年人案件的证据构造具有由要件事实生成的核心证据天然缺乏的特点，通过印证证明模式建构案件事实容易形成证明的困难，不利于追惩犯罪及保护被害儿童的合法权益。最后，证明标准的具体内涵受事实认定方法的决定。排除合理怀疑标准与最佳解释推理理论在本质上相互契合，因循证伪求真的证明路径。最佳解释推理需要排除其他潜在的可能假说，从而遴选出最佳的事实版本，而排除合理怀疑是要排除其他的可能性。"合理怀疑"意味着存在"被告人实施犯罪行为"之外的其他事实版本，如犯罪系他人实施、犯罪事实没有发生等。只要能够排除其他"潜在假说""合理怀疑"，就能够保障事实认定的准确性，完成司法证明的任务。

当然，排除合理怀疑标准自身具有的模糊性和歧义性削弱了其作为证明标准的规范价值。排除合理怀疑是侧重于主观面向的证明标准，很难对其作出具体、刚性的界定，结合我国司法实践中运用合理怀疑的常见困惑，对其内涵加以进一步明确仍属必要。通过明晰排除合理怀疑的含义，有利于防止办案人员沿袭印证证明模式的思维惯性加以僵化适用，亦可增强该证明标准的指导力和操作性，保障裁判标准的统一。结合最佳解释推理的证明方法，对排除合理怀疑标准应做如下理解。

第一，排除合理怀疑标准与内心确信是一体两面的关系。排除合理怀疑是西方自由心证制度下有罪认定的证明标准，它与内心确信均以主观方面为主线①，就积极角度而言是裁判者通过自由心证过程达到内心确信，就消极角度而言是依据证据对案件事实的证明已经排除了合理怀疑。裁判者的内心确信是依据证据呈现的客观状态确定，二者相互统一。以被害人陈述为核心认定性侵事实，意味着应当以被害人陈述的可信性为证据审查标准。只要裁判者认为，通过举证、质证程序的检验和其他证据的补强足以对被害人陈述的真实性形成内心确信，综合全案证据能够对所认定事实排除合理怀疑，就可以认定被告人有罪。②

第二，排除合理怀疑要求事实认定结论的唯一性，是指潜在假说中"最佳"结论的唯一性，而不是指事实认定达到了"完全确定"的程度。最佳解释推理的证明方法在性质上属于溯因推理（或称似真推理）。与传统的演绎推理与归纳推理相较，溯因推理是一种弱推理形式。它是为现象提供最佳原因的解释过程，其并不能否定其他现象原因的存在，故依据溯因推理所得出的原因结论只是具有较大可能性。③ 因此，通过证伪的方法获得的事实认定结论，不会是"完全确定"的，也未必"经得起法律和历史的考验"④。排除合理怀疑标准只是要求，裁判者在作出最终裁判时可以判定，对可以解释在案证据的几种事实假说进行比较后，只有一种事实假说具有极大的可能性，而其他假说发生的可能性微乎其微。

第三，排除"合理怀疑"或者"其他可能性"，需要判断在案证据是否足以支持形成一种合理的假说。抽象的、缺乏事实根据的怀疑不能被称为是合理怀疑。依据案件证据并结合一般情理，某项事实假说具有现实的可能性，可称为是"合理怀疑"。若怀疑虽具有现实的可能，但相关证据不能为该项事实假说提供足够的支持，则可以排除该合理怀疑。关于证据对事实假说支持度的判定，最终仍应以遴选最佳事实假说的涵盖性、融贯性、唯一性等标准为依据。不过，在很多案件中，只要正确地运用了"确定－排除"证明模型，证据是否足以支持事实假说是显而易见的。以前述幼儿园教师猥亵女童案为例，办案人员认为不能对该案追诉，主要理由是："唯一指向犯罪嫌疑人猥亵的证据只有被害人陈述，与被害人检查结果之间无法相互印证得到犯罪嫌疑人实施猥亵

---

① 参见秦宗文：《认罪案件证明标准层次化研究——基于证明标准结构理论的分析》，载《当代法学》2019年第4期。

② 参见向燕：《性侵未成年人案件证明疑难问题研究——兼论我国刑事证明模式从印证到多元"求真"的制度转型》，载《法学家》2019年第4期。

③ 参见李滨：《情理推断及其在我国刑事诉讼中的运用检讨》，载《中国刑事法杂志》2015年第1期。

④ 参见樊崇义：《客观真实管见：兼论刑事诉讼证明标准》，载《中国法学》2000年第1期。

的唯一结论，不能完全排除合理怀疑。"仔细分析该案可以发现，该案当晚即案发，猥亵行为只可能发生在被害人在幼儿园上学期间。犯罪嫌疑人、被害儿童及 2 名证人均陈述称，犯罪嫌疑人在午休时间结束后帮被害人穿外裤。最初只有犯罪嫌疑人一人在场，后来另一位老师进入房间帮助其他小孩穿衣服，但背对着犯罪嫌疑人。根据该案证据，可以形成三种潜在的事实假说：（1）幼童误将穿衣服的身体接触当作猥亵。（2）另一位老师实施了猥亵。（3）犯罪嫌疑人实施了猥亵。幼童在洗澡时因疼痛拒绝冲洗下体，经检查外阴红肿，可以排除幼童误将穿衣服的身体接触当作猥亵的潜在假说。尽管现场还有另一位老师，但是并没有任何证据表明该老师对被害人也发生了身体接触。相反，有证人作证称，犯罪嫌疑人主动说要给被害人穿衣服。被害人亦自发、清楚地陈述，犯罪嫌疑人在帮助其穿衣服时摸了其下体。显然，另一位老师曾在犯罪现场的证据，不足以支持"该老师实施了猥亵"的假说。在排除了上述两项合理怀疑之后，可以得出犯罪嫌疑人对其实施猥亵的唯一结论。

四、结语

性侵未成年人案件因犯罪隐蔽性强、案发时间长和被害人系未成年人的特点，常常面临着要件事实产生的核心证据匮乏，难以形成充分印证的问题。我国刑事司法实务中的事实疑难案件大多属于此类。对于这类案件，应当摒弃严苛的客观证明模式，转而采取如下证明策略：第一，依据时间的线索确立自然生活历程事实并进行细致地侦查，结合核心证据和补助证据，对犯罪的起始事件、动机、目标、行为、结果及状态作出完整的证明。第二，运用"确立－排除假说"的证明方法，根据案件的具体情境列举能够解释证据的若干潜在假说，并依据涵盖性、融贯性、唯一性、简单性等标准选出最佳假说。第三，排除其他潜在假说的过程也是适用排除合理怀疑标准的过程。合理怀疑的成立应当有明确的证据依据。相关证据能够表明某项事实假说具有现实可能性，但不能为其成立提供足够支撑，则可以排除该合理怀疑。

性侵未成年人案件的司法证明也有其特殊之处。被害人陈述往往是案件的核心证据。以未成年被害人的心理状态为线索建构案件事实，对于获取尽可能丰富的补助证据，保障事实的准确认定具有积极意义。对补助证据进行事实推论不仅需要符合一般经验法则，还应当依据儿童的身心特点适用特殊的经验法则。性侵未成年人案件的办理最易出现的问题，是将未成年人作为成人对待。尊重和保护受到性侵的未成年被害人，不仅是给予其特殊的诉讼处遇，"防止因其参与刑事司法程序而可能进一步陷入困窘和受到创伤"①，还需要办案人员了解未成年人面临性侵事件时的心理状态和行为反应，从而能够根据这样的背景知识正确地对证据进行评价。性侵未成年人案件的司法证明问题能否获得更好地解决，在很大程度上取决于我们对未成年被害人群体的理解程度。理解儿童易受伤害的脆弱地位，熟悉儿童不同发展阶段的认知和表达能力，始终关注儿童的"年龄、成熟程度和个人特殊需要"② 并将这样的"关注"制度化，构成了办理未成年人案件与成年人案件的本质区别。毫无疑问，我国的未成年人司法制度在上述方面还亟待进一步的改革和完善。

---

① 联合国经社理事会《关于在涉及罪行的儿童被害人和证人的事项上坚持公理的准则》。
② 联合国经社理事会《关于在涉及罪行的儿童被害人和证人的事项上坚持公理的准则》。

留守儿童校园欺凌被害现状与防控对策研究

——以西部十省（自治区、直辖市）调研结果为视角

贾　健　王博文[*]

一、问题的提出

留守儿童是伴随着中国城乡二元发展结构的形成而产生的一种特殊儿童群体。根据《国务院关于加强农村留守儿童关爱保护工作的意见》，留守儿童指父母双方或一方外出务工，无法与父母正常共同生活的不满16岁的农村户籍未成年人。长期以来，未成年人被害问题都是犯罪学和刑法学界研究的重点，但对于未成年人群体中更具特殊性的留守儿童，学界给予的关注还不够充分。特别是校园欺凌行为，其往往因加害人同为未成年人、加害行为性质一般不足以达到犯罪的程度而受到忽略。从现有的研究看，留守儿童属于更容易遭受校园欺凌的群体。留守儿童报告遭受校园欺凌的概率高于非留守儿童，且受不同因素的影响。[①] 2019年由北京某公益促进中心发布的《2019年度中国留守儿童心灵状况白皮书》通过对江西、安徽和云南三省2763份实证数据进行分析也发现，留守儿童遭受躯体暴力的比例高达65.1%，主要为包括老师体罚和学生之间欺凌在内的校园欺凌。[②]

　＊　贾健，最高人民检察院刑事检察研究基地（西南政法大学刑事检察研究中心）副主任，西南政法大学法学院教授、博士生导师；王博文，西南政法大学法学院硕士研究生，最高人民检察院刑事检察研究基地（西南政法大学刑事检察研究中心）研究人员。
　①　参见唐冬纯、蔡伟聪、李丽萍：《广州留守与非留守儿童校园受欺凌情况及其影响因素》，载《中国学校卫生》2018年第7期。
　②　参见搜狐教育：《2019年度中国留守儿童心灵状况白皮书：超九成精神遭受暴力对待》，载https：//www.sohu.com/a/366730962_484992，最后访问日期：2023年9月22日。

一方面，遭受校园欺凌不仅会影响留守儿童的身心健康，阻碍其社会化的顺利进行；另一方面，根据被害与加害互动理论，被害经历还可能使留守儿童产生报复或发泄的不良情绪，进而从被害人转化为加害人。[①] 可见，留守儿童被害预防不仅能实现对留守儿童权益的保护，还能沿多路径进一步减少校园欺凌事件的发生。然而，当前的相关研究大多是从社会学、教育学、心理学、医学出发，围绕留守儿童的情绪认知、自卑感、学校气氛、家庭关系等因素进行[②]，犯罪学视角的研究，特别是实证研究则相对匮乏。本文拟运用犯罪学研究方法，在对留守儿童及留守儿童校园欺凌防控工作相关主体开展问卷调查和访谈的基础上，指出我国留守儿童校园欺凌防控工作的现状与不足，并针对性提出完善对策建议。

二、留守儿童校园欺凌被害现象及特征

（一）样本的选取

1. 调研区域

根据民政部摸排，截至 2018 年 8 月底，全国共有留守儿童 697 万人，其中四川省农村留守儿童规模最大，为 76.5 万人，其次为安徽、湖南、河南、江西、湖北和贵州。以上 7 省留守儿童总人数为 484.4 万人，占全国农村留守儿童总数的 69.5%。[③] 不难看出，西部是留守儿童的主要分布区。考虑到调研样本的代表性，本次调研选取了重庆市、四川省、陕西省、云南省、贵州省、陕西省、甘肃省、广西壮族自治区、宁夏回族自治区、新疆维吾尔自治区作为调研区域。

2. 调研对象

笔者结合相关研究成果和调研需要制作了调查问卷，并于 2019 年 12 月至 2022 年 9 月在上述省（自治区、直辖市）共 35 所乡镇中小学中通过整班发放、匿名自报填写的方式向 9 岁至 16 岁的中小学生发放了问卷 4292 份，回收

[①] 参见贾健、王玥：《未成年被害人向犯罪人转换的原因及其控制对策》，载《广西社会科学》2019 年第 2 期。

[②] 参见李丽娜等：《情绪启动下认知重评对留守儿童欺凌场景注意偏向的影响》，载《中国健康心理学杂志》2023 年第 9 期；缪丽珺：《亲子分离对留守儿童欺凌受害与自卑感的影响》，载《中国卫生事业管理》2020 年第 12 期；何二林等：《学校氛围对留守儿童校园欺凌的影响机制研究》，载《教育学报》2022 年第 3 期；唐冬纯等：《广州留守与非留守儿童校园受欺凌情况及其影响因素》，载《中国学校卫生》2018 年第 7 期。

[③] 参见央视网：《民政部：我国农村留守儿童三年下降 22.7%》，载 https://app.www.gov.cn/govdata/gov/201810/31/431298/article.html，最后访问日期：2023 年 9 月 22 日。

有效问卷 3978 份，有效率为 92.68%。受访者中男生 1918 名，女生 2023 名；留守儿童 797 名，其中男生 384 名，女生 405 名，性别缺失值为 8。此外，笔者还对部分留守儿童和留守儿童校园欺凌预防工作责任人员开展了访谈。

3. 校园欺凌行为

根据《未成年人保护法》第 130 条之规定，校园欺凌发生在学生之间，不仅包括人身伤害和财产损失，还包括精神损害。教育部等十一部门发布的《加强中小学生欺凌综合治理方案》还将发生在校外的学生之间的欺凌行为纳入校园欺凌的范围。学界对此也表示认同。[①] 具体而言，校园欺凌有打架、拿东西等直接身体欺凌，有取笑、辱骂、造谣等直接言语欺凌，还有在社会交往层面的间接欺凌，如关系欺凌、网络欺凌等。[②] 为确保对校园欺凌现象的全面考查，本次调研的校园欺凌行为既包括直接身体欺凌、直接言语欺凌，还包括间接欺凌。具体有被同学取笑、辱骂、造谣、排挤、强拿东西、孤立、推撞、通过公共社交媒体欺凌、通过私人社交媒体欺凌 9 种情形。

（二）留守儿童校园欺凌被害现象概述

本次调研的 797 名留守儿童中，有 461 名留守儿童在 3 个月内曾遭受过各种形式的校园欺凌，占比 57.8%。如表 1 所示，具体到特定的校园欺凌类型，一方面，直接言语欺凌为主要形式，发生率较高，如被取笑、被辱骂、被造谣，其受害比例均超过了 29%，特别是被取笑的比例最多，达到了 43.4%，属于直接身体欺凌的被推撞和被强拿东西则均在 20% 左右；另一方面，遭受网络（包括使用公共社交媒体和私人社交媒体）欺凌的留守儿童比例最少，仅有 7.4%。

表 1 留守儿童校园欺凌被害现象概况

统计项	被取笑	被辱骂	被造谣	被排挤	被强拿东西	被孤立	被推撞	被使用公共社交媒体欺凌	被使用私人社交媒体欺凌
校园欺凌被害人数/人	346	231	278	237	164	168	170	59	59
校园欺凌被害人数所占比例/%	43.4	29	34.9	29.7	20.6	21.1	21.3	7.4	7.4

说明：校园欺凌被害人数所占比例是由相应校园欺凌被害人数除以受调研总人数（797 人）所得。

---

① 参见任海涛：《"校园欺凌"的概念界定及其法律责任》，载《华东师范大学学报（教育科学版）》2017 年第 2 期。

② 参见刘文利、魏重政：《面对校园欺凌，我们怎么做》，载《人民教育》2016 年第 11 期。

上述调研结果与校园欺凌的实际发生机制相契合。实践中，校园欺凌往往源起于直接言语欺凌，进而逐渐升级为直接身体欺凌。直接言语欺凌作为校园欺凌"金字塔"的底部，具有最高的发生率，应是遏制校园欺凌的第一道防线。然而，在校园欺凌中，直接身体欺凌产生的损害最具可视性和及时反馈性，也更容易引起社会舆论和有关部门的注意。直接言语欺凌作为校园欺凌中发生比例最高的欺凌方式，却似乎长期被人们所忽视。直接言语欺凌作为一种非暴力的精神欺凌，不仅是欺凌者实施直接身体欺凌的前兆，还有可能使被害留守儿童陷入精神痛苦、压抑与自卑之中，从而产生反社会的倾向，最终导致从被害人向加害人的恶逆变。故此，留守儿童校园欺凌被害防控工作应当加大对直接言语欺凌的重视。

此外，随着互联网的发达和移动智能终端的普及，网络欺凌在留守儿童校园欺凌中也开始逐渐占有一席之地。留守儿童遭受使用网络实施校园欺凌的比例已经达到了遭受直接身体欺凌比例的三分之一左右。网络具有信息传播的及时性和广泛性，源自校园的网络欺凌很有可能被通过网络放大，进而造成远超一般校园欺凌的危害后果。事实上，网络欺凌在域外也已经愈发受到重视，德国下萨克森州的刑事研究所 2015 年的一项对近 10000 名在校学生的问卷调查显示，网络暴力在校园中增长明显。有 42.6% 的受访学生在过去一年中至少经历过一次网络暴力，较 2013 年提高了 6%，远远高于经历过肢体暴力学生的比例。① 网络欺凌亦亟须被纳入留守儿童校园欺凌防控工作的视野。

（三）留守儿童校园欺凌被害现象具体特征

如表 2 所示，留守儿童校园欺凌被害现象的具体特征主要体现在以下几个方面：其一，校园欺凌中，留守男童与留守女童的校园欺凌被害率总体差别不大，即使是在差别最大的被孤立中，差距亦未超过 5%。说明留守男童与留守女童受到的校园欺凌威胁的总体程度类似。其二，就校园欺凌的具体类型来看，留守女童被孤立的现象更为严重，有 24.2% 的留守女童受到过孤立，显著高于被害率 17.7% 的留守男童；而直接身体欺凌则更容易发生在留守男童身上，其被推撞和被强拿东西的被害率均高于留守女童。说明性别对留守儿童校园欺凌被害的类型具有一定影响。其三，就遭受校园欺凌的程度而言，9 项校园欺凌中，留守男童在 6 项上均高于留守女童，且部分校园欺凌类型如被取笑、被辱骂等，留守男童校园欺凌被害程度远高于留守女童。从校园欺凌被害人个体的角度看，留守男童受害的程度更加严重。但需要注意的是，在被孤立

---

① 参见王世岳：《德国校园暴力的特征与治理》，载《比较教育研究》2019 年第 2 期。

这一现象中，留守女童的受害程度亦远高于留守男童，呼应了特点二中留守女童更容易被孤立的特点。

表2 留守儿童校园欺凌被害现象具体特征

统计项	性别	被取笑	被辱骂	被造谣	被排挤	被强拿东西	被孤立	被推撞	被使用公共社交媒体欺凌	被使用私人社交媒体欺凌
校园欺凌被害人数/人	男（384）	162	116	131	120	83	68	82	27	29
	女（405）	189	113	143	113	86	98	86	31	29
校园欺凌被害比/%	男	42.2	30.2	34.1	31.3	21.6	17.7	21.4	7	7.6
	女	46.7	27.9	35.3	27.9	21.2	24.2	21.2	7.7	7.2
校园欺凌被害程度	男	2.02	2.28	1.95	1.83	1.76	1.72	1.83	1.63	1.86
	女	1.74	1.80	1.71	1.96	1.74	1.98	1.78	1.90	1.72

说明：1. 括号中的384和405分别为留守男童与留守女童的总数，性别缺失值为8。
2. 校园欺凌被害比是由被害留守男童或留守女童的人数分别除以受访留守男童或留守女童的总数得出，分别反映了留守男童和留守女童人群中遭受某类校园欺凌的比例。
3. 校园欺凌被害程度是由留守男童或留守女童某类被害的总程度分别除以留守男童或留守女童的人数得出，分别反映了留守男童和留守女童遭受某类校园欺凌的程度。此项数值越高，留守儿童被害的频次就越高。

由上述特点可见，虽然留守男童与留守女童面临校园欺凌威胁的总体程度类似，但性别仍是留守儿童校园欺凌被害现象中的重要影响因素。一方面，留守男童遭受直接身体欺凌的情况更严重，有学者曾提出"青春期恐惧症"的概念，认为在中学阶段男生更容易卷入暴力行为，男生往往希望通过暴力行为获得关注和展示自己。[1] 不仅如此，留守男童也更有可能反复遭受校园欺凌。且相较于女性，男性青少年更不愿意采用求助、成熟型情节调节策略。[2] 这会使得留守男童因校园欺凌产生的生理和心理创伤更难愈合，从而影响其社会

---

[1] 参见于阳：《留守儿童犯罪防治与被害预防实证研究》，载《中国人民公安大学学报（社会科学版）》2018年第5期。

[2] 参见贾海艳、方平：《青少年情绪调节策略和父母教养方式的关系》，载《心理科学》2004年第5期。

化，甚至导致其恶逆变。另一方面，留守女童受到孤立和排挤等间接关系欺凌的程度更为严重。间接关系欺凌并不会对被害留守儿童造成身体上的伤害，甚至不具有如直接言语欺凌一般的外在表现形式，以至于其在实践中往往成为如犯罪黑数般的"欺凌黑数"，难以被教师、监护人或其他校园欺凌防控主体注意。[①] 而有研究表明，间接关系欺凌会导致女性被欺凌者对自己的外表和行为缺乏自信，进而扭曲对自己社会人际关系的评价，甚至导致对他人的信任度降低。[②] 换言之，间接关系欺凌的后果相较于直接身体欺凌和直接言语欺凌更具长期性，会对被欺凌者的未来生活产生深远的影响。因此，留守儿童校园欺凌防控工作不仅应当从性别差异的视角出发，做到对不同类型的校园欺凌有所侧重，还应当开始重视对间接关系欺凌的识别和预防。

三、留守儿童校园欺凌防控工作完善对策

(一) 完善留守儿童专门工作机制

1. 有关部门应持续调研留守儿童现状，推动被害防控个别化工作

生态系统理论认为，个体自身的心理、生理等因素能够影响其对所处环境的反应。[③] 前文数据表明，留守男童和留守女童遭受的侵害类型存在差异，有关部门应注意到群体内部性别差异对被害人的影响和个体差异性，深入农村开展调研，制定差异化的留守儿童校园欺凌防控策略，提升留守儿童保护工作的针对性。

2. 通过购买社会服务的方式，增强被害防控力量

有关部门可以组织社会工作机构、儿童专业服务机构等社会专业力量深入留守儿童家庭、学校、社区，提升其防控留守儿童被害的知识和能力。对于家庭，可以购买两性平等、儿童抚养的社会服务，促进家庭形成男女平等、长幼和睦的氛围，提升家庭对留守儿童被害的应对能力。对于学校，可以购买儿童服务课程，为教师提供专业知识，帮助其更好地发现留守儿童的心理问题和隐蔽的校园欺凌事件。对于社区，应当为社会力量参与留守儿童保护工作提供便利，搭建社会力量参与协调机制和工作平台。

---

① 参见熊熊、戴江雪：《校园冷暴力遏制途径分析》，载《学校党建与思想教育》2016 年第 6 期。

② 参见陈小萍：《女性校园欺凌：特点、成因及干预》，载《铁道警察学院学报》2020 年第 1 期。

③ 参见刘杰、孟会敏：《关于布郎芬布伦纳发展心理学生态系统理论》，载《中国健康心理学杂志》2009 年第 2 期。

（二）提升家庭保护

1. 加强亲职安全教育，提升父母的安全教育能力

亲职教育的实质在于培养家长应具备的素质，包括高度的责任感、理性的教育观、丰富的知识面及良好的心理素质等。访谈中，笔者发现留守儿童虽渴望与父母通话聊天，但往往会对父母程式化的聊天感到失望。笔者认为，父母完全可以利用通话时间，向子女传授校园欺凌安全知识。换言之，即使是远在外地的留守儿童父母，也应接受校园欺凌预防方面的亲职教育，并将相关内容传递给孩子。这一方面可以改善留守儿童与其父母交流的质量，增强留守儿童与其父母的情感黏合度，鼓励留守儿童向父母吐露心声，反馈生活中遇到的问题，另一方面也可以借父母之口达到通过其他安全教育途径所难以起到的教育效果。

2. 保障替代监护人监护职责履行

对留守儿童而言，替代监护人作为其最直接、距离最近的家庭支持源，两者相处的时间最多，替代监护人能够直接观察到儿童的行为趋势、情绪变化等情况。但实际上，替代监护人的照护能力并不能为留守儿童校园欺凌预防工作提供有效支撑。笔者认为，代理家长制度可以一定程度上弥补替代监护人能力的不足。[1] 代理家长的目的是在农村留守儿童的生活中、学习上、心理上做孩子学习生活中的"知情者""引路者""保护者"，尽可能填补父母的缺位。该制度一定程度填补了留守儿童的情感空缺，增加了儿童与家庭的情感联结，有利于增加家庭对留守儿童的了解，主动发现校园欺凌事件。

（三）强化学校保护

1. 重视学校对校园欺凌的发现工作

其一，加强对学生的人文主义教育和关爱教育。考虑到留守儿童的特殊性，教师应对留守儿童给予更多照顾和关心，提高与学生沟通交流的频率，了解班级中的人际关系状况，关注留守儿童特别是留守女童与同学的相处情况，避免留守儿童排挤、孤立等潜在欺凌的出现和恶化。其二，强调暴力文化的错误性，遏制留守儿童特别是留守男童之间的直接身体欺凌。调研结果显示，留守男童更容易受到直接身体欺凌。教师应根据留守男童的心理特点，引导其树

---

① 代理家长，是指机关事业单位的干部职工、村社干部、有帮扶能力的共产党员（30 周岁至 50 周岁）和社会各界有识之士，按自愿、平等的原则，经关爱留守儿童工作领导小组办公室协调或自愿认领，与留守儿童结成爱心帮扶对子，填写留守儿童帮扶登记表后，即成为该留守儿童的"代理家长"，并认真履行代理家长的职责。参见谷生华、严敏：《"代理家长"、"留守儿童之家"与"还原家庭教育"》，载《重庆教育学院学报》2007 年第 4 期。

立"竞争不是打架"和"尊重弱者"的正确观念，避免男童群体之间的正当竞争行为演化为校园欺凌。其三，畅通校园欺凌的举报渠道，将欺凌可能尽量遏制在初始阶段，削弱其危害程度。笔者在访谈中发现，校园欺凌在初始阶段大多有所预兆，部分加害人甚至会向留守儿童表明自己的欺凌意图。对此，一方面，应当在中小学校政教管理办公室和警卫室设立热线，通过专人负责、隐蔽进行的方式保护学生；另一方面，要严格落实对校园欺凌"惯犯"的管教、惩戒，发挥惩戒的警示作用，令学生明确认识到校园欺凌的危害。

2. 转变校园欺凌的事后处理方式

目前大多数学校在校园欺凌事件被曝光后，都会选择通过隐瞒将"大事化小""小事化了"，避免事件放大对学校产生不良影响。虽然此做法有利于保护其隐私，但无疑是治标不治本，会使遭受校园欺凌的留守儿童心理上产生巨大落差，进而助长敌对情绪，甚至引发新一轮冲突。因此校方应当在尊重双方意愿的基础上进行适度调解，并给予加害人应有的惩戒，为被害人"伸张正义"。

3. 完善留守儿童受害后的心理干预措施

校园欺凌防控工作不仅要从加害人一端出发，制定和落实惩戒措施，还要从被害人一端出发，消弭校园欺凌对被害人的伤害。正如上文所述，后者还未得到乡村学校及教师的广泛关注。这不仅源于观念上的不足，还囿于相关教育资源的匮乏。由此，地方政府可通过财政拨款、设立专项基金等方式，扶持乡镇中小学设立心理活动室，聘请专门的心理教师，开设心理学普及课程。同时，应当更加关注留守儿童被害后的情感释放，及时采取心理干预，针对其可能产生的抑郁、恐惧、自我封闭等心理问题，综合采用认知疗法、理性情绪疗法、来访者中心疗法等多种心理治疗方法，平复欺凌行为产生的心理创伤。

（四）落实社会保护

落实社会保护，核心在于完善社会支持体系。上文提及，留守儿童对于社会支持的感知与利用有助于其降低心理压力，进而强化其在面临校园欺凌时的应对能力和受到校园欺凌后的创伤消解能力。完善农村留守儿童社会支持体系重点在于解决留守儿童心理健康教育需求与外界支持不足的矛盾。近年来，关爱留守儿童身心健康的公益活动有所增加，为留守儿童的负面情绪提供了疏解渠道。但是这些公益活动往往具有综合性强、周期短的特点，难以覆盖每一位留守儿童，也不能解决留守儿童长期固化的心理问题。为此，应在公共心理辅导活动的基础上，增加小范围的、长期追踪式的社会心理支持。结合上文所述的政府购买服务，有关部门可以为个别遭受校园欺凌后心理创伤严重的留守儿童购买一对一的心理支持服务，通过微观社会支持完善留守儿童社会支持体系。

（五）鼓励自我保护

1. 提升校园欺凌防控专项教育效果

如上文所述，校园欺凌以直接言语欺凌和间接关系欺凌为主，此类欺凌数量多，危害不明显，随时可以发生，难以被教师、监护人等校园欺凌防控主体及时制止。笔者在调研中也发现，大部分留守儿童并未对校园欺凌形成全面、清晰的认识。基于此，学校更应该开展专门的欺凌防治教育，提升教育成效。例如，在陕西省汉中市某学校，学校专职心理咨询老师通过组织在校留守儿童观看校园欺凌教育视频、建立校园欺凌模拟场景的方式，让学生直观感受到了校园欺凌给被欺凌者带来的伤害以及产生的严重后果，让学生从被欺凌者的角度感受被欺凌的心情和感受，从而引导学生讨论如何帮助被欺凌者，取得了较好的效果。① 这种情景式代入教育的方式，既让学生知晓了什么是校园欺凌、校园欺凌产生的原因和表现形式，以及在日常生活中应该如何预防校园欺凌等相关知识，亦可引导学生共同参与防控校园欺凌，不做校园欺凌事件中的旁观者和施暴者。

2. 加强网络欺凌防护的专项教育

调研数据显示，网络欺凌已成为留守儿童校园欺凌被害的重要类型之一。在遭受网络欺凌时，留守儿童大多数都会选择容忍侵害，接受不公。即使有少部分留守儿童选择向家长老师反映问题或直接与加害人对峙，也难以阻止网络欺凌——现实生活中的旁观者容易被网络舆论误导，致使网络欺凌事件持续变异、发酵，这同样会给被害人造成严重的心理伤害，包括产生抑郁、焦虑和创伤后应激障碍等心理疾病。笔者认为，提升西部农村留守儿童对网络欺凌的防护意识，应当从以下三方面入手：首先，要教导留守儿童识别网络欺凌与校园欺凌行为的不同之处，使其认识到网络欺凌行为来源不确定、行为无秩序、结果无底线等特点，并使其养成对网络欺凌的理性认识和正确处理态度；其次，学校教师应在班级、年级和全校范围内举办不同层次、不同类型的网络欺凌防治教育活动，通过重复学习深化学生对网络欺凌行为的认知；最后，政府留守儿童保护关爱小组、家长和学校应当在留守儿童经受网络欺凌行为后，及时做好心理疏导教育工作，联合寻找欺凌来源，及时删除相关网络信息，维护留守儿童尊严。

---

① 参见金苗：《汉中市西乡县峡口镇中心学校开展留守儿童防欺凌教育》，载 https://www.163.com/dy/article/HAHLI7RC055011VQ.html，最后访问日期：2023 年 9 月 22 日。

性侵害未成年人犯罪语境下的性引诱行为研究[*]

史立梅　　孙若尘^{**}

　　根据最高人民检察院和地方检法机关的统计，我国性侵害未成年人犯罪近年来呈逐年上升的趋势^①，且熟人作案的比例高达百分之六七十^②。与陌生人作案的突发性、偶然性不同，以家庭成员、邻居、老师、网友等熟人身份作案的性侵害案件，一般具有犯罪持续时间长、作案次数多、作案手段缓和、犯罪行为不易被发现等特点，而且在对被害人实施性侵害行为之前，犯罪人往往在一段时间里采取哄骗、利诱等方式以博取被害人的信任，使未成年被害人对其产生信赖或者服从。这种在性侵害犯罪实施之前进行的行为，一方面具有迷惑未成年人周围的监护人或者其他成年人，使其不易发觉性侵害行为的发生或者不易相信未成年人所描述内容的作用；另一方面则具有使被侵害的未成年人产生"共同参与者"的错误认识，以降低其向他人披露性侵害行为发生的可能性，或者起到使未成年人一再回到犯罪人身边的作用。因此，这种行为不仅具有犯罪预备的意义，而且具有单独予以法律评价的必要性。目前，我国针对这种行为并没有一个专门的名词予以描述，也没有相关的法律对其予以规制。域外将这种性侵害之前的行为称为"性引诱"（grooming），许多国家和地区，如英国、美国、德国、新加坡、韩国等，都制定了相应的法律对这种行为进行规制，这有利于在性侵害犯罪发生之前及时发现未成年人面临的受害风险，从而采取有效措施预防性侵害犯罪的发生。

---

　　* 本文系国家社科基金一般项目"非犯罪化视角下的认罪认罚从宽制度研究"（课题编号：21BFX184）的阶段性研究成果。

　　** 史立梅，北京师范大学刑事法律科学研究院教授，博士生导师，北京师范大学未成年人检察研究中心研究员，主要研究未成年人法学、刑事诉讼法学；孙若尘，北京师范大学法学院博士研究生，主要研究未成年人法学、刑法学。

　　① 参见《未成年人检察工作白皮书（2014—2019）》，载 https：//www.spp.gov.cn/xwfbh/wsfbt/202006/t20200601_463698.shtml？ZhCZs3cBrx6S＝1624497111676％2。

　　② 参见韩飏：《北京海淀法学：近五年超六成未成年性侵案为熟人作案》，载《中国青少年》2020年6月19日。

本文聚焦性引诱行为的基本范畴，注重厘清其在性侵害犯罪中所起到的具体作用，通过实证考察我国性侵害未成年人犯罪中的性引诱行为，借鉴国外有效经验，尝试在法律层面打击和减少这种以性侵害为目的刻意接近未成年人的行为，以期有效降低未成年人遭受性侵害的风险，更好践行最有利于未成年人原则中特殊和优先保护未成年人的宗旨。

一、性引诱行为的基本范畴

（一）性引诱行为的概念界定

自 20 世纪 80 年代西方性犯罪学及临床治疗学的有关学者提出性引诱行为这一概念以来，有关该词语的含义界定就一直处于争议之中。具有代表性的观点有制造环境说①以及早期行为修饰说②。前者是指行为人创造一个具备孩子、行为人和虐待行为三种因素的环境；创造这一环境的目的包括接触孩子、获得孩子的追随，并避免犯罪行为遭受披露。后者则定义为，通过修饰增加未来性侵犯可能性的早期不当行为。近年来，脱敏说③也占据了重要的学术位置，该说法将性引诱行为定义为成人为获得儿童的信任，通过一系列修饰行为，实现降低儿童抑制性侵犯或虐待敏感度的过程，最终目的是使受害者对不当行为或关系不敏感。上述观点虽然对性引诱行为的具体界定各不相同，但其中都包含此类行为的一些基本特征，比如该行为在目的上指向的是对未成年人实施性侵害，在行为内容上侧重于强调行为人针对未成年人实施的一些不当交往行为，在行为方式上重在与儿童建立相对隔离、孤立的信任或亲密关系，等等。因此，本文认为性引诱行为是指以实施性侵害为目的，采取物质或精神利益引诱，与未成年人建立不当孤立交互关系的行为。

（二）性引诱行为的主要阶段

性引诱行为可以发生在很短的时间内，但更常见的是持续、长时间的引诱行为，以让孩子感到"舒适"从而进入一种孤立的交互关系。性引诱行为的具体步骤通常可以概括为四个阶段，包括接触和筛选潜在受害者、培养特殊友

---

① Samantha Graven & Sarch Brown, *Elizabeth Gilchrist*, *Sexual Grooming of Children*：*Review of Literature and Theoretical Consideration*, Journal of Sexual Aggression, 2006, （12）.

② Natalie Bennett & William O'Donohue, *The Construct of Grooming in Child Sexual Abuse*：*Conceptual and Measurement Issues*, Journal of Child Sexual Abuse, 2014, （23）.

③ Samantha Graven & Sarch Brown, *Elizabeth Gilchrist*, *Sexual Grooming of Children*：*Review of Literature and Theoretical Consideration*, Journal of Sexual Aggression, 2006, （12）.

谊并增强交往的隔离性、性行为正常化塑造和持续引入身体接触。①

1. 接触并筛选潜在受害者

性引诱行为的第一个阶段主要表现为，行为人在现实中，或者利用虚拟社交工具筛选潜在未成年受害者，了解他们的兴趣，提供帮助并接受他们的倾诉，行为人往往会把自己塑造成一位乐于倾听、鼓励他人的知心伙伴；或者利用受害者年龄较小、识别能力差的不足，将自己粉饰为地位尊贵或值得尊敬的人，从而获得未成年人的信任。

2. 培养特殊友谊并增强交往的隔离性

在选定潜在受害者之后，行为人往往会通过给予各种各样的物质诱惑，比如金钱、漫画、糖果，或者给予受害者精神上的赞美、鼓励或支持，来培养一种与未成年受害者的"特殊"友谊，以使受害者对行为人产生接纳、信任甚至依赖。随着与受害者培养"友谊"，行为人就已经着手建立孤立的交互关系，隔离未成年受害者与家长、监护人等安全来源的距离。

3. 性行为正常化塑造

随着交往关系的深入，行为人开始尝试将性行为正常化，比如讲"成人笑话"或向未成年人展示与性行为有关的影像，并在日常交流对话中引入性主题。在这一层次中，行为人引诱的重点是性行为的正常化，利用与受害者亲近的关系，试图引导受害者相信发生性行为是因为他们关系密切，而不是遭受侵犯。②

4. 持续引入身体接触

行为人利用未成年受害者的天真和信任，持续地引入更为亲密的身体接触，如挠痒痒、摔跤、拥抱等，最终实现与未成年人的性接触。触摸是性引诱行为中较为重要的手段。根据受害者的反映情况，行为人可以得知未成年人的接受程度、是否能够接受更进一步的性行为，也即脱敏的过程——行为人会升级对孩子身体的边界侵犯，最终诱使孩子默许进行性行为。

此外，学界还存有"六步骤"说和"两阶段"说。法律精神病学家迈克尔·韦尔纳（Michel Welner）将未成年人性犯罪中的性引诱行为概括为以下六个步骤：（1）挑选受害者；（2）取得受害者的信任；（3）满足受害者的需求；（4）孤立未成年人；（5）实施性侵害；（6）继续保持对未成年人的

① Anne–Marie Mcalingen, *Setting "Em up": Personal, Familial and Institutional Grooming in the Sexual Abuse of Children*, Social & Legal Studies, 2006, (15).

② Malory Plummer, *Lived Experiences of Grooming among Australian Male Survivors of Child Sexual Abuse*, Journal of Interpersonal Violence, 2018, (33).

控制。① 而"两阶段"说则以实施性侵为节点梳理出两个关键阶段：第一阶段是性侵前的关系初始阶段，集中在诱导和环境修饰；第二阶段是性侵后的维持阶段，行为人通过孤立手段，保持与受害者的关系，并阻止他们披露这段关系。与"四阶段"说不同的是，上述两种学说都将实施性侵害之后通过孤立手段保持对未成年受害者的控制作为性引诱行为的主要阶段。从广义的角度来说，行为人对未成年被害人实施性侵害之后，为了达到长期性侵害、防止被害人披露性侵行为等目的，对被害人继续保持孤立交往关系，确实属于性引诱行为的一部分。但从尽早识别性引诱行为、防止性侵害实际发生的角度来看，四阶段说所界定的作为性侵害犯罪铺垫的性引诱行为更具有实践价值。故本文侧重于从狭义的角度研究性引诱行为。

（三）性引诱行为的成功因素

性引诱行为能否获得成功，主要取决于受害者和行为人两方面因素。

1. 受害者因素

一方面是受害者自身的脆弱性。性引诱者往往会把某一类他们认为比较容易受到侵害的未成年人作为目标，比如孤独、缺乏自信和对他人信任的未成年人，性侵犯者会利用这些未成年人的脆弱性，并最终实现性引诱行为。另一方面，性引诱行为中的孤立交互关系，容易导致受害者的心理默示。身处性引诱模式中的受害者会有一种陷入了与性引诱者亲密关系之中的心态，性引诱者能够利用这种动态的关系以及性接触的生活化举动，控制受害者；潜移默化下，受害者会趋于默示接受，认为修饰行为不过是表达亲密的一种体现；无论是明示公开地还是内心潜意识地，如性引诱行为受害者表示"出于某种原因，感觉我必须和他亲近"，则受害者可能由于羞愧、尴尬、害怕判断或陷入麻烦而默示接受。②

2. 行为人因素

主要表现在性引诱者与受害者家庭或社区之间的信任。如性引诱较为常见的模式是性引诱者与受害者的父母成为朋友，取得父母的信任，最终目的是让受害者的监护人对性引诱者放松警惕，性引诱者可以很容易和反复地接触到他们的孩子，甚至获得与之外出过夜等机会；或者性引诱者通过参与社区组织来获得社区的信任，并向社区中的人提供帮助，这往往会减少"他人对潜在风

---

① 实际上，"六步骤"说与"四阶段"说在前序环节上有相似之处，但更着重于性犯罪开始后，性犯罪者利用保密和谴责来保持未成年人的继续参与和沉默等内容。

② Helen C. Whittle, Catherine E, *Hamilton - Giachritsis*, *Anthony R. Beech. A Comparison of Victim and Offender Perspectives of Grooming and Sexual Abuse*, Deviant Behavior, 2015, （36）.

险的看法"。①

此外，网络技术也减少了性引诱行为的成本。通过粉饰、匿名的外表及大数据时代下的社交倾向，性引诱者很容易寻找猎物。在线环境缺乏监护人监管和完整的保护环境，使得性引诱行为的实施几无障碍。②

二、我国性侵害未成年人犯罪中性引诱行为实证考察

上述有关性引诱行为的概念、阶段和成功因素的分析均借鉴了域外学者的研究，其在我国本土是否也有相同或类似的表现，是否具有研究的必要性，尚需结合我国性侵害未成年人犯罪案件进行实证考察。本部分拟对裁判文书网的宏观数据进行总体分析，以揭示性引诱行为在我国性侵害未成年人犯罪案件中存在的大致比例和基本特点。

（一）研究设计

为了更好地了解我国性侵害未成年人犯罪的现状，笔者在裁判文书网摘录统计了近 3 年（2018 年至 2020 年）性侵害未成年人的有关案件判决书。考虑到一审判决书最为详细并且能够反应案件全貌，因此将检索文书限定在了一审判决书；检索了与性侵害案件最为密切相关的三个罪名，即强制猥亵罪、强奸罪和猥亵儿童罪。具体的检索模式为：使用裁判文书网高级检索模式，将"已选条件"限定为"全文：未成年人；案由：强制猥亵、侮辱罪，强奸罪，猥亵儿童罪；案件类型：刑事案件；审判程序：刑事一审；文书类型：判决书；裁判日期：2018 - 01 - 01 TO 202012 - 31"。根据案由不同分三次进行了检索，因为使用了"全文：未成年人"的检索条件，可能会出现犯罪嫌疑人、被告人系未成年人而被害人是成年人这种违背检索初衷的样本，因此在检索完成后进行了二次人工识别，最终得到有效样本 1783 份，包括 1105 件强奸罪，占比 62%；419 件猥亵儿童罪，占比 23%；196 件强制猥亵罪，占比 11%；63 件以上三类罪名交织数罪情形，占比 4%。

（二）研究分析

1. 基本信息的分析

在被害人年龄方面，性侵害未成年人犯罪中被害人年龄偏小是一个不容忽

---

① S Chandra Mohan, Lee Ying Qi, *Sexual Grooming as an Offence in Singapore*, Singapore Academy of Law Journal, 2020, (32).

② S Chandra Mohan, Lee Ying Qi, *Sexual Grooming as an Offence in Singapore*, Singapore Academy of Law Journal, 2020, (32).

视的现状，880 件样本的被害人年龄在 14 周岁以下，占比 49%；即便除去猥亵儿童罪的有效样本 419 件后，被害人年龄在 14 周岁以下的占比也达到了 30%。278 件样本的被害人年龄在 10 周岁以下，占比 16%；68 件样本的被害人年龄在 6 周岁以下，占比 4%，其中被害人年龄最小的样本为 3 周岁。

在被害人性别方面，应当注意性侵害男性未成年人案件已经从偶发个案上升到占有一定比例，除去统计性别无意义的"强奸罪"后，剩余有效样本 678 份，其中性别为女性的样本为 633 份，男性的为 40 份，剩余 5 份系多名被害人，既有男性被害人也有女性被害人；综合以上数据，男性被害人所占比例达 7%。

综上所述，对于性引诱行为而言，被害人年龄越小，越缺乏对外界事物的正确认知和判断能力，性引诱的难度越低；而同性之间的性引诱行为与日常交往行为更难以区分，更具有隐蔽性。从被害人的性别和年龄分布状况来说，我国性侵害未成年人犯罪与性引诱行为之间具有较大的兼容性，但尚不能说明性引诱行为存在的真实状况。

2. 行为手段和社会关系的分析

在行为手段方面，行为手段"缓和"占比达 30%，且行为手段缓和指向的对象多为 14 周岁以下的被害人，515 件样本的手段为缓和，1268 件样本的手段为暴力。而在所有的"行为手段为缓和"的样本中，被害人年龄在 14 周岁以下的件数为 443，占比 86%；被害人年龄在 10 周岁以下的件数为 149，占比 29%；被害人年龄在 6 周岁以下的件数为 37，占比 7%。

在侵害次数和持续时间方面，多次侵犯和长时间持续侵犯所占的比例在 20%—30%。其中，556 件样本的侵害次数是"多次"，1227 件样本的侵害次数是"一次"；1308 件样本的持续时间为"短暂"，占比 73%；373 件样本的持续时间为"一年内"，占比 21%；93 件样本的持续时间为"一年以上"，占比 5%；持续时间最长的样本为 10 年。

在加害人与受害者社会关系方面，熟人作案占比在七成左右，相熟、密切的社会关系中，朋友、同学、师生看护、邻居和亲属等较为常见。1196 件样本为熟人作案，占比 67%，其中"朋友、同学"的比例达到 17%，"网友"的比例达到 16%；如果合并几个类似的项，同村、邻居关系的比例为 19%，师生看护关系的比例为 11%，亲属（包括父亲与继父）关系的比例为 10%。

在侵害行为是否借助虚拟社交工具的使用和侵害行为实施前后是否具备施惠行为方面，使用虚拟的社交工具及施惠行为虽有交叉，但去掉重叠部分，二者在总体上也达到了样本量的 20%。238 份样本使用了虚拟社交工具，并最终为侵害行为的发生提供了一定的帮助，占比达 13%，其中有 3 份样本体现为虚拟的网络直播；1545 份样本无虚拟社交工具的使用。203 份样本具备相关施惠行为，占比达 11%，施惠行为包括提供零花钱、游戏、作业辅导和工作机会等。

综上所述，熟人作案、手段缓和、多次作案、虚拟社交、施惠行为等均属于性引诱行为中的典型因素，但是单独的某一方面因素尚不足以说明性引诱行为的实际发生，比如熟人作案中也有采用暴力手段的，陌生人作案也有采用缓和手段的，多次作案未必是针对熟悉的同一被害人，虚拟社交可能仅作为认识的途径不一定包含性引诱的过程，施惠行为也可能是陌生人实施的，等等。因此，欲得到有关性引诱行为的实际发生情况，还需要对以上因素进行交叉对比分析。

3. 性引诱行为的分析

行为手段"缓和"的样本为 515 件，占比为 29%；如果增加侵害次数"多次"为筛选条件，会得到 298 件样本，即在行为手段"缓和"样本中，有 58% 的比例伴随着侵害次数为"多次"，二者有较为密切的伴随关系。再增加筛选条件"熟人作案"，会得到 241 件样本，换言之，在行为手段"缓和"、侵害次数"多次"的样本中，有 81% 的比例伴随着"熟人作案"，三者也同样具备较为密切的关联。而以上述三个基本条件筛选到的 241 件样本中，被害人年龄在 14 周岁以下的样本为 213 件，占比 88%，"缓和"和性侵案发的重灾区。在这说明 14 周岁以下的年龄段系"多次""熟人"241 件样本中，具备施惠行为的样本为 63 件，占比 26%；使用社交网络工具的样本为 46 件，占比 19%；统计到交往时间的样本为 17 件，占比 7%。

如果严格将同时具备施惠行为、使用社交网络、行为手段缓和、侵害次数多次、熟人作案看作性引诱行为的识别标准，有 103 件有效样本符合，占总样本的 6%；换言之，这 103 件样本即为具备性引诱行为的案件。如果将行为手段缓和、侵害次数多次和熟人作案作为性引诱行为的识别标准，有 241 件样本符合，占总样本的 14%；即在总样本 1783 件案件中，至少存在 103 件明确具备性引诱行为的案件以及 138 件较大概率具备性引诱行为的案件。

综上可见，伴随着性引诱行为的性侵害案件在我国并非偶发个案，也并非危言耸听的极少数情况，而是实实在在呈一定比例出现、值得关注的现象。基于性引诱行为对性侵害犯罪的隐藏、掩饰功能，实践中不排除性侵害犯罪已经实际发生但尚未被揭露、追究的情况。此外，根据上述数据统计结果，性引诱行为的对象年龄多为 14 周岁以下的低龄未成年人，这种持续、诱惑型的行为模式会极大地危害低龄未成年人的身心健康，需要引起足够的关注、重视和研究。

（三）研究结果与思考

本文通过对文书数据的实证考察，揭示了性引诱行为在性侵害未成年人犯罪中存在的客观情况。被告人之所以能够长期、多次针对同一或不同被害儿童实施猥亵、强奸等罪行，在很大程度上可以归因为其实施的性引诱行为所起的掩饰作用。虽然实践中不同性侵害案件中的性引诱行为与性侵害行为实际发生的时间间隔可能长短不同，但在类似的熟人作案、多次作案、手段缓和的性侵害案件中，基本上包含了上述性引诱行为的四个层次。如果可以在性侵害发生之前的前序步骤中将此过程切断，或者在性侵害案件发生之初就能及时发现犯罪事实，势必可以防止性侵害罪行的最终发生或者持续发生，切实避免或者减少未成年人因此而受到的生理或心理伤害。

较为遗憾的是，目前发生在我国的针对未成年人的性侵害行为很难在前序步骤阶段或者早期被发现和切断，对于性引诱行为也缺乏必要的违法性评价和相应的处罚机制。在我国现有的法律体系之下，诸如挑选未成年受害者、给受害者以物质或精神上的诱惑、与被害人建立孤立交往关系、给被害人出示与性有关的色情图片或影像资料、与被害人进行与性有关的聊天或谈话（进行正常的性教育除外）等行为，只要尚未达到猥亵、强奸的程度，均不具有独立的法律评价意义（包括行政法和刑法评价），其不仅不是单独成立的违法或犯罪行为，甚至连性侵害行为的预备或从重处罚情节都算不上。违法性评价及相应处罚机制的缺失，使我国法律对性引诱行为缺乏一般威慑和预防功能，对于行为人而言，只要其不实施接触未成年人性器官的猥亵、强奸行为，其就无法受到法律追究，这为其有足够的时间和机会对被害人完成全部性引诱步骤并最终实施性侵害行为提供了便利。

三、性引诱行为的域外法律规制

毋庸讳言，我国法律上对性引诱行为缺乏相应的规制是实践中缺乏对此类行为进行及时识别、阻断的源头。应该说，性引诱行为不是一蹴而就的，其需要一系列步骤，被害人与行为人"一对一"的孤立交互关系的建立也需要时间，如果能在前序步骤中进行阻断、在关系尚未形成之时予以披露，势必能避免后续严重危害的发生。因此，欲对此类行为进行有效防治，首先应对其进行法律上的否定性评价并设立相应的惩处机制。在这方面，域外的立法经验可以为我们提供一定的借鉴。

（一）域外有关性引诱行为的立法概况

目前，世界上有很多国家对性引诱行为进行了立法上的规制。如英国在

2003 年的《性犯罪法》第 15 条中明确规定了性引诱犯罪的具体情形，主要表现为以性侵害未成年人为目的，与不满 16 周岁的未成年人至少发生 2 次会面或者对话，有此行为者可能面临 6 个月（简易罪）或者 10 年（可诉罪）以下的监禁刑罚。① 此后本条款经过数次修改，尤其是 2015 年的修改将"至少发生 2 次会面或对话"减少为"1 次以上"②，使得性引诱犯罪的法网更为严密。

《德国刑法》中有关性引诱的规定并不局限于未成年人，成年人也可能成为对象，其第 174 条（对被保护人的性滥用）中有具体规定；该条第 1 款和第 2 款包括结合身体接触的性行为，第 3 款则规定了未达到身体接触的性行为③；第 1 款和第 2 款的法定刑相同，相比之下，第 3 款的法定刑较低；这可以被认为是考虑到了伴随身体接触的情况可能被认定有更高的风险。

《美国法典》第 18 篇第 2252A 条对"与儿童色情材料相关的犯罪行为"进行了规定，其中的（a）款第 6 项规定，"为诱使或说服未成年人参加非法活动（诸如成年人与未成年人之间的性接触），而通过网络、邮寄、运输等任何方式向未成年人分发、提供或发送任何关于未成年人从事性行为的影像资料"的行为，将受到 5 年以上 20 年以下的监禁刑罚。④

而在亚洲，2007 年修订的《新加坡刑罚典》在第 376 条增加规定 E 款，即"针对 16 周岁以下未成年人的性引诱犯罪"⑤，旨在保护越来越多的年轻互联网用户免受在网络平台上徘徊的成人性掠食者的攻击⑥；韩国《儿童和青少年性保护法》中的第 15－2 条系对性剥削对话的规定，该条是通过第 17972 号法令在 2021 年 3 月 23 日增补入律的，是韩国为了防治性引诱行为所做的努力。⑦

上述国家虽然对性引诱行为的具体界定不完全相同，但相同之处在于均将性引诱行为界定为独立的犯罪行为并给予较重的刑罚处罚，并且根据其近年来的发展呈现出从传统线下性引诱行为的犯罪化到网络时代线上性引诱行为的犯罪化趋势，使保护未成年人免受性侵害的法律更适应时代发展的需求，在严密

---

① 参见 Sexual Offences Act 2003（As enacted）Section 15.

② 参见 Sexual Offences Act 2003（As enacted）Section 15.

③ 参见 Schönke/Schröder/Eisele, 30. Aufl. 2019, StGB §174 Rn. 1. 2.

④ 参见 18 US Code § 2252A（a）6.

⑤ 参见 Singapore Penal Code（Chapter 224）, as amended 2007, 376E.

⑥ Malory Plummer, *Lived Experiences of Grooming among Australian Male Survivors of Child Sexual Abuse*, Journal of Interpersonal Violence, 2018,（33）.

⑦ 韩国《儿童和青少年性保护法》第 15－2 条规定，以性剥削儿童和青少年目的进行持续可能会导致未成年人羞耻或者厌恶对话的，处 3 年以下有期徒刑或者 3000 万元韩元（约合人民币 15.6 万元）以下罚款。

法网的同时，也赋予了执法机构更多的权力来有效预防性侵害未成年人案件的发生。

（二）域外有关性引诱行为的立法启示

对于性引诱行为的防治而言，立法仅仅是个开端，法律所希望达到的效果能否在实践中获得实现，在很大程度上取决于立法本身的科学性与合理性。域外有关性引诱行为的立法在实施过程中遇到的困境对我国而言，无疑有较强的警醒作用。问题主要集中于性引诱行为的认定：没有明确的性引诱定义和有效的测量性引诱的方法，对性引诱行为的判断可能会陷入依赖主观臆测的困境中。例如，一名在美国内华达州拉斯维加斯被定罪的性犯罪者试图对他的定罪提出上诉，理由是一名心理学家提供的关于他性引诱行为的证词不可靠，他的辩护律师声称，"性引诱并不是一门被证明的科学，你怎么能看出我的当事人就是在想这个问题的呢？"[1] 这种主观认定的问题确实存在，因为一个人是在为性犯罪做准备，还是仅出于对孩子的友爱而实施的无害行为，是无法在性引诱的早期阶段进行明确客观判断的。由于很难明确区分对儿童的友好行为是否出于邪恶的动机，这可能会导致无辜的谈话和行动被定为犯罪。

有域外学者主张通过进一步明确性引诱行为的定义并列举常见情形来解决上述困境。其认为性引诱行为应该被定义为"可以增加未来性侵犯可能性的早期不当行为"，在修饰过程中，有两个标准必须被满足：一是被评估的行为本身必须是不适当的；二是属于性引诱行为的下列情形之一，具体如：（1）任何关系的性化，比如成年人与孩子进行性对话（父母为孩子提供性教育除外）或让孩子接触明确的性材料，如色情图片或电影；（2）不适当的礼物（产生生理羞耻感或违背社会伦理的礼物）；（3）与孩子进行不恰当的非性交流（如告诉孩子"我爱你"），特别是当成年人使用这些陈述来操纵孩子做什么时（如"我爱你、相爱的人互相接触吧"）；（4）不适当地触摸孩子（如过度挠痒痒、拥抱、摔跤、坐在膝盖上）；（5）通过贿赂手段进行不当接触（如非性接触贿赂或秘密会见未成年人）；（6）对不参与不适当的接触进行威胁；（7）与未成年人存在不适当的孤立关系（如行为人和受害者单独进行不属于正常关系的旅行）；（8）违反边界的行为，如不当给孩子洗澡、给孩子穿衣服、和孩子睡觉、成年人只穿着内衣，或成年人与孩子分享私人信息，特别是与性有关的信息；（9）错误解释关于触摸、接触或性的道德标准，特别是当这些标准涉

---

① Natalie Bennett, William O'Donohue, *The Construct of Grooming in Child Sexual Abuse: Conceptual and Measurement Issues*, Journal of Child Sexual Abuse, 2014, （23）.

及成人—儿童的性接触或性化的情况时。①

这种列举式的解决路径将对性引诱行为主观目的的判断客观化为行为人实施的各种不当行为，对于准确认定性引诱行为具有较大参考价值，但由于列举方式很难穷尽日常生活中所有性引诱行为的具体情形，因此难免会有所缺漏。此外，其所列举的各种性引诱行为均以异性之间的性引诱为出发点，即将不适当行为的边界设置为异性接触，如不适当的礼物表现为比基尼和胸罩等，未能考虑到同性之间性引诱行为与日常生活行为的边界尺度。而实践中的同性性侵害案件也占有相当比例，在实施同性性侵害之前，行为人也会实施性引诱行为以降低被害人的敏感度，但是同性性引诱行为更易与日常行为相混淆，更难以觉察和捕捉。如果尺度把握过严，可能存在把同性之间的日常行为错误认定为性引诱行为的危险，但如果尺度把握过宽，又可能存在放纵真正的性引诱行为并导致性侵害结果最终发生的危险。因此，在考虑性引诱行为的认定标准时，不应过于强调性别立场，而应能同时容纳针对异性和同性之间的性引诱行为。

四、针对我国性引诱行为的法律规制建议

性引诱行为犯罪化的全球性立法趋势为我国对此类行为予以法律规制提供了重要的参考和借鉴。但在效仿其他法域将此类行为予以犯罪化的同时，尚需结合我国实际状况进行本土化改造。与大多数国家刑法对犯罪的界定所采取的"立法定性、司法定量"方式不同，我国刑法一直采取立法定性加定量的方式界定犯罪，只有情节比较严重的行为才能被作为犯罪处理。性引诱行为作为性侵害犯罪的前序步骤往往情节较轻且尚未造成严重后果，若将其包含的所有步骤和行为均一概界定为犯罪行为，显然违背刑法作为社会治理最后手段的谦抑性原则。因此，"行政处罚—刑事制裁"的性引诱行为阶梯式规制较为符合我国现行法律体系。此外，最好的规制是避免该行为的发生，以未成年人保护法核心展开的预防和保护亦可包含在法律规制范围之内。

（一）对性引诱行为的行政处罚

治安管理处罚法对于未成年人性权益的保护主要体现于第44条的规定。②根据本条规定，只有行为人针对未成年人实施猥亵这种性侵害行为的，其才承

---

① Natalie Bennett, William O'Donohue, *The Construct of Grooming in Child Sexual Abuse*: *Conceptual and Measurement Issues*, Journal of Child Sexual Abuse, 2014, (23).

② 参见《治安管理处罚法》第44条：猥亵他人的，或者在公共场所故意裸露身体，情节恶劣的，处5日以上10日以下拘留；猥亵智力残疾人、精神病人、不满14周岁的人或者有其他严重情节的，处10日以下15日以下拘留。

担相应的行政责任。对于行为人在实施猥亵之前的性引诱行为，治安管理处罚法并未加以规定。

为增强对性引诱行为的惩戒力度，防止性侵害行为的发生，笔者认为，可通过列举的方式划定性引诱行为与日常行为的边界，对情节较为严重的性引诱行为予以行政处罚。具体而言，可在治安管理处罚法中增加规定："针对不满十四周岁的未成年人或者针对已满十四周岁不满十六周岁的未成年人负有监护、收养、看护、教育、医疗等特殊职责的人员，不得实施下列性引诱行为：（一）与未成年人进行与性有关的对话（正常的性教育除外）或者向其展示色情图片或影像资料；（二）无正当理由向未成年人施惠（包括物质层面和精神层面），或者给予其不适当的礼物（比如暴露或突出身体敏感部位的内衣、泳衣等）；（三）与未成年人进行不适当的身体接触（比如亲吻、搂抱、触摸等）；（四）无正当理由与未成年人单独会面、旅行；（五）对未成年人实施违反身体边界、侵犯未成年人隐私的行为（比如不当给未成年人洗澡、穿脱衣服或要求未成年人进浴室不关门等）；（六）向未成年人歪曲关于性的道德标准；（七）其他可以增加未来性侵害可能性的不当行为。同时具有上述两种或两种以上情形的，或者具备上述某一种情形，情节较为严重的（比如向多人或多次实施某一行为），处五日以上十五日以下拘留，并处五百元以上一千元以下罚款。"

（二）对性引诱行为的刑事制裁

在前述行政责任的基础上，刑法可以将最严重的性引诱行为界定为犯罪行为并追究行为人的刑事责任，但具体应如何界定尚需要进一步讨论。首先，有观点曾以"性引诱行为本身没有危害，后续产生的性侵害行为才是危害本源"质疑性引诱行为入罪的合理性[①]，但这一观点显然是有些偏颇的。如前文所述，性引诱行为会对未成年人的生理和精神造成严重的损害，很多国家之所以将性引诱行为规定为犯罪行为，正是因为其自身就是造成法益侵害的危险本源并因此而具有刑事可罚性。其次，将性引诱行为评价为性侵害犯罪的预备行为并不妥当。这主要是因为虽然《刑法》第 22 条规定了预备犯的普遍处罚原则，但在司法实践中，基于实践理性只有极少数企图侵害重要法益的重大犯罪的预备犯才会受到追究和惩处[②]，故如果仅将性引诱行为作为性侵害犯罪的预

---

① 参见牛帅帅、赵越：《儿童性引诱及其域外立法研究》，载《预防青少年犯罪研究》2021 年第 2 期。

② 参见梁根林：《预备犯普遍处罚原则的困境与突围——〈刑法〉第 22 条的解读与重构》，载《中国法学》2011 年第 2 期。

备行为进行规制，很难达到切实保护未成年人的效果。最后，将性引诱行为作为性侵害犯罪的从重或加重处罚情节加以规制也不妥当。因为这样会使对性引诱行为的刑法评价从属于性侵害犯罪，从而导致刑法介入的整体滞后性，难以达到及时发现并且阻断性引诱行为升级为性侵害犯罪的法律效果。

基于以上分析，笔者认为，可以在《刑法》第236—237条规定的性侵害犯罪基础上增加规定性引诱罪，即针对不满14周岁的未成年人，或者负有监护、收养、看护、教育、医疗等特殊职责的人员针对已满14周岁不满16周岁的未成年人，实施性引诱行为，情节恶劣的，处3年以下有期徒刑或者拘役。这里的情节恶劣，可参照上述治安管理处罚法中的相关规定，比如行为人同时具备其中三种或三种以上情形，或者持续或反复实施某一种行为，给未成年人身心造成较大伤害；或者曾经因上述行为而受过行政处罚，等等。

（三）对性引诱行为的预防和保护

除了在法律上对性引诱行为给予否定性评价并要求行为人承担相应的法律责任之外，家庭、学校、社会、国家也应承担起对未成年人免受性引诱行为侵害的保护责任，防患于未然。新修订的未成年人保护法对于未成年人的家庭保护、学校保护、社会保护、网络保护、政府保护、司法保护进行了较为全面的规定，其中很多条款针对未成年人的性保护作出了规定，比如针对侵害未成年人身心健康行为的强制报告制度、违法犯罪人员信息查询制度、父母等监护人对未成年人的照管义务、学校幼儿园对未成年人的性教育义务、社会组织或个人维护未成年人身心健康的义务、网信部门为未成年人提供安全且健康的网络环境的义务，等等。但是，从总体上来说，上述规定过于分散和宏观，且主要针对性侵害且性骚扰行为，对于针对未达性同意年龄的未成年人的性引诱行为尚未纳入其中。与上述行政法、刑法的规定相呼应，现阶段我国可将性引诱违法犯罪行为的相关内容纳入未成年人保护法的规定之中，以引起家庭、学校、社会、国家各层面对此类行为的警惕。未来可考虑将未成年人性保护的内容独立成章，将各种保护措施予以细化，以切实防范、及时发现、有效惩处性引诱、性骚扰、性侵害等违法犯罪行为，为未成年人的性安全构筑一道坚实的屏障。